Martin Heidegger: Holzwege

Klassiker Auslegen

Herausgegeben von
Otfried Höffe

Band 77

Martin Heidegger: Holzwege

Herausgegeben von
Holger Zaborowski

DE GRUYTER

ISBN 978-3-11-077458-0
e-ISBN (PDF) 978-3-11-077467-2
e-ISBN (EPUB) 978-3-11-077474-0
ISSN 2192-4554

Library of Congress Control Number: 2023940062

Bibliografische Information der Deutschen Nationalbibliothek
Die Deutsche Nationalbibliothek verzeichnet diese Publikation in der Deutschen Nationalbibliografie;
detaillierte bibliografische Daten sind im Internet über http://dnb.dnb.de abrufbar.

© 2024 Walter de Gruyter GmbH, Berlin/Boston
Einbandabbildung: © Landesarchiv Baden-Württemberg, Staatsarchiv Freiburg W 134 Nr. 060678a /
Fotograf: Willy Pragher
Druck und Bindung: CPI books GmbH, Leck

www.degruyter.com

Inhalt

Denken auf Holzwegen. Vorwort —— VII

Zitierweise und zu den Editionen der *Holzwege* —— XI

Der Ursprung des Kunstwerkes (1935/36)

Rolando González Padilla
Der Ursprung des Kunstwerkes. Zur Offenbarung der Dreiheit der Welt —— 3

David Espinet
Kunstwerk der Wahrheit. Zu Heideggers Ästhetik des Seins in „Der Ursprung des Kunstwerks" —— 19

Die Zeit des Weltbildes (1938)

Holger Zaborowski
Martin Heideggers „Die Zeit des Weltbildes": Einführung – Gedankengang – Kritik —— 41

Daniela Vallega-Neu
„Die Zeit des Weltbildes" im Kontext von Heideggers seinsgeschichtlichen Schriften —— 63

Hegels Begriff der Erfahrung (1942/43)

Sylvaine Gourdain Castaing
Heideggers Begriff der Erfahrung im Ausgang von „Hegels Begriff der Erfahrung". Geschichte – Wahrheit – Lichtung —— 81

Lucian Ionel
Bewusstsein und Geist. Heideggers Hegel —— 97

Nietzsches Wort „Gott ist tot" (1943)

Alfred Denker
Martin Heideggers „Nietzsches Wort 'Gott ist tot'". Eine Hinführung —— 119

Babette Babich
***Crisis* and *Twilight* in Martin Heidegger's "Nietzsche's Word 'God is Dead'" —— 137**

Wozu Dichter? (1946)

Simona Venezia
„Wozu Dichter?" Gedankengang und Anliegen —— 159

Charles Bambach
Heidegger's "Wozu Dichter?": A Reading —— 175

Der Spruch des Anaximander (1946)

Aleš Novák
Martin Heideggers „Der Spruch des Anaximander". Eine Einführung —— 193

Michael Medzech
Zur werkübergreifenden Bedeutung von Heideggers Auslegung des „Spruchs des Anaximander" —— 205

Auswahlbibliographie —— 227

Hinweise zu den Autorinnen und Autoren —— 233

Personenverzeichnis —— 235

Sachverzeichnis —— 237

Denken auf Holzwegen. Vorwort

Am 19. September 1947 schreibt der Philosoph Max Müller seinem Lehrer Martin Heidegger nach einem Besuch einen ausführlichen Brief. Darin heißt es: „Immer notwendiger erscheint es mir nun doch, daß Sie nun publizieren. Sie müssen sagen, was Sie zu sagen haben." (Heidegger / Müller 2003, 13) Müller skizziert ein „Bändchen" mit Texten Heideggers, das „Vom Wesen des Grundes", „Vom Wesen der Wahrheit", „Was ist Metaphysik?", das „Nachwort zu 'Was ist Metaphysik?'", den später als „Humanismusbrief" bekannt gewordenen Brief an Jean Beaufret, „Platons Lehre von der Wahrheit", die Logikvorlesung des Sommersemesters 1944 und einige Texte zu Hölderlin umfassen soll. Er glaubt, es sei auf Grundlage einer solchen Publikation möglich, „daß auch Ihr neuestes Schaffen publiziert und verstanden werden könnte" (Heidegger / Müller 2003, 13). Nachdrücklich betont er: „Aber es müßte etwas geschehen, daß gerade heute Ihre Stimme zu vielen sprechen kann." (Heidegger / Müller 2003, 14) Das von Müller skizzierte „Bändchen" erschien in der von ihm vorgeschlagenen Zusammenstellung nicht. Viele der von ihm genannten Texte wurden zunächst als Einzelschriften wiederveröffentlicht und 1967 in den Band *Wegmarken* (GA 9) aufgenommen. Von den Texten, die 1950 in *Holzwege* erschienen, nannte er keinen einzigen Text.

Jedoch könnte auch sein Rat – wie auch der Wunsch anderer Weggenossen und des Verlages – dazu geführt haben, dass Martin Heidegger wenige Jahre später – 1949/50 – als erste größere Veröffentlichungen nach dem Zweiten Weltkrieg den Band *Holzwege* der Öffentlichkeit vorlegte. Es war angesichts von Heideggers eigenem, höchst komplexen Denkweg tatsächlich wichtig geworden, dass er etwas publizierte. Seit der Veröffentlichung von *Sein und Zeit* (GA 2) und von *Kant und das Problem der Metaphysik* (GA 3) hatte Heidegger nur äußerst wenig publiziert. Auch Heidegger selbst wollte, nachdem ihm dies wieder möglich war, seine Stimme erheben. Zu seinem 60. Geburtstag am 29. September 1949 erschien in der Tageszeitung *Die Welt* ein auch als Faksimile gedruckter Text mit dem Titel „Holzwege". Dieser programmatische Text lautet:

> Dem künftigen Menschen steht die Auseinandersetzung mit dem Wesen und der Geschichte der abendländischen Metaphysik bevor. Erst in dieser Besinnung wird der Übergang in das planetarisch bestimmte Dasein des Menschen vollziehbar und dieses welt-geschichtliche Dasein als gegründetes erreichbar.
> Die Holzwege sind Versuche solcher Besinnung. Äußerlich genommen geben sie sich als eine Sammlung von Vorträgen über Gegenstände, die unter sich keine Beziehung haben.
> Aus der Sache gedacht steht alles in einem verborgenen und streng gebauten Einklang.
> Keiner der Wege ist zu begehen, wenn nicht die anderen gegangen sind. In ihrer Einheit zeigen sie ein Stück des Denkweges, den der Verfasser von „Sein und Zeit" her inzwischen versucht hat.

> Sie gehen in der Irre.
> Aber sie verirren sich nicht. (GA 13, 91)

Der Sammlung von Aufsätzen stellt Heidegger ein eigenes, wesentlich kürzeres Motto voran:

> Holz lautet ein alter Name für Wald. Im Holz sind Wege, die meist verwachsen jäh im Unbegangenen aufhören.
> Sie heißen Holzwege.
> Jeder verläuft gesondert, aber im selben Wald. Oft scheint es, als gleiche einer dem anderen. Doch es scheint nur so. Holzmacher und Waldhüter kennen die Wege. Sie wissen, was es heißt, auf dem Holzweg zu sein. (GA 5, o. S.)

Beide Texte führen in das Anliegen der *Holzwege* (und auch in das Anliegen von Heideggers spätem Denken) ein. Sie zeigen, dass Heidegger die Sammlung von Aufsätzen nicht willkürlich oder nach irgendwie äußeren Merkmalen – dem Zeitpunkt ihrer Entstehung etwa – zusammengestellt hat. Die Aufsätze stehen, so der erste Text, nicht beziehungslos nebeneinander, sondern befinden sich in einem „Einklang", den zu erkennen freilich eine bestimmte Optik voraussetzt. Sie sind, so das Motto der *Holzwege*, voneinander getrennte oder gesonderte Wege in *einem einzigen* Wald.

Alle Texte der *Holzwege*, so verschieden sie von ihrem Thema, Inhalt und auch denkerischen Stil her sind, verbindet nämlich ein zutiefst innerer Zusammenhang. In ihnen vollzieht Heidegger „vor-bildlich", d. h. vordenkend und weiteres Nachdenken anregend, die „Auseinandersetzung mit dem Wesen und der Geschichte der abendländischen Metaphysik". Damit erhebt er auf der einen Seiten einen sehr hohen Anspruch. Doch zugleich ist seine Denkweise zutiefst bescheiden. Heidegger ist immer auf dem Wege, d. h. er kann keine fertigen Ergebnisse präsentieren, sondern seine Leser nur an seinen Denkwegen teilhaben lassen. Diese sind keine zielstrebigen Wege, keine „Schnellstraßen", die unmittelbar zum Weg führen. Es sind noch nicht einmal Waldwege, die von einem bestimmten Ort zu einem anderen Ort führen. Es sind „Holzwege", also Wege im Wald, die von einem Waldweg abgehen, um dann „im Unbegangenen" zu enden. Diese Wege durchziehen den Wald und haben eine dienende Funktion, da sie dabei helfen, geschlagenes Holz abzutransportieren. Wer sich auf einem Holzweg befindet, erreicht daher kein bestimmtes Ziel. Aber er kann trotzdem Erfahrungen auf dem Holzweg machen. Dies sind Erfahrungen der „Besinnung" – oder besser und noch bescheidener: der „Versuche der Besinnung". Es sind somit Erfahrungen eines Denkens, das sich noch im Wald der Metaphysik auf bereits begangenen Pfaden bewegt, diese nachzeichnet und zu verstehen sucht, dem aber die Metaphysik fragwürdig und zu einer denkerischen Herausforderung geworden ist. Es ist dies eine Erfahrung der „Irre", die aber nicht dazu führt, dass Heidegger sich verirren würde. Es ist nämlich gerade die Erfahrung der Irre, die ihn denkerisch voranbringt und die ihn zurück- und weitergehen lässt. Oder mit einem berühmt gewordenen Satz, den Heidegger wenige Jahre zuvor in „Aus der Erfahrung des Denkens" schrieb: „Wer groß denkt, muß groß irren." (GA 13, 81).

Heidegger setzt sich in den *Holzwegen* mit zentralen Fragen und Autoren der abendländischen Metaphysik auseinander: mit der Frage nach der Kunst und ihrem Ursprung, mit Descartes und der modernen Wissenschaft und Technik, mit Hegel, Nietzsche und der Dichtung Rilkes und Hölderlins wie auch mit dem „Spruch des Anaximander", der, wie Heidegger betont, als ältestes Zeugnis des abendländischen Denkens gilt, um von den allerersten Anfängen her einen Blick auf den Gang der Metaphysik zu werfen. Sein Anliegen besteht dabei nicht nur darin, die Vollendung der Metaphysik in der Neuzeit nachzuzeichnen, sondern auch neue Wege zu erschließen, die aus dem Wald der abendländischen Metaphysik hinausführen könnten. Heidegger nimmt, so sein Selbstverständnis, damit versuchsweise vorweg, was dem Menschen im planetarischen – heute würde man sagen: globalen – Zeitalter seiner Ansicht nach bevorstehe. Seine Fragen sind – das zeigen gegenwärtige Debatten über Künstliche Intelligenz, die Zukunft der Demokratie, das Wesen und die Aufgabe von Sprache oder die Gründe und Folgen der Säkularisierung – auch noch heute von Bedeutung.

Wie schon der Titel der *Holzwege* zeigt, waren Heidegger die Grenzen seiner eigenen „Versuche der Besinnung" bewusst. Immer wieder werden diese Grenzen auch in den Auslegungen dieses Buches deutlich. Heidegger ist kein unumstrittener Denker. Sein Denkweg bleibt kontrovers. Das gilt nicht zuletzt auch angesichts der Tatsache, dass die Texte der *Holzwege* in der Zeit des Nationalsozialismus und unmittelbar nach dem Zweiten Weltkrieg verfasst wurden (es bleibt zukünftiger historisch-philologischer Arbeit überlassen, vor allem bei den vor 1945 verfassten Texten die 1949/50 erschienenen Versionen mit den ursprünglichen Fassungen zu vergleichen; für „Die Zeit des Weltbildes" hat dies Kellerer 2011 geleistet). Wer als Leser ein Schuldbekenntnis Heideggers angesichts seines Rektorates 1933/34 oder eine konkrete Auseinandersetzung mit der geschichtlichen Situation erwartet hat, wird enttäuscht. Auf einer tieferen Ebene findet der Leser jedoch eine, so zeigt sich, bis heute anregende Auseinandersetzung mit der Geschichte und Gegenwart der Philosophie, die auch ein Licht auf die Schreckensgeschichte des 20. Jahrhunderts werfen kann.

Ob und wie Heideggers Deutung der Metaphysikgeschichte überzeugt, wird ohne Frage Thema weiterer Diskussionen bleiben. Doch kann nicht in Abrede gestellt werden, dass Heideggers „Hermeneutik" der Metaphysik in ihrer spekulativen Tiefe zu den eindringlichsten und auch zu den letzten Versuchen gehört, die gesamte Metaphysik in ihrer Geschichte zu deuten. Wer sich mit dieser Geschichte beschäftigt, ohne sie positivistisch auf „Fakten" reduzieren zu wollen, kommt schwerlich an Heidegger vorbei. In der Auseinandersetzung mit seinen Denkwegen kann es jedoch nicht darum gehen, sein Denken nur zu paraphrasieren. Das wäre nicht im Sinne Heideggers. Es kann nur darum gehen, in eine kritische Auseinandersetzung mit seinem Denken einzutreten. Und das bedeutet, wie das Beispiel Heideggers zeigt, sich selbst auf die Holzwege des Denkens zu begeben.

Der vorliegende Band unternimmt aus verschiedenen Perspektiven Annäherungen an die *Holzwege*. Jedem Text der *Holzwege* sind zwei Aufsätze gewidmet. Dabei gibt es eine gewisse Aufgabenteilung zwischen beiden Aufsätzen. Während der erste Aufsatz kritisch in den Gedankengang seines jeweiligen Referenztextes einführt, wichtige „Begriffe" und Einsichten Heideggers in ihren Zusammenhängen erörtert und in der Regel auch eine kritische Stellungnahme zu den Grenzen und zur philosophischen Bedeutung des jeweiligen Textes unterbreitet, stellt sich der zweite Aufsatz die Aufgabe, Heideggers Gedanken im weiteren Horizont seins Denkweges oder der Geschichte der Philosophie zu verorten und dabei seine bleibende Relevanz zu zeigen.

Am Ende des Weges, der zur Veröffentlichung dieses Bandes geführt hat, möchte ich sehr herzlich danken: Otfried Höffe für seine freundliche Einladung, diesen Band im Rahmen der Reihe „Klassiker auslegen" herauszugeben; Dr. Serena Pirrotta und Anne Hiller vom Verlag Walter de Gruyter für ihre sachkundige und geduldige Begleitung auf dem Wege und den Autorinnen und Autoren für ihre Versuche der Besinnung über Martin Heidegger und seine *Holzwege*.

Erfurt, am 26. Mai 2023   Holger Zaborowski

Zitierweise und zu den Editionen der *Holzwege*

Heideggers Werke werden nach der Gesamtausgabe (Frankfurt am Mai 1975 ff.) zitiert. Bei Referenzen auf einzelne Bände wird nach dem Kürzel „GA" der jeweilige Band und bei Zitaten oder einem konkreten Textverweis wird bzw. werden zusätzlich nach einem Komma die entsprechende Seitenzahl bzw. die entsprechenden Seitenzahlen genannt.

Die *Holzwege* erschienen erstmals im Verlag Vittorio Klostermann (Frankfurt am Main) 1949/50; 1952 erschien eine 2., unveränderte Auflage; 1957 eine 3., unveränderte Auflage; 1963 eine 4. und 1972 eine 5. Auflage. 1980 erschien die 6. Auflage; dabei wurde der Neusatz des Textes für den *Holzwege*-Band der Gesamtausgabe verwendet (hrsg. von Friedrich-Wilhelm von Herrmann, Frankfurt am Main 1977, ²2003; hierbei handelt es sich um den unveränderten Text der Einzelausgabe mit einer Auswahl von Randbemerkungen Heideggers aus seinen Handexemplaren; bei „Der Ursprung des Kunstwerkes" wurde in dieser Ausgabe und dann auch in der Einzelausgabe der *Holzwege* die neu durchgesehene, geringfügig überarbeitete, um einen Zusatz ergänzte und mehr Absätze vorweisende Fassung genutzt, die 1960 im Rahmen der Reclam-Universalbibliothek veröffentlicht wurde). Ab der 7. Auflage der Einzelausgabe (1994) wurden auch die zuvor nur im Rahmen der Gesamtausgabe veröffentlichten Randbemerkungen Heideggers in die Einzelausgabe aufgenommen. Ab dieser 7. Auflage sind die Einzelausgabe der *Holzwege* und die Ausgabe der *Holzwege* im Rahmen der Gesamtausgabe text- und seitenidentisch. Von der Einzelausgabe erschien 2003 eine 8. Auflage und 2015 eine 9., unveränderte Auflage (vgl. zu den verschiedenen Ausgaben und Editionen der *Holzwege* auch das Nachwort des Herausgebers Friedrich-Wilhelm von Herrmann, GA 5, 376 ff.).

Der Ursprung des Kunstwerkes (1935/36)

Rolando González Padilla
Der Ursprung des Kunstwerkes.
Zur Offenbarung der Dreiheit der Welt

1 Zwischenzeit der Ausgesetztheit. Der Versuch einer Einleitung

Heideggers Phänomenologie zeichnet sich durch die besondere Rolle, die den Grundstimmungen für den existenziellen Vollzug der Philosophie zugesprochen wird, aus. Diese erschließen den Bereich, innerhalb dessen das Sein thematisch begriffen werden bzw. innerhalb dessen die Phänomenologie zu ihrer *Sache* – dem thematischen Begreifen des Seins des Seienden – gelangen kann. So hängt die Philosophie ursprünglich von einer radikalen existenziellen Erschütterung ab, welche den jeweiligen Denker in die Lage versetzt, aus dem *Nichts* seine Existenz bzw. seine Welt wiederaufbauen und so neu anfangen zu können. Es lässt sich sagen, dass der Zerstörung der alten und vertrauten Welt, die die Philosophie mit sich bringt und benötigt, ausschließlich durch Grundstimmungen zu begegnen sei, welche lediglich von Denkern und Dichtern in einem ursprünglichen Sinne zu ertragen seien.

Eine solche Erschütterung weisen Heideggers Leben und Philosophie der ersten Hälfte der 1930er Jahre auf. Nicht nur die unbeantwortete Frage in *Sein und Zeit* nach dem Sinn von Sein überhaupt und dementsprechend das Scheitern der Fundamentalontologie und aller Versuche, das Sein auf eine transzendentale Weise – d. h. aus der Sicht eines Subjekts oder eines neutralen und leiblosen Daseins – zu begreifen, sondern auch das Misslingen des Rektorats in Freiburg und damit auch das Ausbleiben eines neuen geschichtlichen Anfangs der Philosophie zeigen, dass die Heidegger'sche Welt der 1920er Jahre von Grund auf „aufgerissen" wurde. Von den alten Göttern – darunter Kant und vermutlich auch Hitler – verlassen und dem Nichts und dem Absturz ausgesetzt ringt Heidegger nach 1934 um neue Verbindlichkeiten bzw. um einen neuen Anfang. Dieses Ringen führt ihn zu anderen Quellen und denkerischen Erfahrungen, welche die in *Sein und Zeit* phänomenologisch beschriebene Erfahrung der Grundstimmung der Angst wiederaufleben lassen, indem Heidegger gegen alle verbliebenen Resten des Nihilismus eine neue Eigentlichkeit der Philosophie zu erreichen versucht. Um das Ende der Philosophie bzw. der Metaphysik zu denken und so den Nihilismus überwinden zu können, muss die Frage nach dem Ursprung, d. h. nach dem Grund und Abgrund, neu gestellt werden. Dabei spielt nicht nur die Auseinandersetzung mit Nietzsche eine wichtige Rolle, sondern auch die „Konfrontation" mit Hölderlins Dichtung und Schellings Freiheitsschrift.

Die neuen Wege, die Heidegger in diesen denkerischen Auseinandersetzungen zu gehen versucht, werden auch von neuen Begrifflichkeiten begleitet, welche im Wesentlichen darauf fokussiert sind, das Ereignis der Wahrheit des Seins in einer (meta-)geschichtlichen Perspektive zu denken oder das (meta-)geschichtliche Geschick des Seins und seine denkerisch-epochalen Aneignungen phänomenologisch zu erfassen. Dies sollte als Anstoß für einen neuen geschichtlichen Anfang der Philosophie dienen, welcher von einer neuen geschichtlichen Grundstimmung zu ermöglichen, zu erschließen und auch zu ertragen ist. So bezeichnet die in diesem Kontext vollzogene sogenannte *Kehre* die Wendung von der Rückbindung des Sinns an den Menschen zur geschichtlichen Schenkung des Seins *selbst* durch verschiedene epochale Konstellationen von Sinn, innerhalb derer Bedeutungen ausgemacht werden.

Wie werden dennoch die verschiedenen Horizonte von Sinn eröffnet und durch wen geschieht dies? Wie und von wem werden dann die für eine Epoche kennzeichnenden Bedeutungen festgelegt? Und wenn sich das Sein jetzt nicht mehr auf das Seinsverständnis des Menschen reduzieren oder beschränken lässt, welches Verhältnis zwischen dem Sein und dem Menschen setzt dieses geschichtliche Seinsereignis voraus? Im Rahmen der Vorlesungen über Hölderlin und Schelling in den Jahren 1935 und 1936 und unmittelbar vor dem Verfassen der *Beiträge zur Philosophie* (1936–1938) schreibt Heidegger den Aufsatz „Der Ursprung des Kunstwerkes", der als Brücke zum neuen Anfang seines Denkens zu verstehen ist, indem er in ontologischen Überlegungen, die weit über den Bereich der Kunst und ihrer traditionell-ästhetischen Auslegung hinausgehen, den gerade gestellten Fragen ursprünglich nachgeht. Im Folgenden wird versucht, den Gedankengang Heideggers in seinem Aufsatz mit Blick auf die aufgeworfenen Problematiken bzw. auf die Wendung zum seinsgeschichtlichen Denken zu rekonstruieren.

2 Die Frage nach dem Ursprung

Heideggers Krise der 1930er Jahre bzw. die Unmöglichkeit, die von ihm eingegangenen Wege der Fundamentalontologie weiter vorantreiben zu können, spiegelt sich nach 1934 in einem ständigen Versuch wider, eine neue Begründung bzw. einen neuen Anfang der Philosophie zu finden. Neu anfangen zu können, bedeutet für Heidegger, zum Ursprung zurückkehren zu müssen. Ein kurzer Blick auf seine Vorlesungen über Hölderlin und Schelling in diesen Jahren zeigt, wie die „alte" phänomenologische Frage nach dem Ursprung auf eine entscheidende Weise ständig in den Vordergrund der Argumentation rückt. Letztendlich macht diese

Frage die Phänomenologie in ihrem Wesen aus, insofern sie sämtliche Vorurteile der Auslegung abbaut, damit die philosophische Betrachtung der „Sache selbst" entspringen kann, da „der Ursprung von etwas [...] die Herkunft seines Wesens" (GA 5, 1) sei, wie Heidegger im dritten Satz seines Aufsatzes über das Kunstwerk betont. Es handelt sich hierbei deshalb nicht um eine Auslegung des Kunstwerkes oder der Kunst durch die festgelegten und verdorrten Kategorien und Begriffe der Ästhetik oder der abendländischen Metaphysik, sondern um eine „phänomenologische Übung", die den Versuch unternimmt, das Kunstwerk aus seinem Wesen heraus bzw. aus seinem Ursprung heraus zu erschließen, und das heißt sich anzueignen, woher und wodurch diese „Sache" – das Kunstwerk – das ist, was es ist (vgl. GA 5, 1).

Allerdings taucht an dieser Stelle die Frage auf, warum sich Heidegger, ohne dass er die Entfaltung einer Ästhetik beabsichtigte, für die Frage nach dem Ursprung als Bedingung der Möglichkeit eines neuen Anfangs ausgerechnet dem Kunstwerk zuwendet. Wenn es in der Frage nach dem Ursprung hauptsächlich um die Herkunft des Sinnes – nämlich des „Sinns des Seins" – geht, wie sich aus dem gesamten Heidegger'schen Denkweg und nicht nur aus *Sein und Zeit* aufzeigen lässt, stellt sich die Frage, inwieweit die Fokussierung auf das Kunstwerk zur Entschlüsselung dieser Frage beiträgt. Stellt das Kunstwerk ein beliebiges Motiv, einen Umweg oder einen willkürlichen Versuch für diese Aufgabenstellung dar oder zeichnet sich im Kunstwerk bereits ein möglicher Horizont für die Antwort auf die Frage nach der originären Herkunft des Sinnes vor?

Wenn man berücksichtigt, dass der frühe Heidegger gar kein oder nur sehr wenig Interesse, zumindest im philosophischen Sinne, an der Kunst gezeigt habe (vgl. Zaborowski 2022), überrascht es, dass er nach seiner Krise so viel Wert auf einen Text zum Kunstwerk gelegt hat, der als Weg, und zwar als Holzweg, zu einem neuen Anfang im Unbegangenen führen sollte (vgl. GA 5, Motto). Es geht jedoch für Heidegger nicht um die Kunst um ihrer selbst willen, sondern darum, was sich in der Kunst bzw. in den eigentlichen Kunstwerken ereignet und was hierdurch eröffnet wird. Darauf verweist beispielsweise die Dichtung Hölderlins in ursprünglicher Weise. Wenn sich Heidegger nach 1934 auf der Suche nach einem neuen Anfang bzw. einem neuen Ursprung so stark mit Hölderlin auseinandersetzte, könnte dies vor allem geschehen sein, weil Hölderlin den Ursprung dichtet und so einen neuen Anfang vorzeichnet, indem er den Grund dafür auftut. Hölderlin war nach Heideggers Auffassung ein Dichter des Ursprunges. Was aber bedeutet dies?

In den eigentlichen Kunstwerken – wie z. B. in der Dichtung Hölderlins – wird Sinn auf eine ursprüngliche Weise gestiftet und nicht aufgrund der Gaben des Künstlers. Beide, Kunstwerke und Künstler, erhalten ihren Namen, d. h. ihren Sinn, durch die Kunst (vgl. GA 5, 1). Doch fragt sich Heidegger: „Aber kann denn die Kunst überhaupt ein Ursprung sein"? (GA 5, 1) In der Kunst versammeln sich Künstler und

Werk, sodass gesagt werden könnte, dass beide der Kunst entspringen, d. h. ihren Ursprung in der Kunst finden. Nicht nur wird hierbei von der geläufigen Meinung abgewichen, welche die Kunstwerke auf das Genie der Künstler zurückführt, sondern „die Frage nach dem Ursprung des Kunstwerkes wird zur Frage nach dem Wesen der Kunst" (GA 5, 2). Weil aber „die Kunst [...] im Kunstwerk" (GA 5, 2) wese, muss zunächst festgestellt werden, inwiefern sich ein Werk als Kunstwerk betrachten lässt, also was das Künstlerische an den Kunstwerken sei. Heidegger, der an die Grenzen des Subjektivismus in *Sein und Zeit* gestoßen war und auf die alten „Götter", wie bereits angedeutet, verzichten musste („Götter", die außerdem das subjektivistisch-anthropozentrische Modell verstärkten und in ihrem Denken und Handeln davon ausgingen), gibt schon am Beginn seines Aufsatzes eine mögliche subjektivistische Perspektive auf, sodass sich erahnen lässt, dass es ihm jetzt nicht um ein neutrales Dasein geht, welches den Sinn durch die von ihm aufgemachten Bezüge der Bedeutsamkeit konstituiert, sondern diesmal, in Anlehnung an das nie aufgegebene Prinzip der Phänomenologie, um die Sachen selbst, und d.h. hier konkret: um die Dinge selbst. Die Dinge selbst müssen sprechen, man muss sie sprechen lassen. Wenn das Kunstwerk seinen Ursprung in der Kunst und nicht im Künstler haben sollte, dann muss sich dies vom Kunstwerk aus selbst ergeben, indem man das Kunstwerk sprechen lässt, wofür zunächst seine Dinghaftigkeit beachtet werden muss, in der das Künstlerische bzw. die Kunst in Erscheinung tritt, denn „die Werke sind so natürlich vorhanden wie Dinge sonst auch" (GA 5, 3).

3 Zwischenbetrachtung: Ding, Zeug, Werk

Als erste phänomenale Tatsache muss eingeräumt werden, dass es sich bei einem Kunstwerk um ein Ding handelt, mit dem wir fortlaufend in der Alltäglichkeit, in der Faktizität unseres Lebens, zu tun haben. Kunstwerke, so Heidegger, seien gewöhnliche Dinge geworden, welche bestimmte Funktionen und Zwecke des Zusammenlebens erfüllen. Da aber Dinge so dermaßen alltäglich und gewöhnlich geworden sind und wir uns mit dem Wort „Ding" immer schon auf einen bestimmten Inhalt bzw. ein konkretes Seiendes beziehen, denken wir üblicherweise nicht darüber nach, was ein Ding als solches ausmacht, das heißt was das Dinghafte an den Dingen sei. Dies verrät allerdings zugleich, dass bei den alltäglichen Meinungen und Vorstellungen ein ontologischer Begriff des Dinghaften vorausgesetzt wird und dass von diesem ausgegangen wird, wenn Dinge als solche benannt werden. Diesen der abendländischen Philosophiegeschichte zugrundeliegenden ontologischen Begriff des Dings entfaltet Heidegger folgendermaßen:

3.1. Der erste der drei jeweiligen Begriffe deutet das Ding als einen Träger (Substanz) von Eigenschaften (Akzidenzien). Nach Heideggers Auffassung werde dadurch „die fortan maßgebende Auslegung der Dingheit des Dinges gegründet und die abendländische Auslegung des Seins des Seienden festgelegt" (GA 5, 7). Es handelt sich hierbei um die griechische Unterscheidung von ὑποκείμενον, ὑπόστασις und συμβεβηκός (diese Begriffe wurden dann ins Lateinische als *subiectum, substantia* und *accidenz* übertragen). Diese Auslegung gibt außerdem, wie Heidegger betont, den Rahmen für den Satzbau vor, nämlich als „Verknüpfung von Subjekt und Prädikat" (GA 5, 8), sodass sich Dinge nach der geläufigen Meinung *in Wahrheit* in der Struktur des Aussagesatzes widerspiegeln sollen. Dies bedeutet, dass man den Kern der Dinge nur dann fassen kann, wenn auch die Aussagen über sie *richtig* sind, was zugleich andersherum bedeutet, dass die Aussagen dem Aufbau der Dinge nach der Differenzierung zwischen Substanz und Akzidenzien entsprechen sollen. Es geht hier hauptsächlich um den traditionellen metaphysischen Wahrheitsbegriff als *adaequatio* (Übereinstimmung oder Angleichung) von Ding und seiner durch Aussagen festgelegten Definition, von dem sich Heidegger bereits in den Anfängen seines Denkens entscheidend abgegrenzt hat, da dieser Wahrheitsbegriff in der metphysischen Tradition nicht ausreichend bedacht worden sei, irreführend bleibe und die ursprüngliche Erfahrung des anfänglichen griechischen Denkens missverstehe und so verschleiere. Nach Heideggers Kritik an diesem Wahrheitsbegriff im Rahmen seiner Überlegungen über die Dingheit des Dinges und dementsprechend des Kunstwerkes

> gibt weder der Satzbau das Maß für den Entwurf des Dingbaues, noch wird dieser in jenem einfach abgespiegelt. Beide, Satz- und Dingbau, entstammen in ihrer Artung und in ihrem möglichen Wechselbezug einer gemeinsamen ursprünglicheren Quelle. (GA 5, 9)

3.2. Die zweite traditionelle Auslegung des ontologischen Charakters des Dings, seiner Dingheit, begreift es als die Einheit einer Empfindungsmannigfaltigkeit (vgl. GA 5, 15), das heißt als „das in den Sinnen der Sinnlichkeit durch die Empfindungen Vernehmbare" (αἰσθητόν; GA 5, 10). Nach dieser Perspektive treten Dinge auf, indem sie empfunden werden. Unsere Empfindungen vermitteln zwischen den Dingen und unserem Erkenntnisprozess oder, genauer formuliert, die begriffliche Aneignung der Dinge beginnt mit ihrer sinnlichen Erfahrung. Dinge können nur verstanden werden, indem sie vorher in der sinnlichen Erfahrung gegeben und dadurch empfunden werden. Nach diesem erkenntnistheoretischen Begriff des Dings, welcher im Grunde die kantische Philosophie ausmacht und die wissenschaftliche Methodik stark geprägt hat, stellt die sinnliche Empfindung, d. h. die leibliche Erfahrung, den notwendigen Unterbau für das Verständnis oder für die Erkenntnisse, die in der Abstraktion erworben werden, dar. In wenigen Sätzen, die seine frühen Vorlesungen in Erinnerung rufen, rückt Heidegger von diesem zweiten Dingbegriff ab: „Viel näher als alle Empfindungen sind uns die Dinge selbst." (GA 5, 10) Wir fänden die Dinge nicht in den reinen Empfindungen, sondern in unserem täglichen atheoretischen Umgang mit ihnen, der immer ein Verständnis von ihnen offenlegt. Nach Heideggers Phänomenologie sind unsere Empfindungen immer mit einem gleichursprünglichen Seinsverständnis verwoben.

3.3. Die dritte Deutung des Dings geht von einem Zusammenhang zwischen Stoff (ὕλη) und Form (μορφή) aus. Bei den Dingen handelt es sich um einen Stoff, der geformt wird, also um einen geformten Stoff (vgl. GA 5, 11). Obwohl und gerade weil diese „Unterscheidung von Stoff und Form [...] *das Begriffsschema schlechthin für alle Kunsttheorie und Ästhetik*" (GA 5, 12) sei, fragt sich Heidegger, nach welchem Modell bzw. nach welchem Seienden diese Auslegung zustande gekommen sei, damit nicht nur festgestellt werden könne, ob diese Dingdeutung geeignet dafür sei, das Wesen und die Herkunft des Kunstwerkes phänomenologisch zu erschließen, sondern auch, ob dieses Modell überhaupt selbst der Dingheit des Dings gerecht werden könne. Bereits in der Vorlesung *Die Grundprobleme der Phänomenologie* (GA 24) erklärt Heidegger, dass das Modell der Herstellung den Horizont für die traditionell-metaphysische Deutung des Seins, d. h. der Seiendheit des Seienden, bilde. Diese Auslegung richtet sich deshalb nach dem Seienden, welches hergestellt wird, d. h. nach dem Zeug. Dinge seien angefertigtes Zeug in einem Herstellungsprozess, bei dem ein bestimmter Stoff eine gewisse Form annimmt. So wie Heidegger darlegt, sei durch die biblische Schöpfungserzählung dann der ontologische Begriff dieser besonderen Art des Seienden auf das Ganze des Seienden bzw. der Dinge übertragen worden, welches „als Geschaffenes, und d. h. hier Angefertigtes, vorgestellt wird" (GA 5, 14).

Zum Wesen des hergestellten Zeuges gehört aber auch die Dienlichkeit, weil es unbedingt eine Funktion innehaben muss und dafür vom Menschen hergestellt wird. Geht man allerdings nicht vom biblischen Narrativ aus, welches allem (Naturdingen und Menschen) wenn nicht eine Funktion zugesprochen, so doch wenigstens im Hinblick auf einen Zweck gedacht hat und Gott wie den Handwerker par excellence konzipiert hat, erkennt man, dass sich Dinge und insbesondere Naturdinge nicht ursprünglich durch ihre Dienlichkeit auszeichnen. Sie können ohne Zweifel für bestimmte Dienste des gemeinsamen Lebens in Anspruch genommen werden. In diesem Fall müssen sie verarbeitet und d. h. in Zeug umgewandelt werden. An sich selbst weisen sie jedoch keine Dienlichkeit hinsichtlich der menschlichen Existenz auf. Ähnliches geschieht mit den Kunstwerken: Gewiss streben die meisten Künstler mit ihren Werken Ziele an, und die Kunst trägt immer mehr zur Verwirklichung besonderer Ideale bei, aber an sich selbst sind die Kunstwerke – die eigentlichen! – selbstgenügsam. Man sagt etwa, dass sie eine eigene und sogar von Zwecken oder Interessen unabhängige Existenz haben. Wer würde beispielsweise die Wirklichkeit der Welt von Don Quijote oder von Faust in

Frage stellen? Ihre jeweiligen Welten hängen nicht mehr von Miguel de Cervantes oder von Goethe ab.

Die Übertragung des ontologischen Charakters des Zeugs auf das Ganze des Seienden stellte insofern eine Beschränkung der Metaphysik dar, als das Sein des Seienden im Ganzen nach der ontologischen Verfassung einer besonderen Art des Seienden begriffen wurde. Es ist daher kein Zufall, dass das Zeugmodell weder die Dingheit des Dings noch das Künstlerische des Kunstwerkes erfassen kann.

4 Vom Zeughaften des Zeuges zum Werkhaften des Werkes

Die Darlegung der drei Arten und Weisen, wie das Dinghafte des Dings im Laufe der Metaphysikgeschichte begriffen worden ist, zeigt auf, dass sich das abendländische Denken gerade wegen der Vorherrschaft der Theoretisierung ausgerechnet von den Dingen ferngehalten hat. Weil außerdem das Zeugmodell die ontologische Auslegung vorbestimmt habe und selbst das Zeug in seinem Zeugsein nicht ausreichend, d. h. unabhängig von den Vorbegriffen (Stoff und Form) der Theorie, bedacht worden sei, gelte es nach dem Zeughaften des Zeuges „ohne eine philosophische Theorie" (GA 5, 18) zu fragen. Heidegger versucht hierbei, einen Weg zu eröffnen, welcher von der phänomenologischen Aufdeckung des Zeughaften des Zeuges zum Werkhaften des Werkes führt und dabei die Dingheit des Dings offenbart.

Die Dienlichkeit wird sich dadurch nicht als der ursprünglichste Charakter des Zeuges erweisen. Um dies festzustellen, wählt Heidegger ein Beispiel, bei dem es sich um eine künstlerische Darstellung eines Zeuges handelt: das 1886 von van Gogh gemalte Bild „Schuhe". Was lässt dieses Gemälde über das Zeughafte des Zeuges erkennen? Wenn die Frage nach dem Zeughaften des Zeuges bei der Suche nach dem Werkhaften des Werkes hätte helfen sollen, so stellt sich die Frage, warum Heidegger jetzt versucht, in einem Kunstwerk, in dem ein Zeug unabhängig von seiner Dienlichkeit dargestellt wird, das Zeughafte zu finden. Wie die getragenen Schuhe getragen werden, ist auf diesem Bild nicht zu sehen. Wäre dies der Fall gewesen, wären die Schuhe für die philosophische Betrachtung bzw. für das phänomenologische Hinsehen verschwunden. Das Zeug verschwindet in seiner Dienlichkeit. Was kann aber ein Paar Schuhe über ihr Tragen hinaus offenbaren?

Nach Heideggers Auffassung schwinge

> in dem Schuhzeug [...] der verschwiegene Zuruf der Erde, ihr stilles Verschenken des reifenden Korns und ihr unerklärtes Sichversagen in der öden Brache des winterlichen Feldes. Durch dieses Zeug zieht das klaglose Bangen um die Sicherheit des Brotes, die wortlose Freude des Wiederüberstehens der Not, das Beben in der Ankunft der Geburt und das Zittern in der

> Umdrohung des Todes. Zur *Erde* gehört dieses Zeug und in der *Welt* der Bäuerin ist es behütet. Aus diesem behüteten Zugehören ersteht das Zeug selbst zu seinem Insichruhen. (GA 5, 19)

In den getragenen Schuhen versammeln sich Welt und Erde. Heidegger nennt diesen Doppelbezug, der sich in dem Paar Schuhe bzw. im Zeug bekundet, die Verläßlichkeit, kraft derer „die Bäuerin [...] in den schweigenden Zuruf der Erde" eingelassen und „ihrer Welt gewiß" sei (GA 5, 19). Die Bäuerin kann sich durch das Schuhzeug auf Welt und Erde in ihrem Sich-gegenseitig-Bedingen verlassen, weil sich in den Schuhen eine Aneignung beider ereignet, und dies bedeutet, dass, so wie sich die Bäuerin stets mit den bestehenden Möglichkeiten und Bedeutungen ihrer Welt vertraut macht und im sicheren Ort fühlt, sie auch mit dem unvorhersehbaren und überschüssigen Andrang (mit der Wut) der Erde rechnen muss, welcher alles jäh widerrufen kann. Die Dienlichkeit beruht darum auf der Verläßlichkeit, weshalb diese den ursprünglich ontologischen Charakter des Zeugs, sein Zeugsein, ausmacht (vgl. GA 5, 20). Nur indem man sich auf ein Zeug verlassen kann, kann es einer bestimmten Funktion dienen.

Bereits an dieser Stelle kann eine Wendung der ontologischen Auslegung angemerkt werden oder, anders formuliert, zeichnet sich in Heideggers Denken eine neue Richtung ab, welche einen neuen Ausgangspunkt bezüglich des Weltbegriffes erahnen lässt. Mit Blick auf eine phänomenologische Erörterung des Seins des innerweltlichen Seienden ist in *Sein und Zeit* die Seinsstruktur des Zeuges aus der vom Menschen bzw. Dasein durch sein Seinsverständnis konstituierten Verweisungsganzheit verstanden worden. Das Sein des Zeuges hängt vom Seinsverständnis des Menschen ab, der eine Welt, d. h. eine Verweisungsganzheit, die als Bedeutsamkeit zu verstehen gilt, eröffnet. Das Zeug erfüllt bestimmte Funktionen, die in dieser Verweisungsganzheit vorgegeben werden. Daher wird das Sein des Zeuges hinsichtlich seines Verweisungscharakters oder seiner Verwiesenheit bzw. das Sein des innerweltlichen Seienden als Bewandtnis innerhalb einer Bewandtnisganzheit erfasst, die auf das Worumwillen des Daseins zurückgeht (vgl. GA 2, § 18; González Padilla 2022, 43–60).

Die Verläßlichkeit, mit der das Zeugsein im Aufsatz über das Kunstwerk definiert wird, hebt andersherum das Sich-Verlassen des Menschen auf eine Welt bzw. auf ein Zusammenspiel von Welt und Erde hervor, welche(s) nicht ursprünglich auf den Menschen zurückgeht. Die Verläßlichkeit bzw. das Sich-Verlassen schließt eine gewisse Unsicherheit ein, weshalb man das, worauf man sich verlässt, nicht unter Kontrolle haben kann.

Im Schuhzeug leuchtet dementsprechend ein kosmisch überschüssiges Gegenspiel auf, das von der Bäuerin in ihrem Gehen zwischen den Äckern ausgehalten wird. Insofern handelt es sich um das Treffen von Endlichkeit und Unendlichkeit, darum, dass die Bäuerin sich der kosmischen (Natur-)Mächte aussetzt, die jeden

Horizont übertreffen und widerrufen können. Der Mensch erfährt im Zeug einen Halt inmitten der Weite des Universums. Er schafft sein Leben, indem er sich bestimmten Dingen als Zeug bedient, die ihn mit den notwendigen Mitteln für die Entfaltung seines weiteren Weges ausrüsten. Es überrascht deshalb nicht, dass in der heutigen technischen Welt das Zeug immer deutlicher und auch eindringlicher als „Glücksmacher" verkauft wird. Es geht immer mehr darum, das „richtige" Zeug dabei zu haben, nicht um sich die „bedrohliche" Welt aneignen zu können, sondern vielmehr, um diese beherrschen zu können, womit sie jedoch zum Ort einer zunehmenden unheimlichen Verwüstung wird, weil sich die Verläßlichkeit in eine mathematisch-rechnerische Herrschaft über die Umwelt transformiert.

Im ursprünglichen Verhältnis der Bäuerin zum Schuhzeug zeigen sich zugleich der überschüssige Charakter des Zusammenspiels von Welt und Erde bzw. des Kosmos und die ohnmächtige menschliche Endlichkeit, die sich in dieser ungeheuren Weite zu bejahen versucht. Die Welt wird daher nicht im existenziellen Sinne interpretiert, d. h. als die Bezüge einer Verweisungsganzheit, die von einem neutralen Dasein entworfen werden und innerhalb derer es seine Existenz ausbildet. Um aber zu verstehen, welcher neue Weltbegriff sich hier ankündigt und wie diese Zusammenfügung bzw. dieses Ringen zwischen Welt und Erde aufzufassen ist, müssen wir zum Kunstwerk zurückkehren, da, wie Heideggers eigens betont, es „zu wissen [gab], was das Schuhzeug in Wahrheit ist" (GA 5, 21). Daher eröffne es

> das Sein des Seienden. Im Werk geschieht diese Eröffnung, d. h. das Entbergen, d. h. die Wahrheit des Seienden. Im Kunstwerk hat sich die Wahrheit des Seienden ins Werk gesetzt. Die Kunst ist das Sich-ins-Werk-Setzen der Wahrheit (GA 5, 25).

5 Werksein des Werkes: Aufstellung einer Welt und Herstellung der Erde

Um dieses im Kunstwerk vollziehende Wahrheitsereignis, die Entbergung des Seins des Seienden, veranschaulichen und erläutern zu können, greift Heidegger auf ein anderes Beispiel zurück. Er appelliert an die Bedeutungskraft eines griechischen Tempels, um die Kunst, die große Kunst, wovon hier allein die Rede sei (vgl. GA 5, 26), für sich erschließen zu können. In diesem Bauwerk zeigt sich das Geschick des griechischen Volkes. Es ist das ursprüngliche Zeichen einer Gestalt des Wahrheitsereignisses der Seinsgeschichte. Der Tempel hält eine bestimmte geschichtliche Konstellation von Bedeutungen fest und bringt sie zum Vorschein. In ihm erscheint die griechische Welt. Die Welt ist eben deshalb auch geschichtlich bzw. epochalbezogen gemeint; sie offenbart die konkreten Bedeutungen eines bestimmten Volkes.

Heidegger wendet sich diesbezüglich entschieden gegen den existenziellen Weltbegriff, der eine neutrale Bedeutsamkeit voraussetzt. Im Gegensatz dazu bezeichnet die Welt den spezifischen offenen Zeitraum, innerhalb dessen sich das Leben geschichtlich verwirklichen kann. Es gibt daher nicht die (*eine*) Welt, sondern die Welten, d. h. Aneignungen der Wahrheit, die in bestimmten Zusammenhängen von Bedeutungen zum Ausdruck gelangen. Jede Welt geht aber auf der Erde auf, sodass diese den verschlossenen Grund für die geschichtlichen Gesichter der Wahrheit bietet. In dieser Hinsicht hält der Tempel die Offenheit der Welt und die Verschlossenheit der Erde zusammen; er „eröffnet dastehend eine Welt und stellt diese zugleich zurück auf die Erde, die dergestalt selbst erst als der heimatliche Grund herauskommt" (GA 5, 28). Diese Doppelbezogenheit des Kunstwerkes interpretiert Heidegger im Sinne der Errichtung oder Aufstellung einer Welt und der Herstellung der Erde. Beide seien „zwei Wesenszüge im Werksein des Werkes" (GA 5, 34). Während Ersteres die Erschließung des offenen und freien Raum-Zeit-Gefüges, in dem „alle Dinge ihre Weile und Eile, ihre Ferne und Nähe, ihre Weite und Enge" (GA 5, 31) bekämen, bedeutet Letzteres, dass die Erde ins Offene als das Sichverschließende gebracht werde (vgl. GA 5, 33).

Dieser im Kunstwerk leuchtende Widerstreit von Welt und Erde erinnert an die von Heidegger in seiner Vorlesung im Sommersemester 1936 thematisierte Schelling'sche Unterscheidung von Natur und Existenz. So wie bei Schelling die nach Unabhängigkeit strebende Existenz der sich wiederholenden Rückkehr zur Natur bedarf, um sich geschichtlich entfalten zu können, geht Heidegger in seinem Kunstwerk-Aufsatz von einer Differenzierung zwischen einer metageschichtlichen (Erde) und einer seinsgeschichtlichen Dimension (Welt) aus. Hierbei stellt die Erde den überschüssigen und insofern unerschöpflichen Urgrund für die widerrufbaren Aneignungen der Wahrheit, d. h. für die Möglichkeit pluraler Welten dar. Dieses sich im Kunstwerk ereignende Gegenspiel fasst Eugen Fink in seiner 1949 und dann 1966 erneut gehaltenen Vorlesung *Welt und Endlichkeit* folgendermaßen zusammen:

> Im Kunstwerk aber sind diese beiden Wesenszüge, das Aufstellen von Welt und das Herstellen von Erde, nicht bloß beisammen und vereinigt. Sie haben eine eigene Weise der Einheit: die Einheit des *Streites*. Welt und Erde sind im Kunstwerk im Streit miteinander, das Offene, Gelichtete, Verstehbare und das Verschlossene, Dunkle, Unverständliche, die geschichtliche Welt und der ungeschichtliche tragende Urgrund. Welt und Erde haben je am andern ihre Begrenzung, aber nicht im Sinne einer ruhigen Trennungslinie. Welt und Erde wollen jeweils alles sein. In ihrem Kampf aber eröffnen sie gerade das Offene, das Heidegger das „Da" nennt. (Fink 1990, 174)

Indem sich die Wahrheit in der Bestreitung dieses offenen Bereiches, in dem der Mensch da ist und sein kann, ereignet und nicht auf das menschliche Seinsverständnis zu reduzieren ist, kann in diesem Aufsatz von einer „Entmenschung" der Wahrheit gesprochen werden (vgl. Bruzina 1990, 34–35). Der Mensch verfügt nicht über die Wahrheit, sondern er ist *in* der Wahrheit, d. h. in der Mitte zwischen Welt und Erde, Lichtung und Dunkelheit. Dadurch wird auch die Welt entmenscht, sodass von einer kosmologischen Wendung des Weltbegriffes ausgegangen werden kann. Die Erde, wie Fink nachdrücklich formuliert, „als der ungefüge Zusammenhalt, der alle abgerissenen, vereinzelten Seienden umfängt und in seiner verschlossenen Tiefe verwurzelt, ist *Welt im kosmischen Sinne*" (Fink 1990, 175).

Es geht in Heideggers Kunstwerk-Aufsatz hauptsächlich, wie bereits am Anfang erwähnt, um die Frage nach dem Ursprung des Sinnes. Die Lichtung, konzipiert als der Horizont des Sinnes, innerhalb dessen der Mensch Bedeutungen erblicken und begreifen und so eine geschichtliche Welt aufbauen kann, ist nicht ausschließlich im Menschen zu verorten, sondern im kosmischen Ringen mit dem verschlossenen und ungeschichtlichen Urgrund: „Erde durchragt nur die Welt, Welt gründet sich nur auf die Erde", unterstreicht Heidegger, „sofern die Wahrheit als der Urstreit von Lichtung und Verbergung geschieht" (GA 5, 42).

Bei der aufgezeigten kosmologischen Wendung können mindestens drei Weltbegriffe identifiziert werden, obwohl Heidegger in seiner Argumentation die ersten zwei oft verwechselt und nicht deutlich voneinander abgrenzt:

a) Welt im ontologischen Sinn bezieht sich auf die Lichtung bzw. Unverborgenheit, welche sich im Ringen mit dem verborgenen Urgrund bejaht. Welt in diesem Sinn kann „absoluter Horizont des Sinnes" genannt werden.

b) Welt im geschichtlichen bzw. seinsgeschichtlichen Sinne bezeichnet die jeweils aufgebauten konkreten geschichtlichen Welten, die die Epochen der Seinsgeschichte ausmachen. Im gelichteten Offenen werden bestimmte Konstellationen von Bedeutungen eingerichtet und festgelegt, innerhalb derer das faktische Leben stattfindet, d. h. die Wahrheit wird aus der Mitte von Unverborgenheit und Verborgenheit vom Menschen ent-borgen.

c) Welt im kosmologischen bzw. metaontologischen und -geschichtlichen Sinne bezieht sich auf die Erde als den ungeschichtlichen und sich verschließenden und verbergenden Urgrund, in dessen Streit mit der Lichtung, d. h. mit der Welt im ontologischen Sinne, die jeweiligen Welten im geschichtlichen Sinne bzw. die Epochen der Seinsgeschichte eröffnet werden.

Mit ihren jeweiligen Akzenten stellen diese drei Weltbegriffe, vornehmlich nicht in ihren Einzelheiten, sondern in ihrer Wechselseitigkeit, eine Überwindung des existenziellen Weltbegriffes dar, der den Heidegger'schen Weg bis zum Aufsatz „Vom Wesen des Grundes" (1929) und der Vorlesung „Die Grundbergriffe der Metaphysik. Welt – Endlichkeit – Einsamkeit" (1929/1930) bestimmte (vgl. Fink 1990, 165–175). Der Mensch ist nicht mehr der Grund der Welt, sondern er wird vom kosmisch-urweltlichen Wahrheitsereignis gegründet. Sogar der zweite

Weltbegriff, der der aktiven Handlung des Menschen, seines Schaffens bedarf, ist keineswegs, wie bereits angesprochen, aus einer ontologisch-aprioristischen Neutralität zu konzipieren. Welt ist unbedingt Weltgeschichte, leibhaftig und vorurteilshaft, erregend und erschreckend, heilig und abgründig, gut und böse, metaphysisch oder vielleicht fortan nicht mehr metaphysisch.

Indem das Kunstwerk dieses Urereignis, das Zusammenspiel von ontologischer, geschichtlicher und kosmologischer Welt, zum Vorschein bringt, wird die Wahrheit ins Werk gesetzt, d. h. es geschieht Wahrheit im ursprünglichen Sinne; ein originäres Wahrheitsereignis findet statt, die ursprünglichen Fugen der Wahrheit werden offenbart. Welt, Erde und Geschichte spielen sich ab oder, wie Heidegger herausstellt, „das Seiende im Ganzen wird in die Unverborgenheit gebracht und in ihr gehalten" (GA 5, 42–43). Das Gemälde von van Gogh, der griechische Tempel, der Roman *Don Quijote*, die Tragödie *Faust* oder die Dichtung Hölderlins lassen jeweils auf ihre eigene Weise dieses kosmische Gegenspiel aufscheinen. Man bezieht sich oft auf die eigenen Welten, die in diesen Kunstwerken dargelegt werden. Es geht aber nicht um die Darlegung eigener Welten, sondern um die Möglichkeit, die in den Kunstwerken zustande kommt, in die Innigkeit des Kosmos, in seine Dreiheit, *wahrhaft* hineinblicken zu können.

Nachdem das Zeug in seinem Zeugsein (die Verläßlichkeit) und das Werk in seinem Werksein (die Aufstellung einer Welt und Herstellung der Erde) in den Blick genommen wurde, muss auf das Dinghafte am Werk als seine nächste Wirklichkeit eingegangen werden, da ein Werk immer ein Gewirktes sei, d. h. sich durch das Geschaffensein auszeichne (vgl. GA 5, 43).

6 Das Schaffen der Dichtung

Die Frage nach dem Ursprung des Sinnes rückt erneut in den Vordergrund, wenn Heidegger in einem letzten Schritt dem Geschaffen-Sein des Kunstwerkes nachzugehen versucht, um das Wesen der Kunst bzw. die Herkunft ihres Wesens phänomenologisch erfassen zu können. Sowohl Zeug als auch Kunstwerke werden wie Dinge produziert, d. h. her-gestellt. Könnte man aber in beiden Fällen das Herstellen auf dieselbe Weise verstehen? Wie Heidegger hervorhebt, haben die Griechen ein einziges Wort *techne* (τέχνη) für Handwerk und Kunst, da beides vom Modell des Her-stellens her bedacht worden sei (vgl. GA 5, 46). Was aber hier, bei der *techne*, im Mittelpunkt stehe, sei keinesfalls die Tätigkeit eines Machens, sodass „das Tun des Künstlers vom Handwerklichen her erfahren" werde, sondern das „Hervorbringen des Seienden [...] *aus* der Verborgenheit *her* eigens *in* die Unverborgenheit seines Aussehens" (GA 5, 47), wodurch ein Wissen um das Wesen des zu hervorbringenden Seienden erforderlich sei, welches auf der Wahrheit als aletheia (αλήθεια) beruhe.

Dies bedeutet deshalb, dass weder die Kunst vom handwerklichen Tun her noch dieses von jenem her zu denken sei. Beide erhalten ihren Ursprung in der *techne*, die auf die *aletheia* zurückführt. In dieser Hinsicht überrascht es nicht, dass im Laufe der abendländischen Geschichte beide „Tätigkeiten" homogenisiert und auf das Herstellungsmodell im Sinne von Stoffen, die geformt werden, reduziert worden sind. Wird jedoch die Verbindung zur *techne* bzw. zur *aletheia* nicht ignoriert, erscheint die Herstellung von Zeug und Kunstwerken als verschiedene Arten und Weisen des Hervorbringens des Seienden in die Anwesenheit eines bestimmten Aussehens. Hierzu unterscheidet Heidegger zwischen der Anfertigung von Zeug und dem Schaffen von Werken. Dieses werde als ein Hervorgehenlassen bzw. als ein Werden und Geschehen der Wahrheit gekennzeichnet (vgl. GA 5, 48).

Indem im Kunstwerk der kosmische Urstreit von Lichtung und Verbergung geschieht, wird die Wahrheit ins Werk gesetzt, d. h. es wird Sinn gestiftet oder der Spielraum für die geschichtlichen Konstellationen von Bedeutungen offengelegt. Anders als in der Wissenschaft, die sich ausschließlich an dem Richtigen orientiert (vgl. GA 5, 49), besteht für Heidegger der Vorzug der Kunst in der Öffnung dieser Gegenwendigkeit von Lichtung (Welt im ontologischen Sinne) und Verbergung (Welt im kosmologischen Sinne) (vgl. GA 5, 50), damit die Weltgeschichte (Welt im seinsgeschichtlichen Sinne) in Gang gesetzt wird. Dieser im Schaffen des Werkes aufgemachte Riß, der von Heidegger als „die Innigkeit des Sichzugehörens der Streitenden" (GA 5, 51) aufgefasst wird, muss aber auch bewahrt werden, damit sich die Wahrheit geschichtlich ereignen kann. Beide, Schaffen und Bewahren, gehörten deshalb, wie Heidegger betont, gleichermaßen wesentlich zum Geschaffensein des Werkes (vgl. GA 5, 58), sodass die Kunst, insofern sie der Ursprung des Kunstwerkes und des Künstlers sei (vgl. GA 5, 44), als „die schaffende Bewahrung der Wahrheit am Werk", d. h. als „*ein Werden und Geschehen der Wahrheit*" (GA 5, 59) in ihrer dreifachen Dimension – ontologisch, kosmologisch und geschichtlich – verstanden wird.

Wie lässt sich aber der Zusammenhang von Schaffen und Bewahren betrachten? Vielleicht sollten wir diesbezüglich über den Aufsatz über das Kunstwerk hinaus einen Blick auf Heideggers zeitgleiche Auseinandersetzung mit Hölderlin werfen. Heidegger selbst räumt in einer Fußnote der Reclam-Ausgabe des Kunstwerk-Aufsatzes aus dem Jahr 1960 ein, dass die diesem Aufsatz zugrundeliegende Rückbindung der Kunst bzw. der in dieser eröffneten Lichtung an die Dichtung unzureichend dargestellt sei (vgl. GA 5, 59). Es fällt durchaus auf, dass nach einer Erläuterung des Ursprungs des Kunstwerkes anhand eines Gemäldes und Bauwerkes Heidegger plötzlich „*alle Kunst [...] im Wesen der Dichtung*" (GA 5, 59) verortet, wobei ihm Hölderlin ohne Zweifel präsent ist, sodass, wie Heidegger fortfährt, „aus dem dichtenden Wesen der Kunst" es geschehe, „dass sie inmitten des Seienden eine offene Stelle aufschlägt, in deren Offenheit alles anders ist als sonst" (GA 5, 59).

Was bedeutet hier Dichtung? Die Dichtung muss einzig und allein in ihrer Nachbarschaft mit dem Denken, welche in diesem Aufsatz nicht dargelegt wird, hinsichtlich des ontologischen, kosmologischen und geschichtlichen Wahrheitsereignisses begriffen werden. In diesem Sinne sei jede Art von Kunst, darunter auch die Poesie, auf die Dichtung zurückzuführen (vgl. GA 5, 60–61). In der Kunst wird die Wahrheit in ihrer Gegenwendigkeit grundsätzlich gedichtet, d. h. sie wird ins Werk, d. h. ins Bauwerk, Bildwerk, Musikwerk oder Sprachwerk, gesetzt. Die Wahrheit als Sage (des Kosmos) kommt in den Kunstwerken und insbesondere in den Sprachwerken zur Sprache, sodass die Geschichte gegründet und am Laufen gehalten wird, wie Heidegger entsprechend resümiert:

> Das entwerfende Sagen ist Dichtung: die Sage der Welt und der Erde, die Sage vom Spielraum ihres Streites und damit von der Stätte aller Nähe und Ferne der Götter. Die Dichtung ist die Sage der Unverborgenheit des Seienden. Die jeweilige Sprache ist das Geschehnis jenes Sagens, in dem geschichtlich einem Volk seine Welt aufgeht und die Erde als das Verschlossene aufbewahrt wird. Das entwerfende Sagen ist jenes, das in der Bereitung des Sagbaren zugleich das Unsagbare als ein solches zur Welt bringt. In solchem Sagen werden einem geschichtlichen Volk die Begriffe seines Wesens, d. h. seiner Zugehörigkeit zur Welt-Geschichte vorgeprägt. (GA 5, 61–62)

Die Dichtung eröffnet darum den Zeitraum bzw. den Horizont für das (begriffliche) Denken, indem sie als „Ursprache eines Volkes" (GA 39, 64, 74, 217), wie Heidegger 1934/1935 in seiner Vorlesung über Hölderlin herausstellt, den Kosmos in seiner Mitte – zwischen Welt (Himmel) und Erde – „artikuliert". Auf diese Weise wird das Sein bzw. der Sinn als Bedingung der Möglichkeit epochaler Konstellationen von Bedeutungen gestiftet und dementsprechend das Da – der Ort für die Aneignung des Seins bzw. des Sinnes – gegründet.

Damit wird die ursprüngliche Zugehörigkeit der Sprache zum Sein selbst gedacht, sodass die Bedeutungen nicht die sind, die Wort und Sprache fundieren, wie Heidegger in *Sein und Zeit* meinte, sondern, wie er selbst in einer Anmerkung in seinem „Hüttenexemplar" von *Sein und Zeit* zu dieser Passage betonte, die „Sprache [...] das ursprüngliche Wesen der Wahrheit als Da" (GA 2, 117) sei, welche zunächst in der Dichtung zum Wort kommt. Da die ursprüngliche Offenbarung des Seins durch das Wort der Dichtung geschehe, eröffnet sie erst den Sinnbezirk, aus der die verschiedenen Epochen der Seinsgeschichte entspringen können.

So wie „die Stiftung [...] ein Überfluß, eine Schenkung" sei (GA 5, 63), sind Dichter Stifter des Sinnes dadurch, dass sie diesem Überschuss, der abgründigen Lichtung des Seins uns der ungeheuren Weite des Kosmos auf eine ursprüngliche Weise ausgesetzt sind. In diesem Zusammenhang sind Dichter Anfänger des Sinnes, der dann von Denkern in Bedeutungen uns somit in Form von Begriffen „konkretisiert" wird. In den von der Dichtung gestifteten sinnhaften Spielraum von Unverborgenheit und Verborgenheit blicken die Denker, um den offenbarten Horizont von Sinn zu einer bestimmten Konstellation von Bedeutungen bringen zu können. Das Denken begreift den von der Dichtung gestifteten Sinn.

Dichter sind daher dem Ursprung am nächsten oder, anders formuliert, die Dichtung bzw. die Kunst ist selbst Ursprung des Sinnes; in ihr entspringt Sinn. Weil die Dichter dennoch immer wieder anfangen, Sinn zu stiften, sind sie gerade deshalb auch die Widerrufer der bereits konstituierten ontischen Bedeutungen, an welche sich die Menschen klammern. Dichter ermöglichen die Geschichte dadurch, dass sie immer wieder neue Horizonte schaffen. Als Schaffende ließen sie „das Offenbarwerden des Seyns – sich ereignen" (GA 39, 56). Sie bringen die Lichtung des Seins in die Mitte des abgenutzten Seienden, und das heißt, dass sie die Möglichkeit für die Schöpfung neuer Bedeutungen eröffnen. Daher wohnen die Dichter am Abgrund des Er-eignisses, in der Zerklüftung, durch welche das Seyn zum Da, d. h. der Sinn zu geschichtlichen Bedeutungen gelangt (vgl. GA 39, 52).

Diese Stiftung des Sinnes durch die Dichtung deutet Heidegger als eine Bereitstellung der Grundstimmungen, durch welche die Epochen der Seinsgeschichte bestimmt werden. Das Schaffen der Grundstimmung durch die Dichtung und das Schaffen der Begrifflichkeit des Seins durch das Denken stellen daher die Grundlagen für die Staatsschöpfung und ebenfalls für das Wohnen des Menschen dar, sodass – wie Heidegger 1951 in seinem berühmten Aufsatz „... dichterisch wohnet der Mensch..." sagt – „das Dichten [...] als das eigentliche Ermessen der Dimension des Wohnens das anfängliche Bauen" sei (GA 7, 206). Weil die Grundstimmung der Dichtung „*ent*rückend zu den Göttern" – bzw. der Zeit, dem Himmel, der Welt im ontologischen Sinne ausgesetzt – und „*ein*rückend in die Erde" – d. h. das Wohnen, die Ortschaft des Menschen ermöglichend – zugleich sei (GA 39, 140), ist sie ursprünglich zeitigend-räumend. Durch sie geschieht die ursprüngliche Zeitigung und Räumung der Wahrheit des Seyns (mit Ypsilon), d. h die Gründung des *Da*, welche den „Boden" der Geschichte ausmacht.

Hier stellt sich zum Schluss allerdings die Frage, ob Heidegger, der sich oft als der Denker eines neuen Anfanges verstand, in der Kunst bzw. in der Dichtung nicht die ihm fehlende Grundstimmung suchte, die ihm den Horizont zur Überwindung seiner in den 1930er Jahren erlebten Erschütterung hätte eröffnen können: Findet er, verlassen von den alten Göttern, in Hölderlin nicht den ihn zu den neuen Göttern führenden Dichter? Repräsentiert diese Rückführung der Philosophie auf die Dichtung aber nicht zugleich die kräftigste Anerkennung der Ohnmacht der Philosophie gegenüber der Kunst bzw. der Dichtung? Ist die Phänomenologie dann nicht die künstlerisch-philosophische Aneignung des Geschicks des Seyns bzw. die Kunst der Philosophie, welche mit dem Seyn phänomenal – d. h. phänomenologisch, begrifflich – zu *stimmen* bzw. welche es zu versprachlichen versucht, indem sie ihm, die Grundstimmung tragend, zuhört?

Literatur

Bruzina, R. 1996: Die Auseinandersetzung Fink – Heidegger. Das Denken des letzten Ursprungs, in: Perspektiven der Philosophie 22, 29–57.
Fink, E. 1958: Sein, Wahrheit, Welt. Vor-Fragen zum Problem des Phänomen-Begriffs, Den Haag.
Fink, E. 1990: Welt und Endlichkeit, Würzburg.
Fink, E. 2010: Spiel als Weltsymbol, Freiburg/München.
González Padilla, R. 2022: Del horizonte a la excedencia de sentido. Hacia la historicidad de los temples de ánimo en el pensar ontohistórico de Martin Heidegger, Madrid.
Zaborowski, H. 2022: Zur Nähe von Denken und Dichten beim frühen Heidegger. Eine Spurensuche, in: Phainomena 31, 51–77.

David Espinet
Kunstwerk der Wahrheit. Zu Heideggers Ästhetik des Seins in „Der Ursprung des Kunstwerks"

„Der Ursprung des Kunstwerks" (1935/36) gilt zu Recht als Grundtext der philosophischen Ästhetik. Heideggers Auseinandersetzung mit der Kunst zielt indes nicht auf eine ästhetische Theorie, die im Sinne einer philosophischen Teildisziplin nur einen einzelnen und begrenzten Gegenstandsbereich bearbeiten würde. „Der Ursprung des Kunstwerks" entwirft vielmehr eine *Ästhetik der Wahrheit des Seins im Ganzen.* Darunter verstehe ich bei Heidegger eine am Modell der Kunst gewonnene Konzeption von Wahrheit, die aber über den Bereich der Kunst hinaus Wahrheitsbedingungen für *alle* Existenzbereiche praktischer wie theoretischer Art formuliert. Eine solche weite Lesart, die disziplinäre Einteilungen aufbricht, ist größtenteils unkontrovers (vgl. etwa Gadamer 1960, 100–102; Pöggeler 1990, 207–214; Dreyfus 2005; Harries 2009, 111–112; für engere Lesarten vgl. etwa Kockelmans 1985; von Herrmann 1994, 20–38). Während nun die engere Lesart von Heideggers Ästhetik tendenziell den philosophischen Anspruch leise stellt, lässt die weite Lesart grundlegende Fragen zu, um die es Heidegger geht, wenn er die Kunst als Modell für die Wahrheit des Seins erörtert.

Die drängendste dieser Fragen ist vielleicht jene, die Heidegger in *Sein und Zeit* als die „grundsätzliche Erörterung des *Realitätsproblems*" (GA 2, 267) verhandelt hatte. Was an der Wahrheit des Seins stammt aus Sinnentwürfen und was existiert unabhängig von diesen? Die parmenideische Frage nach dem Verhältnis von Denken und Sein also (vgl. dazu GA 2, 282): Kann die Grenze zwischen Denken und Sein überhaupt sinnvoll gezogen werden, wenn es stimmt, dass es einen Blick von außen auf die Wahrheit des Seins an sich selbst und an allem Seinsverständnis vorbei doch *für uns* unmöglich geben kann? Ist die Wahrheit des Realismus – wie bei Kant – letztlich im Idealismus begründet? Kann überhaupt etwas als zuwendungs*un*abhängiges Seiendes vorausgesetzt werden? Wo oder wie begegnet uns Seiendes außerhalb eines Horizonts von Seinsverständnissen? Welches ist der veritative Umfang des Idealismus des Sinns von Sein und wo beginnt die Eigenständigkeit des Seins eines wie auch immer gearteten Realismus?

Auch Heideggers Ästhetik der Wahrheit des Seins dreht sich um Fragen wie diese. „Der Ursprung des Kunstwerks" greift besagtes „Realitätsproblem" aus *Sein und Zeit* wieder auf und modifiziert das dortige Argument tiefgreifend. Während, grob gesagt, Heideggers Reformulierung des transzendentalen Idealismus in *Sein und Zeit* in der Annahme bestand, dass es eine grundlegende „Abhängigkeit des

Seins [...], das heißt [...] der Realität" „von Seinsverständnis" gebe, „nicht" aber „des Realen", „nicht des Seienden" (GA 2, 281), und dass dieses „Seiende" oder „Reale" selbst im Kantischen Fahrwasser unbekannt bleiben muss (weil das Seiende durch die erschließende Zuwendung des Seinsverständnisses im Lichte einer bestimmten „Idee der Realität" gleich wieder verdeckt wird), setzt „Der Ursprung des Kunstwerks" genau hier an und entwickelt eine Phänomenologie des zuwendungsunabhängigen Erscheinens. Die Kunst ist, so Heideggers *Argument aus der Wirklichkeit der Kunst*, der Ereignisbereich, in dem die zuwendungsunabhängige Wahrheit des Sinnlichen erscheint.

Im Folgenden rekonstruiere ich dieses durchaus faszinierende Argument Heideggers für einen Realismus des Sinnlichen in der Kunst aber nicht zum Zweck, Heideggers philosophischen Gesamtentwurf nach *Sein und Zeit* als realistische Kehre zu deuten. Im Großen und Ganzen wäre dies meines Erachtens zwecklos, wie verschiedentlich gezeigt wurde (vgl. Blattner 1999, 302–310; Moore 2012, 485–492; Gabriel 2014; Espinet 2020). Worum es mir allerdings geht, ist zu zeigen, auf welche Weise es Heidegger gelingt, innerhalb des mehr oder weniger transzendentalphilosophischen Ansatzes ein realistisches Moment ausfindig zu machen, um es sodann aber im Sinne eines seinsgeschichtlichen globalen Konstruktivismus oder Kunst-Idealismus der Wahrheit des Seins in Stellung zu bringen. Diese Überlegungen möchten so einen ideologiekritischen Beitrag zum Umgang mit Heideggers Denken leisten. Wenn es stimmt, dass Ideologie ihre Überzeugungskraft daraus gewinnt, dass aus guten Argumenten grundfalsche Konsequenzen gezogen werden, dann ist Heideggers Seinsdenken auch und gerade nach dem Bekanntwerden chauvinistischer und antisemitischer Überzeugungen, die nicht nur im Dickicht am Rande oder Ende der Denkwege Heideggers „im Unbegangenen" (GA 5, Motto) lauern, ein ausgezeichneter Gegenstand der Ideologiekritik. Wie jede Kritik muss sich die Auseinandersetzung mit Heideggers „Holzwegen" auf ihren Gegenstand einlassen, ohne ihm dabei zu verfallen. Ich meine, dass man nur so der „Ambivalenz von Heideggers Denken" (vgl. Zaborowski 2016) gerecht wird, das sein mitunter abgründiges Spiel mit Licht und Schatten treibt, wo es auf höchstem philosophischem Niveau gute Argumente in ihr Gegenteil verkehrt. Genau dies scheint mir bei besagtem realistischen Argument Heideggers aus der Wirklichkeit der Kunst der Fall zu sein, das dieser selbst indes in den Dienst eines so falschen wie faszinierenden (für einige vielleicht verführerischen) globalen poetischen Antirealismus der Wahrheit des Seins mit mehr als zweifelhaften metapolitischen Absichten stellt (vgl. Coyne 2018).

Eine programmatische Passage am Ende des ersten Teils von unserem Text führt direkt zum Problem:

> Das Kunstwerk eröffnet auf seine Weise das Sein des Seienden. Im Werk geschieht diese Eröffnung, d. h. das Entbergen, d. h. die Wahrheit des Seienden. Im Kunstwerk hat sich die Wahrheit des Seienden ins Werk gesetzt. Die Kunst ist das Ins-Werk-Setzen der Wahrheit. Was ist die Wahrheit selbst, daß sie sich zu Zeiten als Kunst ereignet? Was ist dieses Sich-ins-Werk-Setzen? (GA 5, 25).

Die Wahrheit der Kunst wird von Heidegger damit auf drei Ebenen beschrieben: erstens transzendiere das Kunstwerk den engen Gegenstandsbereich der Kunst, indem es einen Zugang zum „Sein" als „Wahrheit des Seienden" eröffne (das „Seiende" wird von mir gemäß des oben zitierten Passus aus *Sein und Zeit* als „das Reale", also die transzendentale Leerstelle eines irgendwie vom Seinsverständnis unabhängigen Seienden verstanden); zweitens entberge das Kunstwerk die „Wahrheit selbst", also nicht irgend eine Wahrheit, sondern den Begriff oder das „Wesen der Wahrheit" (GA 5, 37; vgl. auch GA 3, 17); und drittens schließlich werde auf diese Weise nicht nur der Begriff der „Wahrheit selbst" fassbar, sondern man sehe sich außerdem zur Frage genötigt, ob der gewonnene Wahrheitsbegriff nicht selbst wiederum davon abhängig sei, dass sich Wahrheit „zu Zeiten als Kunst" ereigne. Heidegger legt damit den Gedanken nahe, dass die Antwort darauf, *was* Wahrheit selbst ist, berücksichtigen müsse, *wie* der Begriff der Wahrheit gewonnen werde. Heidegger zieht also in Betracht (und wird im Folgenden dafür argumentieren), dass das Was der Wahrheit durch das Wie ihrer Instanziierung wesentlich mitbestimmt wird oder – genauer noch – dass das Sich-ins-Werk-Setzen der Wahrheit durch die Kunst in den Wahrheitsbegriff selbst eingetragen wird. „Die Kunst läßt die Wahrheit entspringen" (GA 5, 65), schreibt Heidegger auf den letzten Seiten unseres Text. Ist damit *das eigentliche Kunstwerk die Wahrheit selbst*? Dieser Frage gehen wir entsprechend dem oben skizzierten Programm Heideggers in drei Schritten nach: (1) Wie Wahrheit im Werk am Werk ist; (2) Das Was im Wie der Wahrheit als Streit von Erde und Welt; (3) Kunstwerk der Wahrheit.

1 Wie Wahrheit im Werk am Werk ist

Kunstwerke sind bei Heidegger so etwas wie „Holzwege", Wege, die das Dickicht erschließen, bevor sie irgendwo „jäh im Unbegangenen aufhören" (GA 5, Motto). Kunstwerke legen Schneisen der Einsicht ins noch zuwendungsfreie Seiende. Sie lassen sehen, was „seiender" ist als zuwendungsabhängiges Sein, und sind für Heidegger darin selbst der Naturwissenschaft überlegen: „Was ist seiender, jener grobe Stuhl mit der Tabakpfeife, den das Gemälde van Goghs zeigt, oder die Lichtwellen, die den dabei verwendeten Farben entsprechen [...]?" (GA 41, 213) Heideggers Antwort: Seiender sei der „Bereich der Dinge", „in dem wir uns unmittelbar heimisch wissen" und den der „mathematische Ansatz" „von vornherein übersprungen" habe: die „Dinge, wie sie uns auch der Maler zeigt: der einfache Stuhl mit der eben hingelegten oder liegengelassenen Tabakpfeife bei van Gogh" (GA 41, 214). Veritativ wirksam sei Kunst auf dreifache Weise: als Unverborgenheit der Schönheit (1.1); als Vermittlung ontologischer Grundbegriffe der Wahrheit des Seins (1.2); und schließlich als *Wirk*lichkeit der Wahrheit, in der die Werke als ontologische Akteure auftreten dadurch, dass sie die Wirklichkeit, in der sie ihren Platz haben, zugleich selbst veritativ gestalten (1.3). Schönheit, ontologische Grundbegriffsvermittlung und Wirklichkeitsgestaltung sind drei Seiten derselben Wahrheit als Unverborgenheit.

1.1. Kunst ist für Heidegger schön, weil sie wahr ist. Heidegger nimmt in diesem Punkt Hegel auf und nicht Kant. Dass Kunst im Sinne der konventionell verstandenen Geschmacksästhetik schön sei, weil sie „mit einem ästhetischen Wert ausgestattet" (GA 5, 24) erscheine, der gerade keine veritatitve Funktion habe, geht Heidegger zufolge an der Sache vorbei. Die Orientierung am ästhetischen „Gefallen" (GA 5, 69) oder „Kunstgenuß" (GA 5, 67) degradiere das Kunstwerk zum bloßen „Erlebniserreger" (GA 5, 55). Damit möchte Heidegger zweierlei von der Kunst fernhalten: einmal, dass diese nur Auslöser von rein subjektiven Zuständen des Typs *p ist schön!* sei, die mehr über das Subjekt als über das Schöne selbst aussagen; zudem (und eng damit verbunden) aber auch, dass das Erscheinen von Schönheit ein veritativ *neutrales* Element für die Existenzform, in der die Kunst ihren Platz hat, darstellt. Ganz im Gegenteil soll die Kunst die Existenzform in ihrer Wahrheit mitgestalten, was eine subjektivistische Auffassung von Schönheit, bei der das Schöne nur im Auge des Betrachters liege, also weder wahr noch falsch sein kann, nicht leisten kann.

Aufschlussreicher für Heideggers Ästhetik ist der Blick auf Hegel, der das „Schöne", als „das sinnliche Scheinen der Idee" (Hegel 1835, 151) fasst. In nächster Ferne zu Hegel vertritt Heidegger einerseits mit diesem, dass die Kunst veritative Kraft besitze (und gerade darin schön sei), dass also „die Kunst nach der Seite ihrer höchsten Bestimmung" eine „Weise" sei, „in welcher die Wahrheit sich Existenz verschafft" (Hegel zitiert nach GA 5, 68; vgl. Hegel 1835, 141). Beides verbindend sei die „Schönheit" der Kunst „eine Weise, wie Wahrheit als Unverborgenheit" (GA 5, 43) erscheine. Im Gegensatz zu Hegel indes, für den die Kunst keine Akteurin der aktuellen Weltgeschichte mehr sein kann, weil eine „versinnlichende Vorstellung des Göttlichen" (Hegel 1835, 141) ein Rückfall ins mythologische Denken und hinter den Entwicklungsstand des Geistes geoffenbarter Religion wäre, hält Heidegger für die Kunst andererseits gerade nach dieser Möglichkeit Ausschau: nach einer Kunst, die auch nach der „Entgötterung" (GA 5, 76) wieder existenzgestaltend wird. Heidegger hält Ausschau nach einer Möglichkeit, dem „Werk noch eine Stätte" zu „bieten" – und sei es in der „Erinnerung" –, „von der aus es Geschichte mitgestaltet" (GA 5, 56).

So versteht Heidegger vermutlich den Kunstwerkaufsatz oder seine Hölderlinvorlesungen der 1930er Jahre. Bei der Alternative „Ist die Kunst noch eine wesentliche und notwendige Weise, in der die für unser geschichtliches Dasein entscheidende Wahrheit geschieht, oder ist die Kunst dies nicht mehr?" (GA 5, 68) lässt Heidegger jedenfalls erstere Option im Spiel, wonach die „Entscheidung über Hegels Spruch [...] noch nicht gefallen" (GA 5, 68) sei. Dass diese gegen Hegels Diktum ausfallen könne, daran arbeitet Heidegger in seinem Seinsdenken, wie etwa der „Brief über den 'Humanismus'" (1946) zeigt. Im Verbund mit Kunst und insbesondere Dichtung soll das Seinsdenken „am Haus des Seins bauen": „Das Denken baut am Haus des Seins, als welches die Fuge des Seins je geschickhaft das Wesen des Menschen in das Wohnen in der Wahrheit des Seins verfügt. Dieses Wohnen ist das Wesen des ‚In-der-Welt-seins'." (GA 9, 358) Dieses „Sichereignen" der für unser geschichtliches Dasein entscheidenden „Wahrheit" nennt Heidegger dann mit Hegel „Erscheinen der Schönheit" (GA 5, 69).

1.2. Das Programm einer real existenzbestimmenden Wahrheit der schönen Kunst hat aus Heideggers Sicht nur eine Chance, wenn Hegels onto-theologische Metaphysik des absoluten Geistes überwunden wird, dabei dessen Annahme, dass die Kunst die Wirklichkeit bestimmen kann, aber wahr bleibt. Wie diese „für unser geschichtliches Dasein entscheidende Wahrheit geschieht", führt Heidegger in einem ersten Schritt am Beispiel von van Goghs „Schuhen" vor. Heidegger zeigt, wie das Werk (bei ihm) eine Reihe von ontologischen Einsichten ermöglicht, welche das eigene Existenzverständnis verändern („In der Nähe des Werkes sind wir jäh anderswo gewesen, als wir gewöhnlich zu sein pflegen." GA 5, 21). Anders als die objektiven und theoretischen Wissenschaften ermögliche die Kunst ontologische Einsichten, die uns auf einen Standpunkt versetzen, der den Blick auf die Existenzform eröffnet. Nimmt man eine Stelle aus den *Beiträgen zur Philosophie* hinzu, in der Heidegger, so darf man vermuten, auf das bei van Gogh mehrfach realisierte Sujet des Sämanns anspielt, wird deutlich, dass Heidegger hier auch – und vielleicht vor allem – ontologische Einsichten des „Denkers" der „Wahrheit des Seyns" meint, der wie „auf einsamem Feld unter dem großen Himmel der Sämann schweren, stockenden, jeden Augenblick verhaltenden Schrittes die Furchen abschreitet und im Wurf des Armes den verborgenen Raum alles Wachsens und Reifens durchmißt und gestaltet." (GA 65, 19)

Kunstwerke nehmen so auf einer ersten veritativ wirksamen Vermittlungsstufe die Rolle von Einsichtsschneisen, die den „Raum des Wachsens und Reifens" – den Vollzugsraum der Existenzform: ihre Welt – *durchmessen* lassen. Heidegger führt aus, dass Kunstwerke alltägliche Dinge wie Tische und Stühle in der ihnen eigenen Existenzform erkennbar werden lassen: Die „Schuhe" van Goghs, die Heidegger als das Schuhzeug einer „Bäuerin" (GA 5, 19) unterwegs auf Feld und Hof beschreibt, gäben „zu wissen, was das Schuhzeug *in Wahrheit*" (GA 5, 21; Hervorhebung durch den Verfasser) sei, nämlich kein prosaischer Gebrauchsgegenstand, nicht nur bloßes „Zeug". Die Wahrheit der Schuhe erschöpft sich nicht (mehr) in einer spezifischen Nutzenfunktion (wie in *Sein und Zeit*, das die Welt des alltäglich besorgenden Daseins wie eine große Werkstatt darstellt). Die Schuhe werden in Heideggers Beschreibung nun zum Kristallisationspunkt eines eigentlichen oder ursprünglichen alltäglichen Existierens, das er in der bäuerlichen Existenzform wiedererkennt. Heidegger beschreibt dies so:

> Aus der dunklen Öffnung des ausgetretenen Inwendigen des Schuhzeugs starrt die Mühsal der Arbeitsschritte. In der derb-gediegenen Schwere des Schuhzeugs ist aufgestaut die Zähigkeit des langsamen Gangs durch die weithin gestreckten und immer gleichen Furchen des Ackers, über dem ein rauer Wind steht. Auf dem Leder liegt das Feuchte und Satte des Bodens. Unter den Sohlen schiebt sich hin die Einsamkeit des Feldweges durch den sinkenden Abend. In dem Schuhzeug schwingt der verschwiegene Zuruf der Erde, ihr stilles Verschenken des reifenden Korns und ihr unerklärliches Sichversagen. Durch dieses Zeug zieht das klaglose Bangen um die Sicherheit des Brotes, die wortlose Freude des Wiederüberstehens der Not, das Beben in der Ankunft der Geburt und das Zittern in der Umdrohung des Todes. Zur *Erde* gehört dieses Zeug und in der *Welt* der Bäuerin ist es behütet. (GA 5, 19)

Den „Schuhen" entnimmt Heidegger die ontologische Einsicht, dass das wahre „Zeugsein des Zeugs" nicht „blanke Dienlichkeit" (GA 5, 20) sei. Anders als die Zeuganalysen in *Sein und Zeit*, die eine Art Theorie der Moderne als Werkstattwelt vorführen, will uns van Goghs Werk Heidegger zufolge die grundlegendere ontologische Wahrheit des Zeugseins offenbaren, die hinter oder unter der bloß funktionalen Wahrheit dieser Werkstattwelt liege: „Kraft der Verläßlichkeit des Zeugs" sei die Schuhtragende „eingelassen in den schweigenden Zuruf der Erde", und durch diese „Verläßlichkeit" sei sie sich auch „ihrer Welt gewiß" (GA 5, 19). Über die reine Nützlichkeitsfunktion hinaus gebe das Zeug also *Verlässlichkeit* zu erkennen, die zudem „der einfachen Welt" der Bäuerin „ihre *Geborgenheit*" sichere und zugleich „der Erde die Freiheit ihres ständigen Andrangs" (GA 5, 20; Hervorhebung durch den Verfasser) gewähre.

Das Paar Schuhe erscheint so als ein Ding, das die Existenz der Bäuerin auf bedeutsame Weise trägt, umfängt und durchwirkt. Die ontologische Wahrheit, die Heidegger im Werk erblickt, lautet: Eigentlich ist das Zeug nicht Ausdruck bloß nutzenorientierter Funktionalität, sondern artikuliert die wesentlichere Existenzform, welche die Erde schonend (d. h. nicht als verbrauchbaren Stoff oder auszubeutende Ressource) behandelt und sich zugleich aufgehoben weiß in einer Welt der verlässlichen, stabilen Sinnbezüge. Van Goghs Werk versetzt so „außerhalb des Ödlands der verwüsteten Erde, die nur noch der Sicherung der Herrschaft des Menschen nützen soll" (GA 7, 96). Gebrauchsdinge wie Schuhe erscheinen nicht mehr als bloßes Füllmaterial von Dienlichkeit. Mit Blick auf die zu kurz greifenden

Zeuganalysen aus *Sein und Zeit* vermerkt Heidegger also die Einsicht, dass der prosaische Verweisungszusammenhang in einer Wahrheit begründet erscheint, die die Geborgenheit einer Welt stabiler und umfassender Sinnbezüge verspricht: die Erkenntnis, dass auch inmitten der alltäglichen Dinge und mit ihnen eine authentische Existenzform möglich ist. Die Antwort auf die von *Sein und Zeit* offen gelassene Frage, wie man inmitten der pragmatischen Dinge des Lebens *eigentlicher* existieren könne, wird so ein Stück weit greifbar.

1.3 Doch die Erkenntnis, die Heidegger an den „Schuhen" gewinnt, hat für die gesuchte ontologische Einsicht in das Ursprungsszenario eines *wirklichen* Ins-Werk-Setzens-der-Wahrheit nur propädeutischen Charakter. Van Goghs Werk zeigt vielleicht die Wahrheit der bäuerlichen Existenzform, verschafft dieser aber keinen Platz in *der* Wirklichkeit, zu der es spricht. Denn Adressat ist die Moderne. Van Goghs Werk ist gewissermaßen deren nostalgischer, gewiss auch verklärender Abschied und Rückblick auf eine Existenzform, die bereits zu Lebzeiten des Malers von industrialisierten Existenzformenen verdrängt wird. Das Werk „durchmisst" so vielleicht die Wahrheit der Existenzform, die es zu erkennen gibt, *„gestaltet"* diese aber *nicht selbst unmittelbar*. Es braucht die Antwort des „Denkers des Seyns", Heideggers, der die moderne Existenzform, zu der *er* spricht, im Sinne dieser Wahrheit des Werks zu „gestalten" sucht. Van Goghs Werk bleibt vom unmittelbaren Geschehen der Wahrheit der bäuerlichen Existenzform abgetrennt. Es befindet sich nicht in der Bauernstube wie das Marienbildnis. Es zeigt eine Existenzform, an der es selbst keinen Anteil hat. Gewissermaßen tritt das moderne Werk in Heideggers Darstellung nur als Abglanz oder Nachklang des eigentlichen Wahrheitsereignisses auf, das jener in der Kunst der Griechen sucht und in seinem Tempelbeispiel darstellt (wiederum mit und gegen Hegel, für den der Tempel ebenfalls das Paradebeispiel ist, bei dem sich Wahrheit als Schönheit sinnlich Existenz verschafft).

Was Heidegger nämlich sucht (und was Hegel nur für die griechische Existenzform möglich hielt), ist eine maximal unvermittelte Wahrheit der Kunst, welche die gesamte Wirklichkeit der Existenzform, der sie angehört, gestaltend umfasst und durchdringt. Eine Wahrheit, die *wirklich im Werk am Werk* ist in dem Sinne, dass sie in ihrer Zeit ganz *ungebrochen wirkt*. Ein Werk, das seine Zeit nicht in Begriffen, sondern im Ästhetischen *ist*. Wirklich und ursprünglich am Werk ist die Wahrheit der Kunst für Heidegger erst dort, wo sie auch in *der* Existenzform existiert, deren Wahrheit das Werk vermittelt. Wirklich Wahrheit ins Werk setzend ist Heideggers genealogischer Ursprunglogik folgend Kunst erst dann, wenn sie eine Existenzform nicht bloß von außen (etwa im Rückblick) darstellt oder gar abbildet, sondern *in dieser* (genauer: *als die*se) selbst unmittelbar wirksam ist. Das Werk ist, das zeigt Heideggers Tempelbeispiel, ein *pars pro toto* der ganzen Existenzform im *modus operandi*, die sich in allen ihren Welt- und Erdbezügen realisiert:

> Ein Bauwerk, ein griechischer Tempel, bildet nichts ab. Er steht einfach da inmitten des zerklüfteten Felsentales. Das Bauwerk umschließt die Gestalt des Gottes und läßt sie in dieser Verbergung durch die offene Säulenhalle hinausstehen in den heiligen Bezirk. Durch den Tempel west der Gott im Tempel an. Dieses Anwesen des Gottes ist in sich die Ausbreitung und Ausgrenzung des Bezirkes als eines heiligen. Der Tempel und sein Bezirk verschweben aber nicht in das Unbestimmte. Das Tempelwerk fügt erst und sammelt zugleich die Einheit jener Bahnen und Bezüge um sich, in denen Geburt und Tod, Unheil und Segen, Sieg und Schmach, Ausharren und Verfall – dem Menschenwesen die Gestalt seines Geschickes gewinnen. Die waltende Weite dieser offenen Bezüge ist die Welt dieses geschichtlichen Volkes. Aus ihr und in ihr kommt es erst auf sich selbst zum Vollbringen seiner Bestimmung zurück. (GA 5, 27–28)

Wie bereits van Goghs Werk zeigt zwar auch der Tempel die Wirklichkeit einer Existenzform und setzt so deren Wahrheit ins Werk. Anders aber als van Goghs „Schuhe" nimmt der Tempel an der evozierten Existenzform offenkundig gerade selbst aktiv teil, indem er die Existenzform in ihren wesentlichen Bezügen und Artikulationen und damit Wahrheit prägt. Der Tempel hat in Heideggers Darstellung unmittelbare *Wirk*lichkeit für die Wirklichkeit, in der steht: Er „umschließt", „fügt" und „sammelt um sich" alle wesentlichen Bezüge, „in denen Geburt und Tod, Unheil und Segen, Sieg und Schmach, Ausharren und Verfall – dem Menschenwesen die Gestalt seines Geschickes gewinnen" (GA 5, 31). Hubert Dreyfus hat das Werk deshalb ganz treffend mit Thomas Kuhns Paradigma verglichen (vgl. Dreyfus 2005, 410 ff.). Wie Kuhns epistemisches Paradigma (das man *grosso modo* mit Heideggers „Weltbild" gleichsetzen kann, vgl. GA 5, 89, 92) ist das Werk keine abstrakte Weltsicht, sondern ein „außerordentliches Exemplar (outstanding exemplar)" (Dreyfus 2005, 410). Wie Newtons *Principia* für eine alles durchgreifende Wissenschaftsform bestimmend wurden, so wird das Werk die für die Existenzform im Ganzen prägende Kraft. Wie der Schuh am Fuß der Bäuerin umfängt der Tempel so die griechische Existenzform. Anders als van Goghs *Schuhe* trägt das Tempelwerk genau *die* Existenzform, die es in ihrem Existieren – also praktisch – prägt. Im Tempel steht die beschriebene Existenzform sozusagen mit beiden Beinen in ihrer Welt und damit auf der sie tragenden Erde. „Werksein heißt: eine Welt aufstellen." (GA 5, 30) Weil diese exemplarische Gestalt nicht bloß virtueller Sinnentwurf ist, sondern sich konkret verwirklichen muss, um wirklich und sprichwörtlich zu Stande zu kommen (und so die Wahrheit einer spezifischen Existenzform überhaupt erst tatsächlich zu prägen), ist die aufgestellte Welt auf ein Gegenstück angewiesen, das dem Entwurf seinen spezifischen Inhalt – und damit sowohl Halt als auch Widerstand im Seienden – gibt: „Indem das Werk eine Welt aufstellt, stellt es die Erde her." (GA 5, 32) Das heißt, das Werk stellt den Raum aller Sinnbezüge – *Welt* – *auf* und *stellt* zugleich die Grundlage der Rückbindung dieser Sinnbezüge an Faktizität (Sinnlichkeit, Sprache, Kultur) – kurz *Erde* – *her.* Um dieses ganz sprichwörtliche Her-stellen oder Zu-Stande-bringen von der Bedeutung der handwerklichen oder industriellen „Herstellung" fernzuhalten, setzt Heidegger hinzu: *„Das Werk läßt die Erde eine Erde sein."* (GA 5, 32; Hervorhebung durch den Verfasser). Es verarbeitet die Erde nicht, sondern lässt diese als sie selbst erscheinen.

2 Das Was der Wahrheit im Wie des Streits von Erde und Welt

Das Realitätsproblem der Transzendentalphilosophie besteht darin, dass das Reale bei der Realitätskonstitution als Leerstelle oder Hypothese mitgeführt werden muss, ohne dass an irgendeiner Stelle dessen „Phänomenalisierung" (vgl. Gabriel 2014, 91) wirklich plausibel gemacht werden könnte. Für den Bereich nun, für den ein Existenzial des Sinnlichen in *Sein und Zeit* hätte stehen können (aber bezeichnenderweise in Heideggers Idealismus des Sinns von Sein eben fehlt), bietet Heideggers Ontologie des Kunstwerks eine solche Phänomenologie als Ästhetik des zuwendungsunabhängigen Seins an. In dieser wird unter dem Titel der „Erde" das zuwendungs*un*abhängige Seiende/Reale nicht nur vorausgesetzt, sondern in seinem spezifischen Sein *beschrieben*. Heidegger setzt gewissermaßen eine Phänomenologie des zuwendungsunabhängigen Erscheinens des Seienden ins Werk. Es handelt sich um eine Phänomenologie, die eine Zuwendung beschreibt, bei der sich das Seiende nicht sogleich wieder hinter zuwendungsabhängigem Sein – Seinsverständnis – verbirgt. Dieses Kunststück des Erscheinenlassens von unabhängigem Sein vollbringt für Heidegger die Kunst als Ins-Werk-Setzen der Wahrheit der Erde.

In einem ersten Schritt rekonstruiere ich deshalb Heideggers Reformulierung seiner Wahrheitskonzeption im Rahmen der Ontologie des Kunstwerks als Streit von Welt und Erde, bei dem die Erde sich der Sinnbestimmung der Welt widersetzt. Gezeigt wird, dass die hier entwickelte Phänomenologie der Erde, die das Zentralstück der *Ästhetik* der Wahrheit des Seins ist, ein Argument für die Möglichkeit des Erscheinens von zuwendungsunabhängigem Seienden enthält. Dieses Argument nenne ich das *Argument aus der Wirklichkeit der Kunst* (2.1). In einem zweiten Schritt untersuche ich die strategische Bedeutung dieses Arguments als eines *Kreditivs der Kunst*. Die Kunst soll für „Wahrheiten" der Erde einstehen, die selbst nicht mehr phänomenalisierbar sind. Sie soll glaubhaft machen, dass in der Erde Wahrheiten schlummern, die kollektive Identitäten rekonfigurieren können. Hier gilt es, Heideggers Ontologie der Kunst vor Konstruktionen zu bewahren, die er der Erde im Zug einer neuen Mythologie des Ereignisses selbst andichtet (2.2).

2.1. „Dastehend ruht das Bauwerk auf dem Felsengrund. Dies Aufruhen holt aus dem Fels das Dunkle seines ungefügen und doch zu nichts gedrängten Tragens heraus." (GA 5, 28) Im Wesentlichen holt der Tempel laut Heidegger dreierlei aus dem tragenden Grund der Erde: erstens das Element des Sinnlichen in der ihm eigentümlichen Präsenz und Mannigfaltigkeit; zweitens die die menschliche Existenzform tragende und aufnehmende Lebensgrundlage, „jenes, worauf und worin *der* Mensch sein Wohnen gründet" (GA 5, 28; Hervorhebung durch den Verfasser); und drittens das spezifischere Element, das laut Heidegger „für *ein* geschichtliches Volk *seine* Erde" ist: „der sich verschließende Grund, dem es aufruht mit all dem, was es, sich selbst noch verborgen, schon ist" (GA 5, 63). Während die ersten beiden Bedeutungen von Erde problemlos phänomenalisierbar sind, gilt dies für die dritte Bedeutung nicht mehr. Diese verspricht Identitätszuschreibungen sprachlicher, kultureller, geschichtlicher und nicht zuletzt nationaler Art, deren Zuwendungsunabhängigkeit mehr als zweifelhaft ist (vgl. 2.2). Und während Heidegger der zweiten für alle Menschen zugänglichen Bedeutung eines menschlichen Wohnens auf der Erde erst später in Aufsätzen wie „Bauen Wohnen Denken" oder „Das Ding" (vgl. GA 7) deskriptiv einlöst, erbringt der Kunstwerk-Aufsatz den phänomenalen Nachweis der ersten Bedeutung von Erde als reiner sinnlichen Präsenz und Mannigfaltigkeit.

Auf die Frage, was das Werk als Erde herstelle, antwortet Heidegger:

> Das Tempel-Werk […] läßt, indem es eine Welt aufstellt, den Stoff nicht verschwinden, sondern allererst hervorkommen und zwar im Offenen der Welt des Werkes: der Fels kommt zum Tragen und Ruhen und wird so erst Fels; die Metalle kommen zum Blitzen und Schimmern; die Farben zum Leuchten, der Ton zum Klingen, das Wort zum Sagen [Verlauten, Sprechen; Anmerkung Heidegger]. (GA 5, 32)

Offenkundig handelt es sich um eine offene Liste von Stoffen, aus (oder in) denen das Sinnliche ist. Das Werk „läßt" dadurch *„die Erde eine Erde sein"* (GA 5, 32), dass es die unendliche Vielfalt der Stoffe, aus und in welchen das Sinnliche ist (Fels, Metalle, Farben, Töne, Sprache, …), in der ihnen eigenen sinnlichen Präsenz („Blitzen und Schimmern", „Leuchten", „Klingen", „Verlauten", „Sprechen", …) in eine ihnen gemäße Unverborgenheit kommen lässt. Die ihnen gemäße Unverborgenheit ist eine, in der die Zuwendung keine erschließende ist. Das Werk erschließt nichts Sinnliches; es zeigt das Sinnliche. Dies ist eine phänomenal zutreffende Beschreibung. Was immer Kunstwerke darstellen, was immer sie darstellen, nachahmen, repräsentieren oder symbolisieren, all dies macht sie nicht zu Kunstwerken. Kunstwerke sind sie erst durch ihren ganz spezifisch ästhetischen Charakter, bei dem das Sinnliche nicht restlos durch Sinn überformt wird: dadurch, dass und wie Sinnliches in ihnen zur Geltung kommt.

Dies macht Heidegger deutlich in Abgrenzung zu Entwurfs- und Herstellungspraktiken, die Stoff so verarbeiten, dass dieser gleichsam verschwindet. Erde verschwindet oder verbirgt sich immer dann, wenn sie erschlossen werden soll, was sowohl im pragmatischen Gebrauch der Dinge als auch in deren naturwissenschaftlicher Objektivierung der Fall ist. Heideggers Phänomenologie der Erde zeigt deshalb nicht nur, wie Erde im Werk erscheint, sondern auch, wie sie sich (a) im Gebrauchsding (Zuhandenheit) und (b) in der Objektivierung (Vorhandenheit) entzieht. So lässt sich zeigen, wie sich die Erde als das Sichverschließende verbirgt, also wie ein Sich-Verbergen erscheint, und was es im Gegenteil heißt, die Erde eine Erde sein zu lassen.

(a) „Der Stein wird in der Anfertigung des Zeuges, z. B. der Axt, gebraucht und verbraucht. Er verschwindet in der Dienlichkeit. „Der Stoff ist umso besser und geeigneter, je widerstandsloser er im Zeugsein des Zeuges untergeht." (GA 5, 32) Dass der Stoff des Zeugs, hier der Stein der Axt, „in der Dienlichkeit verschwindet", meint nicht, dass bestimmte stoffliche Qualitäten bei der Anfertigung und dem Gebrauch von nützlichen Artefakten keine Rolle mehr spielen. Man sucht ja durchaus spezifische Qualitäten am Stein, seine Schwere und Härte etwa, um eine gute Axt herzustellen, die im Gebrauch genau die gewünschte Funktion erfüllt. Allerdings ist es genau diese Funktion, durch die das Artefakt sowie das durch es konfigurierte Tun die sehr spezifische sinnliche Präsenz und Qualität des Steins zum Verschwinden bringt, insofern als er hierbei gerade nicht als er selbst in die Anwesenheit gelangt. Was man sieht oder spürt, ist die Nutzenfunktion, welcher der Stoff dient. Der Stein der Axt oder das Leder des Schuhs ist so erschlossen als ein mögliches Zuhandenes, das durch jeden anderen Stoff ersetzt werden kann, der dieselbe Funktion gleich gut oder besser erfüllt. Nicht nur wird der Stoff bei der Herstellung und dem Gebrauch von Zeug verbraucht, weil er dann nicht mehr als Ressource zur Verfügung steht und weil das Zeug sich mit der Zeit abnutzt. Es verschwindet im Zeug zudem die reine Präsenz des Sinnlichen, das hier gerade nicht als es selbst wahrgenommen wird, sondern in seiner Zweckmäßigkeit oder Dienlichkeit erschlossen ist. So etwa auch das Rot im Straßenverkehr: Dieses wird hier normalerweise nicht *als* Rot – also als es selbst – wahrgenommen, sondern als die Aufforderung zum Halten. Man sieht nicht das Rot, sondern sieht: *Stopp!* In allen Fällen gilt, dass mit der reinen Präsenz des Sinnlichen auch dessen unendliche Vielfalt im Filter der Dienlichkeit verschwindet, die für alle Arten des entwerfenden Seinsverständnisses steht.

(b) Dieselbe Entzugsbewegung der Erde zeigt sich auch am scheinbar anderen Extrem der Zuhandenheit, bei der quantifizierenden Analyse, die keinerlei praktische Absichten verfolgt, sondern den Gegenstand standpunktunabhängig zu rein theoretischer Vorhandenheit objektiviert:

> Der Stein lastet und bekundet seine Schwere. Aber während diese uns entgegenlastet, versagt sie sich zugleich jedem Eindringen in sie. Versuchen wir solches, indem wir den Fels zerschlagen, dann zeigt er in seinen Stücken doch nie ein Inneres und Geöffnetes. Versuchen wir, dieses auf anderem Wege zu fassen, indem wir den Stein auf die Waage legen, dann bringen wir die Schwere nur in die Berechnung eines Gewichtes. Diese vielleicht sehr genaue Bestimmung des Steins bleibt eine Zahl, aber das Lasten hat sich uns entzogen. Die Farbe leuchtet

auf und will nur leuchten. Wenn wir sie verständig messend in Schwingungszahlen zerlegen, ist sie fort. Sie zeigt sich nur, wenn sie unentborgen und unerklärt bleibt. Die Erde läßt so jedes Eindringen in sie an ihr selbst zerschellen. Sie läßt jede nur rechnerische Zudringlichkeit in eine Zerstörung umschlagen. Mag diese den Schein einer Herrschaft und des Fortschritts vor sich hertragen in der Gestalt der technisch-wissenschaftlichen Vergegenständlichung der Natur, diese Herrschaft bleibt doch eine Ohnmacht des Wollens. Offen gelichtet als sie selbst erscheint die Erde nur, wo sie als die wesenhaft Unerschließbare gewahrt und bewahrt wird, die vor jeder Erschließung zurückweicht und d. h. ständig sich verschlossen hält. (GA 5, 33)

Der für das Argument eines ontologischen Realismus der Kunst zentrale Punkt ist also, dass das Kunstwerk den Stoff als Stoff gerade deshalb „erscheinen" lässt, *weil es diesen nicht erschließt:* weder als Werkstoff (Zuhandenheit) noch auch als Analysegegenstand quantifizierender mathematischen Naturwissenschaft (Vorhandenheit). Herstellung/Technik und Wissen, Verbrauch/Gebrauch und Analyse/Objektivierung, indem sie ins Sinnliche der Erde eindringen wollen, bewirken den Rückzug des Sinnlichen selbst hinter Realitäten, die durch zuwendungsabhängige Erschlossenheit konstituiert werden. Der Stoff der Produktion sowohl von Gebrauchsdingen als auch von Wissensbeständen ist für Heidegger eine konstruierte Realität. Hier bleibt er der Linie von *Sein und Zeit* treu, in dem die „Gesetze Newtons" oder auch der „Satz vom Widerspruch [...] nur solange wahr" sind, „als das Dasein *ist*" (GA 2, 300). „Wahrheit ‚gibt es' nur, sofern und solange Dasein ist." (GA 2, 299). Dies gilt auch für die Entdecktheit der Natur als zuwendungsunabhängiger Vorhandenheit, die selbst nur eine Wahrheit in Anführungszeichen ist: „Mit der Entdecktheit des Seienden zeigt sich dieses gerade als das Seiende, das vordem schon war. So zu entdecken, ist die Seinsart der ‚Wahrheit'." (GA 2, 300) Sich „als das Seiende, das vordem schon war", zu zeigen, sei eine Variante des Seinsverständnisses und nicht eine Wahrheit des Seienden selbst.

Auf Heideggers Frage „Was stellt das Werk her?" können wir nun antworten: Es stellt das Sinnliche selbst her. Genauer: Es zeigt, dass recht verstanden das Sinnliche nichts anderes ist als gewissermaßen reine Oberfläche, die sich aller weiteren Entdeckung und Erschließung entzieht. Die Erde lässt sich nicht urbar machen. Denn „ins Unverborgene" (GA 5, 33) gelangt ja nur das, dessen Inneres sich nicht wie beim Stein, der aufgeschlagen wird, unter die neuen Oberflächen zurückgezogen hat (oder das nicht wie beim Rot der Ampel hinter Dienlichkeit verschwindet). Dass die „Erde das wesenhaft Sichverschließende" sei und dass die „Erde her-stellen" heißt: sie ins Offene bringen als das Sichverschließende" (GA 5, 33), besagt aber nicht, dass überhaupt nichts mehr erschiene, wie wir gesehen haben. Selbst noch beim produzierenden Verbrauch und der zersetzenden Analyse der Erde zeigt sich diese gewissermaßen vom Kunstwerk her als sich entziehend, weshalb Heidegger die Phänomenologie des Seinlassens der Erde flankiert durch Beschreibungen, in denen das Verschwinden der Erde aufgezeigt wird. Heideggers Phänomenologie der

Erde tastet so verstanden eine Oberfläche ab, die sich berühren lässt, wenn man sie nicht verletzt. Noch einmal: Die Erde als sichverschließende „erscheint" „als sie selbst", „nur, wo sie als die wesenhaft Unerschließbare gewahrt und bewahrt wird" (GA 5, 33). Dieses Erscheinen als sinnliche Berührungsfläche eines Sichverschließenden ist also mehr als eine leere transzendentale Voraussetzung irgendeines sich hinter Seinsverständnis zurückziehenden Seienden. Es ist präzise das Erscheinen der Oberfläche dessen, was sich bei jedem zuwendenden Zugriff ins Innere zurückzieht. Anders als die Praktiken der Zuhanden- und Vorhandenheit lässt die Kunst genau diese reine Präsenz sinnlicher Mannigfaltigkeit in individuierter Gestalt erscheinen. Die Kunst ist dieses Erscheinen. Heideggers Phänomenologie der Erde gelingt es so zu zeigen, wie die Kunst es vermag, an der Oberfläche dessen, was sich wesensmäßig verschließt, zuwendungsunabhängiges Erscheinen zu zeigen. Sollte Heideggers Argument aus der Wirklichkeit der Kunst triftig sein, dann gelänge es, die transzendentale Leerstelle des zuwendungsunabhängigen Realen mehr als nur in Umrissen zu beschreiben. Etwas von dem, was wir „Natur" nennen („der Fels", „die Metalle", „die Farben" etc.), zeigt sich im Werk:

> der Fels kommt zum Tragen und Ruhen und wird so erst Fels, die Metalle kommen zum Blitzen und Schimmern, die Farben zum Leuchten, der Ton zum Klingen, das Wort zum Sagen [Verlauten, Sprechen; Anmerkung Heidegger]. All dieses kommt hervor, indem das Werk sich zurückstellt in das Massige und Schwere des Steins, in das Feste und Biegsame des Holzes, in die Härte und den Glanz des Erzes, in das Leuchten und Dunkeln der Farbe, in den Klang des Tones und in die Nennkraft des Wortes. (GA 5, 32)

Worauf *Sein und Zeit* noch gleichsam erscheinungslos und hinter Anführungszeichen verdeckt hindeutete, erscheint nun: „Die ‚Natur', die uns ‚umfängt'," von der es in *Sein und Zeit* nur heißt, dass sie sich „zwar" als „Seiendes" melde, dass sie „aber weder die Seinsart des Zuhandenen noch des Vorhandenen in der Weise der ‚Naturdinglichkeit'" (GA 2, 280) aufweise. Anders als „Natur" und „Naturdinglichkeit" in Anführungszeichen ist die Erde nun nicht mehr „im Phänomen des In-der-Weltseins" – und damit in Seinsverständnis – „fundiert" (GA 2, 280). Denn anders als in *Sein und Zeit,* wo noch Gleiches durch Gleiches (Welt, Wahrheit und Sein durch Seinsverständnis und Befindlichkeit) fundiert wird, gründet nun Erde Welt und lässt Welt Erde erscheinen.

Die Differenz von Erde und Welt ist fundamental für die Wahrheit beider Seiten in dem Sinne, dass jeweils die eine ermöglichend oder fundierend für die andere ist. „Im Streit trägt jedes das andere über sich hinaus." (GA 5, 35) Und weiter:

> Die Erde kann das Offene der Welt nicht missen, soll sie selbst als Erde im befreiten Andrang ihres Sichverschließens erscheinen. Die Welt wiederum kann der Erde nicht entschweben, soll sie als waltende Weite und Bahn alles wesentlichen Geschickes sich auf ein Entschiedenes

gründen. Indem das Werk eine Welt aufstellt und die Erde herstellt, ist es eine Anstiftung dieses Streites. (GA 5, 35–36)

Heideggers Argument aus der Wirklichkeit der Kunst berührt an dieser Stelle den zentralen Punkt der *transzendentalen Differenz von Erde und Welt*. Transzendental ist diese Differenz erstens darin, dass sie die Bedingung der Möglichkeit zum einen des Erscheinens von Erde (von deren Phänomenalisierung durch die Kunst, die diesen Streit zulässt) und zum anderen der Fundierung von Welt (deren Sinnentwürfe die Rückbindung an das Seiende erfahren) ist. Ohne diese Differenz, die kein Drittes ist, sondern den gestaltbildenden Widerspruch zweier Prinzipien aufreißt, wäre Welt freischwebende Konstruktion (also ein Sinn, der auf nichts als sich selbst bezogen wäre) und Erde absolut erscheinungslos (transzendentale Hypothese, auf die sich aller Sinn bezöge, ohne je auf etwas zu treffen, das selbst zuwendungsunabhängig einfach da wäre). Transzendental ist diese Differenz so zudem deshalb, weil sie der Erde als Realitätsprinzip einen Platz im Begründungsgefüge der Wahrheit verschafft, indem gerade nicht Gleiches Gleiches bedingt und begründet, sondern widerstreitende Prinzipien einander ermöglichen, und dies aufgrund der beschriebenen Differenz auf unterschiedliche Weise: als Erscheinen von Erde als Reales selbst und als Rückbindung von Welt an dieses. Diese Rekonfiguration der Transzendentalphilosophie scheint mir mehr als nur ein internes Manöver zu sein. Dass hier das bei Heidegger folgende „höherstufige antirealistische Manöver" *notwendig* „nach unten durchdiffundiert" (Gabriel 2014, 92), scheint mir nicht der Fall zu sein. Das wäre nur so, wenn Heideggers Antirealismus *notwendig* aus dem guten Argument aus der Wirklichkeit der Kunst für einen phänomenologischen Realismus des Sinnlichen folgen würde, was indes nicht der Fall ist. Dass Heidegger selbst sein gutes Argument in sein Gegenteil verkehrt, indem er dieses als Kreditiv für die Existenz vermeintlich zuwendungsunabhängiger „Wahrheiten" der Erde versteht, steht auf einem anderen Blatt, dem wir uns nun zuwenden.

2.2. Während Erde in ihrer unmittelbaren sinnlichen Präsenz und Mannigfaltigkeit durch die Kunst problemlos phänomenalisierbar scheint, trifft dies bei der dritten Bedeutung der Erde als Element einer kollektiven Identität nicht mehr zu. Die dritte Bedeutung sei, wie bereits zitiert, „für ein geschichtliches Volk seine Erde" als „der sich verschließende Grund", dem es aufruhe „mit all dem, was es, sich selbst noch verborgen, schon ist" (GA 5, 63). Diese Wendung aber ist ein Rückfall in die transzendentale Leerstellenhypothetik. Denn die Annahme von etwas, das „noch verborgen schon ist" (GA 5, 63), was es ist, ist genau die Wiederholung des Realitätsproblems. Dies wiederholt die Annahme eines X, dessen inhaltliche Bestimmung sich stets auf später verschiebt, sobald eine inhaltliche Bestimmung stattgefunden hat – ohne je aber beim versprochenen zuwendungsunabhängigen Inhalt anzukommen. Heidegger dichtet dieser Leerstelle eine verborgene Identität an, ein Sein, das ihm denkbar erscheint. Wie immer diese aber auf Erde bezogen sein mögen, die Zuwendungsunabhängigkeit von sprachlichen, kulturellen, geschichtlichen oder nationalen Charakteristika scheint mehr als zweifelhaft. Sie sind, mit *Sein und Zeit* gesprochen, Entwürfe eines in aller Regel durchschnittlichen Seinsverständnisses, das sich immer schon vor das Seiende selbst geschoben hat. Und jenes ist bei Heidegger nach allem, was wir wissen können, leider durchsetzt von so banalem wie abgründigem Chauvinismus und Antisemitismus (vgl. Brumlik 2016; vgl. auch Espinet 2021).

Was immer nun Heidegger selbst unter der verborgenen „Wahrheit" der Erde als Substanz kollektiver Identität verstanden haben mag, so wird *diese* Wahrheit nicht phänomenal eingeholt, sondern der Erde in einem Handstreich des Denkens zugesprochen. Was vielleicht denkbar ist, wird so zur zuwendungsunabhängigen, aber verborgenen Wirklichkeit erklärt. Heidegger wechselt das Register von der Deskription zum Verkünden von Wahrheiten, die in der Erde schlummern sollen und unter anderen Vorzeichen erwachen und ans Licht der Welt kommen werden. Dabei scheint Heidegger das zuvor entwickelte Argument aus der Wirklichkeit der Kunst im Sinne eines *phänomenalen Kreditivs der Kunst* einzusetzen. Darunter verstehe ich, dass die Kunst für Wahrheiten zeugen oder einstehen soll, die Heidegger mit „Erde" verbindet, obwohl diese selbst nicht als zuwendungsunabhängige Eigenschaften phänomenalisierbar sind. Etwa so, wie Kants kategorischer Imperativ als „Kreditiv" (Kant 1787, AA 5, 48) für die Unsterblichkeit der Seele und die Existenz Gottes als Ersatz für nicht einlösbare Existenzbehauptungen herhalten soll, soll bei Heidegger das zuwendungsunabhängige Erscheinen der Erde im Werk – vor allen Dingen in der Dichtung Hölderlins – als „Zeichen" einer geschichtlichen Aufgabe verstanden werden, die „zu bestehen den Deutschen noch bevorsteht" (GA 5, 66). Diese Aufgabe der Erde verbindet Heidegger mit einer „Entscheidung" zum „Werk" des besagten „Hölderlin", von dem sich Heidegger zu seinem ontologischen Grundbegriff der Erde inspirieren lässt und dem er eine neue „Mythologie des Ereignisses" (vgl. dazu Sommer 2016; Sommer 2017, insbes. 135–163) entnehmen möchte.

Dies sind Konstruktionen, die zu allerlei Unfug und auch Unheil bei Heidegger und darüber hinaus geführt haben. Der phänomenologisch durchaus plausiblen Beschreibung einer zugangsunabhängigen Wahrheit des Sinnlichen in der Wirklichkeit der Kunst, die als Her-stellen und Seinlassen der Erde ins Werk gesetzt wird, wird – darauf kommt es mir an – eine ihr fremde Funktion der Beglaubigung für andere, phänomenal nicht einholbare Existenzunterstellungen aufgesetzt. Heidegger selbst erliegt hier der Versuchung, unter dem Deckmantel der Verborgenheit einen deskriptiv ungedeckten Antirealismus ins Werk zu setzen, bei dem ihm seine gut ausgewiesene Phänomenologie der Erde als Projektionsfläche für zeitgebundene und allzu menschliche Identitätskonstruktionen dient. Dies ist bedauerlich, entkräftet aber nicht das Argument aus der Wirklichkeit der Kunst für ein zuwendungsunabhängiges Erscheinen des Sinnlichen in der ihm eigenen Präsenz und Mannigfaltigkeit. Ich halte diese Form der Phänomenologie der Erde für Heideggers stärkstes Argument gegen den freischwebenden Konstruktivismus innerhalb aller Versuche, die Heidegger unter dem Titel der „Kehre" unternimmt (vgl. GA 79). In diesem präzisen Fall ist die Kehre ein realistischer Entwurf. Hier bietet sie eine Beschreibung des Seienden unabhängig von Sinnzuschreibung. Als reine Sinnlichkeit zeigt sich die Erde nur, wenn man sie nicht erschließt. Sie ist ein „‚Grund' nichtgeschichtlicher Präsenz [*un ‚fond' de présence non-historiale*]" (Haar 1985, 126; Übersetzung vom Verf.).

3 Kunstwerk der Wahrheit

Allerdings wird diese realistische Kehre sogleich ins Gegenteil verkehrt. Besonders deutlich in Heideggers Primat der Dichtung als dem Wesen von Kunst überhaupt: *„Alle Kunst"* sei „als Geschehenlassen der [...] Wahrheit des Seienden als eines solchen *im Wesen Dichtung.*" (GA 5, 59) Zum einen gibt Heidegger damit zwar zu verstehen, dass die Kunst etwas zulässt, was sonst nicht geschähe: dass die Kunst die Wahrheit der Erde als zuwendungsunabhängiges Erscheinen des Sinnlichen selbst sein lässt. Zum anderen aber spielt Heidegger hier mit dem genau entgegengesetzten Sinn, bei dem das Geschehen- oder Seinlassen auch den Sinn eines *fiat!* haben kann, den Heidegger mit Sprache und – in intensivierter Form – mit Dichtung als Sprachkunst verbindet: Es werde Wahrheit! Heidegger schreibt:

> Indem die Sprache erstmals das Seiende nennt, bringt solches Nennen das Seiende erst zum Wort und zum Erscheinen. Dieses Nennen ernennt das Seiende *zu* seinem Sein *aus* diesem. Solches Sagen ist ein Entwerfen des Lichten, darin angesagt wird, als was das Seiende ins Offene kommt. Entwerfen ist das Auslösen eines Wurfes, als welcher die Unverborgenheit sich in das Seiende als solches schickt. Das entwerfende Ansagen wird sogleich zur Absage an alle dumpfe Wirrnis, in der sich das Seiende verhüllt und entzieht. (GA 5, 61)

Zwar „schickt *sich* die Unverborgenheit in das Seiende als solches", das damit nicht durch diese gemacht wird. Aber Heidegger unterstellt zugleich, dass das Seiende als solches „erst" erscheint, wenn das Wort oder die Sprache dieses „zum [...] Erscheinen bringt". Dieses erscheinende Seiende würde dann durch das „Nennen" oder „Sagen" der Sprache „als Entwerfen des Lichten" „zu seinem Sein" ernannt. Das Sein des Wortes wäre dann nicht mehr Erde, die man einfach sein lässt, sondern gewissermaßen ein befördertes Seiendes, das Kraft seiner Ernennung nun auf exponierter Position in einer gewissen Hierarchie des Seins sichtbar würde.

Dass das Sein des Seienden nur im „Nennen" und „Sagen" „ins Offene kommen", dass Unverborgenheit nur durch Sinn und Bedeutung von Sprache geschehen könne, ist indes eine Behauptung, die den Spielraum des Erscheinens und damit der Unverborgenheit auf die Grenzen des Logos reduziert. Sein, das nicht verstanden wird, das uns weltbildende Wesen sinn- und bedeutungslos herausfordert, erscheint auch. So fragt sich Heidegger selbst einmal, ob nicht gerade beim Tier ohne Sprache aufgrund eben dieser seiner Weltarmut eine viel größere „Zugänglichkeit des Seienden" (im Vergleich zur weltbildenden Sprachlichkeit der menschlichen Existenzform) anzusetzen sei:

> schon eine rohe Besinnung macht es fragwürdig, ob Armut in sich notwendig das Geringere ist gegenüber dem Reichtum. Es könnte gerade umgekehrt sein. [...] wenn wir etwa das Erfassungsvermögen eines Falkenauges mit dem des menschlichen Auges oder das Geruchsvermögen des Hundes mit dem des Menschen vergleichen. (GA 29/30, 286)

In gewisser Weise gibt uns die Kunst Gelegenheit, einen animalischen Blick auf das Sinnliche zu werfen, das selbst in seiner Fülle nicht durch den Reichtum der sprachlichen und intentionalen Bedeutung verstellt wird: zu sehen „wie ein Hund [...], ohne alle Nebenabsichten" (Rilke 1996, 614). So beschreibt wie Rilke Cézannes Versuch, nur noch Farben wahrzunehmen (vgl. dazu auch Figal 2010, 223).

Heidegger selbst nun verwischt diese transzendentale Differenz von Erde und Welt und damit den eigentlichen Sinn von Kunst, auch der Sprachkunst übrigens, wenn er den Umstand übergeht, dass es das *Verlauten* im *Sprechen* der Sprache ist, also deren sinnlichen Präsenz, die Mannigfaltigkeit und Individualität des Sprachgebildes, die das Gedicht oder die Tragödie mit den anderen Kunstformen verbindet und allererst zum Kunstwerk macht. An genau diesem Punkt weicht Heidegger von der Phänomenalität der Sprache ab, so dass das Argument aus der Wirklichkeit der Kunst mit einem Handstreich in einen freischwebenden Antirealismus des Sagens des Seins kippt. Das Sein wird so semantisch entworfen. Vermutlich ist Heidegger genau dies im Rückblick an einem eher unscheinbaren Punkt selbst aufgefallen. In der bereits zitierten Liste sinnlicher Präsenzen und Mannigfaltigkeiten, die das Werk Erde her-stellend zeigt, schrieb Heidegger in der veröffentlichten Version des Vortrags, dass das „Wort" im Werk „zum Sagen" komme (und das Sprachwerk so in die „Nennkraft des Wortes" zurückstelle; GA 5, 32). In einer Randnotiz der Reclam-Ausgabe von 1960 hingegen verbessert Heidegger „Sagen" durch „Verlauten" und „Sprechen".

Damit wird Heidegger aufmerksam auf die feine, aber grundlegende Differenz zwischen Sinn und Sinnlichkeit der Sprache, zwischen dem Verlauten des dichterischen Sprachstoffs und dem, was das Gedicht auf der semantischen Ebene sagt, kurz: auf den grundlegenden Streit von Erde und Welt auch im Wort der Dichtung –

wenn es stimmt, dass ein Gedicht nicht Kunstwerk durch das ist, was es sagt, sondern *wie es spricht*, d. h. zum großen Teil durch seine sprachliche Erscheinung als dem Verlauten der Worte im lauten oder stillen Sprechen. Diese Korrektur oder Restitution der Differenz von verlautender Erde und sagender bzw. bedeutsamer Welt markiert präzise den Kipppunkt vom Realismus der Erde in einen Idealismus des Sinns von Sein als Sage(n). Dies ist ein Antirealismus, der Heideggers Sprachwende, wie alle anderen *linguistic turns*, kennzeichnet, insofern diese die Sprache zur Wirklichkeit oder Wahrheit des Seins erklären, jenseits dessen nichts mehr erschiene (ein Realitätsproblem, das Heidegger etwa mit Wittgenstein teilt; sowohl mit dem ersten Wittgensteins des *Tractatus*, in dem die Grenzen der Sprache auch die Grenzen der Welt sind, als auch mit dem zweiten der *Philosophischen Untersuchungen*, in welchen Lebensformen identisch sind mit den Sprachspielen, die diese konfigurieren; vgl. dazu etwa Flatscher 2011, 161–175).

Geschickt – oder vom Geschick des Seins angesprochen? wer könnte das aus Sicht des Seinsdenkens entscheiden? –zeichnet Heidegger nun auf diese zuwendungsunabhängige Wirklichkeit der Erde die Umrisse einer ganz und gar unphänomenalen „Sage". Einmal die „Sage" einer kollektiven Identitätskonstruktion, bei welcher das „entwerfende Sagen" der „Dichtung" einem „geschichtlichen Volk die Begriffe seines Wesens" (GA 5, 61 f.) offenbare. Zum anderen aber noch fundamentaler die Sage vom Ursprung der Wahrheit in und aus der Kunst: „Die Kunst läßt die Wahrheit entspringen." (GA 5, 65) Die Kunst stifte die „Wahrheit des Seienden im Werk" (GA 5, 65). „Ur-sprung" meine „ins Sein bringen" (GA 5, 66). „Ins Sein" wird aber nicht nur *eine* Wahrheit gebracht. Heidegger will hier sagen, dass die Kunst als solche das Sein der Wahrheit als solche ins Werk setze. Dass die Wahrheit selbst das Werk der Kunst sei:

> Wir müssen jetzt noch wesentlicher fragen: inwiefern liegt im Wesen der Wahrheit ein Zug zu dergleichen wie einem Werk? Welchen Wesens ist die Wahrheit, daß sie ins Werk gesetzt werden kann oder unter bestimmten Bedingungen *sogar ins Werk gesetzt werden muß, um als Wahrheit zu sein?* Das Ins-Werk-Setzen der Wahrheit bestimmten wir jedoch als das Wesen der Kunst. Die zuletzt gestellte Frage lautet daher: [...] *Was ist die Wahrheit, daß sie als Kunst geschehen kann oder sogar geschehen muß?* (GA 5, 44; Hervorhebung durch den Verfasser)

Die Antwort, die uns Heidegger auf den letzten Seiten unseres Textes nahelegt, ist, dass Wahrheit als Kunst geschehen kann, ja muss, weil die Wahrheit selbst das Kunstwerk sei: „weil die Kunst in ihrem Wesen ein Ursprung ist: eine ausgezeichnete Weise, wie Wahrheit seiend, d. h. geschichtlich wird." (GA 5, 66)

Literatur

Blattner, W. 1999: Heidegger's Temporal Idealism, Cambridge.
Brumlik, M. 2016: Die Alltäglichkeit des Judenhasses – Heideggers Verfallenheit an den Antisemitismus, in: Homolka, W. / Heidegger, A. (Hg.): Heidegger und der Antisemitismus. Positionen im Widerstreit, Freiburg, 202–211.
Coyne, R. 2018: Eschatology and Metapolitics in the Black Notebooks, in: Espinet, D. / Figal, G. / Keiling, T. / Mircovic, N. (Hg.): Heideggers Schwarze Hefte im Kontext, Tübingen, 69–85.
Dreyfus, H. L. 2005: Heidegger's Ontology of Art, in: Dreyfus, H. L. / Wrathall, M. A. (eds.): A Companion to Heidegger, Malden/Oxford, 407–419.
Espinet, D. 2020: Heidegger and Kant, or Heidegger's Poetic Idealism of Imagination, in: Stewart, J. (ed.): The Palgrave Handbook of German Idealism and Existentialism, London, 363–385.
Espinet, D. 2021: Quand ne pas dire c'est faire. L'écoute heideggérienne et l'o(n)to-polémologie du silence, in: Arrien, S.-J. / Sommer, C. (eds.): Heidegger aujourd'hui. Actualité et postérité de la pensée de l'Ereignis, Paris, 125–153.
Figal, G. 2010: Erscheinungsdinge. Ästhetik als Phänomenologie, Tübingen.
Flatscher, M. 2011: Logos und Lethe. Zur phänomenologischen Sprachauffassung im Spätwerk von Heidegger und Wittgenstein, Freiburg.
Gabriel, M. 2014: Ist die Kehre ein realistischer Entwurf?, in: Espinet, D. / Hildebrandt, T. (Hg.): Suchen Entwerfen Stiften. Randgänge zum Entwurfsdenken Martin Heideggers, München, 87–106.
Gadamer, H.-G. 1960: Zur Einführung, in: Heidegger, M.: Der Ursprung des Kunstwerks, Stuttgart, 93–114.
Haar, M. 1985: Le chant de la terre. Heidegger et les assises de l'histoire de l'être, Paris.
Harries, K. 2009: A Critical Commentary on Heidegger's „The Origin of the Work of Art", Dordrecht.
Hegel, G. W. F. 1989: Vorlesungen über die Ästhetik I, in: ders.: Werke, Bd. 13, hg. von Moldenhauer, E. / Michel, K. M., Frankfurt/Main.
Kockelmans, J. 1985: Heidegger on Art and Art Works, Dordrecht.
Moore, A. 2012: The Evolution of Modern Metaphysics. Making Sense of Things, Cambridge.
Pöggeler, O. 1990: Der Denkweg Martin Heideggers, 3. erw. Auflage, Pfullingen.
Rilke, R. M. 1996: Briefe über Cézanne, in: ders.: Schriften. Kommentierte Ausgabe, Bd. 4, hg. von Nalewski, H., Frankfurt am Main, 594–638.
Sommer, C. 2016: „Diktat des Seyns". Zwölf Anmerkungen zu Heideggers politisch-theologischer Mythologie, in: Homolka, W. / Heidegger, A. (Hg.): Heidegger und der Antisemitismus. Positionen im Widerstreit, Freiburg, 353–363.
Sommer, C. 2017: Mythologie de l'événement. Heidegger avec Hölderlin, Paris.
Zaborowski, H. 2016: Licht und Schatten. Zur Diskussion von Heideggers *Schwarzen Heften*, in: Homolka, W. / Heidegger, A. (Hg.): Heidegger und der Antisemitismus. Positionen im Widerstreit, Freiburg, 428–440.

Die Zeit des Weltbildes (1938)

Holger Zaborowski
Martin Heideggers „Die Zeit des Weltbildes": Einführung – Gedankengang – Kritik

1 Wissenschaft, Metaphysik, Besinnung

Martin Heidegger gehört – wie beispielsweise auch Karl Jaspers oder Franz Rosenzweig – zu einer Generation von Philosophen, deren denkerische Grundorientierung wesentlich durch die Erfahrungen – und Erschütterungen – des Ersten Weltkriegs bestimmt wurde. Für diese Kriegsgeneration waren die Systemansätze des 19. und frühen 20. Jahrhunderts nicht mehr überzeugend. Das neuzeitliche Denken schien ihnen zutiefst fragwürdig. Sie distanzieren sich daher kritisch von Versuchen, die Wirklichkeit systematisch zu durchdringen und zu erklären. Berühmt ist Heideggers Bruch mit dem „System des Katholizismus" und die damit verbundene Zurückweisung der katholischen Neuscholastik. Aber auch vom Neukantianismus seines Lehrers Heinrich Rickert oder von der transzendentalen Phänomenologie Husserls – von diesem verstanden als „strenge Wissenschaft" – setzte Heidegger sich zunehmend ab, um in der Auseinandersetzung mit höchst verschiedenen Denkern der Tradition einen eigenen Ansatz zu entwickeln – oder besser: um einen eigenen denkerischen Weg zu beschreiten. Dieser führte ihn von der frühen „Hermeneutik der Faktizität" über die fundamentalontologische Fragestellung von *Sein und Zeit* zu einer neuen Frage nach dem „Seyn" (und dem Menschen) in seinem Spätwerk.

Dabei ging es Heidegger immer auch darum, seine eigene Zeit philosophisch zu deuten. Für Hegel war die Philosophie bekanntlich „ihre Zeit in Gedanken erfasst". Dies gilt *mutatis mutandis* auch für Heidegger, für den die Philosophie jedoch zudem „ihre Zeit in Fragen erfasst" war. Wenn er das Fragen als die „Frömmigkeit des Denkens" charakterisiert (GA 7, 36) so ist das keine kokette Bemerkung, sondern ein Hinweis auf die Erfahrung der Fraglichkeit und des Fragwürdig-Werdens gegebener Vorurteile, Gewissheiten oder Positionen, die sein gesamtes Denken durchzieht. Wie der Titel der *Holzwege* und viele andere Titel von Büchern oder Aufsätzen Heideggers zeigen, konnte es ihm aus diesem Grund nicht darum gehen, feststellende Positionen einzunehmen oder zu markieren. Ihm war es nur möglich, nach- und vorfragend, und d. h. auch: sich selbst immer wieder hinterfragend, Wege zu gehen und, indem er sie an seinen eigenen Denkerfahrungen teilhaben ließ, für seine Studenten, Hörer oder Leser je eigene Wege zu eröffnen.

Zu diesen fragenden Denkbewegungen gehört auch Heideggers Vortrag „Die Zeit des Weltbildes", den er am 09. Juni 1938 unter dem Titel „Die Begründung des neuzeitlichen Weltbildes durch die Metaphysik" im Rahmen einer Vorlesungsreihe gehalten hat, die von der Kunstwissenschaftlichen, der Naturforschenden und der Medizinischen Gesellschaft zu Freiburg i. Br. organisiert worden war (vgl. GA 5, 375). Der öffentliche Charakter dieser Vorlesungsreihe erklärt, warum sich Heidegger in diesem Text in besonderer Weise um Verständlichkeit bemüht. Der nähere Kontext des Vortrages lässt auch verstehen, warum Heidegger unter verschiedenen Merkmalen der Neuzeit exemplarisch die Wissenschaft – und zwar sowohl die Natur-, als auch die Geisteswissenschaften – herausgreift, um anhand ihrer neuzeitlichen Gestalt zu erläutern, inwiefern die Neuzeit selbst als „Zeit des Weltbildes" verstanden werden müsse.

Heidegger orientierte sich dabei weder an der Philosophie- oder Wissenschaftsgeschichte noch in einem weiteren Sinne an der Geistes- oder Ideengeschichte (auch wenn sich durchaus gewisse Gemeinsamkeiten mit diesen Disziplinen aufzeigen lassen). Denn für ihn stellen diese geschichtswissenschaftlichen Zugänge zur Neuzeit selbst neuzeitliche Phänomene dar. Aus genau diesem Grund ist es ihnen nicht möglich, das Wesen der Neuzeit zu erfassen. Das aber ist das Anliegen Heideggers. Er will nicht auf der Ebene historischer Fakten über die Neuzeit sprechen, sondern die ihnen zugrunde liegenden Tendenzen, ihr „Wesen" aufzeigen. Nach Heidegger reicht dabei, wie man vor dem Hintergrund eines überlieferten Metaphysikverständnisses hätte annehmen können, auch ein bloß metaphysischer Blick nicht aus. Denn ihm geht es um den „metaphysischen Grund" der Neuzeit, der sich auch der Metaphysik entzieht und eine andere Art des Denkens erfordert, das Heidegger „Besinnung" nennt. Sie vollziehe sich, so Heidegger ganz zu Beginn dieses Vortrags, „[i]n der Metaphysik" (GA 5, 75), d. h. sie lässt sich, so setzt er hier voraus, von der Metaphysik nicht lösen und geht von der Fragestellung der Metaphysik aus, führt aber auch schon über sie hinaus. Heidegger spricht „schon aus der Überwindung der Metaphysik" (GA 5, 104).

Mit dem Wort „Besinnung" greift er den Titel seines zweiten der sog. Nachlassmanuskripte auf (vgl. GA 66), an dem er ab 1938 – also ab der Zeit der Abfassung von „Die Zeit des Weltbildes" – gearbeitet hat. Er versteht Besinnung als „die Anstimmung der Grundstimmung des Menschen, sofern diese ihn zum Seyn, zur Gründerschaft der Wahrheit des Seyns, bestimmt" (GA 66, 49). Besinnung ist also für Heidegger nichts im landläufigen Sinne „Besinnliches". Sie vollzieht sich in einer bestimmten (Grund-)Stimmung, aus der heraus oder in der der Mensch sich der Wahrheit des Seyns aussetzt. Sie ist der Versuch eines neuen, nicht-metaphysischen, also nicht auf das Sein des Seienden als „Seiendheit" bezogenen Denkens. Dieses Denken verzichtet auf gegebene Gewissheiten: „Besinnung ist der Mut, die Wahrheit der eigenen Voraussetzungen und den Raum der eigenen Ziele zum Fragwürdigsten zu machen." (GA 5, 74)

Der Superlativ „Fragwürdigsten" deutet an, dass es Heidegger nicht allein darum geht, bestimmte Voraussetzungen oder Ziele zu thematisieren oder nach Alternativen für sie zu suchen. Wie sich zeigen wird, ist Heideggers Ideal nicht die Gewissheit eines „Grundes" oder „Fundamentes" oder die fraglose Sicherheit gegebener Überzeugungen, sondern im Gegenteil die „verunsichernde" Frage nach dem „metaphysischen Grund" der Gewissheit. Vermutlich spielt Heidegger mit seiner Bestimmung der „Besinnung" in diesem Vortrag auch auf Immanuel Kants Definition der Aufklärung an. „Habe Mut, dich deines eigenen Verstandes zu bedienen!", so hatte Kant in seinem berühmten Aufsatz „Was ist Aufklärung?" den „Wahlspruch der Aufklärung" bestimmt. Heidegger sieht sich nun jedoch nicht mehr vor der Aufgabe, die Aufklärung zu definieren oder dazu anzuregen, noch aufgeklärter zu werden und die Aufklärung zu vollenden. Für ihn gilt es, die Aufklärung selbst – sprich: die Neuzeit – zu verstehen, und zwar nicht mehr im Modus der überlieferten Aufklärung, sondern in einem gänzlich anderen Modus von „Aufklärung". Dafür ist ein anderer „Mut", nämlich der Mut zur Besinnung, der nach dem Sinn des aufgeklärten Denkens fragt, vonnöten. Das ist eine Frage oder Aufgabe, der sich Kant nicht stellen konnte, weil er, wie Heidegger an anderer Stelle ausführt, selbst von Voraussetzungen abhängig war, die ihm Descartes und Leibniz vermittelten und die ihm diese Frage nicht erlaubten (vgl. GA 66, 397 ff.).

Ein besonderer Mut zur Besinnung ist deshalb erforderlich, weil die „Wahrheit der [...] Voraussetzungen", die jemand macht, und der „Raum der [...] Ziele", die jemand sich stellt, in der Regel gar nicht thematisiert werden, nicht thematisiert werden können und auch nicht thematisiert werden sollen. Im ersten der Zusätze[1] zu „Die Zeit des Weltbildes" formuliert Heidegger dementsprechend: „Solche Besinnung ist weder für alle notwendig, noch von jedem zu vollziehen oder auch nur zu ertragen. Besinnungslosigkeit gehört weithin zu den bestimmten Stufen des Vollbringens und Betreibens." (GA 5, 96) Dieses Verständnis von Besinnung (und Besinnungslosigkeit) verrät Heideggers eigenen denkerischen Anspruch und zeigt eine kritische Haltung gegenüber seiner eigenen Zeit und vor allem gegenüber der Universität, den Wissenschaften und der Philosophie. Insbesondere im Verhältnis zur Philosophie, so Heidegger in *Besinnung*, findet er

---

[1] Laut den Nachweisen in GA 5, 375 sind die Zusätze „gleichzeitig geschrieben, aber nicht vorgetragen worden"; Kellerer 2011 hat auf Grundlage eines Vergleichs des in GA 5 publizierten Textes von „Die Zeit des Weltbildes" mit dem ursprünglichen Vortragstext darauf aufmerksam gemacht, dass dies nicht der Fall ist: So fehlt der neunte Zusatz (GA 5, 106–111) im ursprünglichen Vortragsmanuskripts; der in der ursprünglichen Nummerierung vierte Zusatz im Vortragsmanuskript wurde in GA 5 ausgelassen und erst in GA 16, 349 veröffentlicht.

> nirgends eine *Besinnung* auf ihr Wesen, *dergestalt*, daß das, *was* sie zu denken hat, *in Frage gestellt* und in seiner *vollen* Frag-würdigkeit übernommen würde – ohne Stütze und ohne Schutz, ohne Ausflucht, jedoch mit der *einen* Bereitschaft, hier auf eine *eigene Notwendigkeit* der Philosophie zu stoßen, die aus der Einzigkeit ihres Wesens entspringt. (GA 66, 74)

Eine ähnliche Zeit- und Universitätskritik findet sich bereits in Heideggers Vorlesungen der 1920er Jahre (vgl. z. B. GA 61, 68 ff.). Man kann in ihr auch einen gewissen Widerhall von Heideggers Hauptwerk *Sein und Zeit* erblicken, das von der These ausgeht, dass die Frage nach dem Sinn von Sein vergessen worden sei (vgl. GA 2, 3 ff.). Schon lange geht Heidegger also von der „Besinnungslosigkeit" der Gegenwart aus. Sie ist für ihn eine Folge der Vollendung der Metaphysik in der Neuzeit. Unter „Überwindung der Metaphysik" versteht er dementsprechend ein „ursprüngliches Fragen der Frage nach dem Sinn, d. h. nach dem Entwurfsbereich und somit nach der Wahrheit des Seins, welche Frage sich zugleich als die Frage nach dem Sein der Wahrheit enthüllt" (GA 5, 100).

Heideggers Zugang zur „Zeit des Weltbildes" in diesem Vortrag ist somit eine vorsichtig vorgehende Besinnung auf das Wesen der Neuzeit als der Zeit des Weltbildes. Dabei bleibt Heidegger der phänomenologischen Maxime „Zu den Sachen selbst" verpflichtet, auch wenn er nicht mehr den Anspruch eines phänomenologischen Vorgehens im engeren Sinne erhebt. In *Sein und Zeit* hatte Heidegger die Aufgabe der Phänomenologie folgendermaßen bestimmt: „Das, was sich zeigt, so wie es sich von ihm selbst her zeigt, von ihm selbst her sehen lassen." (GA 2, 46) Diesem Anspruch folgt Heidegger auch in „Die Zeit des Weltbildes" noch. Denn sein Anliegen besteht darin, etwas – nämlich die Phänomene der Neuzeit und der Wissenschaft – ans Licht oder zur Erscheinung zu bringen und es dadurch sehen zu lassen. Dabei zeigt sich der Text als ein radikaler Versuch, in der Zeit einer fundamentalen Krise der Moderne diese vor dem Hintergrund der gesamten Geschichte der Metaphysik zu verstehen und auch erste Überlegungen zu ihrer „Über-" oder „Verwindung" aufzuzeigen. Ihm geht es somit nicht um eine oberflächliche Zeit- oder Kulturkritik, sondern um eine fundierte, sich nicht allein auf Symptome, sondern auf die ihnen zugrunde liegenden Phänomene beziehende Kritik im ursprünglichen Sinne des Wortes: um Scheidung und Unterscheidung, die dann auch zu einer Entscheidung – nämlich zu einer über das Weltbild hinausführenden Besinnung – führen kann.

„Die Zeit des Weltbildes" ist kein unmittelbar politischer Text. Heidegger setzt sich jedoch auf jeden Fall in der 1950 veröffentlichten Version (vgl. hierzu Kellerer 2011), aber auch schon in der ursprünglichen Fassung, gerade wenn man die Nachlassmanuskripte und die *Schwarzen Hefte* und somit den weiteren Kontext des seinsgeschichtlichen Denkens mitberücksichtigt, weitestgehend implizit auch mit dem Nationalsozialismus und mit dem Scheitern seines Rektorates auseinander.

Wenn er sich nach dem Zweiten Weltkrieg dazu entschieden hat, diesen Text mit in die *Holzwege* aufzunehmen (und in diesem Zusammenhang auch zu überarbeiten), ist dies auch vor diesem Hintergrund zu verstehen.

Heideggers Vorgehen ist dabei in einem traditionellen Sinne argumentativ; er geht Schritt für Schritt vor und begründet seine Gedanken. Dieser Vortrag zeigt Heidegger als einen ausgezeichneten, um Nachvollziehbarkeit seines Denkens bemühten akademischen Lehrer. Jeglicher „Jargon" liegt ihm fern. Allerdings geht es ihm im Sinne der Besinnung auch darum, eine bestimmte Stimmung in seinen Hörern oder Lesern erwachen zu lassen, die seiner Ansicht nach notwendig ist, um die „Besinnungslosigkeit" zu überwinden. Heidegger erreicht dies durch zahlreiche Fragen und dadurch, dass er bestimmten Worten, Begriffen und Anschauungen – wie z. B. der „Vorstellung", dem „Gegen-ständigen" oder der „Ver-gegen-ständlichung" (vgl. GA 5, 108) – in oft überraschender Weise auf den „Grund" geht.

2 Subjektivismus, Anthropologie, Humanismus

Heidegger hat seine Überlegungen zum Wesen der Neuzeit unter dem Titel „Die Zeit des Weltbildes" veröffentlicht. Dieser Titel verweist auf die bereits genannte Hauptthese von Heideggers Ausführungen: Die Neuzeit ist für Heidegger nicht die Zeit eines bestimmten Weltbildes, das sich von anderen Weltbildern absetzen ließe, sondern *die* Zeit des Weltbildes. Seiner Interpretation nach gibt es kein antikes oder mittelalterliches Weltbild (vgl. GA 5, 90). Denn das, was die Neuzeit besonders auszeichnet, ist die Tatsache, „dass überhaupt die Welt zum Bild wird" (GA 5, 83). Das, was Welt ist, d. h. wie sie sich zeigt, hat sich, so Heidegger, im Verlaufe der Geschichte verändert. Welt, so lässt sich prägnant formulieren, war nach Heidegger nicht immer Bild.

Heidegger verdeutlicht dies, indem er in groben Zügen schildert, wie in der Antike und im Mittelalter Welt zum Phänomen wurde. In der griechischen Antike – Heidegger spricht von der „großen griechischen Zeit", die für ihn mit Parmenides und seiner berühmten Gleichsetzung von Sein und Vernehmen/Denken beginnt (vgl. GA 5, 90) – wurde der Mensch, so Heidegger, „[v]om Seienden angeschaut, in dessen Offenes einbezogen und einbehalten und so von ihm getragen, in seinen Gegensätzen umgetrieben und von seinem Zwiespalt gezeichnet" (GA 5, 91). Der antike Mensch steht also dem Seienden gegenüber, das sich ihm öffnet und aus diesem Grund vernommen werden kann. Er „*ist* als der Vernehmer des Seienden" (GA 5, 91). Heidegger schreibt das Wort „*ist*" kursiv, weil er mit diesem Satz keine Wesensbestimmung des Menschen beabsichtigt, sondern auf den konkreten Lebensvollzug des griechischen Menschen aufmerksam machen möchte. Gerade dieser Lebensvollzug kann sich jedoch wandeln. Daher kenne das Mittelalter, so Heidegger, eine andere Weise, in der sich Welt zeige. Für den mittelalterlichen Menschen sei das Seiende geschaffen, und zwar „vom persönlichen Schöpfergott als der obersten Ursache" (GA 5, 90). Alles das, was ist, gehört „in eine je bestimmte Stufe der Ordnung des Geschaffenen" (GA 5, 90) und entspricht im Rahmen einer Analogia entis der Schöpfungsursache, d. h. Gott als oberstem Seienden. Insofern ist auch die mittelalterliche Welt kein Bild, das der Mensch hat oder das er sich vom Seienden macht.

Das Seiende ist somit weder in der Antike noch im Mittelalter davon abhängig, dass der Mensch es sich als Subjekt vorstellt. In der Neuzeit hingegen ändere sich, wie Heidegger betont, radikal die Weise, in der sich Welt zeige. Nun ist der Bezug des Menschen zum Seienden nicht mehr von der „Anschauung" durch das Seiende oder von der Schöpfung durch Gott bestimmt, sondern von der Vorstellung des Menschen als Subjekt. Heidegger schildert in seinem Vortrag kurz, wie sich der moderne Subjektbegriff entwickelt hat. Das lateinische *subjectum*, so führt er aus, sei die Übersetzung des griechischen *hypokeimenon* (GA 5, 88). Damit aber sei zunächst gar nicht der erkennende oder handelnde Mensch gemeint, sondern das „Vor-Liegende, das als Grund alles auf sich sammelt" (GA 5, 88). In der Neuzeit, so Heidegger, werde aber der Mensch nicht nur befreit, wie manche Deutungen der Moderne nahelegen. Er stößt, indem er die Bedeutungsveränderung des Wortes *subjectum* nachzeichnet, auf eine seiner Ansicht nach tiefer liegende geschichtliche Veränderung, die darin besteht, dass „der Mensch zu dem ersten und eigentlichen Subjectum wird" (GA 5, 88). Damit ändert sich das Verhältnis zwischen dem Seienden und dem Menschen. Der Mensch vernimmt nun nicht mehr das Seiende, das sich ihm eröffnet. Auch erfährt er das Seiende nicht mehr als Geschaffenes, das auf einen göttlichen Schöpfer zurückgeht. Der Mensch selbst nimmt unter diesen Vorzeichen eine zentrale Position innerhalb des Seienden ein: Er „wird zu jenem Seienden, auf das sich alles Seiende in der Art seines Seins und seiner Wahrheit gründet. Der Mensch wird die Bezugsmitte des Seienden als solchen." (GA 5, 88) Als eine solche „Bezugsmitte" stellt der Mensch das Seiende vor (sich).

Mit dem Wort „Vorstellung" bezieht sich Heidegger nicht auf eine allgemeine Art geistiger Tätigkeit, die sich auch in der Antike oder im Mittelalter finden ließe. Im Kontext der Neuzeit bedeutet Vorstellung für ihn, „das Vorhandene als ein Entgegenstehendes vor sich bringen, auf sich, den Vorstellenden zu, beziehen und in diesen Bezug zu sich als den maßgebenden Bereich zurückzwingen" (GA 5, 91). Im Wort „Vorstellen" klingt für Heidegger auch das „Stellen" an: So wie man ein Tier oder einen Dieb stellt, wird im Vorstellen das Seiende „gestellt" (vgl. GA 5, 87). Es wird fixiert und ruhig gestellt, auf es wird zugegriffen, und es wird der eigenen Macht unterworfen. Das Vorstellen ist daher auch ein „Feststellen" (vgl. GA 5, 109 und auch GA 5, 70 ff.): Das Seiende wird aus seiner Bewegung heraus „fest" gestellt, um es in den Blick zu nehmen. Der Mensch setzt sich durch die Vorstellung des

Seienden, so Heidegger, „ins Bild" und wird zum Subjekt. Die Welt wird hingegen dazu gebracht, sich als Objekt dem Subjekt vorzustellen und sich ihm zu präsentieren. „Der Mensch wird der Repräsentant des Seienden im Sinne des Gegenständigen." (GA 5, 91) Charakteristisch für die Neuzeit ist also, dass der Mensch das Seiende vergegenwärtigt und es in die Gegenwart bringt (und es dadurch auf gegenwärtig Seiendes reduziert). Indem er dies tut, wird er zum Stellvertreter des Seienden und bestimmt das, was ist, als Gegenständiges, als Objektives. So wird die Welt zum Bild des Menschen.

Mit diesen Überlegungen verweist Heidegger auf einen doppelten Wesenszug der Neuzeit: darauf, dass der Mensch zum Subjekt und das nicht-menschliche Seiende zum Objekt geworden ist. Ohne dass er diese – für ihn neuzeitliche – Begrifflichkeit nutzte, verweist Heidegger in „Die Zeit des Weltbildes" auf einen Zusammenhang, den die Denker der Frankfurter Schule als „Dialektik der Aufklärung" bezeichnet haben (vgl. Busche 1997). Auch für Heidegger ist das spannungsvolle, „dialektische" Zusammenspiel beider Tendenzen von entscheidender Bedeutung. Er stellt im Laufe der Neuzeit nämlich eine wechselseitige Verstärkung von Subjekt-Werden des Menschen und Objekt-Werden des nicht-menschlichen Seienden fest: „je objektiver das Objekt erscheint, um so subjektiver, d. h. vordringlicher erhebt sich das Subjectum" (GA 5, 93). Und für Heidegger ist die Moderne ebenfalls eine Gewaltgeschichte. Das zeigt sich u. a. in einzelnen Wendungen. So spricht Heidegger von einer „Eroberung der Welt als Bild". Im Zuge dieser Eroberung „kämpft der Mensch um die Stellung, in der er dasjenige Seiende sein kann, das allem Seienden das Maß gibt und die Richtschnur zieht." (GA 5, 94) Diese Tendenz verschärft sich im „Kampf der Weltanschauungen". „Für diesen Kampf", so Heidegger „und gemäß dem Sinne dieses Kampfes setzt der Mensch die uneingeschränkte Gewalt der Berechnung, der Planung und der Züchtung aller Dinge ins Spiel." (GA 5, 94)

Die von Heidegger aufgezeigte Verstärkung der „Subjektivierung" des Menschen und der „Objektivierung" des Seienden führe, so legt er dar, zur Entwicklung der Anthropologie als einer Lehre vom Menschen und als der zentralen philosophischen Disziplin im frühen 20. Jahrhundert. In den Zusätzen zum Vortrag formuliert er deutlich, worauf er sie – überraschenderweise – zurückführt und was er an der Anthropologie kritisiert. Ihre Wurzel liege, so Heidegger, nicht erst im 19. Jahrhundert, sondern schon bei Descartes. Seine Deutung des Menschen als eines Subjektes sei die „metaphysische Voraussetzung für die künftige Anthropologie jeder Art und Richtung" (GA 5, 99). Die Zeit des Weltbildes bzw. des Subjektes ist für Heidegger also auch die Zeit der Anthropologie, die er folgendermaßen näher bestimmt: „Anthropologie ist jene Deutung des Menschen, die im Grunde schon weiß, was der Mensch ist und daher nie fragen kann, wer er sei." (GA 5, 111) Die Anthropologie hat also schon ein festes Vorverständnis des Menschen – nämlich als eines Subjektes – und somit auch des Seienden, das „vom Menschen aus und auf den Menschen zu [...] erklärt" und abgeschätzt werde (GA 5, 93). Sie vollzieht sich im Modus wissenschaftlicher Gewissheit und ist der Fraglichkeit nicht fähig, die für Heidegger von entscheidender Bedeutung ist. Gerade weil man häufig auch *Sein und Zeit* der Anthropologie zugeordnet und insofern missverstanden hatte (denn es ging in diesem Buch um die fundamentalontologische Frage nach dem Sinn von Sein und nicht um eine Lehre vom Menschen), war ihm in diesem Text wie auch in vielen anderen Texten die Distanzierung von der Anthropologie ein wichtiges Anliegen (vgl. hierzu auch GA 2, 23).

Zur Anthropologie rechnet Heidegger nicht nur die „Weltanschauung" als „Grundhaltung des Menschen zum Seienden im Ganzen" (GA 5, 93), sondern auch den Humanismus, der, wie er betont, „im engeren historischen Sinne" nichts anderes als eine moralisch-ästhetische Anthropologie" (GA 5, 93) sei. Heidegger distanziert sich mit diesen Worten von Überlegungen, die von einem abendländischen „Humanismus" sprechen, der von der Antike über das Mittelalter bis zur Gegenwart des 20. Jahrhunderts reichen soll. Für ihn war der Humanismus erst in der Neuzeit möglich bzw. war es die entscheidende Wandlung in der Neuzeit, dass das „Seiende im Ganzen" vom Menschen her und auf ihn hin bestimmt wurde. Heidegger wird diese Kritik am Humanismus wenige Jahre später in seinem berühmten „Brief über den 'Humanismus'" u. a. vor dem Hintergrund eines neuen philosophischen Interesses am Humanismus im französischen Existentialismus fortsetzen (vgl. GA 9, 313–364), und zwar nicht, weil es ihm nicht um den Menschen gegangen wäre (wie ihm manchmal unterstellt wird), sondern weil ihm ein offenerer, weniger voraussetzungsreicherer und fest- oder vorstellender Zugang zum Menschen und zum Verhältnis von Mensch und Sein ein Anliegen war. Seiner Ansicht nach können weder Anthropologie noch Humanismus die Frage beantworten, wer der Mensch sei. Dies ist aber eine Frage, die, so selten sie in seinem Werk explizit auftaucht, von zentraler Bedeutung für Heidegger – auch für sein Spätwerk – ist. Das Denken des Seyns ist immer auch ein Denken des Menschen. Denn diesen versteht er – an *Sein und Zeit* anschießend und zugleich über die Perspektve dieses Buches hinausgehend – als „die mögliche Er-eignung des Seyns (als Da-sein)" (GA 66, 136).

3 Seinsgeschichte, metaphysische Grundstellungen, Vollendung der Metaphysik

Doch wie kommt es zu dieser Wandlung des Verhältnisses zwischen dem Menschen und dem Seienden? Warum oder wie wird der Mensch zum Subjekt im neuzeitlichen Sinne? Was geschieht im Übergang vom Mittelalter zur Neuzeit? Heidegger spricht davon, dass „das Wesen des Menschen überhaupt sich wandelt" (GA 5, 88). Etwas geschieht im oder am „Wesen" des Menschen, ohne dass sich leicht sagen ließe, was genau dieses ist und wer oder was dies verursacht hat. Er verweist auf „tiefere Vorgänge" (GA 5, 88) als jenen, die sich in der Befreiung des Menschen in der Neuzeit zeigen (vgl. zur Befreiung GA 5, 107, 110). Im Hintergrund dieser Überlegungen steht Heideggers Gedanke einer „Seinsgeschichte", d. h. die Deutung, dass die Wahrheit des Seins nicht etwas Statisches oder Ewiges sei, sondern sich geschichtlich in Form bestimmter „Grundstellungen des abendländischen Denkens" entfaltet habe und weiter entfalte. Mit jeder Grundstellung – etwa bei Platon, in der „römisch-christlichen Metaphysik", bei Descartes, Leibniz, Kant, im deutschen Idealismus oder bei Nietzsche – werde das, was Heidegger die „Leitfrage" nennt, nämlich die Frage, was das Seiende und was Wahrheit sei, unterschiedlich beantwortet. Das hat Konsequenzen für das gesamte Zeitalter: „Die Metaphysik begründet ein Zeitalter, indem sie ihm durch eine bestimmte Auslegung des Seienden und durch eine bestimmte Auffassung der Wahrheit den Grund seiner Wesensgestalt gibt." (GA 5, 75) Aus diesem Grund ist für Heidegger die Frage nach der Neuzeit eine Frage, die die Metaphysik betrifft, aber, insofern nicht einfach metaphysisch, sondern nach der Metaphysik gefragt werde, selbst keine metaphysische Frage. Heidegger macht dabei in seiner „Besinnung" nicht nur auf diese „Grundstellungen" aufmerksam, sondern versucht auch, eine Frageperspektive einzunehmen, die die Metaphysik im Zeitalter ihrer Vollendung zu über- oder zu verwinden sucht. Sein Interesse gilt – in vorbereitender Weise (vgl. GA 5, 97) – auch dem „künftigen Menschen" (GA 5, 96), d. h. dem noch kommenden, nicht mehr nur metaphysisch ausgerichteten, denkenden und neu nach dem Sein fragenden Menschen.

In seinem Vortrag kann Heidegger diese Zusammenhänge nur an wenigen Stellen oder durch bestimmte Formulierungen andeuten. Denn ihm war nicht nur die prinzipielle Schwierigkeit oder Herausforderung des seinsgeschichtlichen Denkens bewusst, das einen ungewöhnlichen, völlig neuen Versuch des Denkens darstellte. Er selbst befand sich auf einem ihn auch immer wieder in die Irre oder auf den Holzweg führenden Denkweg, so dass es ihm, selbst wenn er das gewollt hätte, gar nicht möglich gewesen wäre, bestimmte „Ergebnisse" oder „Resultate" mitzuteilen und aufzugreifen. Aus genau diesem Grund bleibt sein Denken vorsichtig, demütig, tentativ und immer wieder auch sich selbst infrage stellend. Trotzdem (oder gerade deshalb) stellt „Die Zeit des Weltbildes" einen Versuch dar, bestimmte Einsichten, die er im Verlaufe der 1930er Jahre gewonnen hatte, einem breiteren Publikum zu eröffnen.

Heideggers Gedanke einer Geschichte des Seins spricht dem „Seyn" und seiner Lichtung eine besondere Bedeutung zu. Doch geht für ihn der neuzeitliche Wandel des Weltverhältnisses und Weltverständnisses auch auf den Menschen zurück. Denn der Mensch nehme die neuzeitliche Stellung innerhalb des Seienden „eigens als die von sich ausgemachte" und „willentlich als die von ihm bezogene" (GA 5, 91) ein. Wenn Heidegger davon spricht, dass „das Wesen des Menschen sich wandelt", bezieht sich das also nicht auf ein vom Menschen getrenntes „Wesen", sondern darauf, dass sich die Wandlung im „Wesen" – d. h. im (Seins-)Vollzug – des Menschen selbst ereignet. Die Neuzeit sei nämlich dadurch bestimmt, dass der Mensch Subjekt sein *will.* Gerade dieses Wollen liegt für Heidegger im Wesen der Subjektivität, die sich in Nietzsches Willen zur Macht vollendet. Es äußert sich, wie er in den Zusätzen erläutert, in einem bestimmten „Anspruch des Menschen", nämlich auf ein „fundamentum inconcussum veritatis (auf einen in sich ruhenden, unerschütterlichen Grund der Wahrheit im Sinne der Gewißheit)" (GA 5, 106 f.). Insofern es dem Menschen um Gewissheit als eines Grundes der Wahrheit geht, wird er selbst zum Subjekt im neuzeitlichen Sinne, d. h. er selbst wird zur Quelle der Gewissheit, nach der er strebt. Der Grund für die Entstehung der Neuzeit ist daher weder die „Tat" eines bestimmten Menschen – der als „Genie" eine neue Epoche bestimmte – noch ein quasi-naturhaftes oder anonymes Geschehen, das den Menschen von außen als bloßes Objekt betrifft und auf das er reagieren kann oder muss. „Die Befreiung des neuzeitlichen Menschen", so Heidegger, „beginnt weder erst mit dem ego cogito ergo sum, noch ist die Metaphysik des Descartes lediglich die zu dieser Freiheit nachgelieferte und daher äußerlich angebaute Metaphysik im Sinne einer Ideologie." (GA 5, 110) Heidegger lehnt diese Alternativen ab, um den Beginn der Neuzeit anders zu verorten: in einer Wesensverwandlung des Menschen, die in Descartes Subjektphilosophie geschichtlich in Erscheinung tritt.

So sehr für Heidegger der Beginn der Neuzeit in einem radikalen Bruch mit dem antiken und mittelalterlichen Seins- oder Weltverständnis begründet ist, so sehr gibt es auch eine Kontinuität in der Entstehung des neuzeitlichen Weltverhältnisses. In diesem Vortrag deutet er nur an, was er an anderer Stelle ausführlicher behandelt hat. Heidegger entdeckt nämlich bereits in der Philosophie Platons – im Verständnis der Seiendheit des Seienden als *eidos* – die Wurzel oder „Voraussetzung" dafür, dass die Welt zum Bild werden konnte (vgl. GA 5, 91). In den Zusätzen geht er auf den Zusammenhang zwischen dem griechischen und dem neuzeitlichen Denken näher ein. Heidegger erläutert, dass gerade in der Gegenstellung zur Sophistik Platon und auch Aristoteles die „Auslegung des Seienden und des Menschen" derart verwandelt hätten, dass sie „zum Ende des Griechentums wird, welches Ende mittelbar die Möglichkeit der Neuzeit vorbereitet" (GA 5, 103). Daher betont Heidegger auch ausdrücklich, dass die „metaphysische Grundstellung Descartes' […] geschichtlich von der platonisch-aristotelischen Metaphysik getragen und bewegt" sei (GA 5, 98). Descartes verfolge nämlich, auch wenn er dies nicht ausdrücklich thematisiere, die Frage „Was ist das Seiende?" und stehe aus genau diesem Grund – anders als viele Deutungen nahelegen, die mit Descartes' Denken eine radikale, einen fundamentalen Bruch mit der Vergangenheit darstellende

Revolution verbinden – in der Geschichte der abendländischen Metaphysik, und zwar in einer besonderen Weise. Mit Descartes, so führt Heidegger weiter aus, beginne das, was er die „Vollendung der abendländischen Metaphysik" nennt (GA 5, 99). Diese Vollendung findet nach Heidegger ihr Ende im Werk Nietzsches, des „letzten Metaphysikers" (GA 5, 102).

Heidegger sieht nicht nur einen engen Bezug zwischen der griechischen Antike und der Neuzeit, sondern auch zwischen dem christlichen Mittelalter und dem neuzeitlichen Weltbild. Auch dieses habe dazu beigetragen, dass in der Neuzeit die Welt zum Bild geworden ist, auch wenn der neuzeitliche Mensch sich zunächst einmal, wie Heidegger einräumt, „aus der Verbindlichkeit der christlichen Offenbarungswahrheit und der kirchlichen Lehre zu der sich selbst stellenden Gesetzgebung für sich selbst befreit" (GA 5, 107). Denn für Heidegger weist das neuzeitliche Verständnis der „Wahrheit als der Gewißheit der Subjektivität" auf die „Heilsgewißheit des Christentums" zurück (GA 5, 111). Heideggers Hermeneutik der Metaphysikgeschichte betont daher sowohl die Wandlungen und Brüche als auch die Kontinuitäten in der Metaphysikgeschichte als einer Geschichte des Seins. Die „Zeit des Weltbildes" ist eine ganz neue Zeit – und zugleich steht sie in engstem Zusammenhang mit der Metaphysik, wie sie sich seit Platon entwickelt hat und wie sie nun – im Zeitalter ihrer Vollendung – für Heidegger zum Thema wird.

4 Wissenschaft, Universität, Denken

Heidegger stellt seine Deutung der Neuzeit als *des* Zeitalters des Weltbildes nicht unvermittelt vor, sondern führt in langsamen Schritten auf sie hin. Indem er selbst denkt (und seine Hörer bzw. Leser an seinem Denkweg teilhaben lässt), zeigt er, was „Besinnung" ist – oder besser: wie Besinnung „geht", wie sie sich vollzieht. Sein Ausgangspunkt ist eine Liste von „wesentlichen", also nicht historisch zufälligen, sondern sich aus dem Wesen der Metaphysik ergebenden Erscheinungen der Neuzeit. Ihm geht es also nicht um Eigenschaften, die eine substanzhaft verstandene Neuzeit charakterisieren, sondern um „Aspekte", Gesichtspunkte, in denen das Neuzeitliche sich zeigt oder in Erscheinung tritt.

An erster Stelle nennt Heidegger, wie bereits erwähnt, „ihre Wissenschaft" (GA 5, 75). Hier deutet sich schon an, dass es „die" Wissenschaft oder eine Wissenschaft „an sich", deren Geschichte sich von ihren griechischen Anfängen bis zur Gegenwart des 20. Jahrhunderts als kontinuierliche Geschichte erzählen ließe, für Heidegger nicht gibt. Von Interesse ist für ihn die Wissenschaft in ihrer neuzeitlichen Gestalt oder noch besser: die Neuzeit als *die* Zeit *der* Wissenschaft, die seiner Ansicht nach weder mit der antiken *episteme* noch mit der mittelalterlichen *scientia* zu verwechseln sei. Doch bevor Heidegger auf die neuzeitliche Wissenschaft eingeht, nennt er noch eine Reihe von anderen, ebenfalls wesentlichen „Erscheinungen" der Neuzeit, die teils mit der Wissenschaft in engem Zusammenhang stehen.

Als „gleichwichtige Erscheinung" führt Heidegger die „Maschinentechnik" an, die ab Mitte der 1930er Jahre – nicht zuletzt durch seine Auseinandersetzung mit Ernst Jüngers *Der Arbeiter* (vgl. auch GA 90) – im Vordergrund seines Interesses steht. Wie Heidegger auch in „Die Zeit des Weltbildes" andeutet, folgt er nicht der anthropologischen oder instrumentellen Definition der Technik (vgl. hierzu auch GA 7, 5–36; vgl. zu Heideggers Deutung der Technik Thomson 2005; Luckner 2007; Cesarone et al. 2015). Aus seiner Sicht lasse sich die Technik nicht auf ein Mittel reduzieren, das der Mensch nutzt, um bestimmte Zwecke zu erreichen. Er deutet sie als „eine eigenständige Verwandlung der Praxis" (GA 5, 75), d. h. sie ist nicht menschlicher Praxis ein-, sondern ihr gewissermaßen übergeordnet. Mit der Entstehung der Maschinentechnik verändert sich daher auch das, was menschliche Praxis ausmacht. Diese „Verwandlung", so Heidegger, fordere allererst „die Verwendung der mathematischen Naturwissenschaft". Das bedeutet, dass nach Heidegger die Technik nicht als Anwendung der Wissenschaft folgt, sondern umgekehrt die Wissenschaft der Technik. Für Heidegger ist das „Wesen der neuzeitlichen Technik" nämlich mit dem Wesen der das Zeitalter prägenden Metaphysik der Neuzeit „identisch" (GA 5, 75).

An dieser Stelle vertieft Heidegger seine – durchaus überraschenden und kontroversen – Ausführungen zur Technik nicht. Vielmehr erwähnt er mit der Entwicklung der modernen Ästhetik, die das Kunstwerk zu einem „Gegenstand des Erlebens" mache, ein drittes Merkmal der Neuzeit, auf das er – wenn man der Reihenfolge der Texte der *Holzwege* folgt – in „Der Ursprung des Kunstwerks" bereits kritisch eingegangen war und das er an dieser Stelle nicht vertieft erörtern muss. Daher kann er unmittelbar nach den kurzen Ausführungen zur Ästhetik auf das Verständnis menschlichen Tuns als Kultur und der Kultur als „Verwirklichung oberster Werte" verweisen. Wenn Heidegger hier von einer Tendenz der so verstandenen Kultur zu einer „Kulturpolitik" spricht, kann man dies auch als sehr vorsichtig formulierte Kritik an der Politisierung der Kultur im Nationalsozialismus lesen.

In „Die Zeit des Weltbildes" nennt Heidegger noch eine fünfte Erscheinung der Neuzeit, nämlich die Entgötterung. Mit diesem Wort bezieht sich Heidegger nicht einfach auf das, was er den „groben Atheismus" nennt, also die nicht näher verstandene Leugnung Gottes. Für Heidegger ist die „Entgötterung" als „Entscheidungslosigkeit über den Gott und die Götter" (GA 5, 76) ein komplexer Vorgang, der „Religiosität" überhaupt nicht ausschließt. Ganz im Gegenteil ist für ihn die Entgötterung die Voraussetzung einer bestimmten, nämlich auf religiöses Erleben hin zielenden Form von Religion. Mit dem Begriff der Entgötterung bezieht er sich auf ein doppeltes Geschehen: nämlich darauf, dass zum einen das Weltbild christlich werde und das Christentum zum anderen sich selbst zu einer „Weltanschauung" mache und so der Neuzeit gemäß werde. Für Heidegger hat das Christentum daher an der Entgötterung selbst den „größten Anteil" (GA 5, 76). Es sei im Zuge der Neuzeit nicht etwas am oder mit dem Christentum geschehen, so dass es – bzw. seine Gottesrede – seine Bedeutung verloren hätte; es habe selbst zur „Entgötterung" geführt. Deutlich zeigt sich an seinen Ausführungen zur Entgötterung nicht nur seine Auseinandersetzung mit Friedrich Nietzsche (mit dem er sich im Rahmen der *Holzwege* in „Nietzsches Wort ‚Gott ist tot'" auseinandersetzt), sondern auch mit dem Christentum und seiner eigenen christlichen Herkunft.

Auf diese „wesentlichen Erscheinungen" geht Heidegger in den folgenden Ausführungen zur Wissenschaft nicht ausführlich ein. Doch bleiben sie im Hintergrund von Bedeutung. Denn diese Erscheinungen sind nicht voneinander trenn- oder isolierbar. Sie sind engstens aufeinander bezogen und miteinander verknüpft, insofern sich in allen diesen Erscheinungen die „Zeit des Weltbildes" zeigt, d. h. insofern in ihnen deutlich wird, dass die Welt zum Bild des Menschen als Subjekt geworden ist. Auch die einzelnen Wesensmerkmale der neuzeitlichen Wissenschaft weisen darauf hin. Heidegger nennt zunächst die Exaktheit, auf die es weder in der Antike noch im Mittelalter angekommen sei (vgl. hier auch Richter 1992). Er verweist sodann auf den Charakter der Wissenschaft als Forschung. Diese versteht Heidegger in einem speziellen Sinne als ein bestimmtes „Vorgehen", das nicht mit einem methodisch regulierten Verfahren identisch ist. Denn im Zeitalter des Weltbildes richtet sich die Forschung in einer bestimmten Weise ein, d. h. sie verfügt über einen Entwurf des Seienden, geht in einer bestimmten Weise vor und folgt festgelegten und fest- bzw. vorstellenden und vergegenständlichenden Regeln und Gesetzen. Nur aufgrund dieser Vorgaben unternimmt die moderne Wissenschaft anders als die *episteme* oder die *doctrina* Experimente (vgl. GA 5, 80 f.). Zudem organisiert sie sich in Instituten (vgl. GA 5, 84) und differenziert sich aufgrund ihrer Eigenschaften in Einzelwissenschaften aus, die sich jeweils einem bestimmten Gegenstandsbezirk widmen (vgl. GA 5, 83). Heidegger illustriert dies an der „maßgebende[n] neuzeitliche[n] Wissenschaft" (GA 5, 77), der mathematischen Physik, die immer schon im Lichte eines „Entwurf[es] dessen, was für das gesuchte Erkennen der Natur künftig Natur sein soll: der in sich geschlossene Bewegungszusammenhang raum-zeitlich bezogener Massenpunkte", stehe (GA 5, 78). Auf die historischen Geisteswissenschaften und das ihnen eigene „Unexakte" – kein „Mangel", wie Heidegger betont – geht er in „Die Zeit des Weltbildes" nur kurz ein (vgl. GA 5, 79, 81 f.). Auch sie seien allerdings von einem bestimmten Entwurf, einem sie bestimmenden Vorgehen und einer ihr entsprechenden Orientierung am Experiment – z. B. durch die Bedeutung der Quellenkritik für die historischen Wissenschaften – gekennzeichnet.

Ein drittes Merkmal der neuzeitlichen Wissenschaft neben ihrer Exaktheit und ihrem Charakter als Forschung liegt darin, dass sie zum „Betrieb" geworden ist. Mit diesem Verständnis von Wissenschaft ändere sich auch der Mensch, der sich um Wissen bemüht. „Der Gelehrte verschwindet" (GA 5, 85), so Heidegger in lakonischer Kürze. An seine Stelle trete der „Forscher, der in Forschungsunternehmen steht" und dem es nicht um die „Pflege einer Gelehrsamkeit" gehe (GA 5, 85). Er sei „überdies ständig unterwegs. Er verhandelt auf Tagungen und unterrichtet sich auf Kongressen" (GA 5, 85). Der Betriebscharakter der Wissenschaft führe aber vor allem dazu, dass der Forscher zum Techniker werde: „So allein bleibt er wirkungsfähig und damit im Sinne seines Zeitalters wirklich." (GA 5, 85) Nach Heidegger „gewinnen" die Wissenschaften in der sich vollendenden Neuzeit das, was er die „Vollendung ihres neuzeitlichen Wesens" nennt (GA 5, 86). Das führe dazu, so Heidegger, dass die Wissenschaften sich „um so eindeutiger [...] sich selbst und um so unmittelbarer für den gemeinen Nutzen bereitstellen können" (GA 5, 86). D. h. je vollendeter die Wissenschaften als neuzeitliche Wissenschaften sind, umso mehr verlieren sie auch ihre selbständige Bedeutung und ordnen sich gesellschaftlich oder politisch genehmen Zwecken unter. Als das Seiende vorstellende, vergegenständlichende, planende und berechnende „Technik" funktionalisieren sie sich und werden selbst funktionalisiert.

Heidegger beschreibt somit sehr eingehend die Merkmale der modernen Wissenschaft. Seine Zuhörer werden davon ausgegangen sein, dass es so etwas wie überzeitlich gültige Prinzipien der Wissenschaft gibt. Diese mögen sich zwar entwickelt haben; haben aber, einmal entdeckt oder entwickelt, eine allgemeine, nicht an bestimmte geschichtliche Kontexte gebundene Geltung. Heidegger stellt dieses Verständnis von Wissenschaft durch seine Ausführungen in Frage. Denn für ihn sind die Voraussetzungen neuzeitlicher Wissenschaft geschichtlich gebunden an die „Zeit des Weltbildes", also eine bestimmte Zeit oder „Grundstellung" innerhalb der Geschichte der abendländischen Metaphysik. Wissenschaft „an sich" gibt es für Heidegger nicht. Daher ist die neuzeitliche Wissenschaft auch nicht einfach die nur leicht gewandelte Form einer seit der griechischen Antike nachweisbaren Wissenschaft. Gemeinsam ist der antiken *episteme* und der neuzeitlichen Wissenschaft, dass sie Teil der Geschichte der Metaphysik sind; getrennt werden sie dadurch, dass sie zu verschiedenen metaphysischen Grundstellungen gehören.

Heideggers Charakterisierung der Wissenschaft als eines neuzeitlichen Phänomens zeigt, dass ihm ein anderes Verständnis von Universität vorschwebt als jenes, das der neuzeitlichen Wissenschaft entspricht und ihren bloß noch äußeren Rahmen darstellt (vgl. hierzu GA 5, 85). Er kann sein Denken nicht als „Forschung" oder als Teil eines „Betriebs" in einer neuzeitlich bestimmten Universität verstehen, sondern sieht sich, wie bereits ausgeführt, als fragenden Denker, der den „metaphysischen Grund" der neuzeitlichen universitären Wissenschaft zu ergründen sucht und insofern über diese hinaus strebt. Wenige Jahre zuvor hatte Heidegger in seiner Rektoratsrade versucht, die Universität angesichts der Machtergreifung der Nationalsozialisten zu reformieren. Dieses Bemühen ging auf ein Interesse an Fragen der Bestimmung der Universität zurück, das sich bei ihm bereits sehr früh findet. Wie der Titel der Rektoratsrede „Die Selbstbehauptung der deutschen Universität" (GA 16, 107–117; vgl. Zaborowski 2010, 260 ff.) deutlich zeigt, war sein Anliegen – bei aller fraglos gegebenen Ambivalenz und Problematik dieses Textes –, die Unabhängigkeit der Universität angesichts der Gefahr der politischen Gleichschaltung zu bewahren. Nun – 1938, nach seinem gescheiterten Rektorat – hat er nicht nur die Hoffnung auf eine Reform der Universität verloren, sondern auch auf ihre „Selbstbehauptung". Er kann nur noch – zunehmend „von außen", auch wenn er im Rahmen der Universität sein Denken entfaltet – die Wissenschaft in ihrer neuzeitlichen Gestalt zu verstehen helfen und versuchen, den „Boden" (der für ihn eher ein Abgrund ist) für ein ganz anderes Denken zu bereiten, so schwer das angesichts der Tendenzen, die er beschreibt, sein mag. „Die Zeit des Weltbildes" ist daher auch eine implizite, in der nach dem Zweiten Weltkrieg überarbeiteten Fassung vielleicht sogar noch deutlicher als in der ursprünglichen Vortragsfassung artikulierte Selbstkritik oder Selbstkorrektur. Man kann diesen Aufsatz in seiner 1949/50 publizierten Form somit durchaus als Gegenstück zur Rektoratsrede lesen, als öffentliche Auseinandersetzung mit dem Scheitern seiner Versuche, als Rektor die Aufgabe der Universität im nationalsozialistischen Staat zu bestimmen.

5 Einordnung, Kritik, Ausblick

Die Texte in *Holzwege* sind nicht zufällig angeordnet. Wie eine Ouvertüre läutet „Der Ursprung des Kunstwerkes" den Band ein. In diesem Text hatte Heidegger das „Sich-ins-Werk-setzen der Wahrheit" im Kunstwerk in den Blick genommen. Dabei hatte er auch verschiedene andere Weisen, „wie Wahrheit west" genannt, nämlich neben der „staatgründende[n] Tat", der „Nähe" des „Seiendste[n] des Seienden", dem „wesentliche[n] Opfer" auch das „Fragen des Denkers, das als Denken des Seins dieses in seiner Frag-würdigkeit nennt" (GA 5, 49), also genau das besinnliche und fragende Denken, um das er sich in „Die Zeit des Weltbildes" bemüht. In diesem Zusammenhang bezieht er sich auch auf die Wissenschaft. Diese sei, so erörtert Heidegger, „kein ursprüngliches Geschehen der Wahrheit, sondern jeweils der Ausbau eines schon offenen Wahrheitsbereiches und zwar durch das Auffassen und Begründen dessen, was in seinem Umkreis sich an möglichem und notwendigem Richtigen zeigt" (GA 5, 49). Man könnte sagen, dass der Text „Der Ursprung des Kunstwerkes", der nicht nur die neuzeitliche Ästhetik zu verstehen sucht, sondern auch ein neues Verständnis von Kunst vorzubereiten hilft, zu einer vertieften Frage nach der Wissenschaft der Neuzeit führt. Mit dieser beschäftigt sich Heidegger in „Die Zeit des Weltbildes". Dies geschieht, wie sich gezeigt hat, vor dem Hintergrund einer vertieften Auseinandersetzung mit Descartes und der Grundstellung seines Denkens. In den folgenden Texten der *Holzwege* wendet sich Heidegger dem weiteren „Verlauf" des neuzeitlichen Denkens und somit der Vollendung der Metaphysik zu: nämlich Hegel und Nietzsche und ihren jeweiligen Grundstellungen, um sodann mit Blick auf die Dichtung – Rilkes und auch Hölderlins – und auf den Anfang des abendländischen Denkens bei Anaximander nicht nur die „Zeit des Weltbildes" und die Geschichte der Metaphysik noch besser verstehen zu können, sondern auch um mögliche Wege ihrer Über- oder Verwindung aufzuzeigen.

Die Texte der *Holzwege* stammen aus der Zeit von 1935/36 bis 1946. Sie umfassen also die Zeit des Nationalsozialismus und das erste Jahr nach dem Ende der Diktatur und des Zweiten Weltkrieges. An wenigen Stellen wird in diesen Texten – vor allem in der 1950 veröffentlichten Gestalt, die hier zur Diskussion steht – eine kritische, wenn auch mehrdeutig bleibende Auseinandersetzung mit dem Nationalsozialismus deutlich. Diese erfolgt allerdings nicht auf einer persönlich-autobiographischen oder historisch-gesellschaftlichen Ebene, sondern auf der Ebene der Seinsgeschichte (vgl. hierzu auch GA 16, 412; Zaborowski 2010, 698 ff.). Dass seine These, die Kultur sei in der Neuzeit zur Kulturpolitik geworden, als vorsichtige Kritik am Nationalsozialismus gelesen werden könne, ist bereits gesagt worden. Es gibt wenige andere Stellen von „Die Zeit des Weltbildes", die ähnlich gelesen werden können. So legt Heidegger im vierten Zusatz der *Holzwege*-Fassung (d. h. im fünften Zusatz der ursprünglichen Vortragsfassung) dar, dass die „mühseligen Anfertigungen so widersinniger Erzeugnisse, wie es die nationalsozialistischen Philosophien sind, nur Verwirrung anrichten" (GA 5, 100; vgl. auch GA 80.2, 760). Wenig später – im neunten Zusatz, der in die *Holzwege*-Fassung eingefügt wurde – legt er dar, dass die „höchste Spitze" des Subjektivismus im „planetarischen Imperialismus des technisch organisierten Menschen" liege (GA 5, 111). Von dieser Spitze, so Heidegger, werde der Mensch „sich in die Ebene der organisierten Gleichförmigkeit niederlassen und dort sich einrichten" (GA 5, 111). Mit diesen Aussagen hat er nicht nur den „Amerikanismus" im Blick, auf den er in den Zusätzen ausdrücklich eingeht, nämlich als „etwas Europäisches", d. h. als ein Phänomen, das in der europäischen Metaphysik wurzelt und das eine „Abart des [...] Riesenhaften" sei (GA 5, 112; vgl. Kellerer 2011, 117 für die Differenz zwischen der ursprünglichen Vortrags- und der späteren *Holzwege*-Fassung; vgl. zum „Riesenhaften" auch die Ausführungen von Vallega-Neu in diesem Band), sondern auch den Kommunismus und den Nationalsozialismus, dessen politische und gesellschaftliche Prinzipien engstens zur „Zeit des Weltbildes" gehören: Denn, so Heidegger, der „Mensch als Vernunftwesen der Aufklärungszeit ist nicht weniger Subjekt als der Mensch, der sich als Nation begreift, als Volk will, als Rasse sich züchtet und schließlich zum Herrn des Erdkreises sich ermächtigt." (GA 5, 111)

Die Texte der *Holzwege* sind in ihrer zeitlichen Entstehung in den 1930er und 1940er Jahren selbst zu historischen Texten geworden. Man liest sie heute anders, als ihre ersten Hörer oder Leser sie gehört oder gelesen haben. Für die erste Rezeption mag vieles sehr rätselhaft geklungen haben, was sich heute dadurch besser verstehen lässt, dass mittlerweile viele Texte, die Heidegger ab den frühen 1930er geschrieben hat – wie z. B. die sog. Nachlassmanuskripte oder die *Schwarzen Hefte* –, publiziert wurden. Man sieht auch, wie Heidegger bereits in den 1930er und frühen 1940er Jahren mit Fragen ringt, die sein Spätwerk und viele öffentliche Äußerungen der 1950er und 1960er Jahre bestimmen werden: nicht nur mit der Frage nach der Neuzeit, sondern auch mit der Frage nach der Technik, nach der Wissenschaft, nach Dichtung und Sprache oder auch nach dem Tod Gottes.

Der zeitliche Abstand und die vertieften Kenntnisse von Heideggers Denkweg und der Rezeption seines Denkens erlaubt es heute auch, einige kritische Anfragen an „Die Zeit des Weltbildes" zu stellen. Heidegger bezieht sich *erstens* in diesem Vortrag – wie auch in zahlreichen anderen Texten, in denen er die Neuzeit deutet oder sein seinsgeschichtliches Denken entfaltet – nur auf sehr wenige Denker, um die Genese und Geltung der „Zeit des Weltbildes" nachzuzeichnen. Von besonderer Bedeutung ist die Auseinandersetzung mit Descartes, der für Heidegger der erste neuzeitliche, die Metaphysik vollendende Denker ist. Für die daran anschließende Epoche bezieht sich Heidegger – zumeist nur sehr allgemein – auf Philosophen der deutschen Tradition, nämlich auf Leibniz, Kant, Fichte, Schelling, Hegel und Nietzsche. Wo er einen zeitgenössischen Philosophen – also einen Denker des 20. Jahrhunderts – hätte nennen können, unterbleibt dies in der Regel. Die Metakritik der Aufklärung – etwa bei Herder, Hamann oder Jacobi – spielt in seiner Deutung der Neuzeit genauso wenig eine Rolle wie zahlreiche andere Denker von Montaigne und Pascal über Vico bis zu Schopenhauer, Bergson oder James, die zu einem differenzierteren Verständnis der Neuzeit hätten führen können. Heidegger scheint sich für das, was philosophisch nach Descartes in anderen Ländern als Deutschland bzw. in anderen Sprachen als der deutschen geschieht, so gut wie gar nicht zu interessieren. Im Hintergrund dieser durchaus vor dem zeitgeschichtlichen Hintergrund problematischen Perspektivität steht seine – nicht allein von ihm vertretene – These von der besonderen Bedeutung des griechischen und deutschen Denkens. Angesichts dieses Befundes stellt sich jedoch die Frage, ob nicht Heidegger selbst der Gefahr unterliegt, sich ein zumindest nationalistisch konnotiertes Bild der Neuzeit gemacht zu haben, das, so überzeugend bestimmte Grundzüge sein mögen, der komplexen Natur der neuzeitlichen Philosophiegeschichte kaum gerecht zu werden vermag. Ließe sich die Neuzeit nicht auch ganz anders oder mit sehr anderen Akzenten schildern? Heidegger war auch ein Denker der Freiheit. Wie hätte sich seine Deutung der Neuzeit verändert, wenn er die Befreiung des Menschen, von der er ja durchaus spricht, stärker in den Vordergrund gestellt hätte – einschließlich der liberalen politischen Philosophie? Wie hätte sich seine Deutung der Neuzeit verändert, wenn er die moderne Ästhetik, die Hermeneutik und ihre Wurzeln oder die unterschiedlichen Denker der Existenz und der Lebenskunst stärker berücksichtigt hätte?

Es hat sich *zweitens* gezeigt, dass für Heidegger der Schlüssel zu einem Zeitalter die Metaphysik bzw. die jeweilige „metaphysische Grundstellung" ist. Es ist daher der Philosoph, der ein Zeitalter prägt und dann ein Denker wie Heidegger, der es verstehen kann. Nur am Ende von „Die Zeit des Weltbildes" erklingt eine andere Stimme – indem Heidegger nämlich den Schluss von Hölderlins Gedicht „An die Deutschen" zitiert –, ohne dass diese freilich näher interpretiert würde. Heidegger lässt seine Zuhörer und Leser mit den Hölderlin-Versen allein. Der Dichter Hölderlin, dem Heidegger als „Dichter des Dichters" (vgl. GA 4, 34) eine Sonderrolle zuspricht, hat ein besonderes Wort zu verkünden. Es spricht auch von der Einsamkeit, Trauer und Entfremdung Heideggers, der seine „eigene Zeit" in den Blick nimmt und darüber hinauszudenken versucht: „Wenn die Seele dir auch über die eigene Zeit / Sich die sehnende schwingt, trauernd verweilst du / Dann am kalten Gestade / Bei den Deinen und kennst sie nie." (GA 5, 96) Doch stellt sich die Frage, ob es für Heideggers Überlegungen nicht hätte wichtig sein können, wenn er auch andere neuzeitliche Zeugnisse der Dichtung, der Kunst oder der Musik in seine Überlegungen einbezogen hätte – gerade wenn man ernst nimmt, was er in „Der Ursprung des Kunstwerkes" über die Kunst und das „Ins-Werk-Setzen" der Wahrheit im Kunstwerk geschrieben hat. Auch eine solche Ausweitung der Perspektive hätte zu einer nuancierteren oder auch gänzlich anders akzentuierten Deutung der Neuzeit führen können. Heidegger hätte – in der geistlichen Musik, in der bildenden Kunst, in der Dichtung der Romantik oder im modernen Roman – auf wichtige „Gegenstimmen" zur Tendenz, die Welt zum Bild werden zu lassen, stoßen können.

Eine ähnliche Perspektivität zeigt sich *drittens* in Heideggers Periodisierung der Geschichte. Er folgt nämlich der überlieferten Einteilung der Geschichte in griechische Antike (die römische Philosophie spielt für Heidegger keine nennenswerte Rolle), christliches (und das heißt: katholisches und westliches) Mittelalter und (anfänglich sehr kurz französisch, dann deutsch bestimmte) Neuzeit, ohne diese Dreiteilung eigens zu hinterfragen. Das ist insofern erstaunlich, als gerade diese Einteilung selbst, auch wenn sie Wurzeln im Mittelalter hat, neuzeitlich ist und u. a. den Anspruch der Neuzeit auf einen Abschluss oder eine Vollendung der Geschichte implizieren kann, da dem Mittelalter eine „Mittelposition" zwischen der Antike als dem Anfang und der Neuzeit als dem Ende zugesprochen wird. Insofern Heidegger in der Neuzeit die Vollendung der Metaphysik ansetzt (und auch später ausdrücklich von einem „Ende der Philosophie" ausgeht [vgl. GA 14, 67–90]), geht er *mutatis mutandis* von einer Deutung der Geschichte der Philosophie aus, die sich gerade in der Neuzeit entwickelt hat. Diese Deutung ist jedoch nicht so selbstverständlich, wie Heidegger hier voraussetzt – ganz zu schweigen davon, dass Heidegger die Geschichte nicht nur auf Metaphysikgeschichte, sondern im Wesentlichen auf westeuropäische Geschichte reduziert.

Diese kritischen Anmerkungen stellten nicht in Frage, dass Heidegger mit seinem Vortrag eine äußerst eindringliche Deutung der Neuzeit und der neuzeitlichen Wissenschaft vorgelegt hat. Die kritische Diskussion der Moderne im 20. und frühen 21. Jahrhundert in verschiedenen akademischen Disziplinen und auch im nichtakademischen Kontext ist stark von diesem Text oder von einzelnen seiner Motive beeinflusst worden. Ohne Frage können Heideggers Ausführungen bei aller Einseitigkeit und Perspektivität mancher Interpretationen auch heute noch dabei helfen, bestimmte Elemente des modernen Zeitalters zu verstehen. Heideggers Diagnose bleibt von Bedeutung. Vielleicht hat sie in gewisser Hinsicht sogar noch an Bedeutung gewonnen. Denn der Post- oder Transhumanismus macht sich ein Bild vom Menschen, wie es zur Zeit Heideggers noch gar nicht möglich war – es sei denn in radikal utopischen bzw. dystopischen Entwürfen. Und die Entwicklung digitaler Technologien und die damit verbundenen sozialen Medien führen in der Gegenwart (und Zukunft) in noch verstärkter Weise dazu, dass die Welt als Bild, das der Mensch sich macht, verstanden wird. Man könnte sogar sagen, dass unter dem Vorzeichen einer immer stärker beschleunigten Moderne auch die Weltbilder bewegter geworden sind. Sie verändern sich nicht nur fortlaufend; auch ihre Zahl hat stark zugenommen. Während Heidegger noch von wenigen Bildern ausgeht, die sich in verschiedenen, eine gesamte Epoche bestimmenden „Grundstellungen" oder „Weltanschauungen" ausprägen, zeigt sich heute eine Vielfalt von verschiedensten Weltbildern, die oft gar nicht mehr in einem ausdrücklichen „Kampf" miteinander stehen, sondern nebeneinanderstehen und gleichzeitig Geltung beanspruchen, oft ohne dass sie einander überhaupt noch zur Kenntnis nehmen. Die Spätmoderne ließe sich dann als „Zeit der Weltbilder" verstehen, in der es die verbindende Kraft eines einzigen Weltbildes, das eine gesamte Epoche bestimmt, nicht mehr gibt. Die Folgen dieser radikalen Pluralisierung der Weltbilder, so ließe sich zeigen, manifestieren sich derzeit im politischen, gesellschaftlichen oder auch weltanschaulich-religiösen Bereich.

Heidegger bleibt nicht bei seinem Befund stehen, sondern versucht, wie deutlich wurde, in „Die Zeit des Weltbildes" wie auch in anderen Texten, einen möglichen Weg zu weisen, der über die „Zeit des Weltbildes" hinaus in eine andere „Zeit" weist. So erörtert er ausdrücklich, wie Descartes überwunden werden könne, nämlich „durch die Überwindung dessen, was er selbst begründet hat, durch die Überwindung der neuzeitlichen und d. h. zugleich der abendländischen Metaphysik" (GA 5, 100). Allerdings besteht für Heidegger die Überwindung nicht darin, eine andere, post- oder anti-cartesianische „Position" zu formulieren. Denn genau dies würde wiederum auf eine metaphysische Grundstellung hinauslaufen, deren Möglichkeiten nach Heideggers Ansicht sich im Werk Nietzsches erschöpft haben. Überwindung hat für Heidegger eine andere Bedeutung. Die Möglichkeit der Überwindung der Metaphysik liegt nämlich in einem „ursprüngliche[n] Fragen der Frage nach dem Sinn, d. h. nach dem Entwurfsbereich und somit nach der Wahrheit des Seins, welche Frage sich zugleich als die Frage nach dem Sein der Wahrheit enthüllt." (GA 5, 100)

Dabei kann er etwas in Erinnerung rufen, nämlich das „Unberechenbare" (GA 5, 95 f.). Die „Zeit des Weltbildes" ist für Heidegger, wie sich gezeigt hat, maßgeblich bestimmt von der mathematischen Physik und somit auch vom Rechnen. Alles kann, indem es auf Quantitatives bezogen oder reduziert wird, berechnet werden. Doch stellt Heidegger gerade am „Riesenhaften", dessen Erscheinung die unmittelbare Gegenwart präge, ein interessantes Phänomen fest, auf das er aufmerksam macht. Das Riesenhafte, so stellt er fest, schlage von einer zunächst bloß quantitativen in eine qualitative Bestimmung um. Er bestimmt sogar das „Riesige" als „jenes, wodurch das Quantitative zu einer eigenen Qualität und damit zu einer ausgezeichneten Art des Großen wird." (GA 5, 95) Gerade in diesem Umschlag aber zeige sich das Riesige als etwas, das nicht zu berechnen sei. Es werde zum „Unberechenbaren". Dieses deutet Heidegger als einen „Schatten, der um alle Dinge überall geworfen wird, wenn der Mensch zum Subjectum geworden ist und die Welt zum Bild" (GA 5, 95). Im Lichte des „Weltbildes" zeigt sich nach Heidegger also auch ein Schatten, etwas, das auf die Berechnung zurückgeht, aber selbst nicht berechnet werden kann und das somit auch nicht zum Bild werden kann. In diesem Schatten findet Heidegger den Hinweis auf „ein anderes, das zu wissen uns Heutigen verweigert ist" (GA 5, 95).

In den Zusätzen denkt Heidegger über den Charakter dieser „Verweigerung" weiter nach und stellt die folgende Frage: „Wie aber, wenn die Verweigerung selbst die höchste und härteste Offenbarung des Seins werden müßte?" (GA 5, 112) Aus einer metaphysischen Betrachtung heraus zeige sich in der Verweigerung nichts oder eben „das Nichts". Dies ist aber für Heidegger aus einer anderen, seinsgeschichtlichen Perspektive heraus „das Sein selbst, dessen Wahrheit der Mensch dann übereignet wird, wenn er sich als Subjekt überwunden hat, und d. h. wenn er das Seiende nicht mehr als Objekt vorstellt" (GA 5, 113). Hier deutet Heidegger ein Verhältnis zwischen Mensch und Sein an, das jenseits von Subjektivismus und Objektivismus liegt. In ihm zeigt sich die Wahrheit des Seins, die der Mensch sich nicht metaphysisch vorstellen oder eigenständig aneignen kann, sondern die sich ihm übereignet, und zwar in einem „Zwischen, darin er (scil., der Mensch, H. Z.) dem Sein zugehört und doch im Seienden ein Fremdling bleibt" (GA 5, 96).

Heidegger kann dieses „Wissen" des Unberechenbaren nur andeuten. Es setzt ein „schöpferisches Fragen und Gestalten aus der Kraft echter Besinnung" voraus (GA 5, 96). So stellt er an die Stelle der um Antworten nie verlegenen neuzeitlichen Weltanschauung(en) ein fragendes, gestaltendes und besinnliches Denken. Wo die neuzeitlichen Weltanschauungen eng mit technischer Herstellung, mit Produktion verbunden sind, ist Heideggers Fragen und Gestalten „schöpferisch". Wenn Heidegger das Wort „schöpferisch" nutzt, so klingt darin von Ferne durchaus noch das christliche Schöpfungsverständnis nach – das Verständnis eines schöpferischen Handelns, das von nichts abhängig ist und aus dem Nichts Neues erschaffen kann. Während sich die Weltanschauungen ein Bild von der Welt machen und die Welt auf dieses Bild reduzieren, stellt sich Heidegger somit der „kreativen" Aufgabe einer Besinnung. Diese Aufgabe verlangt Mut – auch heute noch – zum *Selber*denken, damit man sich von der Macht vorgefertigter Bilder, Vorstellungen und Feststellungen befreien kann. Zu diesem gefährlichen und immer neu gefährdeten Mut regt Heidegger an, auch wenn er selbst diesen radikalen Mut nicht immer aufgebracht hat, wie nicht zuletzt sein Rektorat und sein höchst problematisches und zutiefst ambivalentes Verhältnis zum Nationalsozialismus (auch noch, wie Kellerer 2011 nachgewiesen hat, in der ursprünglichen Vortragsfassung von „Die Zeit des Weltbildes") zeigen. Doch genau in dieser Ermahnung zum Mut der Besinnung liegt seine bleibende Bedeutung, auch wenn man seine Texte manchmal zugleich mit ihm und gegen ihn, auf seinen Gedanken hin und immer auch von ihm weg lesen muss.

Literatur

Busche, J. 1997: Die Zeit in Gedanken fassen. Martin Heideggers „Die Zeit des Weltbildes" und die „Dialektik der Aufklärung", in: Neue Rundschau 108, 25–28.
Cesarone, V. / Denker, A. / Hilt, A. / Radinković, Ž. / Zaborowski, H. (Hg.) 2015: Heidegger-Jahrbuch 9 (Heidegger und die technische Welt), Freiburg/München.
Kellerer, S. 2011: Heideggers Maske. „Die Zeit des Weltbildes" – Metamorphose eines Textes, in: Zeitschrift für Ideengeschichte V/2, 109–120.
Luckner, A. 2008: Heidegger und das Denken der Technik, Bielefeld.
Richter, E. 1992: Heideggers Frage nach dem Gewährenden und die exakten Wissenschaften, Berlin.
Thomson, I. D. 2008: Heidegger on Ontotheology. Technology and the Politics of Education, Cambridge.
Zaborowski, H. 2010: „Eine Frage von Irre und Schuld?" Heidegger und der Nationalsozialismus, Frankfurt am Main.

Daniela Vallega-Neu
„Die Zeit des Weltbildes" im Kontext von Heideggers seinsgeschichtlichen Schriften

Wie alle öffentlichen Vorträge Heideggers seit Mitte der 1930er Jahre ist auch der tiefere Sinn des Vortrags „Die Zeit des Weltbildes" erst vor dem Hintergrund seines seinsgeschichtlichen Denkens, das Heidegger erstmals in *Beiträge zur Philosophie. (Vom Ereignis)* (GA 65) in seinen Grundzügen entworfen und in den nachfolgenden „nicht-öffentlichen" Schriften weiter entfaltet hat, erfahrbar. Heideggers seinsgeschichtliche Schriften spannen von den *Beiträgen zur Philosophie* (GA 65), die 1936–38 verfasst wurden, zum Band *Stege des Anfangs* (GA 72), den Heidegger 1944 verfasste. In diesen Bänden entwickelt Heidegger sein denkerisches Sagen „vom" Ereignis. (In dieser Hinsicht sind sie von den *Schwarzen Heften* zu unterscheiden.) Heidegger begreift sein Denken als seinsgeschichtlich nicht nur, weil er das Sein als geschichtlich begreift, sondern vor allem, weil er sein Denken als geschichtlich in dem Sinne erfährt, dass es in einer geschichtlichen Entscheidung steht und diese vorzubereiten hilft: die Entscheidung über die Möglichkeit eines anderen Anfangs angesichts der anderen Möglichkeit eines endgültigen Verhaftet-Bleibens im Ende der Metaphysik. Der Weltbild-Vortrag ist vor diesem Hintergrund zu begreifen. In der Tat wurden die Grundgedanken dieses Textes schon in den 1936–38 verfassten *Beiträgen* entworfen. 1938, das Jahr, in dem Heidegger den Vortrag verfasst, ist auch das Jahr, in dem er Schriften verfasst, die unter dem Title *Besinnung* als Band 66 der Gesamtausgabe veröffentlicht wurden und die eine Fortsetzung des in den *Beiträgen* eröffneten geschichtlichen Ereignisdenkens bilden.

Die Bedeutsamkeit von Heideggers Weltbild-Vortrag seinerseits für das seynsgeschichtliche Denken wird durch eine Reihe von Randbemerkungen und Querverweisen in mehreren nicht-öffentlichen Schriften bezeugt. Nicht nur in *Besinnung* (GA 66) finden sich mehrere Verweise auf den Weltbild-Vortrag (in Abschnitt 10 „Die Vollendung der Neuzeit", in Abschnitt 35 „Ein Hinweis auf die Wahrheitsfrage" und in Abschnitt 131 „Metaphysik und Weltanschauung"); auch in der 1938–39 verfassten Schrift *Die Überwindung der Metaphysik* (erschienen 1999 in GA 67) und in den 1940 verfassten „Leitgedanken zur Entstehung der Metaphysik" (erschienen 2009 in GA 76) bezieht sich Heidegger auf den früheren Vortrag und überdenkt erneut den Zusammenhang zwischen der Metaphysik und der neuzeitlichen Wissenschaft und dem Vorrang von Weltanschauungen in der Neuzeit. Mit Ausnahme der Neufassung der neuzeitlichen Wissenschaft als „Technik" in den „Leitgedanken zur Entstehung der Metaphysik" (vgl. GA 76, 126 ff.) stehen sich die Überlegungen in den verschiedenen Schriften in ihren Grundzügen sehr nahe.

Im Folgenden werde ich nicht auf all diese Querverweise und Überarbeitungen des Inhalts des Weltbild-Vortrags eingehen. Mein Aufsatz stellt sich vor allem die Aufgabe, zu zeigen, wie der Weltbild-Vortrag in Heideggers seinsgeschichtliches Denken eingebettet ist, und in jenen Grund seines Denkens zu weisen, von dem aus er das Wesen der Neuzeit bedenkt. Im Gegensatz zum weltanschaulichen Denken, in dem die Welt zum Bild wird, ist der Grund oder – besser – Abgrund von Heideggers Denken bildlos. Er spricht aus der Erfahrung dessen, was er die Wahrheit des Seyns nennt, die keinem Vorstellen zugänglich ist, in die aber das Denken durch eine Grundstimmung versetzt wird, so dass diese Wahrheit des Seyns als Ereignis erfahren und gedacht wird. Was sich als Wahrheit des Seyns eröffnet, ist kein Seiendes, nichts Vorstellbares, sondern am ehesten noch, was Heidegger schon im 1929 verfassten Vortrag „Was ist Metaphysik?" (GA 9, 103–122) bedenkt, nämlich „das Nichts" in seiner Zugehörigkeit zum Sein. Dieses Nichts „nichtet" verborgen in der Vorherrschaft von Weltanschauungen und im Verfahren und Betrieb der Wissenschaften (der Natur-, Geistes- und Sozialwissenschaften), wie sie auch heute noch innerhalb und außerhalb der Universitäten vorherrschen. Dieses nichtende Nichts denkt Heidegger in den *Beiträgen* als das zögernde Sich-Versagen des Seyns (die Schreibweise „Seyn" deutet an, dass „Sein" seinsgeschichtlich als ein Sich-Versagen gedacht ist), in dem die Seinsverlassenheit des Seienden gründet, die sich unter anderem in der Vollendung der Metaphysik in der Vorherrschaft von Weltanschauungen bekundet. Um den Endzustand der Metaphysik hervorzuheben, kennzeichnet Heidegger diese Vollendung zuweilen auch als eine „Ver-endung". In *Metaphysik und Nihilismus* schreibt er zum Beispiel in einem Abschnitt, der „Die Weltanschauung ist die Ver-endung der Metaphysik" betitelt ist: „Die Ver-endung ist die Wesensfolge der Vollendung. Wir stehen heute in der Entfaltung der Vollendung und damit im Beginn der Verendung." (GA 67, 113)

Während sich der erste und größere Teil meines Aufsatzes der Erläuterung des seinsgeschichtlichen Kontexts von Heideggers Weltbild-Vortrag widmet, wende ich mich im zweiten Teil einer Besinnung auf unsere heutige Zeit zu, nämlich darauf, wie sich für uns heute in der herrschenden westlichen Kultur die Zeit des Weltbildes bekundet, und der Frage, ob sich für uns durch Heideggers Ereignisdenken Wege eröffnen können, jenseits der Herrschaft von Weltbildern, des wissenschaftlichen Betriebs und der Herrschaft des ökonomisch getriebenen Organisationswesens einen tieferen und schöpferischen Sinn des Seins zu erfahren und zu pflegen.

1 Heideggers seinsgeschichtliches Denken und die Zeit des Weltbildes

Wie Heidegger im ersten Absatz des Weltbild-Vortrags andeutet, geht der Weg des Fragens nach der Neuzeit von den in der Metaphysik gegründeten Erscheinungen (und spezifischer der neuzeitlichen Wissenschaft) zu ihrem metaphysischen Grund in einer bestimmten Auffassung des Seienden und somit zu einem bestimmten Begriff der Wahrheit. Die Frage nach der Auffassung des Seienden und nach dem zugrundeliegenden Begriff der Wahrheit leitet den zweiten Teil des Vortrags, der auf Seite 86 beginnt. Der *metaphysische* Grund, den der Vortrag freilegt, ist zu unterscheiden vom seinsgeschichtlichen Grund, der deutlicher in den (nicht vorgetragenen) Zusätzen angedeutet wird. Die Besinnung auf die Neuzeit ist eine Besinnung auf die Vollendung der Metaphysik, d. h. die Vollendung der Weise, in der im Abendland (oder in der westlichen Kultur) das geschichtliche Sein von vornherein den konkreten Bezug des Menschen zu Dingen und Ereignissen bestimmt. Heideggers Besinnung fragt, wie er im ersten Zusatz schreibt, „im voraus nach dem Sein" (GA 5, 96). „Es gilt zuvor und stets, das Wesen des Zeitalters aus der in ihm waltenden Wahrheit des Seins zu begreifen" (GA 5, 97). Was in solcher Besinnung letztendlich angestrebt wird, ist eine Verwandlung des Menschen, die dem Sein selbst als eine Notwendigkeit entspringt (vgl. GA 5, 97).

Heidegger erfährt sein eigenes Denken als vom Sein ernötigt, als eine Antwort auf die Erfahrung unseres geschichtlichen Seins im Endstadium der Metaphysik als eines Sich-Versagens, als eines „Leer-Lassens", wie es sich nicht nur in der Angst, sondern auch in der tiefen Langeweile bekundet, die er im ersten Teil der Vorlesung *Die Grundbegriffe der Metaphysik* (GA 29/30) eigens analysiert. Die Seinsverlassenheit zu erfahren und anzuerkennen, verlangt nicht nur eine Grundstimmung, die den Menschen in diese Erfahrung versetzt, sondern auch den Mut und die Kraft, sich für diese abgründige Erfahrung offen zu halten. Deshalb ist, wie Heidegger im ersten Zusatz des Weltbild-Vortrags schreibt, die Besinnung „weder für alle notwendig, noch von jedem zu vollziehen oder auch nur zu ertragen." (GA 5, 96) Wie er in den *Beiträgen* schreibt, ist eine Besinnung auf die Neuzeit jedoch notwendig, um auf die Seinsverlassenheit des Seienden hinzuweisen, die sich im Betrieb der Wissenschaften und hinter der Vorherrschaft von Weltanschauungen verbirgt (vgl. GA 65, 141). Die mit Descartes anhebende Neuzeit ist laut Heidegger das Endstadium der Metaphysik, in dem sich die Entscheidung anbahnt, ob die Seinsverlassenheit sich endgültig verfestigt oder ob ein anderer Anfang der Geschichte des Seins möglich ist, in dem unter anderem durch eine Verwandlung des Menschseins sich neue Wege des schöpferischen Seins öffnen und in denen Dinge und Geschehnisse im Offenen einer Welt wieder „wahrer" und „seiender" werden.

Die *Beiträge zur Philosophie*, die einen Einblick in den tieferen Zusammenhang zwischen Heideggers Besinnung auf die Neuzeit und dem seinsgeschichtlichen Denken gewähren, sind in eine Reihe von „Fugen" gegliedert („Der Anklang", „Das Zuspiel", „Der Sprung", „Die Gründung", „Die Zu-künftigen und „Der letzte Gott"), die in sich zusammengehörige Wesensbereiche der Wahrheit des Seyns im Übergang vom ersten Anfang, der die Metaphysik gründet und umspannt, zum anderen Anfang erfragen. Die Wahrheit des Seins und mit ihr die Frage nach dem Sein öffnet sich für das Denken nur in einer Grundstimmung. Ähnlich wie die Angst laut *Sein und Zeit* erst eine Erfahrung des Seins als solchen mit dem ihm zugehörigen Nichts (bekundet in der Möglichkeit des Todes) erschließt, eröffnen, so die *Beiträge*, das Erschrecken, die Verhaltenheit und die Scheu zusammen das geschichtliche Seyn des Abendlandes in seinem Sich-Verbergen (GA 65, Abschnitt 5). So wie die Angst unser Eingebettet-Sein in die alltäglichen und gängigen Bezüge zu Dingen zurückweichen lässt und die abgründige Endlichkeit des Seins (das Sein zum Tode) eröffnet, lässt uns das Erschrecken zurückfahren „aus der Geläufigkeit des Verhaltens im Vertrauten, zurück in die Offenheit des Andrangs des Sichverbergenden" (GA 65, 15). Heidegger stellt das Erschrecken vergleichend dem Erstaunen gegenüber. Während im griechischen Denken (dem „ersten Anfang") das Erstaunen eine Erfahrung des Seins als eines Hervorkommens in die Anwesenheit öffnet, lässt das Erschrecken (im Übergang zum anderen Anfang) „den Menschen zurückfahren vor dem, [...] daß das Seiende *ist* und daß dieses – das Seyn – alles ‚Seiende' und was so schien verlassen, sich ihm entzogen hat" (GA 65, 15). Während die Griechen die Wahrheit als *aletheia*, als Unverborgenheit, und das Sein als ein Aufgehen, als *physis*, erfuhren, erfährt das seinsgeschichtliche Denken die Wahrheit als ein Sich-Verbergen und das Sein als ein Sich-Entziehen oder Sich-Versagen. Das Seyn – nun mit „y" geschrieben, um dessen ursprünglichere Fassung als geschichtlich sichverbergendes anzudeuten – zeitigt sich als dieses Sich-Versagen, das als solches in der Grundstimmung der Verhaltenheit denkend offengehalten wird. Man kann sich diesem Gedanken und dieser Erfahrung vielleicht anhand von folgendem Beispiel nähern: Wenn eine tiefe Beziehung zu einem anderen Menschen zu einem Ende kommt, erfahren wir einen Verlust nicht nur dieses Menschen, sondern auch der Welt, die die Andere mit uns teilte. Die Andere und die vormals geteilte Mitwelt entziehen sich. Damit öffnet sich ein Entscheidungsraum, in dem wir nicht wissen, was als nächstes kommt. Wir können vor diesem Entscheidungsraum fliehen, wenn wir uns dieses Ende nicht eingestehen wollen, oder wir können uns dieser Erfahrung fügen und den Verlust in Verhaltenheit ausstehen, so dass sich ein Neubeginn unseres Lebens ankündigen kann. Ähnlich erfährt Heidegger sein Denken als in der Entscheidung zwischen dem ersten und anderen Anfang der Seinsgeschichte stehend. Das durch die Verhaltenheit (in der das Erschrecken nicht beseitigt, sondern ausgestanden wird) gestimmte Denken kehrt sich dem Seyn als einem zögernden

Sich-Versagen zu, hält es offen und erfährt dabei die Ankündigung eines anderen Anfangs. Heideggers denkerisches Bemühen geht dahin, die Gründung dieses anderen Anfangs vorzubereiten. Die Besinnung auf die Neuzeit gehört in dieses Bemühen.

Die „Fuge" (der Teil der *Beiträge*), in der Heidegger Themen entfaltet, die er im Weltbild-Vortrag ausarbeitet, ist „Anklang" betitelt und steht in besonders engem Zusammenhang mit der Fuge „Zuspiel", welche der Auseinandersetzung zwischen dem ersten und anderen Anfang gewidmet ist. In der Anerkenntnis der Not der Seinsverlassenheit des Seienden „klingt" die Wesung des Seyns an (vgl. GA 65, 107). Erst dann „zeigt sich: daß das Sein das Seiende verläßt, besagt: das Seyn *verbirgt sich* in der Offenbarkeit des Seienden. Und das Seyn wird selbst wesentlich als dieses Sichentziehende Verbergen bestimmt." (GA 65, 111)

Was heißt dies, dass das Seyn sich in der Offenbarkeit des Seienden verbirgt? Grob gesagt bedeutet dies, dass wir uns vor-stellend auf Seiendes als einen Gegenstand beziehen, ohne das „ist" (oder „*ist* nicht") des Seienden zu erfahren oder zu bedenken. Für Heidegger wurzelt dies in der griechischen Erfahrung des Seienden als *physis* („Natur"), als eines „aufgehend verweilenden Walten[s]" (GA 40, 17) oder Anwesens (und Abwesens) des Seienden, so dass das Seiende in seinem Anblick die Vormacht über das Anwesen selbst gewinnt. In der Vorlesung *Einführung in die Metaphysik* vom Sommersemester 1935 beschreibt Heidegger diesen Vorgang dramatisch anhand des Chorlieds von Sophokles' *Antigone:* So übermächtig ist die *physis* (das Sein als „Natur" erfahren) in ihrem „überwältigenden Walten", dass sie den Menschen aus dem Heimischen herauswirft und ihn, den „Unheimlichsten", nötigt, in der so aufgebrochenen Übermacht des Seins mittels der „Machenschaft" (GA 40, 168) oder *techne* (im Sinne eines Wissens) einen Halt zu gewinnen. Dem Menschen ist so aufgegeben „das wissende Erkämpfen des vordem verschlossenen Seins in das Erscheinende als das Seiende" (GA 40, 169). Damit ist aber der Grund gelegt für das Auseinandertreten von *logos* und *physis* bzw. für die Scheidung von Sein und Denken. Diese beginnt im klassischen Griechentum damit, dass sich für das Sein das Wort „*idea*" oder das Wort „*eidos*" vordrängt (GA 40, 189). Das Sein wird nun zum Anblick, den etwas für ein Vernehmen (für ein Denken) anbietet. Die Erfahrung des Seins im Sinne der *physis* entzieht sich „hinter" das erscheinende Seiende (das Seiende in seinem Sein); das Sein selbst wird zu einem Nachtrag zum Seienden, d. h. es wird als „Seiendheit" des Seienden vernommen oder vorgestellt. Heidegger fasst dies im Abschnitt 97 der *Beiträge* prägnant zusammen:

> *Noein* und *logos* werden, so übermächtig ist die *physis*, als ihr zugehörig erfahren, selbst zum *Seienden* in seiner (noch nicht „generell", ideenhaft gefaßten) Seiendheit gehörig. Sobald aber die Erfahrung als ursprüngliches Wissen des Seienden selbst *zum Fragen nach* diesem sich entfaltet, muß sich das Fragen selbst, zurücktretend vor dem Seienden, als dagegen unter-

schieden und im gewissen Sinne eigenständig begreifen, *vor* dieses als solches sich stellend, es *her*-stellen. (GA 65, 190)

Was laut Heidegger folgt, ist die Geschichte der Wahrheit des Seyns im ersten Anfang, der die Metaphysik umspannt, als eine Geschichte des sich-entziehenden Seyns und folglich der Seinsverlassenheit des Seienden. Zu dieser Seinsgeschichte gehört die immer schärfer werdende und sich verwandelnde Scheidung von Sein (Seiendheit) und Denken und die sich immer weiter vordrängende und verwandelnde Wesung des Seins als Machenschaft.

Heidegger unterscheidet einen weiteren und einen engeren Sinn von Machenschaft. Abschnitt 61 der *Beiträge* ist für ein Verständnis der Machenschaft und ihrer geschichtlichen Entfaltung hilfreich (vgl. dazu auch Abschnitt 9 von *Besinnung* [GA 66, 16 ff.]). Wir werden zunächst gemahnt, „Machenschaft" nicht in einem abschätzigen Sinne zu verstehen. Der Name soll auf das *Machen* (poiesis, techne) hinweisen; dies ist nicht als ein menschliches Verhalten, sondern als eine Auslegung des Seienden zu begreifen, „in der die Machbarkeit des Seienden zum Vorschein kommt" (GA 65, 126). Gemäß dem, was ich oben entfaltet habe, wurde das griechische Dasein zu einem bestimmten „technischen" Verhältnis zum Seienden genötigt, was bedeutet, dass dieses letztlich in einer Art der Wesung des Seins gründet. Von der *techne* her bedacht ist die *physis* (Sein als „Natur" gedacht) ein „*Sich-von-selbst-machen*". In diesem tritt jedoch die Machenschaft noch nicht „in ihrem vollen Wesen an den Tag". Dies beginnt im Mittelalter aufgrund des jüdisch-christlichen Schöpfungsgedankens. Das Seiende wir zum *ens creatum*, zum Geschaffenen eines Schöpfergottes; es wird zudem wesentlich als *verursacht* begriffen. Heidegger sieht dies als „eine wesentliche Entfernung von der *physis* und zugleich [als] Übergang zum Hervorkommen der *Machenschaft* als Wesen der Seiendheit im neuzeitlichen Denken" (GA 65, 127). Doch gehört es zum „Gesetz" der Machenschaft,

> daß sie, je maßgebender sie sich entfaltet – so im Mittelalter und in der Neuzeit –, umso hartnäckiger und machenschaftlicher sich *als solche* verbirgt, im Mittelalter hinter dem ordo und der analogia entis, in der Neuzeit hinter der Gegenständlichkeit und *Objektivität* als den Grundformen der Wirklichkeit und damit der Seiendheit. (GA 65, 127)

Die für unsere Zeit noch (und vor allem in der Wissenschaft) gängige Berufung auf objektive Sachbestände im vermeintlichen Gegensatz zu nur subjektiven Gefühlen und Meinungen verbirgt die Tatsache, dass das, was wir „objektiv" nennen, dieses nur für den denkenden Menschen ist, der im Vorhinein das Seiende als verursacht und erklärbar begreift.

Im Weltbild-Vortrag spricht Heidegger nicht ausdrücklich von der Machenschaft, erläutert aber die in ihr gegründete Auslegung des Seienden als eines Gegenstandes, als das Vor-gestellte eines erklärenden Vorstellens. Zur Machenschaft gehört, wie Heidegger in den *Beiträgen* schreibt, „das Schema der durchgängigen berechenbaren Erklärbarkeit" (GA 65, 132). Wie er im Weltbild-Vortrag schreibt: „Natur und Geschichte werden zum Gegenstand des erklärenden Vorstellens." (GA 5, 87) Die Machenschaft wird auch in folgendem Satz angesprochen: „Das Seiende im Ganzen wird jetzt so genommen, daß es erst und nur seiend ist, sofern es durch den vorstellend-herstellenden Menschen gestellt ist." (GA 5, 89) Wenn im Mittelalter das Hergestellte des Seienden auf der Idee des Schöpfergottes und des Verursacht-Seins beruht, wird in der Neuzeit das menschliche Bewusstsein zur Bezugsmitte alles Seienden, d. h. das Seiende ist solches nur für das vorstellend-herstellende Bewusstsein.

Zur Machenschaft gehört „das Erlebnis", das zugleich die Machenschaft noch entschiedener verbirgt. Im Weltbild-Vortrag erläutert Heidegger das Erlebnis so, wie er es schon in den Beiträgen gedacht hat (GA 65, Abschnitt 63 und 66): „Das Seiende gilt erst als seiend, sofern es und soweit es in dieses Leben ein- und zurückbezogen, d. h. er-lebt und Er-lebnis wird." (GA 5, 94) Im Erlebnis als vermeintlicher „Lebensnähe" entzieht sich die Machenschaft noch entscheidender, da es keinen Raum zur Erfahrung der Not der Seinsverlassenheit lässt.

Heidegger fasst die Zusammengehörigkeit von Machenschaft und Erlebnis prägnant auch im folgenden Satz: „Machenschaft und Erlebnis ist formelhaft die ursprüngliche Fassung der Formel für die Leitfrage des abendländischen Denkens: Seiendheit (Sein) und Denken (als vor-stellendes Be-greifen)." (GA 65, 128)

Die Weise, wie in der Neuzeit das Seiende im Ganzen dem vorstellenden Denken zugestellt wird, ist keineswegs einförmig. Innerhalb der Neuzeit können mehrere Grundstellungen der Vollendung der Neuzeit unterschieden werden, beginnend mit Descartes und endend mit Nietzsche (vgl. dazu *Die metaphysischen Grundstellungen des abendländischen Denkens* [GA 88], eine Übung, die Heidegger im Wintersemester 1937/38 hielt und in der er besonders auf Descartes eingeht und dann auch Leibniz, Kant, Fichte und Schelling behandelt). Mit Descartes vollzieht sich der entscheidende Wandel, dass die Welt zum Bild und der Mensch zum Subjekt und zur Bezugsmitte alles Seienden wird. Wie Heidegger im Zusatz 9 des Weltbild-Vortrags schreibt, ist „bis zu Descartes und noch innerhalb seiner Metaphysik [...] das Seiende, sofern es ein Seiendes ist, ein sub-jectum (*hypo-keimenon*), ein von sich her Vorliegendes" (GA 5, 106). Dass der Mensch zum ausgezeichneten Subjekt wird und das Seiende zum Objekt für das vorstellende Denken, hat laut Heidegger seinen Grund im Wandel der Wahrheit zur Gewissheit. Descartes' Denken antwortet dem Anspruch, einen unerschütterlichen Grund der Wahrheit zu finden. Die Befreiung von der christlichen Offenbarungswahrheit und der kirchlichen Lehre verlangt einen neuen Grund der Wahrheit, der nun im selbstbewussten, vorstellenden Denken, im *ego cogito* gefunden wird. Während im antiken Griechentum das sich in seinem Sein zeigende Seiende und im Mittelalter die göttliche Offenbarungswahrheit dem Vernehmen des Menschen zugrunde liegt, ist dies nun in der Neuzeit das menschliche Vorstellen des Seienden. Dennoch bleibt bei Descartes und bis zu Kant das Seiende etwas von sich her Vorliegendes. Erst im deutschen Idealismus vollzieht sich der Wandel, dass das Denken und das Sein des Seienden in ihrer Identität gedacht werden. Man könnte sagen, dass die die Metaphysik begründende Scheidung von Seiendheit und Denken nun wieder eine Einheit findet; doch für Heidegger ist dies keine ursprüngliche Einheit, da sie auf dem sich-selbst-vorstellenden Denken gründet. In den *Beiträgen* schreibt Heidegger bezüglich des deutschen Idealismus (offensichtlich an Hegel denkend):

> Hier wird die Wahrheit zu der in ein unbedingtes Vertrauen zum Geist und so erst als Geist in seiner Absolutheit sich entfaltenden *Gewißheit*. Das Seiende ist völlig in die Gegenständlichkeit verlegt, die mitnichten dadurch überwunden ist, daß sie „aufgehoben" wird; im Gegenteil, sie breitet sich aus auf das vorstellende Ich und den Bezug des Vorstellens des Gegenstandes und des Vorstellens der Vorstellung. Die Machenschaft als Grundcharakter der Seiendheit rückt jetzt in die Gestalt der Subjekt-Objekt-Dialektik [...]. (GA 65, 203)

Wenn Descartes den Beginn der Vollendung der Metaphysik anbahnt, findet diese Vollendung bei Hegel ein Ende. Doch mehr noch als Hegel sieht Heidegger Nietzsche als den Vollender der Metaphysik. Während bei Hegel die Scheidung von Seiendheit und Denken im absoluten Geist aufgehoben wird, geschieht dies für Heidegger bei Nietzsche in der Umkehrung des Platonismus, d. h. in der Bejahung des leiblichen Werdens.

Die Auseinandersetzung mit Nietzsche ist zentral für Heideggers Besinnung auf die Neuzeit, da dieser laut Heidegger im Willen zur Macht den metaphysischen Grund der Vollendung der Neuzeit vorausdenkt (GA 47, 10). Zudem weisen die Nietzsche Vorlesungen in den 1930er und 1940er Jahren auf eine immer schärfere Auseinandersetzung hin, in der Nietzsches Philosophie mehr und mehr als der Übergang in die endgültige Entfesselung der Machenschaft gedeutet wird. Nietzsches Willen zur Macht deutet Heidegger schließlich als den Willen zum Willen, in dem das Seiende in seiner völligen Seinsverlassenheit nur noch als ein Mittel zur Selbstübersteigung des Willens gedeutet wird. Dies geschieht in groben Zügen gesagt folgendermaßen: Nietzsches Denken steht in der Erfahrung der Entwertung der obersten Werte, der Abschaffung der übersinnlichen wahren Welt, und in der Bejahung des Leibes und des grundlosen Werdens (der Welt des Scheins), d. h. des Nihilismus, wie er sich im Tode Gottes ankündigt (vgl. Friedrich Nietzsches „Wie die ‚wahre Welt' endlich zur Fabel wurde. Geschichte eines Irrthums" [Nietzsche 1980, Bd. 6, 80 f.]. Dieser Abschnitt ist auch im Zusammenhang mit der Dekonstruktion – man denke an Derrida und andere – viel diskutiert worden, da er nicht einfach auf eine Umkehrung des Platonismus weist, in dem die sinnliche Welt gegenüber der übersinnlichen nun vorderhand gewinnt, sondern auf eine *Herausdrehung* aus dem Platonismus, da mit der wahren Welt auch die sinnliche „abgeschafft" wird.). Die Entwertung der obersten Werte verlangt eine neue Wertsetzung, aber nicht um willen neuer endgültiger Werte, sondern als das immer wieder erneute Setzen neuer Werte in der Überwindung bisheriger Werte. So wird der Wille zur Macht zum ständigen Setzen neuer Werte. Das Seiende, d. h. Dinge und Geschehnisse, sind dabei nach Heideggers Interpretation nur noch als ein den praktischen Bedürfnissen unterworfener Wert gefasst und in die selbst-überwindende Tätigkeit des Willens zur Macht eingehoben. Heidegger beruft sich für diese Interpretation zum Beispiel auf den Abschnitt 567 von Nietzsches *Wille zu Macht:* „Die scheinbare Welt, d. h. eine Welt, nach Werten angesehen; geordnet, ausgewählt nach Werten, d. h. in diesem Falle nach dem Nützlichkeits-Gesichtspunkt in Hinsicht auf die Erhaltung und Macht-Steigerung einer bestimmten Gattung von animal." (Nietzsche 1964, 386)

Für Heidegger übertrifft Nietzsches Denken des Willens zur Macht Hegels Vollendung der Metaphysik (in der Identität von Seiendheit und Denken), weil nun das Vorstellen selbst (das Denken) in den Dienst des Werte setzenden Willens zur Macht gestellt wird:

> Der Wille ist nicht mehr nur die Selbstgesetzgebung für die vorstellende und erst als vorstellende „auch" handelnde Vernunft. Der Wille ist jetzt die reine Selbstgesetzgebung seiner selbst: der Befehl zu seinem Wesen, d. h. zum Befehlen, das reine Machten der Macht. (GA 50, 48)

Heidegger deutet dies als die äußerste Möglichkeit der Subjektivität: „Die Unbedingtheit des Vorstellens ist stets noch bedingt durch das, was sich zustellt. Die Unbedingtheit des Willens jedoch ermächtigt allein auch das Zustellbare erst zu einem solchen." (GA 50, 49)

Man kann sagen, dass Heideggers Interpretation von Nietzsches Willen zur Macht vom Denken des seinsgeschichtlichen Wesens des Seins als Machenschaft und Erlebnis geleitet ist. Zugleich aber erfährt Heideggers Interpretation der Machenschaft und des Erlebnisses in der Neuzeit (Machenschaft in einem engeren Sinne) eine verschärfte Interpretation durch seine Auseinandersetzung mit Nietzsche. In Abschnitt 9 von *Besinnung* schreibt Heidegger: „Machenschaft heißt hier die alles machende und ausmachende Machbarkeit des Seienden, dergestalt, daß in ihr erst die Seiendheit des vom Seyn (und der Gründung seiner Wahrheit) verlassenen Seienden sich bestimmt." (GA 66, 16) Und weiter: „Die Machenschaft als das Wesen des Seienden, als die Art, wie dieses als ein solches durchgängig *ist*, erzwingt die völlige Loslassung aller machtfähigen und machtumformenden Kräfte in das Sichübermächtigen der Macht." (GA 66, 17 f.) Die Machenschaft ist hier eindeutig im Sinne von Nietzsches Willen zur Macht gedeutet. Ähnlich beschreibt Heidegger das zur Machenschaft gehörende Erlebnis im Weltbild-Vortrag. So wie bei Nietzsche das

Seiende zum Wert wird und nur „ist", sofern es vom und für das übermächtigende Machen des Willens gesetzt wird, gilt für das Erlebnis nur als seiend, was in das Leben einbezogen und zurückbezogen und so „erlebt" wird.

Der gesamte Weltbild-Vortrag ist also vor dem Hintergrund von Heideggers Besinnung auf das in Auseinandersetzung mit Nietzsche bedachte machenschaftliche Wesen der Neuzeit zu begreifen. In der Tat führt Heidegger in *Die Überwindung der Metaphysik* (1938–39 geschrieben) auch den Begriff des Weltbildes eindeutig auf die Machenschaft zurück: Bild ist

> das von der Rechnung und Berechnung Vor-gestellte, bei dem alles nur ankommt auf die Sicherung der Wirkfähigkeit der Macht, von deren Wesen (Machenschaft) alles durchherrscht wird. [...] „Bild"-setzung ist daher überall Ermächtigung der Wirksamkeit im Dienste der Machenschaft. (GA 67, 116)

Auch das Riesenhafte, das Heidegger gegen Ende des Weltbild-Vortrags als eine Folge des Kampfes der Weltanschauungen thematisiert, ist aufgrund der Machenschaft und in Hinblick auf Nietzsche zu begreifen (Nietzsche 1964, 385). Wie Heidegger im Weltbild-Vortrag schreibt, wird im Riesigen „das Quantitative zu einer Qualität" (GA 5, 95). Diesen Gedanken finden wir auch bei Nietzsche im Abschnitt 564 von *Der Wille zur Macht:*

> Sollten nicht alle *Quantitäten* Anzeichen von *Qualitäten* sein? Die größere Macht entspricht einem anderen Bewußtsein, Gefühl, Begehren, einem anderen perspektivischen Blick; Wachstum selbst ist ein Verlangen, *mehr zu sein;* aus einem *quale* heraus erwächst das Verlangen nach einem Mehr von quantum ... . (Nietzsche 1964, 385)

In den *Beiträgen* fasst Heidegger das Riesenhafte nicht nur als die Vollendung der Seins*verlassenheit* (vorbereitet dadurch, dass die *idea* von der *techne* her, also das Seiende in seiner Seiendheit von der Machbarkeit her bestimmt wird), sondern auch als den systematischen „Entwurf des Vorstellens im Sinne der vorgreifend-planend-einrichtenden *Erfassung* von allem, bevor es schon im Besonderen und Einzelnen gefaßt ist", so dass dieses Vorstellen am Gegebenen keine Grenze findet (GA 65, 136). Das Riesenhafte bezieht sich also nicht einfach auf das Massenhafte in Bezug auf Seiendes, sondern dem zuvor auf einen Entwurfscharakter des Seins, in dem Dinge, Verhältnisse, Einrichtungen und Ereignisse immer schon vom Riesenhaften aus angegangen werden.

Heideggers Beschreibung des Riesenhaften als eines *vorgreifend-planend-einrichtenden* Erfassens von allem steht seiner Beschreibung der modernen mathematischen Naturwissenschaften sehr nahe, wenn sie sich nicht sogar mit dieser deckt, was auch seine „Sätze über die Wissenschaft" in den *Beiträgen* bezeugen (Abschnitt 76; GA 65, 145–158). Er bezeichnet die moderne Naturwissenschaft als mathematisch in dem Sinne, dass die jeweiligen Gegenstandsbezirke der Naturwissenschaften als schon bekannt im Voraus entworfen sind. Die Physik fasst zum Beispiel die Natur im Voraus, d. h. *vorgreifend*, als den „in sich geschlossene[n] Bewegungszusammenhang raum-zeitlich bewogener Massenpunkte" (GA 5, 78). Der Zugang zu der so entworfenen Natur vollzieht sich zudem im *Verfahren*, zu dem in der Naturwissenschaft die Notwendigkeit der Regel und das Experiment gehören, durch das die Regel bestätigt wird. Somit ist der Zugang zum Gegenstand der Wissenschaft *planend.* Laut Heidegger zeichnet sich die moderne Wissenschaft nicht nur durch den Entwurf bestimmter Gegenstandsbezirke und das Verfahren, sondern drittens auch durch den *Betrieb* aus. Mit letzterem *richtet sich* das Verfahren mit Hilfe seiner Ergebnisse jeweils zu einem neuen Vorgehen *ein* (vgl. GA 5, 84). In der Verfestigung des Institutscharakters der Wissenschaft geschieht, so Heidegger, „die Sicherstellung des Vorrangs des Verfahrens vor dem Seienden (Natur, Geschichte), das jeweils in der Forschung gegenständlich wird" (GA 5, 84). Der Vorrang des planenden Zugangs zum Seienden *vor* dem Seienden ist systematisch und institutionell eingerichtet, wodurch sich die Seinsverlassenheit des Seienden verfestigt. Damit einher geht der Vorrang des Wert- und Nützlichkeitscharakters des Seienden. Heidegger hebt dies schon in den *Beiträgen* hervor, wenn er schreibt, dass es der Wissenschaft nicht um den Charakter des Seienden geht, das sie erforscht, sondern darum, „ob mit diesem oder jenem Verfahren eine ‚Erkenntnis', d. h. ein *Ergebnis* für die Untersuchung zu erwarten steht. [...] Die Ergebnisse und vollends gar ihre unmittelbare Nutzungseignung sichern die Richtigkeit der Untersuchung" (GA 65, 148).

In den 1940 verfassten „Leitsätzen über das Wesen der neuzeitlichen Wissenschaften" bedenkt Heidegger verschärft deren machenschaftliches Wesen im Begriff der Technik, ein Schritt, den er, wie er schreibt, im Weltbild-Vortrag noch nicht vollzogen hat, obzwar „alles bereit" war (GA 76, 126): „Die neuzeitliche Wissenschaft ist Forschung, weil sie ihren Wesensgrund in der Technik hat", schreibt Heidegger nun (GA 76, 124). Und weiter:

> Die Technik ist die unbedingt lenkbare Ermächtigung der Wirksamkeit des Wirklichen als eines Gegen-ständlichen (Vor- und Zugestellten) im Dienste der Loslassung der Macht als des Unwesens des Seins in seine Unbedingtheit. Diese ist zu begreifen als die Machenschaft. (GA 76, 124)

2 Heideggers Denk- und Irrwege als Anstoß

Das Riesenhafte ist weiter zu fassen als die wissenschaftliche Forschung. Es deutet auf eine immer weitere Ausbreitung und Verfestigung der Vorstellung und Vergegenständlichung (und damit der Weltanschauungen) im Dienst der grenzenlosen Machbarkeit, wie wir sie im sozial-politischen Alltag, in der Ökonomie und im Gesundheits- und Erziehungswesen finden. Die Machenschaft und das Riesenhafte, wie Heidegger sie beschreibt, und mit ihnen die Zeit des Weltbildes bestimmen auch für uns heute in der dominierenden westlichen Kultur die Weise, in der Menschen sich zu Dingen und Geschehnissen verhalten. Auch wenn man Heideggers Denken der Seinsgeschichte kritisch gegenüberstehen mag (man könnte zum Beispiel Heidegger dahingehend kritisieren, dass seine Entfaltung der Seinsgeschichte als einer Geschichte der Seinsverlassenheit sich ausschließlich auf wenige zentrale Philosophen beschränkt und diese vor dem Hintergrund seiner Seinsfrage deutet), bleibt vor allem sein Begriff der Machenschaft aktuell. Ich möchte dies anhand des Universitätswesens und der Corona-Pandemie in Nordamerika verdeutlichen.

Heidegger hebt in seiner Analyse der Natur- und Geisteswissenschaften hervor, wie diese im Voraus ihren Gegenstandsbezirk entwerfen und im methodischen Verfahren und Betrieb ihre Zugangsweisen zu Seiendem einrichten. Was gesucht wird, sind Ergebnisse. Was fehlt, ist die *Frage* nach dem Sein dessen, was erforscht wird, und eine Besinnung auf die Verfahren der Forschung. Was sich zudem immer stärker ausgebreitet hat, ist der Druck auf eine Rechtfertigung der Forschung durch ihre praktische Anwendbarkeit, d. h. ihren Nutzen. Dieser Nutzen mag ökonomisch sein (Herstellung verkaufbarer Produkte), „sozial-politisch" (bessere Verfahren für Einwanderungsregelungen und Bevölkerungskontrolle), klinisch-gesundheitlich (Entwicklung von Medizin, Impfstoffen oder Operationstechniken) oder „moralisch" (Verfahren gegen Diskriminierung von Minderheiten, Ausländern, Frauen, Homosexuellen, Transsexuellen, Behinderten oder alten Menschen – all dies sind vor-gestellte „Kategorien", in die Menschen eingeordnet werden). Auch in der akademischen Philosophie verbreitet sich mehr und mehr die praktische Philosophie, die oft interdisziplinär verfährt. Die Forderung nach einem praktischen Nutzen wird immer stärker institutionalisiert. Die Universität fordert Lehrpläne, die vorschreiben, was die Ziele eines Kurses sind und welche Verfahren verwendet werden, um diese Ziele zu erreichen. Sie fordert zudem, dass der Erfolg eines Kurses (die Erlangung der Ziele) quantitativ beurteilt werden kann. Dies bestimmt den legitimen Gebrauch von Sprache in den Lehrplänen. „Understanding" („Verstehen"), wenn zum Beispiel ein Kursziel lautet „Enhanced understanding of the formation of subjectivity in Western Philosophy", lässt sich nicht quantifizieren und ist deshalb ungeeignet für die Beschreibung eines Lernzieles. Die Produktivität der Lehrenden wird beurteilt durch die Zahl von Studenten in ihren Kursen, durch Bewertungen der Studenten und durch „peer reviews", in denen ein Kollege den Kurs eines anderen Kollegen beurteilt. Gehaltserhöhungen sind an „erfolgreiche" Lehrtätigkeit und an die Menge von Publikationen in „angesehenen" Verlagen und Fachzeitschriften gebunden, die ihrerseits quantitativ beurteilt werden. Forschungsstipendien werden relativ zum Nutzen eines Forschungsprojekts vergeben. Promotionsprogramme, auch in der Philosophie, werden auch hinsichtlich ihrer Produktivität beurteilt, nämlich mit Blick darauf, wie viele Studierende das Promotionsstudium durchführen, in wie wenigen Jahren sie abschließen und ob sie dann einen Beruf als Professor finden oder nicht. Danach bestimmt sich die Finanzierung dieser Programme. Promovenden in den Vereinigten Staaten studieren Philosophie nicht einfach aus Liebe zur Weisheit, sondern um später Philosophieprofessoren zu werden. Studenten erwarten nicht nur, bessere „Philosophen" zu werden, sondern „professionelle" Philosophen zu werden, d. h. zu lernen, Vorträge zu halten, zu publizieren, zu unterrichten, Bewerbungen zu schreiben, und für Positionen interviewt zu werden. Die akademische „Philosophie" wird so selbst zum „Bild", zu einem „Beruf", der dem Ruf der Produktivität folgt.

All dies sind – mit Heidegger gedacht – Erscheinungen der Machenschaft, d. h. der Weise, in der sich in unserer Zeit das Sein gibt. Alle, die am Universitätswesen teilnehmen, finden sich im Voraus herausgefordert, dem Anspruch auf Produktivität zu entsprechen. Diese Herausforderung bleibt auch dann bestehen, wenn dieses machenschaftliche Wesen von Einzelnen durchschaut wird.

Im Falle der Corona-Pandemie möchte man die Herausforderung der Machenschaft „positiv" beurteilen. Der praktische Nutzen scheint hier die Beseitigung der Pandemie zu sein, d. h. die Gesundheit der Bevölkerung – ein Wert, den die meisten befürworten würden. Wer möchte nicht auf Verfahren hoffen, die institutionell eingerichtet werden, so dass die Pandemie bekämpft wird? Doch sind auch hier weit mehr Werte im Spiel: die mangelnde Produktivität der Arbeiter und damit ökonomische Verluste oder die Überbelastung von Krankenhäusern und Gesundheitsversicherungen. In all den Verfahren, die Pandemie zu bekämpfen, werden Menschen vor-gestellt und quantifiziert und Welt und Erde auf einen vorgestellten Erdball reduziert.

Man könnte in der Reaktion auf die Pandemie eine besonders deutliche Erscheinung des Riesenhaften vermuten, da diese und die Bemühungen, sie einzudämmen, den ganzen Erdball umfassen. Im Nu werden wir durch das Internet über den neuesten Stand der Erkrankten und Toten auf der ganzen Welt informiert. Doch ist, wie schon gesagt, Heideggers Begriff des Riesenhaften nicht auf die Menge dessen bezogen, was machenschaftlich bestimmt wird, sondern auf den vorgreifenden Anspruch, dass *alles* in die quantitativ-vorstellende und auf Nutzung zielende Berechenbarkeit gestellt wird. Die Kritik der Machenschaft bezieht sich nicht auf dieses oder jenes Ereignis, in dem wir gegebenenfalls einen quantitativ rechnenden Zugang befürworten würden. Der Notzustand, den Heidegger in der Aufweisung der Machenschaft aufzeigen möchte, liegt darin, dass die Machenschaft *grundlegend* das menschliche Verhalten in der Neuzeit bestimmt. Seine *Schwarzen*

Hefte machen sichtbar, wie er dazu tendierte, alle konkreten Ereignisse um ihn herum machenschaftlich zu deuten (vgl. hierzu Vallega-Neu 2018, 100–117).

Wenn man sich, wie in den oben gegebenen Beispielen, den Erscheinungen der Machenschaft zuwendet, findet man sich in der Beschreibung dieser Erscheinungen verschärft in die machenschaftliche Herausforderung einbezogen. Der Blick für das machenschaftliche Wesen verschärft sich, und man beginnt (ähnlich wie Heidegger), überall die machenschaftliche Herausforderung am Werk zu sehen. Breitet sich das Riesenhafte tatsächlich überall aus? Könnte man nicht wenigstens auf Gemeinschaften von Menschen verweisen, die in einer größeren Verbundenheit mit der natürlichen Umwelt leben, ohne auf Nutzen und Produktivität aus zu sein? Erfahren wir nicht zudem in gewissen Augenblicken Dinge und Lebewesen in einer Weise, in der sie nicht als Wert oder Nutzen angegangen werden, sondern in ihrem Sein erfahren werden – darin, dass und wie sie *sind*? Und was können wir tun, um solchen Augenblicken mehr Raum zu geben? Was können wir tun, um die Seinsverlassenheit rückgängig zu machen?

Solche Fragen drängen sich auf. Von Heideggers Denken her gesehen bleiben aber besonders die letzten zwei Fragen im vorstellenden und Subjekt-orientierten Denken verhaftet. Was für einen möglichen Umschlag, für einen anderen Anfang erfahren werden muss, ist gerade dies, dass wir nichts tun können und dass der machenschaftliche Anspruch des Seins uns durchgreift, bestimmt und die Möglichkeit ursprünglicherer Seinserfahrungen auszulöschen droht. Erst dann öffnet sich für Heidegger die Erfahrung der Not und der Ausgesetztheit in das seinsverlassene Seiende. Erst dann wird das Sein in seinem Entzugscharakter erfahrbar. Im „Schatten", den die Seinsverlassenheit um sich wirft, zeigt sich, wie Heidegger im Weltbild-Vortrag schreibt, das Sein an (vgl. den Zusatz 13, GA 5, 112). Erst von hier aus wird nach Heidegger ein verwandelter Bezug zu Seiendem und auch eine ursprünglichere Besinnung auf unsere Zeit möglich.

Die Anerkenntnis der Not der Seinsverlassenheit geschieht in einer Grundstimmung. Wie schon erläutert, nennt Heidegger in den *Beiträgen* die Grundstimmung des Erschreckens. Aber auch die schon in *Sein und Zeit* und später in „Was ist Metaphysik?" bedachte Angst kann den Menschen in einen ursprünglicheren Seinsbezug versetzen. In der Angst offenbart sich nicht nur der in das Dasein hereinstehende Tod, sondern in eins damit das in das Dasein hereinstehende Nichts. In der Angst „nichtet" das Nichts. Dieses Nichten beschreibt Heidegger als „abweisende Verweisung auf das entgleitende Seiende im Ganzen" (GA 9, 114). Dieses bringt aber mit sich eine eigentümliche Offenbarung: Das Nichten offenbart das Seiende in seiner vollen, bislang verborgenen Befremdlichkeit als das schlechthin Andere – gegenüber dem Nichts. In der hellen Nacht des Nichts der Angst ersteht erst die ursprüngliche Offenheit des Seienden als eines solchen: daß es Seiendes ist – und nicht Nichts. (GA 9, 114)

Die Erfahrung, von der Heidegger hier spricht, erinnert daran, wie Menschen, die dem bevorstehenden Tod knapp entronnen sind, die Welt und Dinge in einem reicheren Licht erfahren. In „Was ist Metaphysik?" nennt Heidegger auch andere Grundstimmungen, die zu einer tieferen Seinserfahrung und Offenheit des Seienden führen können: die tiefe Langeweile, die Heidegger im ersten Teil der *Grundbegriffe der Metaphysik* (GA 29/30) erörtert, und „die Freude an der Gegenwart des Daseins – nicht der bloßen Person – eines geliebten Menschen" (GA 9, 110).

In der Zeit des Weltbildes, in der Herausforderung, „wissenschaftlich" zu denken, produktiv zu sein, Dinge und Ereignisse in ihrem Nutzen zu erfahren und im Streben nach mehr Macht und Machbarkeit zu bewältigen, werden Räume, in denen Grundstimmungen uns andere und reichere Seinsbezüge zu Dingen, Lebewesen und anderen Menschen eröffnen, immer seltener und immer nötiger. Heideggers Denk- und Irrwege mögen keinen unmittelbaren Nutzen haben, aber sie können dennoch ein Anstoß sein, uns auf unsere Zeit zu besinnen und in der Empfänglichkeit für Grundstimmungen die Frage nach dem Sinn des Seins offen zu halten.

Literatur

Glazebrook, P. (ed.) 2013: Heidegger on Science, Albany.
Nietzsche, F. 1980: Gesammelte Werke, hg. von Colli, G. / Montinari, M., Berlin/New York.
Nietzsche, F. 1964: Der Wille zur Macht; Versuch einer Umwertung aller Werte, ausgewählt und geordnet von Peter Gast unter Mitwirkung von Elisabeth Förster-Nietzsche, Stuttgart.
Ruin, H. 2010: *Ge-stell:* Enframing as the Essence of Technology, in: in: Davis, B. (ed.): Martin Heidegger. Key Concepts, Durham, 183–194.
Vallega-Neu, D. 2018: Heidegger's Poietic Writings, Bloomington, IN.
Vallega-Neu, D. 2018: Die Schwarzen Hefte und Heideggers seynsgeschichtliche Abhandlungen (1936–1942), in: Heidegger Jahrbuch 11 (Zur Hermeneutik der „Schwarzen Hefte"), hg. von Denker, A. / Zaborowski, H. , Freiburg/München.
Zimmermann, M. 1990: Heidegger's Confrontation with Modernity. Technology, Politics, and Art, Bloomington, IN.

Hegels Begriff der Erfahrung (1942/43)

Sylvaine Gourdain Castaing
Heideggers Begriff der Erfahrung im Ausgang von „Hegels Begriff der Erfahrung". Geschichte – Wahrheit – Lichtung

In seiner Abhandlung „Hegels Begriff der Erfahrung" behandelt Heidegger nicht nur einen der wichtigsten Texte Hegels, sondern vor allem eines der zentralsten Themen, wenn nicht das zentralste Thema überhaupt seines ganzen Denkweges: das Thema der Beziehung zwischen Sein und Denken. Wie üblich wendet sich Heidegger einem Philosophen der Tradition aus einem hermeneutischen Grund zu: Trotz der Diskrepanzen zwischen Hegel und ihm selbst dient ihm dieser als Begleiter auf dem Weg des Denkens – genauer: auf dem Weg zu dem, was Wahrheit ist und bedeutet. Wie ich zeigen werde, entwickelt sich die Frage nach der Beziehung zwischen Sein und Denken bei Heidegger – insbesondere in seiner Hegel-Lektüre – als Frage nach der Wahrheit als Zusammengehörigkeit von Lichtung und Verbergung. Im Vortrag „Das Ding" aus dem Jahr 1950 – also fast acht Jahre nach der Abhandlung „Hegels Begriff der Erfahrung" – steht in diesem Sinne: „In Hegels Phänomenologie des Geistes west die ἀλήθεια an, wenngleich verwandelt." (GA 7, 186)

In diesem Aufsatz geht es darum, die Konzeption, die dieser Behauptung zugrunde liegt, zu rekonstruieren und zu erläutern. Dies soll am Leitfaden von Heideggers Verständnis des Wortes „Erfahrung" im Dialog mit seiner eigenen Interpretation von Hegels Begriff der Erfahrung in der Einleitung zur *Phänomenologie des Geistes* geschehen. Der erste Teil ist Hegels „Erfahrung des Bewußtseyns" (GA 5, 115) gewidmet und zeigt, inwiefern für Heidegger der Ansatz der *Phänomenologie des Geistes* gleichzeitig Symptom und Vollendung der Metaphysik ist. Im zweiten Teil wird Heideggers Konzeption der ἀλήθεια und der Seinsgeschichte erläutert und mit Hegels Auffassung der Geschichte und der Wahrheit in Beziehung gebracht. Im dritten Teil wird gezeigt, inwiefern die Erfahrung der abgründigen Wahrheit bei Heidegger – insbesondere in den seinsgeschichtlichen Abhandlungen (1936–1944) – als eine Erfahrung des Anfangs zu verstehen ist. Im vierten, abschließenden Teil steht Heideggers Konzeption der Erfahrung „mit der Sprache" (GA 12, 149) im Vordergrund, wobei hier „erfahren" im Sinne von „widerfahren" gedeutet wird. Im Anschluss daran wird sich hoffentlich klarer zeigen, inwiefern Heidegger uns wichtige Meilensteine für ein besseres Verständnis der Gegenwart liefert.

1 Hegels Konzeption der „Erfahrung des Bewußtseyns". Die *Phänomenologie des Geistes* als Symptom und Vollendung der Metaphysik

Heideggers Lektüre von Hegels *Phänomenologie des Geistes* lässt sich in den Rahmen seiner Deutung und Kritik der Moderne einordnen. Hegels Philosophie erweist sich nicht als ein beliebiges Symptom der Metaphysik, sondern ist für Heidegger – neben den Philosophien von Schelling und Nietzsche – eine Figur der Vollendung der Metaphysik. Inwiefern vollendet sich die Metaphysik in Hegels „Wissenschaft der Erfahrung des Bewußtseyns", so der ursprüngliche Titel seines Werkes aus dem Jahr 1807?

Gegen Kant, der die Erkenntnis des Absoluten für unmöglich hielt und so das „Ding an sich" dem Bereich des nicht zu erkennenden Denkbaren zuwies, suchte Hegel in der *Phänomenologie des Geistes* die Kluft zwischen dem Absoluten und dem Erkennen zu überbrücken. Die Entzweiung zwischen dem „natürlichen Bewusstsein" – das dem ungebildeten Standpunkt entspricht – und dem Ansichseienden – dem Absoluten – solle vom Verstand selbst durch die Macht der Negativität aufgehoben werden. Auf jeder Stufe des Erkenntnisprozesses prüft das Bewusstsein sein jeweiliges „erscheinendes Wissen", indem es seinen Begriff des Gegenstandes mit dem Gegenstand „an sich" vergleicht. So geht das natürliche Bewusstsein über sich hinaus, um einen Erkenntnisfortschritt zu erlangen, wobei es auf dem Weg zum wahren Wissen von der auftretenden Wissenschaft mitgenommen wird. Der Maßstab des Vergleichs zwischen Begriff und Gegenstand findet sich im Bewusstsein selbst, das gleichzeitig Bewusstsein des Ansichseins, also des Gegenstands, und Bewusstsein des Für-ein-Anderes-seins, d. h. Bewusstsein seines Wissens um den Gegenstand, ist. Am Ende jeder Stufe des Prozesses erweist sich das angenommene Ansichsein des Gegenstands nur als ein Für-es des Ansich: Das Wissen ist noch nicht bei der Wahrheit, d. h. beim absoluten Wissen, angelangt. Das Bewusstsein macht so in der Prüfung eine „Erfahrung" über den als ansichseiend negierten Gegenstand, durch die ihm ein neuer Gegenstand, der Gegenstand der nächsten Stufe, entsteht. Die Negation des Ansichseienden der ersten Position erweist sich in der Reflexion, also in einer Umkehrung des Bewusstseins, als eine nur bestimmte Negation. Die Wahrheit jeder Bildungsstufe des Bewusstseins wird nicht einfachhin verworfen, sondern aufgehoben, weil sie nur relativ und noch nicht absolut ist.

Hegels Konzeption des Erkenntnisprozesses des Bewusstseins umfasst nach Heidegger die wichtigsten Kennzeichen der neuzeitlichen Metaphysik. *Erstens* zeugt dieser Prozess von der Seinsvergessenheit der Subjektmetaphysik. Bei Hegel wird nämlich das Sein nur als Gegenständlichkeit, d. h. als bloße Seiendheit, verstanden.

Das Bewusstsein bleibt somit ontisch und vorontologisch, weil es die Gegenständlichkeit als solche nicht bedenkt, sondern sie in der Prüfung immer nur voraussetzt. Das Wort „Erfahrung" nennt folglich „das Sein des Seienden", insofern das Sein „vom Seienden her als einem solchen vernommen ist" (GA 5, 180). Dieses Seiende ist das Absolute selbst, das bereits am Anfang des Prozesses mitanwesend ist. Im absoluten Wissen ist das Absolute also Subjekt und Objekt des Wissens. Darin offenbart sich ein Grundzug der Vollendung der Metaphysik: Nicht nur das Sein wird vergessen, sondern es wird als die Weise des Subjekts gedacht. „Erfahrung nennt die Subjektivität des Subjekts" (GA 5, 180), schreibt Heidegger. Die Subjektivität kennzeichnet sich auch dadurch aus, dass alles dem Bewusstsein unterworfen ist und dass das Bewusstsein sich selbst sein Maßstab ist. Sowohl das Ansich als auch das Für-es erweisen sich als Modi für das Bewusstsein. Dazu bleibt das Bewusstsein im ganzen Prozess in sich abgekapselt, da es in der dialektischen Bewegung schließlich auf sich zurückkommt, um eine höhere Stufe seiner selbst zu erreichen.

Zweitens wird die Wahrheit als Gewissheit konzipiert und das Erscheinen auf das Vorstellen reduziert. Seit der Neuzeit ist das Wahre „das im unbedingten Sichselbst-wissen Gewußte" (GA 5, 135). Die Wahrheit besteht nicht mehr nur in der Übereinstimmung des Vorstellens mit dem Seienden, sondern sie wird selbst zu einem Vorstellen, „insofern es sich selbst sich zustellt und sich seiner als die Repräsentation versichert" (GA 5, 135 f.). Es geht also nicht mehr darum, allein den Gegenstand vorzustellen. Das Wissen löst sich aus seinem Verhältnis zu den Gegenständen los: „Das sich als Zustellen wissende Vorstellen löst sich davon los (absolvere), im einseitigen Vorstellen des Gegenstandes seine genügende Sicherheit zu finden." (GA 5, 136) Das Wissen absolviert seine Absolvenz, indem die Gewissheit zur Selbstgewissheit wird und so sich von jeder Bindung an die Gegenstände freispricht. „Die unbedingte Selbstgewißheit ist so die Absolution ihrer selbst." (GA 5, 136) Die Einheit von Absolvenz, Absolvieren und Absolution charakterisiert „die Absolutheit des Absoluten" (GA 5, 136), die sich in diesen drei Momenten als Repräsentation vollzieht. Die Erfahrung ist somit „die Weise der Anwesenheit des Anwesenden, das west im Sich-vor-stellen" (GA 5, 185), und sie ist „als die Präsentation der absoluten Repräsentation die Parusie des Absoluten" (GA 5, 186). Die Vollendung der Metaphysik ist insofern hier erkennbar, als das Denken, das in der Gewissheit seines Gedachten das *fundamentum inconcussum* sucht – also das metaphysische Denken – schließlich auf die Absolutheit des Absoluten stößt: „Das wirkliche Erkennen des Seienden als des Seienden ist jetzt das absolute Erkennen des Absoluten in seiner Absolutheit." (GA 5, 129)

Drittens waltet im Bildungsprozess des Bewusstseins das Erscheinen als ein Aussehen, d. h. als ein εἶδος oder eine μορφή. Die Umkehrung des Bewusstseins geschieht nicht für das Bewusstsein, sondern für uns, die das Bewusstsein betrachten. Nur wir, die Phänomenologen der Phänomenologie des Geistes, sind in der

Lage, einen Überblick über den ganzen Prozess zu bekommen und aufgrund dessen das Entstehen des neuen Gegenstandes als ein Werden aus dem alten Gegenstand zu sehen, weil wir „mit dem Sein schon versehen sind" (GA 5, 188). Das Bewusstsein ist sich dieser Kontinuität gerade nicht bewusst: Der Inhalt dessen, was sich aus der Umkehrung ergibt, ist für es; die Form dieser Bewegung, das Entstehen selbst, begreift nur der Phänomenologe:

> Aber die Weise, wie das Erscheinende sich zeigt, nämlich als das Erscheinen, das ist das Aussehen des Erscheinenden, sein εἶδος, das alles Erscheinende bildet, in den Anblick stellt und gestaltet, die μορφή, die forma. Hegel nennt es „das Formelle". (GA 5, 189)

Erst in diesem Zusehen gelangt das Erscheinen des Erscheinenden in die Darstellung, die das Sein des Seienden vorstellt, weil die Skepsis (am Ende jeder Stufe) das Seiende auf es selbst zurückstellt, so dass es sich als ὂν ᾗ ὄν zeigt. In der Erfahrung also wird das Sein im ᾗ zum Vorschein gebracht. Das Sein erschöpft sich hier im Anblick, in der μορφή, im Bild; es wird darin verborgen, mehr noch: vergessen.

Viertens – und dies ist nur eine Folge der zwei vorangegangenen Punkte – erweist sich der Prozess der Phänomenologie des Geistes als die Bewegung eines Willens: Das Absolute will in seiner Absolutheit bei uns anwesen, damit das natürliche Bewusstsein den Standpunkt der Wissenschaft erreicht. Die Phänomenologie ist so als die Erfahrung „die Versammlung des Sicherscheinens auf das Erscheinen aus dem Scheinen des Absoluten" (GA 5, 203), und als solche Versammlung ist sie ein Wille. „Der Wille will sich in der Parusie des Absoluten bei uns." (GA 5, 203 f.) In der Phänomenologie waltet ein Sein, das als Wille west. Nun erweist sich auch hierzu Hegels Konzeption als Vollendung der Metaphysik, insofern für Heidegger Wollen immer gleichzeitig Sich-selbst-Wollen bedeutet. Hier versteht es sich von selbst, da der Wille sich als der Erkenntnisprozess des absoluten Geistes vollzieht und das Absolute wesensgemäß immer auf sich selbst zurückkommt und – wie schon erwähnt – von jeder Bindung an ein Äußeres losgelöst ist. Als Wille des Absoluten kann der Wille in der *Phänomenologie des Geistes* nichts anderes als ein Selbstwollen sein. Die eigentliche Krönung dieser Bewegung sieht Heidegger in Nietzsches Konzeption eines Willens zur Macht als eines „Willen[s] zum Willen" (GA 6.2, 240). Bei Nietzsche sei somit „das Sichwollen als Über-sich-hinaus-gehen" (GA 49, 101) gedacht. Hegels Auffassung der Dialektik des absoluten Wissens kann in den Augen Heideggers als eine Vorform des Nietzscheanischen Sich-Wollens angesehen werden, da das Bewusstsein im Prozess der Erkenntnis immer über sich hinausgeht, um zum wahren Wissen des Absoluten zu gelangen. Das Moment der Aufhebung ist der Hebel in die Selbstüberwindung, die über die Negation der Negation geschieht.

Gerade weil Hegels „Wissenschaft der Erfahrung des Bewußtseyns" sich als ein metaphysisches Denken schlechthin erweist, ist es für Heidegger wichtig, Hegels Werk auf den Spuren nach dem in ihm Ungedachten neu zu lesen. Erst so wird es möglich werden, zu verstehen, inwiefern die ἀλήθεια, „wenngleich verwandelt" (GA 7, 186), in Hegels Denken anwest. Der nächste Teil bemüht sich darum, Heideggers Konzeption der ἀλήθεια in Zusammenhang mit seiner Auffassung der Geschichte näher zu erläutern.

2 Heideggers Verständnis der Seinsgeschichte und der ἀλήθεια: Wahrheit als Zusammengehörigkeit von Lichtung und Verbergung

Heidegger hat zu Hegel ein zweideutiges Verhältnis. Einerseits brandmarkt er sein Denken als metaphysisch, andererseits aber fühlt er sich ihm auch nahe. Heidegger versucht nämlich ebenfalls, die Dichotomie zwischen Sein und Denken zu überwinden, indem er eine „Geschichte des Seins" rekonstruiert und zeigt, dass wir immer „im Lichte des Seins" (GA 9, 365 f.) unsere Gedanken entwickeln und unsere Handlungen setzen. Das Thema der Geschichtlichkeit ist somit einer der wichtigsten Berührungspunkte zwischen ihren beiden Konzeptionen, obwohl sich hinter diesem Thema gleichzeitig entscheidende Unterschiede herauskristallisieren.

Heidegger entwickelt das Motiv der Seinsgeschichte in den so genannten seinsgeschichtlichen Abhandlungen aus den Jahren 1936 bis 1944. Mit „Geschichte" meint er nicht einen Prozess historischer Abläufe und Begebenheiten, sondern die Bewegung, durch die sich für uns Sinn eröffnet und wandelt. Die hermeneutische „Geschichte" des Seins ist nicht mit einer faktischen „Historie" der Geschehnisse und Vorgänge zu verwechseln oder, schlimmer noch, gleichzusetzen. „Die Geschichte geschieht nicht zuerst als Geschehen. Und dieses ist nicht Vergehen. Das Geschehen der Geschichte west als Geschick der Wahrheit des Seins aus diesem [...]." (GA 9, 335) Das Sein bezeichnet nichts anderes als den herrschenden Sinnzusammenhang, der unserem Denken und unseren Handlungen, kurz: unserer Existenz im Ganzen, zugrunde liegt. Es ist geschichtlich, weil die Sinnzusammenhänge sich ständig wandeln und abwechseln, so dass das Sein im Verlauf seiner Geschichte verschiedene Gestalten oder „Wesungen" – in Heideggers Terminologie – annimmt. Dennoch wird das Sein nicht wie bei Hegel durch das Denken hervorgebracht, und die „Wahrheit des Seins" ist nicht den Gesetzen der Vernunft unterworfen. Heidegger zielt im Gegenteil darauf ab, mit der Hegel'schen Vorherrschaft der Logik und der Begriffe zu brechen und einen systematischen Anspruch aufzugeben. Die Geschichte des Seins kann kein System darstellen; sie kann sich nur als eine „Fuge" in sechs „Fügungen" entwickeln, wie es in den *Beiträgen zur Philosophie* heißt: „Die Fuge ist etwas wesentlich anderes als ein ‚System' [...]." (GA 65, 81) Diese Fuge ist auch ein Ausdruck für das von Heidegger so genannte „Ereignis", das die innige Zusammengehörigkeit von Mensch und Sein benennt, ohne dass es auf ein bestimmtes zeitliches Geschehnis reduziert werden könnte. Das Ereignis bezeichnet die Art und Weise, wie sich das Sein beim Menschen ereignet und gleichzeitig enteignet, wie sich das Sein dem Menschen zueignet und wie sich der Mensch das Sein aneignet, kurz: wie sich Sinn für den Menschen eröffnet, wie der Mensch zu dieser Ereignung und Übereignung von Sinn beiträgt und wie er darin eingreift – zum Guten und zum Schlechten. In den 1930er Jahren wird also das Ereignis hauptsächlich vom Er-eignen her und nicht zuerst von seinem zeitlichen Charakter her gedacht (zum „Wortschatz" des Ereignisses vgl. GA 71, 147–170). In den seinsgeschichtlichen Abhandlungen benutzt Heidegger öfters das Wort „Seyn" – mit „y" geschrieben –, um auf das so verstandene Ereignis hinzuweisen und es von dem partikulären Sinnzusammenhang der Seiendheit (ggbf. „Sein" genannt) zu unterscheiden. Im Rahmen dieses Aufsatzes aber vermeide ich aus Klarheit- und Übersichtlichkeitsgründen möglichst die Schreibweise mit „y".

Heideggers Konzeption der Wahrheit lässt sich erst vor dem Hintergrund seines Verständnisses der Geschichte und des Ereignisses deuten, so dass sie von der Hegel'schen Auffassung der Wahrheit stark abweicht. Die Wahrheit soll bei Heidegger als ἀλήθεια, d. h. als Unverborgenheit (siehe bereits GA 9, 188), verstanden werden, wobei ab den 1930er Jahren das Wort „Lichtung" immer öfter auftaucht. In den *Beiträgen zur Philosophie* steht zum Beispiel folgende Notiz: „Die Wahrheit: die Lichtung für das Sichverbergen" (GA 65, 346). Kennzeichnend für Heideggers Auffassung der ἀλήθεια bzw. der Lichtung ist, dass die Lichtung immer gleichzeitig Verbergung ist. Sie ist „die lichtende Verbergung" (GA 65, 30). Die Lichtung ist durch Negativität durchzogen, weil uns alles, was ist, in einem partiellen und selektiven Licht erscheint. Alles, was mir zugänglich ist, zeigt sich mir in einem bestimmten Sinnzusammenhang, welcher gleichzeitig andere Sinnbezüge ausschließt und verdrängt, die dadurch im Schatten, im „Unscheinbaren" bleiben. Auch für Hegel ist das „erscheinende Wissen" von Negativität geprägt, insofern als das Bewusstsein in seinem Erkenntnisprozess verschiedene Stufen durchlaufen muss, um zum wahren Wissen zu gelangen, das erst am Ende des Prozesses zu erreichen ist. Der Begriff der Erscheinung bei Hegel weist demzufolge auf jede Form des Wissens hin, die beansprucht, zur Erkenntnis des Absoluten zu gelangen, diesen Anspruch aber nicht erfüllt. Jede Bildungsstufe des Bewusstseins stellt eine relative Wahrheit dar, die es in die absolute Wahrheit dialektisch aufzuheben gilt.

Dagegen ist bei Heidegger die Verbergung nicht zu überwinden. Sie zeigt keine Defizienz des Menschen und stellt kein provisorisches Stadium des Denkens dar.

Heidegger unterscheidet auch nicht zwischen einer relativen und einer absoluten Wahrheit. Wahrheit ist bei ihm weder relativ noch absolut, weil sie keiner Übereinstimmung gleichkommt und niemals durchsichtig sein kann. Wie es Heidegger in einem späten Text aus dem Jahr 1964 ausdrückt: „Die Unverborgenheit ist gleichsam das Element, in dem es Sein sowohl wie Denken und ihre Zusammengehörigkeit erst gibt." (GA 14, 85) Weiter nichts. Sie ist also weder ein zu erreichender Wert noch eine präskriptive Norm, sondern bloß eine „Offenheit, die ein mögliches Scheinenlassen und Zeigen gewährt", d. h. ein Ort, ein Freiraum, in dem „etwas leicht, etwas frei und offen" gemacht wird (GA 14, 80) – im Sinne des französischen Wortes *clairière* (man denke an eine Waldlichtung als eine Stelle, die von Bäumen freigemacht wird). Damit meint Heidegger nicht, dass es gar keine andere Bedeutung von Wahrheit gebe, etwa dass jede Auffassung von einer ewigen Wahrheit auf einer bloßen Täuschung beruhe; doch hat die ἀλήθεια mit einer solchen „Wahrheit" wenig zu tun:

> Sofern man Wahrheit im überlieferten „natürlichen" Sinn als die am Seienden ausgewiesene Übereinstimmung der Erkenntnis mit dem Seienden versteht, aber auch, sofern die Wahrheit als die Gewißheit des Wissens vom Sein ausgelegt wird, darf die ἀλήθεια, die Unverborgenheit im Sinne der Lichtung, nicht mit der Wahrheit gleichgesetzt werden. Vielmehr gewährt die ἀλήθεια, die Unverborgenheit als Lichtung gedacht, erst die Möglichkeit von Wahrheit. Denn die Wahrheit kann selbst ebenso wie Sein und Denken nur im Element der Lichtung das sein, was sie ist. (GA 14, 85 f.)

Daher wird Heidegger in diesem Text vorschlagen, auf den Terminus der Wahrheit gänzlich zu verzichten: „Die Frage nach der Ἀλήθεια, nach der Unverborgenheit als solcher, ist nicht die Frage nach der Wahrheit." (GA 14, 86) Dagegen war es berechtigt, bei Hegel von „Wahrheit" zu sprechen, da Hegel mit der Selbstgewissheit des Vorstellens tatsächlich eine Gestalt von Wahrheit erwähnte. Hegel konnte aber nicht sehen, dass seine Konzeption von „Wahrheit" gerade nur ein mögliches Verständnis von Wahrheit darstellt, das selbst auf einer Lichtung beruht. Umgekehrt gilt es also: Die Hegel'sche Frage nach der Wahrheit ist nicht die Frage nach der Ἀλήθεια, nach der Unverborgenheit als solcher. Aber dies erweist sich auch nicht als ein Versäumnis des Hegelschen Denkens, sondern als ein Beweis seiner Stellung innerhalb der Geschichte der abendländischen Metaphysik, einer Geschichte der Seinsvergessenheit. Deswegen ist bei Hegel die Erscheinung – das Seiende – nur eine untere Form für ein höheres Sein: Dieser Gedanke verrät nach Heidegger den onto-theologischen Zug des Hegelschen Denkens insbesondere und der Metaphysik insgesamt, da das Sein schließlich nur das höchste Seiende bezeichnet. Hegel verkannte die „ontologische Differenz" zwischen Sein und Seiendem. Das Sein nach Heidegger bezeichnet weder ein Subjekt noch eine Substanz, während es bei Hegel auf das Absolute schlechthin hinweist. In diesem Sinne klaffen ihre Auffassungen der Geschichte auch in ihrer internen Dynamik auseinander. Die Hegel'sche Geschichte des Geistes zielt teleologisch auf die Parusie eines absoluten Subjekts ab, während die Heidegger'sche Geschichte des Seins im abgründigen Prozess des Erscheinens von verschiedenen endlichen Sinnzusammenhängen besteht. Die Hegel'sche Fortschrittsdynamik setzt sich der Heidegger'schen Geschichte einer Seinsvergessenheit und -verdrängung radikal entgegen.

3 Die Erfahrung der abgründigen Wahrheit als Erfahrung des Anfangs

Die Wahrheit oder die ἀλήθεια als innere Verflechtung von Lichtung und Verbergung gilt es zu „erfahren". Erst dadurch wird es möglich werden, der Geschichte der Seinsvergessenheit ein Ende zu setzen:

> Wie auch immer das Seiende ausgelegt werden mag, ob als Geist im Sinne des Spiritualismus, ob als Stoff und Kraft im Sinne des Materialismus, ob als Werden und Leben, ob als Vorstellung, ob als Wille, ob als Substanz, ob als Subjekt, ob als Energeia, ob als ewige Wiederkehr des Gleichen, jedesmal erscheint das Seiende als Seiendes im Lichte des Seins. Überall hat sich, wenn die Metaphysik das Seiende vorstellt, Sein gelichtet. (GA 9, 365 f.)

Das Sein wurde zwar im Laufe der Geschichte der Metaphysik immer mehr vergessen, aber es hat sich auch in der Metaphysik selbst „gelichtet": Das Sein zeigt sich gerade dadurch, dass es sich entzieht, weil es sich immer nur im Seienden „ereignet", d. h. provisorisch fixiert, obwohl es selbst das unhintergehbare und wandelbare Geschehnis von Sinn ausmacht. Darin besteht die „Verbergung", die keinem Verstellen, Entstellen oder Verhehlen gleichkommt. Die Verbergung ist folglich nicht zu beseitigen, sondern als Verbergung aufrechtzuerhalten. Heidegger schreibt in diesem Sinne: Die „ereignishafte Erfahrung" muss „das Seyn in seiner abgründigen Wahrheit bewahren" (GA 71, 169). Der „Abgrund" nennt in den *Beiträgen zur Philosophie* „das Weg-bleiben des Grundes" (GA 65, 379) und weist auf die Unmöglichkeit einer metaphysischen Selbstbegründung hin. Die Wahrheit ist abgründig, gerade weil in ihr eine Verbergung west, auf die sie keinen Zugriff hat und über die sie nicht herrschen kann. „Der Ab-grund ist die erstwesentliche *lichtende Verbergung*, die Wesung der Wahrheit" (GA 65, 380). Der Abgrund ist selbst als „Versagung des Grundes" (GA 65, 379) – Versagung eines begründenden Grundes – „die Wesung der Wahrheit". Als Abgrund ist der Grund keine *ratio*, sondern ein prekärer und unstabiler Boden, der jedoch als der Boden für unsere Existenz im Ganzen dient.

Vor dieser Abgründigkeit der Wahrheit ist keine fatalistische Haltung der Resignation oder der Verzweiflung einzunehmen, ganz im Gegenteil: Der Mensch soll im Ereignis eine entscheidende Rolle übernehmen; er ist „der Wächter der Wahrheit des Seyns" (GA 65, 491) – im „Brief über den 'Humanismus'" wird ihn Heidegger als den „Hirt[en] des Seins", der „die Wahrheit des Seins zu hüten" hat (GA 9, 331), bezeichnen. Diese Wächterschaft besteht gerade in der „Erfahrung des Ab-grundes" (GA 71, 49), die eine „Erfahrung des Wesens der Wahrheit" (GA 65, 348) ist. Diese Erfahrung meint aber kein Experiment des Denkens, das sein Beobachtetes durch verschiedene Eingriffe erproben würde, um eine bestimmte Regelmäßigkeit in ihm herauszustellen (vgl. dazu GA 65, 159–166). Die „Erfahrung des Wesens der Wahrheit" ist auch keine Bewusstwerdung: Würde die Verbergung bewusstwerden, so wäre sie gerade nicht mehr Verbergung; sie würde in der vermeintlichen Transparenz des Bewusstseins verschwinden. „Erfahren" meint hier nur: auf die Verbergung „aufmerksam werden" (GA 71, 48). Wenn der Mensch die Wahrheit so erfährt, so erweist sich *„die Verweigerung"* als *„die erste höchste Schenkung des Seyns, ja dessen anfängliche Wesung selbst"* (GA 65, 241). Hier sei zu erinnern, dass das Enteignis immer mit dem Ereignis einhergeht (vgl. dazu GA 14, 28), so wie das „Gestell" – die moderne Form der Technisierung der ganzen Gesellschaft – „das photographische Negativ des Ereignisses" (GA 15, 366) ist. In einer solchen Erfahrung des Abgrundes ist „dies Sichverbergen […] das Entbergen der Verweigerung, das Zugehörenlassen in das Befremdliche eines anderen Anfangs" (GA 65, 241).

Die Erfahrung der abgründigen Wahrheit erweist sich als eine Erfahrung des Anfangs. Um der Seinsvergessenheit ein Ende zu setzen, um das Sein als solches zu bedenken, schlägt Heidegger vor, einen „Schritt zurück" in den ersten Anfang der Philosophie zu tun. Im Vortrag „Die onto-theo-logische Verfassung der Metaphysik" (1956/57) stellt Heidegger seine Konzeption des „Schritts zurück" der Hegel'schen Auffassung der Aufhebung entgegen (vgl. dazu GA 11, 58–61). Es geht Heidegger nämlich darum, das Sein aus dem Ungedachten der abendländischen Philosophie „hervorzuholen" und es dort wiederzufinden. Der Schritt zurück in den ersten Anfang entspringt aus dem „Anklang des Seyns aus der Erfahrung der Not der Seinsverlassenheit" (GA 65, 412). Die Seinsverlassenheit ist die extremste Form der Seinsvergessenheit und wird von Heidegger mit dem durch Nietzsche erkannten Nihilismus in Beziehung gebracht (vgl. dazu GA 65, 119). Heidegger beschreibt sie auch durch den Ausdruck der „Not der Notlosigkeit" (GA 65, 119): Sie bezeichnet eine Situation, in der die Seinsfrage nicht nur nicht eigens bedacht wird, sondern für überflüssig und unnütz, wenn nicht gar für ein falsches, von den Philosophen erfundenes Problem gehalten wird. Diese Situation entspricht dem vorherrschenden Sinnzusammenhang im Zeitalter der „Machenschaft", einem Zeitalter, in dem nur das „zählt" und für seiend gehalten wird, was „gemacht" wird, was Wirkungen erzielt und Ergebnisse hervorbringt:

> Machenschaft heißt hier die alles machende und ausmachende Machbarkeit des Seienden, dergestalt, daß in ihr erst die Seiendheit des vom Seyn (und der Gründung seiner Wahrheit) verlassenen Seienden sich bestimmt. [...] Die *Machenschaft* ist das Sicheinrichten auf die Machsamkeit von Allem [...]. (GA 66, 16)

Dieses Zeitalter ist das Zeitalter Heideggers, aber vielleicht mehr noch unser Zeitalter des 21. Jahrhunderts. Die Verbreitung des Digitalen und die zunehmende Zahl von Möglichkeiten, die uns dadurch zur Verfügung stehen und uns ermöglichen, immer schneller und immer effizienter zu handeln, haben sicherlich zu dieser Verbergung der Verbergung beigetragen. Wir neigen nämlich dazu, nur den Vorteil von dieser immer wachsenden Technisierung der Gesellschaft zu sehen, ohne darauf aufmerksam zu werden, dass dadurch viele andere Möglichkeiten verloren gehen: die Empfindlichkeit gegenüber dem Unnötigen, die Entschleunigung unseres Lebensrhythmus oder die „*Gelassenheit zu den Dingen*" (GA 16, 527), die „Haltung" des gleichzeitigen Ja und Nein zur technischen Welt" (vgl. GA 16, 527). Dieser Ausdruck lässt durchklingen, dass es Heidegger nicht darum geht, die Technik selbst zu kritisieren oder gar zu verwerfen. Vielmehr ist ihm wichtig, auf die Gefahr, die in der Ausbreitung der Technik auf die Organisation der gesamten Gesellschaft in all ihren Bereichen liegt, hinzuweisen.

Wenn aber „aus der Erfahrung der Not der Seinsverlassenheit" der Anklang anklingt, dann kann die Erfahrung des Anfangs im „Zuspiel" zwischen dem ersten und dem anderen Anfang stattfinden: „Der erste Anfang und die Anfängnis bringen sich erst im anderen Anfang zur Erfahrung." (GA 71, 127) Dass der erste Anfang erfahren wird, heißt aber nicht, dass seine Unwahrheit entdeckt sei und er somit für einen zweiten Anfang aufgegeben werden müsse, genauso wie in der *Phänomenologie des Geistes* das Bewusstsein am alten Gegenstand die Erfahrung macht, dass dieser kein Ansich war und folglich von einem neuen Gegenstand ersetzt werden soll. Hier sind beide Anfänge für die Erfahrung notwendig, da die Erfahrung sich gerade im Zwischen ereignet. Würde man versuchen, den ersten Anfang zu überwinden und ihn hinter sich zu lassen, so würde man den anderen Anfang verhindern. Heidegger vermeidet auch stets die Rede von einem „zweiten" Anfang und spricht nur vom „anderen Anfang", weil der erste und der andere Anfang eigentlich nur eine einheitliche Erfahrung ausmachen, die Erfahrung vom Anfang oder von der „Anfängnis". Es geht darum, zu verstehen, wie sich der Anfang des Denkens überhaupt ereignet, was da in solchem Ereignis – daher die Rede von der „An*f*äng*n*is" – geschieht. Daher gilt es, in den ersten Anfang bei den Griechen, insbesondere bei den Vorsokratikern, zu „springen", um darauf aufmerksam zu werden, dass bereits im Spruch des Anaximander, dem „älteste[n] Spruch des abendländischen Denkens" (GA 5, 321), der Anfang irgendwie auch „Untergang" (GA 70, 84) ist. Wenn man „das Anwesen des Anwesenden" (GA 5, 362) wie Anaximander denkt, läuft man immer Gefahr, das Anwesen zu thematisieren, es also zu vergegenständlichen und folglich die Anwesenheit nur noch als Gegenständlichkeit zu verstehen. Diese Gefahr ist bereits im Spruch des Anaximander enthalten, sie entsteht nicht erst in der Neuzeit, und sie ist nichts anderes als die Verbergung, die in der Lichtung west. Daher ist die Verbergung nur ein anderes Wort für die Enteignung als Kehrseite der Ereignung. Die Tendenz zur Verbergung der Verbergung ist jedoch der Verbergung selbst inhärent. Die Verbergung, die in der Geschichte der Metaphysik waltet, ist also nur die Fortführung einer Enteignung, die seine Wurzeln im ersten Anfang des Denkens hat.

Gerade diese komplexe Verflechtung von Lichtung und Verbergung gilt es zu erfahren, indem man in die ursprüngliche Abgründigkeit der Wahrheit „einfährt". So meint hier „*Er*fahrung" „die Wesung jenes, worin wir *ein*fahren müssen": „einfahren, um in ihr zu stehen und sie auszustehen, was geschieht als Da-sein und dessen Gründung" (GA 65, 289). Die Gründung ist, wie bereits erklärt, als eine Erfahrung des Abgrunds zu verstehen; sie entspricht keiner metaphysischen Geste der Selbstermächtigung. Im Gegenteil ist jedes metaphysische Gründungsunternehmen vielmehr mit dem zweiten Modus des Grundes als „Ungrundes" gleichzusetzen. Der Grund „ist zugleich Abgrund für die Zerklüftung des Seyns und Ungrund für die Seinsverlassenheit des Seienden" (GA 65, 31). Der Ungrund ist der Name für die „Verstellung" und die „Verwesung" (GA 65, 308), die den defizienten Modus der Verbergung darstellen. Der Mensch soll vielmehr die Wahrheit „bergen", wobei die „Bergung" „die Bewahrung des Ereignisses durch die Bestreitung des Streites" (GA 65, 392) zwischen Lichtung und Verbergung bedeutet. Weit davon entfernt, die Verbergung überwinden zu müssen, soll sie der Mensch aufrechterhalten, um die Schwingung des Sinnes als die Dynamik der ἀλήθεια beizubehalten. So ist die ἀλήθεια als Offenheit „das Erzittern des Ereignisses im Winken des Sichverbergens" (GA 65, 339), und in diesem erzitternden Ereignis sind das Sein und der Mensch „nicht vorhandene Pole", sondern „die reine Erschwingung selbst" (GA 65, 287). Die erfahrene Wahrheit bedeutet demnach nicht, in ein absolutes Wissen zu gelangen, sondern fast im Gegenteil den Verzicht auf jede endgültige Wahrheit, jede sichere Norm, kurz: jede Gewissheit.

4 Die Erfahrung „mit der Sprache" als Widerfahrnis

Vor dem Hintergrund des Gesagten kann es nicht verwundern, dass Heidegger bereits in den *Beiträgen zur Philosophie* die „Verhaltenheit" als die „Vor-stimmung der Bereitschaft für die Verweigerung als Schenkung" (GA 65, 15) und als den „Stil des anfänglichen Denkens" (GA 65, 15) bezeichnet. Es bedeutet nicht, dass die Verhaltenheit nur einem provisorischen, noch unreifen Denken entspräche; im Gegenteil ist die Verhaltenheit sogar *„die Grundstimmung"* (GA 65, 33) des Ereignisses im Zeitalter der „Not der Notlosigkeit" (GA 65, 119). Das Wort „Grundstimmung" ist nicht in einem psychologischen Sinn als Gefühlzustand oder Gemüt des Menschen zu verstehen. Es verweist auf den bereits in *Sein und Zeit* erläuterten Terminus der „Befindlichkeit" (vgl. dazu GA 2, 178–186). Der Mensch befindet sich aufgrund der Lichtung in einem bestimmten Sinnzusammenhang, der ihm erst die Möglichkeit gibt, eigens zu existieren. Dem Begriff der Befindlichkeit bzw. der Grundbefindlichkeit zieht nun Heidegger den der Grundstimmung vor, weil der Mensch in dieser Lichtung vom Sein gestimmt und bestimmt wird. Ob er es will oder nicht, entspricht der Mensch im Da-sein – wobei Da-sein nun als ein bestimmter hermeneutischer Zeitraum gedacht wird – dem Anspruch des Ereignisses – und sei es nur in der Form der Enteignung. Es gilt aber, darauf aufmerksam zu werden.

Die „Wortfelder" der Stimmung, des Entsprechens und des Anspruchs lässt die wachsende Bedeutung der Sprache in den Vordergrund treten. Gegen Hegel lehnt Heidegger in seiner Auffassung der Sprache die Vorherrschaft des Begriffs ab. Der „Begriff" wird nämlich üblicherweise „vom Griff her" (GA 71, 43) und das Denken als „eine Art Werkzeug, das wir handhaben" (GA 71, 45) konzipiert. Hier aber geht es nicht mehr um die Sprache als ein Mittel zur Verständigung und als ein Instrument der Kommunikation. Oder genauer: Diese Art von Sprache, die Sprache, die die Menschen als Werkzeug benutzen, um untereinander Gedanken auszutauschen, ist nur aufgrund einer ursprünglicheren Sprache möglich, und zwar der Sprache des Seins oder des Ereignisses. Hier ist der Terminus „Sprache" keine Metapher, weil die Sprache mit dem Sinn einhergeht und der Sinn sich tatsächlich sprachlich artikuliert. Eigentlich sind es auch nicht zwei verschiedene Sprachen, sondern nur eine einheitliche: Indem wir sprechen, spricht die Sprache. Durch die Worte, die wir aussprechen, klingt die Sprache des Ereignisses durch. In diesem Sinne wird Heidegger im „Brief über den 'Humanismus'" schreiben, dass die Sprache „das Haus des Seins" (GA 9, 313) ist. In „Der Satz vom Grund" steht dazu: „Der Mensch spricht nur, indem er geschicklich der Sprache entspricht. Dieses Entsprechen aber ist die eigentliche Weise, nach der der Mensch in die Lichtung des Seins gehört." (GA 10, 143)

Im Zeitalter der „Not der Notlosigkeit" ist die Erfahrung der Sprache zuerst eine Erfahrung der Sprachlosigkeit und des Schweigens. Die Sprachlosigkeit bedeutet zunächst, dass der Mensch sich des alltäglichen Meinens und Redens entwöhnt, um für das Ereignis wach zu werden. Sie darf also nicht als ein defizientes Vermögen des Menschen verstanden werden, sondern als die Bereitschaft für das Kommen anderer Möglichkeiten. Mehr noch ist die Sprachlosigkeit als der Anspruch des Ereignisses selbst zu fassen:

> Was so aussieht wie das Wegbleiben der Sprache und d. h. der Wörter und des Wortes, das ist anfänglich und wesenhaft gedacht nur das reine Ereignis des Wortes als der stimmenden Stimme des Seyns, die uns in die Lichtung des Seins aneignet [...]. (GA 71, 172)

Wir werden von der Stimme des Seins aufgerufen, seinen Anspruch zu erfahren; das Ereignis spricht uns an, indem es uns in Anspruch nimmt. In diesem Sinne ist die Sprachlosigkeit „in ihrem ereignishaften Wesen" (GA 71, 172) sogar ein „„Zeichen"" (GA 71, 172). Das Wort „Zeichen" wird in Anführungszeichen gesetzt, weil Heidegger die Sprache nicht auf eine bloße Vermittlungsfunktion reduzieren möchte – dafür, dass wir für einen Augenblick die Stimme des Seins hören und uns von ihr einstimmen und bestimmen lassen. Das Schweigen ist somit bereits „Antwort auf das *An*wort des Anspruches" (GA 71, 313).

Gleichzeitig ist die Erfahrung der Sprachlosigkeit „schon die Gestimmtheit in den Mut der Inständigkeit" (GA 71, 49). Mut braucht es, weil diese Erfahrung Schmerz und Leid mit sich bringt. Dieser Schmerz ist „nicht der Schmerz des Nichtwesens des ersten, sondern des Austrags des Abschieds im anderen Anfang" (GA 71, 29). Das Motiv des Abschieds und das des Schmerzes weisen auf einen Gestus des Selbstverzichts und der Selbstenteignung des Denkens hin. Das Denken „*muß gegen sich selbst denken, was es nur selten vermag*" (GA 13, 80). Nach dem Ende der Metaphysik ist nur noch die „Armut der Besinnung" (GA 7, 64) möglich, die sich der Hybris der Metaphysik entgegensetzt:

> Das künftige Denken ist nicht mehr Philosophie, weil es ursprünglicher denkt als die Metaphysik, welcher Name das gleiche sagt. Das künftige Denken kann aber auch nicht mehr, wie Hegel verlangte, den Namen der „Liebe zur Weisheit" ablegen und die Weisheit selbst in der Gestalt des absoluten Wissens geworden sein. Das Denken ist auf dem Abstieg in die Armut seines vorläufigen Wesens. (GA 9, 364)

„Das künftige Denken" ist somit „geringer als die Philosophie" (GA 14, 74), weil die Philosophie selbst zu einer „*echte[n] und darum wirre[n] Gefahr*" (GA 13, 80) geworden ist. Heidegger benutzt somit den Wortschatz des deutschen Mystikers Meister Eckhart („Abgeschiedenheit" [GA 70, 14], „Armut"), um diese Depotentialisierung des Denkens zu beschreiben. Seine Konzeption der Gelassenheit und des Lassens gehört auch dazu (vgl. dazu insbesondere GA 77, 1–159; GA 13, 37–74; GA 16, 517–529). Der späte Heidegger wird sogar „das Ende der Philosophie" (vgl. dazu GA 14, 67–90) verkünden, nicht aber, wie bei Hegel, weil die Philosophie zum absoluten Wissen gelangt sei, sondern weil sie umgekehrt in der völligen Selbstentsagung auf jegliche Identität verzichten soll, um nur noch offen für das Unvorhersehbare zu sein.

Daher versteht Heidegger das Wort „Erfahrung" im Vortrag „Das Wesen der Sprache" von 1957/1958 nicht mehr als „Einfahren", wie in den 1930er Jahren, sondern nur noch als „Widerfahrnis". Die Konzeption des „Einfahrens" in das Wesen der Wahrheit klang noch zu sehr als eine subjektivistische oder willentliche Handlung. „Mit etwas, sei es ein Ding, ein Mensch, ein Gott, eine Erfahrung machen heißt, daß es uns widerfährt, daß es uns trifft, über uns kommt, uns umwirft und verwandelt." (GA 12, 149) In der so verstandenen Erfahrung ist das Denken zunächst völlig machtlos. Seine Aufgabe besteht darin, diese Machtlosigkeit zuzulassen und sich darauf einzulassen. Das Verb „machen" im Ausdruck „eine Erfahrung machen" kann nicht als Synonym für „bewerkstelligen" gelten. „[M]achen heißt hier: durchmachen, erleiden, das uns Treffende vernehmend empfangen, annehmen, insofern wir uns ihm fügen. Es macht sich etwas, es schickt sich, es fügt sich." (GA 12, 149) Der Schmerz eines sich selbst verabschiedenden Denkens allein reicht nicht; er muss „empfangen" und „angenommen" werden. „Mit der Sprache eine Erfahrung machen heißt dann: uns vom Anspruch der Sprache eigens angehen lassen, indem wir auf ihn eingehen, uns ihm fügen." (GA 12, 149)

Der späte Heidegger – ab den 1940er und 1950er Jahren – wird daher seine Konzeption der Geschichte revidieren, um die doppelte Bewegung des „Sich-Schickens" der Sprache und des „Sich-angehen-Lassens" des Menschen stärker hervorzuheben. Die Geschichte entfaltet sich nicht mehr primär zwischen einem ersten und einem anderen Anfang; sie bezeichnet den Charakter des Geschicks des Seins überhaupt, wie der Vortrag „Zeit und Sein" aus dem Jahr 1962 klar zeigt. Das Wort „Geschick" darf nicht als ein Schicksal oder als ein Verhängnis aufgefasst werden. Es weist nur auf die Dynamik des Schickens hin. Das Sein selbst *ist* nämlich nicht, sondern „es gibt Sein" (GA 14, 9). Nun heißt es: „Ein Geben, das nur seine Gabe gibt, sich selbst jedoch dabei zurückhält und entzieht, ein solches Geben nennen wir das Schicken." (GA 14, 12) Das Sein schickt sich dem Menschen zu, und zwar in einer „Wandlungsfülle des Anwesens" (GA 14, 11), zum Beispiel

> als das Ἕν, das einigende einzig Eine, als der Λόγος, die das All verwahrende Versammlung, als die ἰδέα, οὐσία, ἐνέργεια, substantia, actualitas, perceptio, Monade, als Gegenständlichkeit, als Gesetztheit des Sichsetzens im Sinne des Willens der Vernunft, der Liebe, des Geistes, der Macht, als Wille zum Willen in der ewigen Wiederkehr des Gleichen. (GA 14, 11)

Die Epochen der Seinsgeschichte werden vom griechischen Wort „ἐποχή" her gedacht und verweisen auf „das jeweilige An-sich-halten" (GA 14, 13) des Seins im Hinblick auf die Offenbarkeit des Seienden. Die Geschichtlichkeit bezeichnet nun also in erster Linie die Unhintergehbarkeit und die Unvordenklichkeit der Ereignung von Sinn und gleichzeitig die Abgründigkeit einer Gabe ohne Geber. Allein die Zeit – genauer der „Zeit-Raum" als „das Offene, das im Einander-sich-reichen von Ankunft, Gewesenheit und Gegenwart sich lichtet" (GA 14, 18 f.) – ist der Ursprung des Seins. Auch bei Hegel hat die Geschichte wesentlich einen epochalen Charakter, weil der Geist immer mehr ist als seine jeweiligen Gestalten, aber die Geschichte ist bei ihm keineswegs abgründig, da der Geist als das absolute Subjekt die Zeit in seine Unendlichkeit integriert. Wenn Heidegger schließlich betont, dass das Ereignis selbst „ungeschichtlich, besser geschicklos" (GA 14, 50) ist, dann meint er damit, dass das Ereignis keine neue Seinsprägung ist. „Dann wäre das Sein eine Art des Ereignisses und nicht das Ereignis eine Art des Seins." (GA 14, 26) Aber das Ereignis ist auch kein „Oberbegriff, unter den sich Sein und Zeit einordnen ließen" (GA 14, 27).

Wenn man von der Erfahrung „mit der Sprache" her denkt, wie lässt sich dann das Ereignis sagen? „Was bleibt zu sagen?" (GA 14, 29), fragt sich Heidegger am Ende von „Zeit und Sein". Und er antwortet: „Nur dies: Das Ereignis ereignet." (GA 14, 29) Bei dieser „Tautologie" (vgl. dazu GA 15, 372–400) ist nichts Neues zu denken, da das Ereignis tatsächlich „das Uralte" (GA 14, 29), das bereits bei den Griechen anklang, und – besser noch – „das Urphänomen", die „Ursache" (GA 14, 81) des Denkens, die Lichtung selbst ist, die im Unscheinbaren geborgen ist. Der Mensch soll aber lernen, bei dieser „Ursache" zu beharren, um auf ihren Anspruch eigens antworten zu können. Wenn das Ereignis schließlich von „er-äugen, d. h. erblicken, im Blicken zu sich rufen, an-eignen" (GA 11, 45) zu verstehen ist, so bedeutet dies, dass dieses Urphänomen an sich nichts Mystisches hat und auch nichts Mysteriöses ist, außer dass es das Geheimnis der Inständigkeit des Menschen in ihm ist. Nur die Weise dieser Zusammengehörigkeit gilt es zu bedenken, und das ist nach Heidegger die höchste Aufgabe des Menschen.

Heutzutage können wir uns also fragen, welchen Beitrag wir im Zeitalter der Technik und der Digitalisierung zu einem angemessenen Ereignis des Sinnes leisten können. Wie kann ich meine Handlung so entwickeln, dass sie sich in eine gerechte Konstellation von Sinn fügt? Wie kann ich mein Denken so entfalten, dass es die erstarrten Sinnzusammenhänge wieder in Bewegung bringt und die Gewissheiten wieder in Frage stellt? Wenn wir diese Aufgabe übernehmen, wenn wir uns nicht davor scheuen, die Sprache anders ertönen zu lassen, um die unscheinbaren Sinnbezüge ans Licht zu bringen, so haben wir vielleicht die Chance, zur Entstehung einer neuen, besseren Welt beizutragen, einer Welt, in der wir wirklich Menschen sind und unseres Menschseins würdig werden.

Literatur

Boer, K. de 2000: Thinking in the Light of Time. Heidegger's Encounter with Hegel, Albany, N. Y.
Dastur, F. 2016: Heidegger et Hegel. Distance et proximité, in: Revue germanique internationale 24 (http://journals.openedition.org/rgi/1622; letzter Zugriff: 11.08.2023).
Gadamer, H.-G. 1987a: Die Sprache der Metaphysik (1968), in: ders.: Gesammelte Werke, Bd. 3, Tübingen, 229–237.

Gadamer H.-G. 1987b: Hegel und Heidegger (1971), in: ders.: Gesammelte Werke, Bd. 3, Tübingen, 87–104.
Gourdain Castaing, S. / Ionel, L. 2020: Heidegger's Reading of Schelling and Hegel. Subjectivity and Finitude, in: Stewart, J. (ed.): The Palgrave Handbook of German Idealism and Existentialism, London, 387–418.
Haar M. 1980: Structures hégeliennes dans la pensée heidéggerienne de l'histoire, in: Revue de métaphysique et de morale 85, 48–59.
Janicaud D. 1988: Heidegger – Hegel: un ‚dialogue' impossible?, in: Volpi, F. (ed.): Heidegger et l'idée de la phénoménologie, Dordrecht 1988, 145–164.
Pöggeler, O. 1995: Hegel und Heidegger über Negativität, in: Hegel-Studien 30, 145–166.

Lucian Ionel
Bewusstsein und Geist. Heideggers Hegel

Der ursprüngliche Titel von Hegels *Phänomenologie des Geistes* lautete „Wissenschaft der Erfahrung des Bewusstseins". Das Werk soll der erste, einleitende Teil eines Systems der Wissenschaft sein und die Erfahrung darlegen, die das Bewusstsein von der Natur seines Wissens macht. Diese Erfahrung führt in die eigentliche Philosophie, deren Standpunkt Hegel als absolutes Wissen bezeichnet. Im Laufe der Vorbereitung der Veröffentlichung verändert Hegel den Titel – als die Hälfte des Manuskriptes vorliegt und er das Kapitel „Der Geist" zu verfassen beginnt (vgl. Bonsiepen 1980). Zu diesem Zeitpunkt war die Einleitung des Manuskripts bereits vorhanden. Diese Einleitung kommentiert Heidegger Absatz für Absatz im Text „Hegels Begriff der Erfahrung" (1942/43), der hier zur Betrachtung steht.

In der Einleitung behauptet Hegel, dass das Vorhaben des Werkes als ein Weg verstanden werden kann, durch den die Seele – d. h. das natürliche Bewusstsein – „sich zum Geist läutere, indem sie durch die vollständige Erfahrung ihrer selbst zur Kenntnis desjenigen gelangt, was sie an sich selbst ist" (GW 9, 55; GA 5, 119).[1] Die Erfahrung, die das Bewusstsein von sich selbst macht, wird einen Punkt erreichen, so Hegel am Ende der Einleitung, „auf welchem es seinen Schein ablegt, mit Fremdartigen, das nur für es und als ein anderes ist, behaftet zu sein" (GW 9, 62; GA 5, 128). Dieser Punkt fällt mit „der eigentlichen Wissenschaft des Geistes" zusammen: Insofern das Bewusstsein sein Wesen als Geist erfasst, erweist es sich als des absoluten Wissens fähig (GW 9, 62; GA 5, 128).

Aufgrund der Entstehungsgeschichte des Werkes ist unklar, ob sich diese Worte Hegels auf das später entstandene Kapitel „Der Geist" oder auf die *Wissenschaft der Logik* beziehen. Falls Hegel damals nur die Hälfte des Manuskriptes im Sinne hatte, dann liegt der Standpunkt der eigentlichen Philosophie in der Überwindung des Bewusstseins, für welches „das Wahre etwas anderes als es selbst ist". Der Standpunkt der Wissenschaft wäre das Selbstbewusstsein, in dem das Bewusstsein „sich selbst das Wahre" ist (GW 9, 103). Umgekehrt scheint die spätere Entwicklung des Werkes zu suggerieren, dass weitere Gestalten des Bewusstseins – auch die Selbstgewissheit, sich selbst das Wahre zu sein – ihrerseits dargelegt und aufgehoben, d. h. in ihrer Einseitigkeit überwunden werden müssen, um den Standpunkt

---

[1] Die Passagen der Einleitung der *Phänomenologie des Geistes* zitiere ich sowohl nach der historisch-kritischen Edition *Gesammelte Werke* Hegels (GW 9; Hegel 1980) als auch nach der entsprechenden Stelle in Heideggers *Holzwege* (GA 5). Heidegger zitiert die ganze Einleitung am Anfang seines Aufsatzes (GA 5, 115–128). Heideggers Kommentar, der umfangreichste Text der *Holzwege*, ist sechsmal größer als die Einleitung Hegels (GA 5, 128–208).

des absoluten Wissens zu erreichen. Die Differenzierung dieser zwei möglichen Lesarten ist im Hinblick auf Heideggers Interpretation der Einleitung von Belang.

Es ist zudem wichtig, daran zu erinnern, dass die Einleitung der *Phänomenologie* mit einer Kritik an der natürlichen Auffassung von Erkenntnis als Mittel zur Wahrheit beginnt. Diese Auffassung motiviert das erkenntnistheoretische Programm, die Art des Erkenntnismittels vorerst abzusichern, bevor irgendein Anspruch auf Erkenntnis erhoben wird. Hegel beklagt, dass dieses Programm auf der Grundannahme beruht, Erkenntnis und Wahrheit seien verschiedener Natur, und somit unweigerlich zum Skeptizismus führt. Vor diesem Hintergrund soll der Standpunkt des absoluten Wissens von jener erkenntnistheoretischen Grundannahme befreit sein. Es gibt aber einen Unterschied zwischen Hegels Kritik an jener theoretischen Dichotomie – die Kritik lautet, dass man die Möglichkeit der Erkenntnis nicht erklären kann, ohne bereits das Erkenntnisvermögen auszuüben, das zur Untersuchung steht – und der Form, die jene Dichotomie im natürlichen Bewusstsein aufweist. In letzterer Hinsicht ist die Auffassung von Erkenntnis als einem einseitig-subjektiven Mittel nur eine Gestalt des natürlichen Bewusstseins (vgl. GW 9, 57; GA 5, 121). Wird diese Bewusstseinsgestalt im Laufe der phänomenologischen Darstellung aufgehoben, so wird der skeptische Standpunkt überwunden. Wenn Hegels Werk allein diesen Zweck hätte, dann würde es dort aufhören, wo das Bewusstsein den Schein ablegt, mit Fremdartigen behaftet zu sein, und die Gewissheit erlangt, „alle Realität zu sein" (GW 9, 133).

Heidegger interpretiert das absolute Wissen als Gewissheit des Subjektes, das, was überhaupt wirklich sein kann, im Selbstwissen bestimmen zu können.[2] Das Absolute hat in Heideggers Auslegung zwei Bedeutungen. Einerseits bezeichnet das Absolute die unbedingten Bedingungen, unter denen etwas überhaupt erscheinen kann. Diese Bedingungen werden im natürlichen Wissen implizit gewusst. Das phänomenologische Vorhaben besteht darin, so Heidegger, „das natürliche Bewußtsein zu veranlassen, in ihm selbst das Wissen auszulösen, in dem es schon ist, insofern es sich selbst sein Begriff ist" (GA 5, 207). Das Absolute repräsentiert so das dem natürlichen Bewusstsein inhärente, aber zunächst verborgene Wissen über das, was überhaupt als wirklich gelten kann.

Andererseits führt Heidegger das „Absolute" auf seine etymologische Bedeutung als „Absolvenz", d. h. „Loslösung", zurück. Damit will Heidegger behaupten, dass für Hegel das Wissen des Absoluten – das Wissen dessen, was für das natürliche Wissen unbedingt ist – vom Bezug auf den Gegenstand des Wissens losgelöst

---

[2] So schreibt Heidegger am Anfang seines Kommentars: „Hegel sagt in der Sprache seines Denkens: Die Philosophie ist ‚das wirkliche Erkennen dessen, was in Wahrheit ist'. Inzwischen hat sich das wahrhaft Seiende als das Wirkliche herausgestellt, dessen Wirklichkeit der Geist ist. Das Wesen des Geistes aber beruht im Selbstbewußtsein." (GA 5, 128)

ist. Dementsprechend ist das Ziel der phänomenologischen Darstellung laut Heidegger nicht so sehr die Überwindung von einseitigen oder unzureichenden Auffassungen von Wissen, sondern vielmehr die Überwindung der Unterscheidung zwischen Wissen und Wahrheit überhaupt. Das Bewusstsein erkennt sich selbst als Geist, wenn es seiner selbst als Instanz der Wirklichkeit gewiss wird – so Heideggers Lesart.

Zwar zielt Hegels Projekt darauf ab, eine Wissenschaft des Erkenntnisvermögens zu ermöglichen, die von der Annahme einer Dichotomie von Erkennen und Wahrheit befreit ist – d. h. eine Wissenschaft, die die Bedingungen von Verständlichkeit artikulieren kann, ohne diesen als subjektiv zu misstrauen. Dies bedeutet aber nicht, dass Hegels *Phänomenologie* in einem Idealismus gipfelt, der vom Weltbezug entbunden ist.[3] Vielmehr soll das Projekt Einseitigkeiten aller Art aufheben und ein umfassendes Verständnis der Tatsache erwerben, dass Geist sich nur in der Welt entwickeln kann. Darauf komme ich im Abschluss zurück.

Im Folgenden werde ich Heideggers Interpretation mit Blick auf drei Themen erläutern, die den Bogen vom Standpunkt des natürlichen Bewusstseins zum Standpunkt des Geistes spannen:

1. Die Frage nach der Möglichkeit der Erkenntnis. Ich beginne mit Hegels Kritik am erkenntnistheoretischen Paradigma und erkläre anschließend, wie Heidegger den Rahmen des phänomenologischen Projekts und den Begriff des Absoluten interpretiert.
2. Die dem Bewusstsein inhärente Unterscheidung zwischen Wissen und Wahrheit. Im zweiten Schritt erläutere ich, warum Heidegger diese Unterscheidung als Verhältnis zwischen dem natürlichen und dem realen Bewusstsein versteht und diese wiederum als ontisches und ontologisches Bewusstsein auslegt.
3. Die Bedeutung der Erfahrung, die das Bewusstsein von eigenem Wissen macht. Im dritten Schritt beschreibe ich Heideggers Interpretation des Geistes als absoluten Subjektes und schildere kurz den wesentlichen Streitpunkt seiner Auseinandersetzung mit Hegel.[4]

---

3 Vor allem Gadamer (vgl. Gadamer 1987b) und Marx (vgl. Marx 1961) haben Heideggers Interpretation der Hegel'schen Philosophie als subjektiven Idealismus kritisiert.
4 Ich beschränke mich auf Heideggers Aufsatz in *Holzwege*. Heidegger hält 1930/31 eine Vorlesung über die *Phänomenologie des Geistes* (GA 32). Für einen ausführlichen Kommentar jener Vorlesung vgl. Sell 1998. Für Heideggers Auseinandersetzung mit Hegel im Laufe seines ganzen Werkes vgl. Ionel 2020.

1 Die Möglichkeit von Erkenntnis

Hegels *Phänomenologie des Geistes* beginnt mit einer Kritik an der Auffassung, dass die Philosophie, bevor sie auf Erkenntnis Anspruch erheben darf, zuerst die Möglichkeit der Erkenntnis erklären soll. Dieses erkenntnistheoretische Programm beruht auf dem Verständnis des Erkennens als Werkzeug oder Medium, wodurch das zu Erkennende erfasst oder empfangen wird. Damit geht die verhängnisvolle Annahme einher, dass das zu Erkennende vom Erkenntnismittel verformt und verändert wird. Insofern dieses erkenntnistheoretische Programm aus der Grundvoraussetzung entspringt, dass das Wahre vom Erkennen prinzipiell getrennt ist, ist es selbstunterminierend: Es versperrt gerade das, was es erklären soll – die Möglichkeit von Erkenntnis.

Hegel wird später in der *Enzyklopädie* seine Kritik an diesem erkenntnistheoretischen Programm auf den folgenden Punkt bringen:

> die Untersuchung des Erkennens kann nicht anders als *erkennend* geschehen; bei diesem sogenannten Werkzeuge heißt dasselbe untersuchen, nicht anders als es erkennen. Erkennen wollen aber, *ehe* man erkenne, ist eben so ungereimt, als der weise Vorsatz jenes Scholasticus, *schwimmen* zu lernen, *ehe er sich ins Wasser wage* (GW 20, § 10, Anm.).

Hegel bestreitet nicht, dass das Erkenntnisvermögen Gegenstand der Philosophie ist. Die Philosophie ist kein Wissen eines Gegenstandsbereichs unter anderen, sondern sie befasst sich mit der Natur des Wissens als solchen. Vorauszusetzen, dass das Wissen, das die Philosophie zum Gegenstand hat, und die philosophische Untersuchung davon grundsätzlich verschieden sind, ist aber willkürlich. Wenn das Wissen vom Wahren prinzipiell getrennt wäre, dann wäre auch die philosophische Untersuchung unverständlich. Die philosophische Untersuchung kann nur dasselbe Erkenntnisvermögen ausüben, das sie untersucht. Das Erkenntnisvermögen ließe sich gar nicht untersuchen und artikulieren, wenn sie nicht bereits angeeignet und ausgeübt wäre. Die Wissenschaft des Erkenntnisvermögens, wie Hegel im Anschluss an Kant die Philosophie versteht, beruht somit auf einem Selbstwissen, das unsere alltägliche Erkenntnistätigkeit innehat.

Trotzdem darf die Philosophie keine Voraussetzung über die Natur der Erkenntnis machen. Wenn die Philosophie als Wissenschaft dasselbe Erkenntnisvermögen ausübt, das sie untersucht, dann muss sie bei der Art und Weise ansetzen, in der Erkenntnis zunächst betrieben wird und sich selbst versteht – bei der Art und Weise, in der Wissen zunächst erscheint. So beschreibt Hegel die phänomenologische Untersuchungsmethode als Darstellung des erscheinenden Wissens. Als Wissenschaft des erscheinenden Wissens bahnt sich die *Phänomenologie* den Weg durch die natürlichen Begriffe von Wissen, um den Weg für die reine Wissenschaft des Erkenntnisvermögens – bzw. die *Logik* – zu ebnen. Dabei soll die natürliche Auffassung von Wissen von irreführenden Annahmen befreit werden. Dies heißt trotzdem nicht, dass das erscheinende Wissen ein anderes Erkenntnisvermögen ausübt als dasjenige, welches Gegenstand der reinen Wissenschaft ist.

Wie interpretiert Heidegger den Rahmen der *Phänomenologie des Geistes*? Entscheidend für seinen Interpretationsansatz ist der Begriff des Absoluten, vor allem wie dieser in einem Nebensatz im ersten Abschnitt der Einleitung vorkommt. Hegel kritisiert dort die Vorstellung, dass man das Wahre dadurch rein erkennen könne, dass man den Beitrag der verformenden Erkenntnismittel nachträglich abzieht. Das Korrelat der Annahme, dass das Erkennen als Mittel verformend ist, ist die Vorstellung, dass das Wahre ohne die Einmischung menschlicher Erkenntnismittel zugänglicher wäre. Das Wahre, das rein ohne Erkenntnismittel erblickt wäre, wäre von keiner Bedingung betroffen – somit unbedingt oder absolut. Hegel schreibt dazu:

> Wenn wir von einem formierten Dinge das wieder wegnehmen, was das Werkzeuge daran getan hat, so ist uns das Ding – hier das Absolute – gerade wieder so viel als vor dieser somit überflüssigen Bemühung. Sollte das Absolute durch das Werkzeug uns nur überhaupt näher gebracht werden, ohne etwas an ihm zu verändern, wie etwa durch die Leimrute der Vogel, so würde es wohl, wenn es nicht an und für sich schon bei uns wäre und sein wollte, dieser List spotten; denn eine List wäre in diesem Falle das Erkennen, da es durch sein vielfaches Bemühen ganz etwas anderes zu treiben sich die Miene gibt, als nur die unmittelbare und somit mühelose Beziehung hervor zu bringen (GW 9, 53–54; GA 5, 116).

Ein Nebensatz in dieser Passage suggeriert, dass das Absolute an und für sich schon bei uns ist. Darin erkennt Heidegger das bisher skizzierte Argument, dass sowohl die Untersuchung dessen, was Erkennen ist, als auch jeder alltägliche Erkenntnisversuch, wie irrig auch immer, das eine, von uns bereits besessene Erkenntnisvermögen ausüben.[5] Dies bedeutet zunächst, dass die Kategorie der Wahrheit von der Instanz, die sie zum Thema macht, nicht radikal getrennt sein kann. Es bleibt aber zu erläutern, inwiefern dies auch bedeutet, dass die Kategorie des Absoluten zur Konstitution des Erkenntnisvermögens gehört. Heidegger nennt diesen Gedanken, dass das Absolute schon bei uns ist, die Parusie des Absoluten:

> Dieses Bei-uns-sein (παρουσία) ist in sich schon die Weise, wie das Licht der Wahrheit, das Absolute selbst uns anstrahlt. Das Erkennen des Absoluten [...] ist so in seinem Wesen der

---

5 Heidegger erläutert dieses Argument wie folgt: „Zugleich nimmt aber die zerlegende Kritik das Erkennen als etwas Wirkliches, wenn nicht gar als das erste und maßgebende Wirkliche. Sie beruft sich damit auf etwas Wahres und d. h. auch für sie auf etwas Gewisses, dessen Gewißheit freilich noch abgetrennt von der unbedingten Selbstgewißheit alles Gewissen bestehen soll." (GA 5, 134)

Strahl selbst, kein bloßes Medium, durch das der Strahl erst hindurchfinden müßte." (GA 5, 130 f.)

Der Begriff des Absoluten hat zu Hegels Zeit die Bedeutung des Unbedingten – das, was angesichts der sonst bedingten Erkenntnis der Welt selbst unbedingt ist. Wir erinnern uns an Kants Argument, dass die menschliche Erfahrung von Welt regulative Vorstellungen des Unbedingten voraussetzt – etwa, dass die Welt im Ganzen geordnet ist. Der nach-kantische Idealismus verschärft die Frage, ob und inwiefern Kategorien des Unbedingten dem menschlichen Erkenntnisvermögen konstitutiv angehören und was dies über die Objektivität solcher Ideen aussagt. Für Kant sind aber Vorstellungen des Unbedingten kein Gegenstand der Erkenntnis. Das synthetische Erkenntnisvermögen, das für die menschliche Erfahrung von Welt konstitutiv ist, ist nicht unbedingt, sondern von dem, was synthetisiert wird, bedingt (Kant 1998, B 133). Was ich im selbstbewussten Wissen über meine Erkenntnisfähigkeit implizit weiß, ist an das gebunden, was aufgrund meiner sinnlichen Rezeptivität erkannt werden kann – bzw. an zeiträumliche Gegenständlichkeit. Die konstitutive Funktion der Kategorien für die Erfahrung von Welt hängt somit mit ihrer Bedingtheit zusammen. Vorstellungen des Unbedingten sind dagegen für Kant nur regulativ, da sie an die sinnliche Gegebenheit nicht gebunden sind.

Heidegger hebt zwei Anklänge des Begriffs des Absoluten hervor. Erstens bindet Heidegger die Beschreibung der Wahrheit als absolut an die kartesische Denktradition, in der das Prinzip gelte: „Das Wahre ist das im unbedingten Sich-selbstwissen Gewußte" (GA 5, 135). In der Tat zeichnet sich die Tradition von Descartes über Kant bis hin zu Hegel durch die Anerkennung des Selbstbewusstseins als konstitutiver Instanz von Wahrheit aus.[6] Der Hauptgedanke lässt sich derart resümieren: Die Möglichkeit von Erkenntnis ist von einem impliziten Verständnis dessen, was Erkennen ist, bedingt. Zu wissen, was Bedingung von Erkenntnis ist, enthält Wissen darüber, was Bedingung von Wahrheit ist. Philosophisch zu erläutern, was für das Erkenntnisvermögen konstitutiv ist, impliziert eine Erläuterung dessen, was konstitutive Bedingung von Wahrheit ist. Heidegger interpretiert die-

---

[6] Heidegger zitiert gerne diese Passage aus einer Vorlesung Hegels: „Wir kommen eigentlich jetzt erst zur Philosophie der neuen Welt und fangen diese mit Cartesius an. Mit ihm treten wir eigentlich in eine selbständige Philosophie ein, welche weiß, daß sie selbständig aus der Vernunft kommt und daß das Selbstbewußtsein wesentliches Moment des Wahren ist. Hier, können wir sagen, sind wir zu Hause, und können, wie der Schiffer nach langer Umherfahrt auf der ungestümen See ‚Land' rufen; [...] In dieser neuen Periode ist das Prinzip das Denken, das von sich ausgehende Denken [...]." (GA 5, 128–129) Heidegger behauptet, dass das Klima dieses neuen Landes verlangt, dass das Denken seines Prinzips im Voraus gewiss wird – eine Annahme, die Hegel allerdings nicht teilt, sondern umgekehrt am Anfang der *Phänomenologie* angreift.

sen Gedanken aber derart: Wahrheit lässt sich als das erschließen, was sich in der Selbstartikulation des Erkenntnisvermögens als unbedingt erweist. Dies bedeutet, dass die letzte Instanz von Wahrheit das implizite Selbstbewusstsein des Wissens ist. Was Hegel somit von der kartesischen Tradition erbt und vollendet, so Heidegger, ist die These, dass die Selbstartikulation des Erkenntnisvermögens – die Selbstbestimmung des Denkens – zugleich Erkenntnis der Wirklichkeit – weil Bestimmung des Unbedingten – ist. Was wirklich ist, erschließt sich als das, was im Selbstwissen über das eigene Erkenntnisvermögen gewiss ist. So schreibt Heidegger am Anfang seines Kommentars: „Das Absolute ist für Hegel der Geist: das in der Gewißheit des unbedingten Sichwissens bei sich selbst Anwesende" (GA 5, 129). Ein paar Seiten später heißt es: „Das Seiende (τὸ ὄν) ist als das Seiende (ᾗ ὄν), insofern es in der Weise des unbedingten Sichwissens des Wissens ist" (GA 5, 133). Auf diese Begrifflichkeit komme ich zurück.[7]

Zweitens interpretiert Heidegger den Begriff des Absoluten etymologisch als Loslösung (von lat. *absolvere*). Wenn die Selbstartikulation des Erkenntnisvermögens das wirklich Wahre erschließt, dann löst sich die philosophische Wissenschaft von der Angewiesenheit auf eine wahrmachende Gegenständlichkeit los. Insofern das Selbstbewusstsein die unbedingten Bedingungen, unter denen Wirklichkeit denkbar ist, weiß, wird der Verweis auf ein Anderes des gedanklich Unbedingten überflüssig. So lässt sich Heideggers Deutung des Hegel'schen Satzes, das Absolute allein sei wahr, wiedergeben. Heidegger erläutert diese Deutung wie folgt:

> Die Wahrheit galt vordem als die Übereinstimmung des Vorstellens mit dem Seienden. Sie ist ein Charakter des Vorstellens. Als die Gewißheit aber ist die Wahrheit jetzt das Vorstellen selbst [...]. Die Gewußtheit, die sich ihres Wissens versichert hat [...], hat sich damit auch schon aus jedem vereinzelten Vorstellen von Gegenständen zurückgezogen. Sie hängt nicht mehr den Gegenständen an, um in diesem Anhängen an sie das Wahre zu haben. Das Wissen löst sich aus der Relation zu den Gegenständen los [...]. Dieses Sichloslösen der Selbstgewißheit aus der gegenständlichen Relation ist ihre Absolvenz." (GA 5, 135 f.)

Heideggers Interpretationsansatz lässt sich mit Blick auf diese zwei Deutungen des Absoluten so umreißen: Das Absolute ist einerseits dasjenige Wirkliche, das sich in

---

[7] Heidegger ist der Ansicht, dass Hegels Begriff des Geistes das kartesische, selbstgewisse Subjekt zuspitzt – das *ego cogito me cogitare*. Zwar behauptet Hegel, dass die Zwangslage der modernen Erkenntnistheorie dadurch überwunden werde, dass das natürliche Bewusstsein sich zum Geist läutere. Was Hegel aber darunter meint, weicht von Heideggers Interpretation entscheidend ab, insofern Hegels Konzeption des Geistes darauf abzielt, den subjektiven Idealismus zu überwinden. Es gibt wichtige Partien in der *Phänomenologie des Geistes*, welche gerade die einseitige Selbstgewissheit des Subjektes – die Hegel unter anderem als leeren Idealismus bezeichnet – dekonstruiert (vgl. GW 9, 136). Darauf komme ich im Abschluss zurück.

der Selbstartikulation des Erkenntnisvermögens als das Unbedingte erweist; andererseits wird das absolute Wissen von der Korrelation bzw. von der Angewiesenheit auf ein zu erkennendes Anderes befreit, insofern der Gegenstand des absoluten Wissens das Wissen selbst ist – das Erkenntnisvermögen, das wir bereits ausüben.

Diese Prämissen scheinen den Erfolg der philosophischen Untersuchung von vornherein abzusichern: Die zu erkennende Wahrheit scheint bereits in der menschlichen Wissensfähigkeit zu verweilen (vgl. GA 5, 135). Hegel scheint, so Heidegger, „alle kritischen Errungenschaften der neuzeitlichen Philosophie preiszugeben" (GA 5, 131). Die *Phänomenologie* bestimmt aber den Sinn einer kritischen Prüfung von Erkenntnis neu: Selbst wenn diese Prüfung nicht mehr von einer Dichotomie zwischen Erkenntnis und Wahrheit ausgeht, wird die Überwindung dieser Dichotomie erst an dem natürlichen Wissen errungen, das jene Unterscheidung macht.

2 Wissen und Wahrheit

Der Gegenstand der philosophischen Wissenschaft ist das Erkenntnisvermögen selbst. Dieses Vermögen kann nicht von außen erklärt werden; jede Untersuchung davon ist bereits Ausübung desselben.[8] Zugleich darf die philosophische Wissenschaft keine Voraussetzung über die Natur des Erkenntnisvermögens machen. Als bloße Versicherung über die Wahrheit wäre die Wissenschaft ein Anspruch wie jeder andere – wie die natürliche Auffassung, dass Erkennen und Wahrheit prinzipiell getrennt sind. Aus diesem Grund muss sich die Wissenschaft an dem erscheinenden Wissen bewähren. Um das Erkenntnisvermögen zu erschließen, muss die Wissenschaft mit dem natürlichen Selbstverständnis der Erkenntnis anfangen und dabei prüfen, was das unmittelbare Wissen – in seinen unterschiedlichen Gestalten – für Wahrheit hält. Hegel beschreibt die phänomenologische Methode als Darstellung des erscheinenden Wissens und schreibt:

> Weil nun diese Darstellung nur das erscheinende Wissen zum Gegenstand hat, so scheint sie selbst nicht die freie, in ihrer eigentümlichen Gestalt sich bewegende Wissenschaft zu sein, sondern sie kann von diesem Standpunkte aus als der Weg des natürlichen Bewusstseins, das zum wahren Wissen dringt, genommen werden, oder als der Weg der Seele, welche die Reihe

---

[8] Man gelangt nicht von außen in die Parusie des Absoluten, wie Heidegger dies ausdrückt, sondern man begreift die Natur des Erkennens aufgrund der Tatsache, dass man bereits das Erkenntnisvermögen ausübt. Es gilt, so Heidegger, „innerhalb der Parusie und so aus ihr unsere Beziehung zu ihr hervor und vor sie zu bringen" (GA 5, 138).

ihrer Gestaltungen, als durch ihre Natur ihr vorgestreckter Stationen, durchwandert, daß sie sich zum Geiste läutere, indem sie durch die vollständige Erfahrung ihrer selbst zur Kenntnis desjenigen gelangen, was sie an sich selbst ist. (GW 9, 55; GA 5, 119)

Die Darstellung scheint ein Werdegang zu sein, jedoch zielt sie auf die Enthüllung dessen, was das Bewusstsein bereits ist, nämlich Geist. Es gibt zwei Ebenen der Darstellung: Einerseits die kritische Ebene, auf welcher die natürlich angenommene Dichotomie zwischen Erkennen und Wahrheit überwunden werden soll;[9] andererseits die aufklärerische Ebene, welche die stillschweigende Wirkung des Erkenntnisvermögens im natürlichen Bewusstsein aufzeigen soll. In letzterer Hinsicht soll die Darlegung des natürlichen Wissens erweisen, wie eine scheinbar selbständige Bewusstseinsgestalt, die an einer Wahrheit festhält, weiterer Begriffe bedarf, um ihr Wissen zu erklären. Diese Angewiesenheit auf weitere Begriffe hängt damit zusammen, dass die einzelnen Gestalten des natürlichen Bewusstseins nicht willkürlich gegeben sind, sondern aus der Natur des Bewusstseins, Begriff seiner selbst zu sein, entspringen. Die Bewusstseinsgestalten werden in der umgekehrten Ordnung ihres Abstraktionsgrades dargestellt: Die erste Gestalt des Bewusstseins abstrahiert am meisten vom Begriff seiner selbst als Geist.

Auf diesen letzteren Aspekt der phänomenologischen Vorgehensweise pocht Heidegger. Für ihn hat die phänomenologische Darstellung nicht bloß das Ziel, in die Wissenschaft der Logik einzuführen, sondern vielmehr das, was Antrieb der Wissenschaft ist, am natürlichen Bewusstsein selbst zu erweisen. Diesen Antrieb beschreibt Heidegger als die Parusie des Absoluten:

> Wie soll das absolute Erkennen, wenn das Absolute an und für sich schon bei uns ist, ein Weg zum Absoluten sein? Wenn hier überhaupt noch von einem Weg gesprochen werden darf, dann nur von dem Weg, den das Absolute selbst geht, insofern es dieser Weg *ist*." (GA 5, 164)

Die *Phänomenologie* ist somit für Heidegger ein Abbild der logischen Artikulation des Erkenntnisvermögens am natürlichen Bewusstsein. Worin besteht die phänomenologische Darstellungsmethode? Das Darstellungsprinzip beruht auf der Un-

---

[9] Diese Ebene der Darstellung beschreibt Hegel als einen Weg der Verzweiflung, insofern das natürliche Bewusstsein auf diesem Weg seine Wahrheit verliert (GW 9, 56; GA 5, 119). Damit meint Hegel nicht nur die Wahrheit einzelner Bewusstseinsgestalten, sondern auch die übergreifende Annahme der Trennung von Wissen und Wahrheit. Vgl. GW 9, 56; GA 5, 120: „Der sich auf den ganzen Umfang des erscheinenden Bewußtseins richtende Skeptizismus macht dagegen den Geist erst geschickt zu prüfen, was Wahrheit ist, indem er eine Verzweiflung an den sogenannten natürlichen Vorstellungen, Gedanken und Meinungen zustande bringt, welche es gleichgültig ist, eigene oder fremde zu nennen, und mit welchem das Bewußtsein, das *geradezu* ans Prüfen geht, noch erfüllt und behaftet, dadurch aber in der Tat dessen unfähig ist, was es unternehmen will."

terscheidung im Bewusstsein zwischen Wissen und Wahrheit. Bewusst zu sein, bedeutet, auf etwas bezogen zu sein, das von dieser Beziehung zugleich als unabhängig angenommen wird. Der Gegenstand ist einerseits für ein Bewusstsein, d. h. ein Gewusstes, und andererseits an sich, d. h. ein Seiendes.[10] Die Kategorie der Wahrheit ist zunächst an die Unabhängigkeit des Gegenstandes vom Wissen gebunden.

Diese Unterscheidung liegt an dem Begriff, den das Bewusstsein von sich selbst hat. In einem maßgebenden Satz schreibt Hegel: „Das Bewußtsein ist für sich selbst sein *Begriff*" (GW 9, 57; GA 5, 121). Dies soll kurz erläutert werden. Menschliches Wissen ist begriffliches Wissen – nicht nur Wissen, welches Einzelnes unter Allgemeines bringt, sondern auch Wissen, das sich als solches begreift. Mit dem Begriff des Wissens ist zugleich die Kategorie des zu Wissenden gesetzt. Insofern das Bewusstsein Begriff vom eigenen Wissen ist, fallen die zwei Momente – Wissen und Wahrheit – in das Bewusstsein selbst (GW 9, 59; GA 5, 124). Dies ist für Darstellung des erscheinenden Wissens entscheidend – gesetzt, dass die phänomenologische Darstellung eine voraussetzungslose Prüfung des natürlichen Bewusstseins auszuführen hat. Mit dem Begriff des zu Wissenden ist der Maßstab der Prüfung des Wissens am Bewusstsein selbst gesetzt: „An dem also, was das Bewußtsein innerhalb seiner für das *Ansich* oder das *Wahre* erklärt, haben wir den Maßstab, den es selbst aufstellt, sein Wissen daran zu messen" (GW 9, 59; GA 5, 124). Es gilt daher zu messen, ob das Wissen dem Begriff des zu Wissenden entspricht.

Heidegger interpretiert die dem Bewusstsein immanente Unterscheidung zwischen Wissen und Wahrheit als ein inneres Verhältnis zwischen einem ontischen und einem ontologischen Bewusstsein – diese sind als zwei Aspekte des einen Bewusstseins zu verstehen (vgl. GA 5, 150). Unter dem ontischen Bewusstsein versteht Heidegger das unmittelbare Wissen, welches vom ihm inhärenten Begriff von Wahrheit nicht eigentlich weiß. Der Begriff von Wahrheit ist der Sinnhorizont, in welchem Gegenstände erscheinen können. Heidegger nennt diesen Horizont „Seiendheit" und versteht darunter die kategoriale Hinsicht, in welcher Seiendes als das, was es ist, genommen wird. Von der Seiendheit Wissen zu haben, bedeutet, Seiendes *als solches* zu begreifen – d.h. den Begriff zu fassen, im Lichte dessen es als das, was es ist, verständlich ist. Das ontische Bewusstsein ist das natürliche Wissen, „das überall das Seiende nicht als solches vorstellt, sondern bei seinem Vorstellen

---

[10] Hegel führt diese Unterscheidung im 10. Absatz der Einleitung ein: Das Bewusstsein „unterscheidet nämlich etwas von sich, worauf es sich zugleich bezieht; oder wie dies ausgedrückt wird: es ist etwas für dasselbe; und die bestimmte Seite dieses Beziehens oder des Seins von etwas für ein Bewußtsein ist das Wissen. Von diesem Sein für ein anderes unterscheiden wir aber das Ansichsein; das auf das Wissen Bezogene wird ebenso von ihm unterschieden und gesetzt als seiend auch außer dieser Beziehung; die Seite dieses Ansich heißt Wahrheit." (GW 9, 58; GA 5, 123).

nur am Seienden hängt" (GA 5, 148). Hingegen ist das ontologische Bewusstsein eigentliches Wissen der Seiendheit, d. h. Betrachtung der Kategorie, im Lichte dessen Gegenstände einer bestimmten Art in den Blick kommen können.

Die Differenz zwischen dem ontischen und dem ontologischen Bewusstsein entnimmt Heidegger einer von Hegel vorgenommenen Unterscheidung zwischen natürlichem und realem Bewusstsein. Nach der Ankündigung der Darstellung des erscheinenden Wissens schreibt Hegel: „Das natürliche Bewußtsein wird sich erweisen, nur Begriff des Wissens oder nicht reales Wissen zu sein" (GW 9, 56; GA 5, 119). Die Andeutung, dass das natürliche Wissen *nur Begriff* des Wissens ist, bedeutet für Heidegger, dass es den ihm inhärenten Begriff der Wahrheit nicht eigens weiß. Das natürliche Wissen erkennt nicht die Seiendheit, im Lichte derer es Seiendes unmittelbar aufnimmt. Das ontologische Bewusstsein entspricht hingegen dem realen Wissen – „das Wissen, das jeweils und überall das Seiende in seiner Seiendheit (Realität), das Erscheinende in seinem Erscheinen, vorstellt" (GA 5, 148). Freilich ist das ontische Bewusstsein implizit ontologisch, da Wissen ohne einen Maßstab von Wahrheit undenkbar ist. Heidegger schreibt dazu: „Das natürliche Vorstellen des Seienden ist in sich schon und notwendig dieses allgemeine Vorstellen der Seiendheit des Seienden und zwar so, daß es die Seiendheit des Seienden, die Realität des Realen nicht eigens weiß" (GA 5, 148). Erst das ontologische, reale Bewusstsein ist Bewusstsein im eigentlichen Sinne – „das Sich-selbst-erscheinen des Bewußtseins in seiner Wahrheit" (GA 5, 161).

Hegel präzisiert, dass das natürliche Bewusstsein seine Wahrheit verliert, indem es seinen Begriff realisiert.[11] Was bedeutet die „Realisierung des Begriffs"? Ganz abgesehen von Heideggers Deutung kann die Realisierung des Begriffs als Artikulation des Wissens interpretiert werden. Wird eine Bewusstseinsgestalt im Lichte ihres Maßstabes artikuliert, so ergibt sich, dass die Wahrheit jener Gestalt revidiert werden muss, weil der Maßstab nicht hinreichend ist. Ist der Maßstab beispielsweise die bloß sinnliche Präsenz der Dinge, so wird die Artikulation des sinnlichen Wissens von einem Ding die Ungenügsamkeit desjenigen Maßstabes erweisen – und die Notwendigkeit weiterer Bestimmungen, im Lichte dessen das Ding erst sinnlich präsent sein kann. Die Artikulation des Begriffs vom eigenen Wissen erfordert weitere, spezifizierende Begriffe, die das unmittelbare, geprüfte Wissen eigentlich immer schon vermitteln. Die phänomenologische Darstellung ist, so Hegel, „die bewußte Einsicht in die Unwahrheit des erscheinenden Wissens, dem

---

[11] GW 9, 56; GA 5, 119: „Indem es [das natürliche Bewusstsein, L. I.] aber unmittelbar sich vielmehr für das reale Wissen hält, so hat dieser Weg für es negative Bedeutung, und ihm gilt das vielmehr für Verlust seiner selbst, was die Realisierung des Begriffs ist; denn es verliert auf diesem Weg seine Wahrheit."

dasjenige das Reellste ist, was in Wahrheit vielmehr nur der nichtrealisierte Begriff ist" (GA 5, 119 f.). In der skizzierten Deutung bedeutet die „Realisierung" Artikulation; „nichtrealisiert" dagegen nicht-artikuliert. Das natürliche Bewusstsein hält die Wahrheit eines unartikulierten Wissens für ausreichend. Wird aber der unmittelbare Begriff seines Wissens artikuliert, so erweist sich jede einzelne Bestimmung der Wahrheit des Wissens als einseitig.[12]

Indessen deutet Heidegger die „Realisierung" des Begriffs als Anerkennung der Realität, im Lichte derer das Reale als solches erscheint. Diese Realität muss immer schon gewusst sein, damit etwas überhaupt erscheinen kann. Das Wissen davon – das reale Bewusstsein – ist kein zu erringendes Wissen, sondern die Möglichkeitsbedingung von Bewusstsein überhaupt. Die Realität muss immer schon von einem Subjekt begriffen sein. Dadurch ist sie in Heideggers Interpretation mit einem sich selbst begreifenden Subjekt identisch. Das Wissen von der Seiendheit, die das Seiende zu einem solchen ausmacht, und das Wissen von der Verfassung des Bewusstseins selbst fallen laut Heidegger in eins. So beschreibt er das Ziel der phänomenologischen Darstellung als darin bestehend, das implizite Wissen der Realität im Selbstwissen und als Selbstwissen zu enthüllen. Die phänomenologische Darstellung habe „das Subjekt als das Subjekt" zum Gegenstand: „Die Darstellung stellt mit dem erscheinenden Wissen das seiende Bewußtsein als das seiende, d. h. es als das wirkliche, reale Wissen vor" (GA 5, 146). Das reale Bewusstsein ist Wissen dessen, was im Selbstwissen als eigentlich seiend bzw. als wirklich erschlossen werden kann. So schreibt Heidegger an einer markanten Stelle:

> „Sein" gebraucht Hegel zur Benennung der in seinem Sinne noch unwahren Realität. [...] „Sein" gilt Hegel stets in der Einschränkung des „nur Seins", denn das wahrhaft Seiende ist das ens actu, das Wirkliche, dessen actualitas, Wirklichkeit, im Wissen der sich selbst wissenden Gewißheit besteht. Nur diese kann in Wahrheit, d. h. jetzt stets aus der Gewißheit des absoluten Wissens, beanspruchen, alle Realität, *die* Realität zu „sein". (GA 5, 154)

Wirklichkeit steht hier für das, was Sein als solches ausmacht – was in dem Sein, wie es für das natürliche Bewusstsein erscheint, eigentlich am Werk ist. Die hermeneutische Entscheidung Heideggers liegt darin, zwei Gedanken Hegels – (1) dass Sein nur im Denken als solches erschlossen werden kann und (2) dass es keinen Grund gibt, zu bezweifeln, dass das, was am Sein wirklich ist, im Begriff erschlossen werden kann – zusammen als die These zu deuten, (3) dass das, was im Sein wirklich ist, erst vom Denken gesetzt wird und somit die Verfassung des Subjektes

---

12 Für eine Lesart dahingehend vgl. Pippin 2008.

hat.¹³ Heidegger übersetzt Hegels These über die begriffliche Transparenz der Welt in eine These über die subjektive Setzung der Welt. In diesem Sinne behauptet er, der Weg der phänomenologischen Darstellung sei „der entschlossene und vollständige Rückzug in diejenige Wahrheit des Seienden, die sich als die absolute Gewißheit für das Sein selbst nimmt" (GA 5, 154). Dieser Interpretationsansatz Heideggers wird auch an seiner Auslegung des Hegel'schen Begriffs der Erfahrung noch einmal deutlich.

3 Die Erfahrung des Als

Die Prüfung des erscheinenden Wissens findet aufgrund einer dem Bewusstsein immanenten Unterscheidung statt, der Unterscheidung zwischen dem Wissen und dem zu Wissenden. Im 13. Absatz der Einleitung schildert Hegel die Prüfung wie folgt:

> Entspricht sich in dieser Vergleichung beides nicht, so scheint das Bewußtsein sein Wissen ändern zu müssen, um es dem Gegenstande gemäß zu machen; aber in der Veränderung des Wissens ändert sich ihm in der Tat auch der Gegenstand selbst, denn das vorhandene Wissen war wesentlich ein Wissen von dem Gegenstande: mit dem Wissen wird auch er ein anderer, denn er gehörte wesentlich diesem Wissen an. Es wird hiemit dem Bewußtsein, daß dasjenige, was ihm vorher das *Ansich* war, nicht an sich ist, oder daß es nur *für es an sich* war. (GW 9, 60; GA 5, 125)

Im 14. Absatz beschreibt Hegel die „dialektische Bewegung", wodurch „*der neue wahre Gegenstand*" anhand der Prüfung entspringt, als Erfahrung (GW 9, 60; GA 5, 125). In der Erfahrung rückt der Maßstab des Wissens in ein neues Licht: Es stellt sich nämlich heraus, dass das zu Wissende nur für das Bewusstsein als solches besteht.

Wir haben gesehen, dass, insofern das Bewusstsein einen Begriff vom eigenen Wissen hat, es einen Begriff von dem zu Wissenden hat. Dieser ist ein Begriff von dem Ansichsein des Gewussten – von einer unabhängigen Gegenständlichkeit, die als Maßstab des Wissens fungiert. Der Begriff von dieser unabhängigen Gegenständlichkeit bestimmt die Hinsicht, in welcher Gegenstände zu wissen sind. Die Artikulation einer natürlichen Bewusstseinsgestalt ergibt, dass der Maßstab dessen, was der Gegenstand an sich sein soll, dem dabei artikulierten Wissen nicht entspricht. Das Wissen verfehlt, was es aufgrund jenes Maßstabes erkennen soll; der

---

13 Diese Hegel-Interpretation Heideggers hat jüngst der Hegel-Kenner Robert Pippin (Pippin 2023) befürwortet.

Maßstab selbst ist nicht ausreichend für das, was das Wissen von sich selbst angibt. Das Gewicht fällt aber auf den Maßstab; dieser wird nicht nur revidiert, sondern vielmehr auf sein Verhältnis zum Bewusstsein hin betrachtet. Der Begriff von der Unabhängigkeit des Gegenstandes erweist sich als *ein Begriff* davon; als solcher ist er vom Bewusstsein abhängig. Die unabhängige Gegenständlichkeit

> hört auf, das Ansich zu sein, und wird ihm zu einem solchen, der nur *für es* das *Ansich* ist; somit aber ist dann dies: *das Für-es-sein dieses Ansich*, das Wahre, das heißt aber, dies ist das *Wesen*, oder sein *Gegenstand*. Dieser neue Gegenstand enthält die Nichtigkeit des ersten, er ist die über ihn gemachte Erfahrung. (GW 9, 60; GA 5, 126)

In den folgenden Absätzen am Ende der Einleitung erklärt Hegel, inwiefern der Übergang vom alten zum neuen Gegenstand und damit der Übergang von einer Gestalt des Bewusstseins in die nächste für *uns* stattfindet – für diejenigen, die das Bewusstsein beim Selbstprüfen betrachten und ihm zu seiner Selbstartikulation verhelfen.[14] Ich lasse diesen methodologischen Aspekt der phänomenologischen Erfahrung beiseite. Entscheidend ist die Frage: Inwiefern führt die Erfahrung, dass das Ansichsein nur für es, nur für das Bewusstsein besteht, zu einem neuen Maßstab, zu einer neuen Wahrheit? Kann dieser Zusammenhang beispielsweise am Übergang vom ersten zum zweiten Kapitel der *Phänomenologie* veranschaulicht werden – am Übergang von der sinnlichen Gewissheit zur Wahrnehmung? Dies würde bedeuten, dass der Maßstab der sinnlichen Gewissheit – die reine Präsenz eines „Diesen" hier und jetzt – sich nicht nur als abhängig vom aufnehmenden Bewusstsein erweist, sondern auch den Maßstab der Wahrnehmung vorwegnimmt. Das Kriterium der jetzigen und hiesigen Präsenz erweist sich als allgemein, weil es die Spezifizität des „Diesen" nicht zu erklären vermag. „Anderes" wird ebenso durch seine Präsenz aufgenommen. Wenn dieser Baum durch das Kriterium, hier und jetzt zu sein, spezifiziert werden soll, dann ist er von einer Straßenlampe, die nach jenem Maßstab ebenso jetzt und hier ist, nicht unterscheidbar. Die Wahrheit der sinnlichen Gewissheit ist also nicht nur für das Bewusstsein, insofern die Präsenz der Dinge von der jetzigen und hiesigen Bezugnahme des Bewusstseins abhängig ist, sondern auch eine allgemeine Weise, in welcher jedes „Dieses" vorkommt – und somit kein Kriterium der Einzelheit. Diese Erfahrung kann deshalb den Übergang zur Wahrnehmung erklären, weil in der Wahrnehmung der Maßstab des Wissens gerade das Allgemeine ist – etwa die sinnlichen Eigenschaften, welche die Dinge teilen.

Was Hegel als Erfahrung beschreibt, kann aber auch den Übergang von den ersten drei Kapiteln der *Phänomenologie*, die den Standpunkt des Bewusstseins

---

14 Für die Bedeutung des Für-uns-seins in Heideggers Interpretation vgl. Sell 1998.

umfassen, zum vierten Kapitel, das den Standpunkt des Selbstbewusstseins einführt, betreffen. Ist in den ersten drei Gestalten „dem Bewußtsein das Wahre etwas anderes als es selbst", so ist das Selbstbewusstsein „sich selbst das Wahre" (GW 9, 103). Das Ansich des Gegenstandes ist im Selbstbewusstsein gänzlich für es, weil das Bewusstsein selbst dabei Gegenstand seines Wissens ist. Diese Deutung der Erfahrung steht auch im Hintergrund der Interpretation Heideggers.

Die Prüfung des erscheinenden Wissens versteht Heidegger als Gespräch zwischen dem ontischen und dem ontologischen Bewusstsein.[15] Das ontische Bewusstsein ist das naive Wissen eines scheinbar unmittelbaren Gegenstands. Obwohl es wesentlich einen Begriff vom Wissen hat, geht es darauf nicht ein. Heidegger formuliert dies derart, dass das natürliche Wissen das Als des Wissens *als solchen*, von dem es doch weiß, nicht begreift (vgl. GA 5, 174). Das ontologische Bewusstsein ist dagegen Wissen von der Verfassung des ontischen Wissens – von der Gegenständlichkeit, im Lichte derer ein Gegenstand als solcher erscheint. Dieses ontologische Wissen wird laut Heidegger in der Erfahrung enthüllt – das Wissen von dem Als als solchem, welches das ontische, natürliche Wissen immer schon ermöglicht:

> Mit dem Namen Erfahrung nennt Hegel das Erscheinende als das Erscheinende, das ὄν ᾗ ὄν. Im Wort Erfahrung ist das ᾗ gedacht. Aus dem ᾗ (qua, als) ist das Seiende in seiner Seiendheit gedacht. (GA 5, 180)

Heidegger zufolge wird das Bewusstsein durch die phänomenologische Erfahrung das, was es immer schon ist – Wissen des Als oder Wissen des Wissens als solchen. Diese Zweideutigkeit ist von Belang: In der Erfahrung wird laut Heidegger nicht bloß der Begriff erschlossen, im Lichte dessen etwas als etwas überhaupt erscheinen kann, d. h. das Als einer bestimmten Gegenstandsart, sondern vielmehr die Verfassung des Wissens selbst, das in sich immer schon die möglichen Formen birgt, in welchen Seiendes überhaupt erscheinen kann. Dies bedarf einer Erläuterung.

Ist Hegels *Phänomenologie* eine Einführung in die philosophische Wissenschaft, so geht sie Heidegger zufolge von der Frage aus, was Sein als Sein ausmacht. An

---

15 Vgl. GA 5, 183–184: „Das Bewußtsein ist als Bewußtsein seine Bewegung; denn es ist die Vergleichung zwischen dem ontisch-vorontologischen und dem ontologischen Wissen. Jenes nimmt dieses in Anspruch. Dieses stellt an jenes den Anspruch, seine Wahrheit zu sein. Zwischen (διά) dem einen und dem anderen ist das Sprechen dieser Ansprüche, ist ein λέγειν. In diesem Gespräch spricht das Bewußtsein sich seine Wahrheit zu [...]. Aber das Gespräch bleibt nicht in *einer* Gestalt des Bewußtseins stehen. Es geht als das Gespräch, das es ist, durch den ganzen Bereich der Gestalten des Bewußtseins hindurch (διά)."

diese Frage wird phänomenologisch derart herangegangen, dass zunächst die Weise, in der Sein im unmittelbaren Wissen verstanden wird, dargelegt wird. Darin sind laut Heidegger zwei Grundannahmen enthalten. Einerseits wird Sein als Anwesenheit gedacht – dies ist das Erbe der griechischen Philosophie bei Hegel. Unter Anwesenheit ist dabei nicht die sinnliche Präsenz zu verstehen, wie Heidegger betont, sondern jede Form von Unmittelbarkeit der Wahrheit, der Seiendheit, des Maßstabs des Wissens. Andererseits wird der Grund der Anwesenheit als Repräsentation gedacht: Anwesend ist Seiendes nur in der Art, in der es vorgestellt werden kann. Der Repräsentation kommt eine Grundverfassung zu, die bestimmt, was überhaupt anwesend bzw. vorgestellt werden kann. Das, was anwesend sein kann, muss die Form dessen, was repräsentiert werden kann, haben.

Wird die Verfassung der Repräsentation als solche begriffen, dann wird die letzte Bedingung erfahren, unter welcher jede Anwesenheit als solche möglich ist. Die Bedingungen des Erscheinens sind somit mit der Verfassung des Subjekts identisch. Dies weist das Subjekt als unbedingte Bedingung des Erscheinens auf. Das Subjekt erweist sich als von dem, was dem Subjekt erscheint, nicht bedingt. Die Erkenntnis der Verfassung des Subjektes löst sich somit vom Weltbezug los. Sich selbst zu erkennen, bedeutet, sich von Andersheit zu befreien und sich dessen, was überhaupt wirklich sein kann, im Selbstwissen – im Wissen der Verfassung des Erkenntnisvermögens – zu versichern.

Vor diesem Hintergrund beschreibt Heidegger das, was Hegel als Geist denkt, als „das Sicherscheinen des absoluten Subjektes" (GA 5, 201). Der Geist erscheint sich selbst in der phänomenologischen Erfahrung; er ist aber immer schon die Bedingung von Bewusstsein überhaupt. Dies bedeutet, dass die Möglichkeit von Bewusstsein auf Selbstwissen – Wissen von der Verfassung des Erkenntnisvermögens – beruht. Der Geist kann sich selbst in der phänomenologischen Erfahrung begreifen, weil er sich selbst stillschweigend im natürlichen Bewusstsein immer schon weiß. Diesen Kreis – die Selbsterkenntnis ist Bedingung ihrer selbst und somit unbedingt – beschreibt Heidegger als die Parusie des Absoluten. An einer zentralen Stelle formuliert er diesen Gedankengang wie folgt:

> Die essentia des ens in seinem esse ist die Präsenz. Aber die Präsenz west in der Weise der Präsentation. Weil aber inzwischen das ens, das subiectum, zur res cogitans geworden ist, ist die Präsentation in sich zugleich vor-stellend, d. h. Repräsentation. Das, was Hegel im Wort Erfahrung denkt, sagt erst, was die res cogitans als das subiectum co-agitans ist. Die Erfahrung ist die Präsentation des in der Repräsentation wesenden und so sich absolvierenden absoluten Subjektes. Die Erfahrung ist die Subjektität des absoluten Subjekts. Die Erfahrung ist als die Präsentation der absoluten Repräsentation die Parusie des Absoluten. Die Erfahrung ist die Absolutheit des Absoluten, sein Erscheinen im absolventen Sicherscheinen. (GA 5, 185 f.)

Heidegger zufolge besteht Hegels phänomenologisches Projekt darin, die Verfassung des absoluten Subjektes am erscheinenden Bewusstsein zu belegen. Dieser Lesart kann entgegengehalten werden, dass Hegels *Phänomenologie* gerade darauf zielt, subjektivistische Annahmen aufzulösen. Das vierte Kapitel des Werkes, „Die Wahrheit der Gewissheit seiner selbst", legt dar, wie das denkende Bewusstsein sich erst in der sinnlichen Welt durch konkretes Tätigsein aktualisiert.[16] Auch die Gestalt der Selbstgewissheit, alle Realität zu sein, die Vernunft, wird einer Prüfung unterzogen.[17] In Heideggers Lesart scheint aber die Einleitung der *Phänomenologie* ein Werk anzukündigen, das mit dem Standpunkt der Selbstgewissheit aufhört.

Der Streitpunkt geht allerdings über exegetische Fragen hinaus. Wenn Hegels Philosophie auf die Artikulation der Bedingungen von Verständlichkeit zielt, dann ist es ein Hauptanliegen seines Projektes, die Auffassung zu überwinden, jene Bedingungen seien bloß subjektiv. Die Frage „Welche Kategorien sind notwendig, damit die Welt überhaupt verständlich ist?" ist für Hegel keine Frage nach der Verfassung eines selbständigen Subjekts. Dahinter steht Hegels Gedanke, dass die Auffassung, Denken und Welt seien verschiedener Natur, grundlos ist. Werden die Annahmen dieser Auffassung entfaltet, dann wird erkannt, dass wir die Selbständigkeit der Welt nur begrifflich ergründen können. Die Pointe ist nicht nur, dass Sein jenseits der begrifflichen Verständlichkeit unbestimmt bleibt, sondern vielmehr, dass die Artikulation der begrifflichen Verständlichkeit von Welt uns an das Sein annähert. Die philosophische Arbeit am Begriff soll gerade dem Zweck dienen, über den Subjektivismus hinauszugehen. Die Logik ist kein vertiefter Blick ins Innere des Subjekts, sondern eine Übung, die darin besteht, die Augen vor der Welt zu öffnen.

Heidegger behauptet nicht, dass wir einen anderen Zugang zur Welt als den begrifflichen haben. Er bestreitet nicht, dass erst Begriffe – die Sprache – die Welt verständlich machen. Was Heidegger aber Hegel zuschreibt und vorwirft, ist die These, dass Denkkategorien gegebene Schemata eines hypostasierten Subjektes sind. Deshalb erscheint ihm Hegels Plädoyer für die begriffliche Transparenz der Welt als ein Versuch, der Welt die Verfassung einer als Substanz verstandenen Subjektivität zu imponieren. Ein solcher Versuch würde die Tatsache ignorieren, dass unser Begriffsvermögen in der Welt aktualisiert wird, dass Begriffe somit Ausdruck einer Interaktion sind – vor allem Ausdruck einer Möglichkeit, die Welt zu vernehmen. Heidegger hat Recht, dass die moderne Auffassung des Bewusstseins

---

[16] Zu dieser Lesart des vierten Kapitels vgl. Stekeler-Weithofer 2008.
[17] Für die Bedeutsamkeit des Kapitels über Geist in der Ökonomie der *Phänomenologie* vgl. Pinkard 2013.

mit einem substantialistischen Bild der Subjektivität behaftet ist.[18] Es bleibt aber zu fragen, ob Hegels Begriff des Geistes nicht gerade die Überwindung jenes Bildes beabsichtigt – ob Hegel also, nicht zuletzt aufgrund des aristotelischen Erbes, mit Heidegger mehr teilt, als dieser zugibt.[19]

Literatur

Agamben, G. 2007: Die Sprache und der Tod. Ein Seminar über den Ort der Negativität, übers. von Hiepko, A., Frankfurt am Main.
Bonsiepen, W. 1980: Entstehungsgeschichte der Phänomenologie des Geistes, in: Hegel 1980, XVII–XXIII.
De Boer, K. 2000: Thinking in the Light of Time: Heidegger's Encounter with Hegel, Albany.
Gadamer, H.-G. 1987a: Die Sprache der Metaphysik, in: ders.: Gesammelte Werke, Bd. 3, Tübingen, 229–237.
Gadamer, H.-G. 1987b: Hegel und Heidegger, in: ders.: Gesammelte Werke, Bd. 3, Tübingen, 87–104.
Großmann, A. 1996: Spur zum Heiligen. Kunst und Geschichte im Widerstreit zwischen Hegel und Heidegger, Bonn.
Gillespie, M. A. 1984: Hegel, Heidegger, and the Ground of History, Chicago.
Haar, M. 1980: Structures hégeliennes dans la pensée heidéggerienne de l'histoire, in: Revue de metaphysique et morale 85, 48–59.
Hegel, G. W. F. 1980: Phänomenologie des Geistes (= GW 9), Hamburg.
Ionel, L. 2020: Sinn und Begriff. Negativität bei Hegel und Heidegger, Berlin/Boston.
Janicaud, D. 1988: Heidegger – Hegel: un ‚dialogue' impossible?, in: Volpi, F. (ed.): Heidegger et l'idée de la phénoménologie, Dordrecht, 145–164.
Kant, I. 1998: Kritik der reinen Vernunft, hg. von Jens Timmermann, Hamburg.
Koch, A. F. 2010: Hegel und Heidegger, in: Frischmann, B. (Hg.): Sprache – Dichtung – Philosophie. Heidegger und der Deutsche Idealismus, Freiburg/München, 137–153.
Lugarini, L. 2004: Hegel e Heidegger. Divergenze e consonanze, Milano.
Marx, W. 1961: Heidegger und die Tradition, Stuttgart.
Pinkard, T. 2013: Spirit as the „Unconditioned", in: Houlgate, S. (ed.): A Companion to Hegel, Malden, Mass., 91–105.
Pippin, R. 2008: Eine Logik der Erfahrung? Über Hegels Phänomenologie des Geistes, in: Vieweg, K. / Welsch, W. (Hg.): Hegels Phänomenologie des Geistes. Ein kooperativer Kommentar zu einem Schlüsselwerk der Moderne, Frankfurt am Main, 13–36.
Pippin, R. 2023: „Idealism and the Problem of Finitude: Heidegger and Hegel", in: Simoniti J. / Kroupa, G. (ed.): Ideas and Idealism in Philosophy, Berlin/Boston, 127–150.
Pöggeler, O. 1995: Hegel und Heidegger über Negativität, in: Hegel-Studien 30, 145–166.
Sell, A. 1998: Martin Heideggers Gang durch Hegels „Phänomenologie des Geistes", Bonn.

---

18 Für Ausführungen des so verstandenen Gegensatzes von Hegel und Heidegger vgl. De Boer 2000; Gillespie 1984; Großmann 1996; Janicaud 1988; Koch 2010; Lugarini 2004; Pöggeler 1995.
19 Auf die Nähe Heideggers zu Hegel trotz seiner ausgeprägten Ausgrenzung haben Gadamer 1987a, Gadamer 1987b sowie Agamben 2007 und Haar 1980 verwiesen.

Stekeler-Weithofer, P. 2008: Wer ist der Herr, wer ist der Knecht? Der Kampf zwischen Denken und Handeln als Grundform jedes Selbstbewußtseins, in: Vieweg, K. / Welsch, W. (Hg.): Hegels Phänomenologie des Geistes. Ein kooperativer Kommentar zu einem Schlüsselwerk der Moderne, Frankfurt am Main, 205–237.

Nietzsches Wort „Gott ist tot" (1943)

Alfred Denker
Martin Heideggers „Nietzsches Wort 'Gott ist tot'". Eine Hinführung

Im Zuge der Pensionierung von Martin Heidegger am 26. September 1949 wurde das nach dem Ende des Zweiten Weltkriegs von der französischen Besatzungsmacht gegen ihn verhängte Lehr- und Publikationsverbot aufgehoben. Heidegger konnte jetzt wieder in Deutschland veröffentlichen. Seine erste größere Veröffentlichung war der Sammelband mit dem Titel *Holzwege*. Die darin enthaltenen Texte stammen aus den Jahren von 1935 bis 1946 und sind von Heidegger wegen ihrer Bedeutung für seinen Denkweg ausgewählt und überarbeitet worden. Er schreibt in seinen Nachweisen über „Nietzsches Wort ‚Gott ist tot'" Folgendes:

> Die Hauptteile wurden 1943 in kleineren Kreisen wiederholt vorgetragen. Der Inhalt beruht auf den Nietzschevorlesungen, die zwischen 1936 und 1940 in fünf Semestern an der Universität Freiburg i. Br. gehalten wurden [vgl. Martin Heidegger, *Nietzsche: Der Wille zur Macht* (GA 43); *Nietzsches metaphysische Grundstellung im abendländischen Denken* (GA 44); *Zur Auslegung von Nietzsches II. Unzeitgemäßer Betrachtung* (GA 46); *Nietzsches Lehre vom Willen zur Macht als Erkenntnis* (GA 47) und *Nietzsche: Der europäische Nihilismus* (GA 48); A. D.]. Sie stellen sich die Aufgabe, Nietzsches Denken als die Vollendung der abendländischen Metaphysik aus der Geschichte des Seyns zu begreifen. (GA 5, 375 f.)

Bevor wir uns mit dem Text des Vortrags befassen, der sich die Aufgabe stellt, Nietzsches Denken als die Vollendung der abendländischen Metaphysik aus der Geschichte des Seyns zu verstehen, ist es sinnvoll, kurz auf das „Vorwort" dieses Sammelbandes einzugehen. Die gesammelten Texte seien, so Heidegger, „Holzwege". Was könnten „Holzwege" mit der Philosophie zu tun haben? Das Erste, was Heidegger uns in seinem unbetitelten Vorwort zu bedenken gibt, ist, dass „Holz ein alter Name für Wald ist" (GA 5, o. S.). Warum verwendet er die Metapher „Wald", um sein Denken zu kennzeichnen? Ist sein Denken der Wald oder bewegt sich sein Denken im Wald der Philosophie? Philosophie ist für Heidegger, dessen Denkweg mit *Sein und Zeit* (1927) entschieden einsetzt, zunächst Metaphysik. Vielleicht können wir es daher so verstehen: Der Wald ist die Metaphysik, die von der Seinsvergessenheit bestimmt ist, d. h. die Frage nach dem Sinn von Sein ist in der Metaphysik durchgängig unbedacht geblieben. Nur das Sein des Seienden kommt in der Metaphysik ans Licht. Das besagt aus der Sicht des 20. Jahrhunderts: Der Wald ist der Nihilismus als das seynsgeschichtliche Ende der Metaphysik. Holzwege sind demnach Wege, die in die Wildnis des Waldes führen, „die meist verwachsen jäh im Unbegangenen aufhören" (GA 5, o. S.). Holzwege der Philosophie wären dann die geschichtlichen Versuche der Metaphysik, in den Bereich der durchgängig unbedacht gebliebenen Frage nach dem Sinn von Sein vorzudringen. Ein Durchdenken der Metaphysik macht aber deutlich, dass jedes Mal, wenn das überkommene Denken hätte versuchen können, das Dunkel der Seinsfrage zu lichten und sich fragend dem zuzuwenden, was „Sein" eigentlich bedeutet, der Weg im Unbegangenen endet. Wir finden uns nicht in einer Waldlichtung im Sinne eines freien, offenen Raums wieder, sondern im rein Unbegangenen der Irrnis und Wildnis, wo es nur schwer ein Durchkommen gibt.

Was könnte das Unbegangene sein? Wie Heidegger in seinem Nachweis zu „Nietzsches Wort ‚Gott ist tot'" schreibt, könnte das Unbegangene die Geschichte des Seyns selbst sein. Wollen wir also in ein freies Verhältnis zum Nihilismus gelangen, dann gilt es, in den Wald zu gehen und den Holzwegen zu folgen. Die Holzwege der Metaphysik sind demnach die Grundstellungen der abendländischen Philosophie im Wald des Denkens. Sie scheinen einander alle zu gleichen, aber das ist nur Schein. „Holzmacher und Waldhüter kennen die Wege." (GA 5, o. S.) Ist Heidegger ein Holzmacher oder ein Waldhüter – oder beides zugleich? Was beide – Holzmacher und Waldhüter – wissen, ist, was es heißt, auf einem Holzweg zu sein. Die Holzmacher sind die Metaphysiker, die im Wald Holzwege anlegen, auf denen das Holz der geschlagenen Bäume für beliebige Zwecke abtransportiert werden kann. Waldhüter sind die Seltsamen, welche die Holzwege der Metaphysiker gehen und dafür sorgen, dass sie nicht zuwachsen. Heidegger versteht sich als ein Waldhüter und ist, weil sein Denken die Vollendung der Geschichte der Metaphysik als Nihilismus bedenkt, kein Holzmacher. In seinem Text „Nietzsches Wort ‚Gott ist tot'" versucht der Philosoph, als Waldhüter durch den Wald hindurchzugehen, um einen Weg ins Freie zu finden, auf dem er die in der Seinsvergessenheit beruhenden Grenzen der Metaphysik aufzeigen kann, um aus dem Wald der Metaphysik herauszufinden. Wie er dabei vorgeht und ob sein Vorhaben gelingt, werden wir darzulegen versuchen.

In der ersten Zeile seines Textes „Nietzsches Wort ‚Gott ist tot'" gibt Heidegger klar die Aufgabe des in dieser Besinnung versuchten Denkens an:

> Die folgende Erläuterung versucht, dorthin zu weisen, von wo aus vielleicht eines Tages die Frage nach dem Wesen des Nihilismus gestellt werden kann. Die Erläuterung entstammt einem Denken, das beginnt, erst einmal über Nietzsches Grundstellung innerhalb der Geschichte der abendländischen Metaphysik eine Klarheit zu gewinnen. Der Hinweis verdeutlicht ein Stadium der abendländischen Metaphysik, das vermutlich ihr Endstadium ist, da andere Möglichkeiten der Metaphysik insofern nicht mehr sichtbar werden können, als die Metaphysik durch Nietzsche in gewisser Weise sich selbst ihrer eigenen Wesensmöglichkeit beraubt. (GA 5, 209)

Heidegger versucht eine Erläuterung von Nietzsches Wort „Gott ist tot". Eine solche Erläuterung ist eine Zugabe zum Denken Nietzsches, und zwar in doppelter Hinsicht. Eine Erläuterung ist erstens eine Darlegung des Inhalts des Textes im Sinne eines Kommentars. Eine Erläuterung kann zweitens aber auch die Deutung des Zusammenhangs sein, in welchem der Text steht. Heidegger versucht daher nicht nur darzulegen, was Nietzsche gedacht hat und wie wir seine Ausführungen zum Nihilismus und zum Tod Gottes verstehen können, sondern erläutert auch den seinsgeschichtlichen Kontext seines Denkens. Anders gesagt: Heidegger folgt einerseits dem Holzweg Nietzsches im Wald der Metaphysik, andererseits aber kann er, im Gegensatz zu Nietzsche, den Wald als Wald und die Metaphysik als Nihilismus verstehen. Das beinhaltet für uns eine doppelte Aufgabe: Zunächst geht es um eine Erläuterung von Nietzsches Denken, die das Ziel hat, seine metaphysische Grundstellung aufzuzeigen, um auf dem Holzweg seines Denkens seinen Lesern die Erfahrung des Waldes als Wald zu vermitteln. Darüber hinaus aber geht es um die Einsicht, dass das, was Nietzsche gedacht hat, uns zu einem Einblick in die Geschichte der Metaphysik als Nihilismus verhilft. Auf Nietzsches Holzweg werden wir erfahren, dass es im Nihilismus kein Weitergehen mehr geben kann, da die Metaphysik in „ihr Unwesen" eingeht. Dennoch gibt es laut Heidegger eine Möglichkeit, die Grenzen der Metaphysik und des Nihilismus aufzubrechen, da er die Möglichkeit eines neuen Anfangs sieht.

Die ersten vier Seiten (GA 5, 209–212) von Heideggers Schrift „Nietzsches Wort ‚Gott ist tot'" können wir als Einleitung betrachten. Es ist auffällig, wie vorsichtig Heidegger sich vorantastet, da das Denken sich auf einem Holzweg befindet, auf dem es mit jedem Schritt in die Irre gehen kann:

> Für die hier versuchte Besinnung handelt es sich darum, einen einfachen und unscheinbaren Schritt des Denkens vorzubereiten. Dem vorbereitenden Denken liegt daran, den Spielraum zu lichten, innerhalb dessen das Sein selbst dem Menschen hinsichtlich seines Wesens wieder in einen anfänglichen Bezug nehmen könnte. Vorbereitend zu sein, ist das Wesen solchen Denkens. (GA 5, 210)

Diese Zeilen bieten uns viel zum Nachdenken. Die Aufgabe des Waldhüters ist es, eine Besinnung durchzuführen. Das Wort „Besinnung" deutet schon an, dass Heidegger hier einen Unterschied zwischen dem Denken der Metaphysik und einem anderen Denken macht, das versucht, zumindest die Grenze der Metaphysik oder „die Verkehrung in ihr Unwesen" sichtbar zu machen. Die Besinnung ist deshalb ein Denken, das nur „einen einfachen und unscheinbaren Schritt des Denkens vorbereiten" möchte. Besinnung soll also die Möglichkeit schaffen, dass das Wesen des Menschen durch das Sein wieder in einen anfänglichen Bezug genommen werden kann. Das kann nur gelingen, wenn das Denken einen Weg durch den Wald der Metaphysik hindurch findet, um ins Freie und Anfängliche zu kommen. Was Heidegger diesbezüglich unter Metaphysik versteht, hat er ganz am Anfang des Textes gesagt:

> Metaphysik ist im folgenden überall als die Wahrheit des Seienden als solchen im Ganzen gedacht, nicht als Lehre eines Denkers. (GA 5, 209)

Das Denken der Metaphysik ist ein vorstellendes Denken, und was sie vorstellt, ist das Seiende als das Seiende. Jede metaphysische Grundstellung hat die Seiendheit von Seiendem auf ihre Weise vorgestellt, wie z. B. als *idea* in Platons Denken, als *ego cogito* bei Descartes, als Vernunft oder absoluten Geist bei Kant bzw. Hegel oder, wie Heidegger im vorliegenden Text sichtbar machen wird, als Willen zur Macht bei Nietzsche. Die Frage nach dem Sinn von Sein wird in der Metaphysik beantwortet durch die Angabe des Seienden, das als das am meisten Seiende verstanden wird. Der entscheidende Punkt ist, dass es Heidegger gelingt, die Geschichte der Metaphysik in der Entfaltung ihrer metaphysischen Grundstellungen zu überblicken. Es kommt für ihn also darauf an, den Wald der Metaphysik als Wald zu übersehen und zu erkennen, dass es im Zeitalter des Nihilismus keine weiteren metaphysischen Holzwege mehr geben kann:

> In jeder Phase der Metaphysik wird jeweils ein Stück eines Weges sichtbar, den das Geschick des Seins in jähen Epochen der Wahrheit über das Seiende sich bahnt. Nietzsche selbst deutet den Gang der abendländischen Geschichte metaphysisch und zwar als das Heraufkommen und die Entfaltung des Nihilismus. (GA 5, 210)

Erst nach der Veröffentlichung von *Sein und Zeit* hat Heidegger die von ihm entdeckte Geschichte des Seins/Seyns ausgearbeitet. „Seyn" wird von ihm auch mit einem Ypsilon geschrieben, um anzuzeigen, dass es hier nicht um das Sein des Seienden, sondern um das „Sein selbst" geht. Die Geschichte der Metaphysik ist nur ein Teil der „Seynsgeschichte". Vor der Metaphysik, die mit dem Denken von Platon und Aristoteles anhebt und von Nietzsche durch die Umkehrung des Rangs von Sinnlichem und Nicht-Sinnlichem in ihr Unwesen verkehrt worden ist, gab es das Denken der frühen griechischen Denker und Dichter wie z. B. Heraklit, Parmenides und Sophokles. In „Nietzsches Wort 'Gott ist tot'" besinnt sich Heidegger auf das metaphysische Denken Nietzsches. Seine Ausführungen machen deutlich, dass wir versuchen sollten, „Nietzsche als Denker ernst zu nehmen", d. h. sein Denken als Metaphysik zu verstehen (GA 5, 210). Weil er versucht, das Seiende als das Seiende vorzustellen, ist Nietzsches Denken metaphysisch und ontologisch. Als Besinnung ist der Text Zeugnis eines vorbereitenden Denkens, das den Spielraum des Seyns durchdenkt, aber keine Lichtung eröffnet. „Lichtung" geschähe in einem Denken, „innerhalb dessen das Sein selbst den Menschen hinsichtlich seines Wesens wieder in einen anfänglichen Bezug nehmen könnte." (GA 5, 210)

Inwiefern ist Heideggers Denken die Freilegung eines Spielraums und nicht eine Lichtung? Heideggers Aufsatz ist ein Versuch, ins Offene und Freie zu kommen.

Wir können uns aber nicht einfach aus der Metaphysik herauskatapultieren, sondern stehen in ihrer Geschichte. Auch hier kann die Metapher des Waldes weiterhelfen. Im Wald der Metaphysik gibt es die Lichtungen der fundamentalen metaphysischen Grundstellungen, die aber, als Lichtungen, innerhalb welcher das Sein den Philosophen in Anspruch genommen hat, keinen Spielraum lassen. Innerhalb der Lichtung ist keine andere Seinserfahrung möglich. Erst das vorbereitende Denken der Besinnung eröffnet einen Spielraum, der es erlaubt, uns im Wald der Metaphysik frei bewegen zu können. Durch diese Befreiung entsteht ein bestellbares Feld. Dieses Feld ist der Spielraum. Der Spielraum ist frei vom Kausalitätsprinzip und macht deshalb ein freies, spielendes Denken möglich, das bisher übersehene Möglichkeiten sichtbar werden lässt. „Es gilt, dieses Feld erst zu ahnen und dann zu finden und dann zu bebauen. Es gilt, einen ersten Gang zu diesem Feld zu tun." (GA 5, 211) Laut Heidegger, hat er diesen ersten Gang zum Feld in *Sein und Zeit* getan (GA 5, 212). Welcher Schritt war das? Es ist wohl die Einsicht in die Seinsvergessenheit der Metaphysik:

> Das Denken wird unablässig von dem einen Geschehnis angegangen, daß in der Geschichte des abendländischen Denkens zwar von Anfang an das Seiende hinsichtlich des Seins gedacht wird, daß jedoch die Wahrheit des Seins ungedacht bleibt und als mögliche Erfahrung dem Denken nicht nur verweigert ist, sondern daß das abendländische Denken selbst und zwar in der Gestalt der Metaphysik das Geschehnis dieser Verweigerung eigens, aber gleichwohl unwissend verhüllt. (GA 5, 212)

Deshalb ist das vorbereitende Denken eine geschichtliche Besinnung. Es soll durchsichtig werden, weshalb die Metaphysik, auch wenn sie von der Frage nach dem Sein von Seiendem bestimmt ist, dennoch immer tiefer in die Seinsvergessenheit hinabsinkt. Wenn Heidegger sich hier auf das Denken Nietzsches besinnt, dann geht es zuerst um seinen Platz in der Geschichte der Metaphysik. Nietzsche habe, so Heidegger, den Nihilismus als geschichtliche Bewegung im Wesen des neuzeitlichen Denkens erkannt und prägnant in einem Satz zusammengefasst: „Gott ist tot." (GA 5, 212) Das ist nicht die Aussage eines Atheisten. Heidegger möchte versuchen, den Satz so zu denken, wie er gemeint ist. „Nietzsche hat das Wort 'Gott ist tot' zum ersten Mal im dritten Buch seiner 1882 erschienen Schrift 'Die fröhliche Wissenschaft' ausgesprochen." (GA 5, 214) Dieses Buch ist, so Heidegger, der Beginn eines Weges zu einer metaphysischen Grundstellung, die in dem geplanten Hauptwerk *Der Wille zur Macht. Versuch einer Umwertung aller Werte* ihre Ausarbeitung finden sollte. Den Gedanken des Todes Gottes finden wir schon 1870 bei Nietzsche: „Ich glaube", so zitiert Heidegger Nietzsche, „an das urgermanische Wort: alle Götter müssen sterben." (GA 5, 214) Ähnliche Gedanken finden wir auch, so betont Heidegger, auch bei Hegel und Pascal (GA 5, 214).

Heidegger zitiert nun den Paragrafen 125 aus *Die fröhliche Wissenschaft* vollständig (GA 5, 214–216) und fügt unmittelbar ein Zitat aus dem 1886 erschienenen fünften Buch von *Die fröhliche Wissenschaft* hinzu: „Das größte neuere Ereignis – daß ‚Gott tot ist', daß der Glaube an den christlichen Gott unglaubwürdig geworden ist – beginnt bereits heute seine ersten Schatten über Europa zu werfen." (GA 5, 216) Nietzsche bezieht sich hiermit nicht nur auf den christlichen Gott, sondern auch auf den ganzen Bereich des Übersinnlichen, der in der Überlieferung als die wahre und wirkliche Welt angesehen worden ist. „Das Wort ‚Gott ist tot' bedeutet: die übersinnliche Welt ist ohne wirkende Kraft." (GA 5, 217) Die Metaphysik hat sich im Nihilismus vollendet. Deshalb versteht Nietzsche sein Denken als eine Gegenbewegung gegen die Metaphysik. Die Abwesenheit der übersinnlichen Welt wird als die Ausbreitung des Nichts erfahren. Für Heidegger stellt sich deshalb die Aufgabe, den Nihilismus in seinem Wesen als eine geschichtliche Bewegung zu verstehen. Dazu ist zunächst zu klären, wie Nietzsche ihn erfahren hat: „'Was bedeutet Nihilismus?'" Nietzsche, so zitiert Heidegger, antwortet: „*'Daß die obersten Werte sich entwerten.'*" Diese Antwort erläutert er folgendermaßen: „'Es fehlt das Ziel; es fehlt die Antwort auf das ‚Warum?'" (GA 5, 222) Was sind die obersten Werte? Laut Heidegger versteht man darunter das Wahre, das Gute und das Schöne, d. h. die Ordnung und Einheit des Seienden im Ganzen. Das würde aber bedeuten, dass die übersinnliche Welt als eine wert-los gewordene Welt bestehen bleibt und dass sie deshalb zu einer neuen Wertsetzung drängt. Wenn wir nur neue Werte an die Stelle der alten setzen, ändert sich nichts, weil der Nihilismus, wie Nietzsche gesehen hat, mehr ist als nur eine Verfallserscheinung: Der Nihilismus ist der Grundvorgang der abendländischen Geschichte (vgl. GA 5, 223). Das Heraufkommen des Nihilismus entspringt der inneren Logik dieser Geschichte, d. h. der im Anfang des metaphysischen Fragens nach dem Sein des Seienden entspringenden Seinsvergessenheit. Die Grundfrage „Was ist Sein?" ist in die Leitfrage der Metaphysik „Was ist das Sein des Seienden, d. h. die Seiendheit?" umgeschlagen. Der Nihilismus sagt „Nein!" zu der alten Weise der Wertsetzung und „Ja!" zu einer ganz anders gelagerten. Dennoch entsteht die Gefahr, dass die neue Wertsetzung ein Rückfall in die alte sein wird. Um dieser Gefahr zu begegnen, soll die neue Wertsetzung als Gegenbewegung gegen die alte begründet werden (vgl. GA 5, 224).

Heidegger geht deshalb auf das grundsätzliche Problem des Wertsetzens ein. Solange wir die übersinnliche Welt, aus der der christliche Gott verschwunden ist, beibehalten, können wir an der nun leeren Stelle festhalten und den christlichen Gott durch Werte wie den Sozialismus oder andere Weltbeglückungslehren ersetzen. Die Folge ist der unvollständige Nihilismus, der den Tot Gottes akzeptiert, aber an seine Stelle neue Werte setzt. Soll der bestehende Wertungszusammenhang von sinnlicher und übersinnlicher Welt aber überwunden werden, so ergibt sich die Notwendigkeit eines radikaleren Nihilismus. Statt den idealen Bereich des Übersinnlichen beizubehalten, sollte dieser abgeschafft werden, damit ein völlig anderes Prinzip der Wertsetzung möglich wird, das sich nicht nach dem leblosen Übersinnlichen richtet, sondern auf das Lebendigste zielt. „Der Nihilismus wird so selbst zum ‚Ideal des überreichsten Lebens'." (GA 5, 226) Hieraus ergeben sich zwei entscheidende Fragen: 1.) Was versteht Nietzsche unter Leben? 2.) Was versteht er unter Wert?

Heidegger versucht zunächst, die Antwort auf die zweite Frage zu geben. Der Wertbegriff ist von maßgeblicher Bedeutung für Nietzsches Metaphysik. Heidegger zitiert Nietzsche: „Der Gesichtspunkt des ‚Werts' ist der Gesichtspunkt von *Erhaltungs-, Steigerungsbedingungen* in Hinsicht auf komplexe Gebilde von relativer Dauer des Lebens innerhalb des Werdens." (GA 5, 227) Das Wesen des Wertes beruht demnach darin, Gesichtspunkt zu sein. Das ermöglicht es Nietzsche, zu vermeiden, dass an die Stelle der bisherigen obersten Werte einfach nur neue Werte gesetzt werden. Damit würde er an der Zweiteilung von übersinnlicher und sinnlicher Welt festhalten. Jeder Gesichtspunkt wird aber von einem Sehen und für dieses gesetzt. Das bedeutet, dass Werte als das Gesichtete vom bewusst vorstellenden Subjekt gesetzt werden und nicht etwas an sich Bestehendes sind. Werte gelten. Ein Wert „gilt, sofern er als das gesetzt ist, worauf es ankommt" (GA 5, 228). Das Gesichtete war den Griechen schon bekannt als *eidos*. Das *eidos* wurde im Laufe der Geschichte der Metaphysik als *perceptio* von Descartes und dann von Leibniz als *appetitus* gefasst. Das Wesen des Seienden wird dann, so führt Heidegger aus, als „Drang zum Auftreten" (*nisus*) verstanden (GA 5, 228). Der Wert wird in diesem denkgeschichtlichen Zusammenhang zu einem „Augenpunkt" (GA 5, 228), auf den wir es absehen und den es zu verwirklichen gilt.

Die Antwort auf die erste Frage kündigt sich darin auch schon an. Werte als Augenpunkte setzen Erhaltungs- und Steigerungsbedingungen, auf die alles hinauslaufen soll. Dass Nietzsche in seiner Formulierung „von Erhaltungs-, Steigerungsbedingungen" das „und" ausgelassen hat, ist vielsagend. Er will damit, so Heidegger, deutlich machen, dass Erhaltungs- und Steigerungsbedingungen immer zugleich da sind. Sie bilden eine Einheit von Bedingungen, die zusammen die Grundzüge des Lebens ans Licht bringen. Sie formen, was Nietzsche „komplexe Gebilde des Lebens" nennt (GA 5, 229). Würde das Leben nur nach Erhaltung streben, dann könnte es sich nicht entfalten und entwickeln. Leben muss sich steigern, größer, stärker und mehr werden. Ein Kind soll aufwachsen und nicht nur ein Kind bleiben. Werden im Sinne Nietzsches ist, so betont Heidegger, ein Übergang, der zur Natur des Lebens gehört. Dieser waltet als der Grundzug alles Seienden. Das, was das Seiende in seinem Wesen bestimmt, ist der das Werden vorantreibende „Wille zur Macht" (GA 5, 230). „Wille zur Macht, Werden, Leben und Sein im weitesten Sinne bedeuten für Nietzsches Sprache das Selbe" (GA 5, 230), aber sind nicht das Gleiche. Alles Lebendige gestaltet sich im Werden zu einem herrschenden Zentrum

(Monade im Sinne von Leibniz) des Willens zur Macht. Kunst, Religion, Wissenschaft, Staat und Gesellschaft sind für Nietzsche Herrschaftsgebilde des Willens zur Macht. Der Gesichtspunkt des Wertes erlaubt uns, das Zunehmen oder Abnehmen dieser Zentren zu beurteilen. Diese Gesichtspunkte werden vom Willen zur Macht gesetzt. Heidegger schreibt hierzu:

> Der Wille zur Macht ist der Grund für die Notwendigkeit der Wertsetzung und der Ursprung der Möglichkeit der Wertschätzung. Daher sagt Nietzsche (W. z. M. A. 14 a. d. J. 1887): „Die *Werte und deren Veränderung stehen im Verhältnis zu dem Macht-Wachstum des Wertsetzenden.*" (GA 5, 231)

Das Prinzip der neuen Wertsetzung ist der Wille zur Macht, das heißt, die gewandelte Wertsetzung beinhaltet zugleich eine Umwertung aller bisherigen Werte. Das aber ist nur möglich als Umkehrung der bisherigen Werte. Die bisherigen obersten Werte herrschten aus der Höhe des Übersinnlichen über das Sinnliche. Nietzsche muss deshalb dieses Verhältnis umkehren und zugleich damit die Metaphysik auf den Kopf stellen. Der Wille zur Macht als das neue Prinzip der Wertsetzung fordert die Umdrehung des Platonismus (GA 5, 232).

Nach der geläufigen Auffassung ist der Titel *Der Wille zur Macht* selbstverständlich. Jeder kann bei sich selbst erfahren, was Wille ist. Macht kennen wir alle als Ausübung von Herrschaft und Gewalt über andere. Der Wille zur Macht ist dann das Streben, an die Macht zu kommen. Wie Heidegger erklärt, denkt diese Auffassung an Nietzsches Verständnis des Willens zur Macht vorbei. Um verstehen zu können, was Nietzsche gedacht hat, ist eine Besinnung über das Ganze der Geschichte der Metaphysik notwendig (GA 5, 233). Wie bestimmt Nietzsche den Willen zur Macht? Heidegger macht uns zuerst darauf aufmerksam, dass für Nietzsche Wollen „Herr-sein-wollen" (GA 5, 234) und so ein Befehlen sei. Wollen ist, wie Nietzsche sagt, ein „*Stärker*-werden-wollen", eine Steigerung der Macht (GA 5, 234). Der Wille will sich selbst und stellt sich als solcher mit dem Gewollten zusammen. Der Wille zur Macht ist das Wesen der Macht und kann deshalb nicht gegen einen Willen zu etwas anderem herabgesetzt werden. „eher will er (der Wille)", so zitiert Heidegger Nietzsches *Zur Genealogie der Moral*, „noch *das Nichts* wollen, als *nicht* wollen." (GA 5, 235)

Der Wille zur Macht ist das innerste Wesen des Seins, das heißt, des Seienden im Ganzen. Es handelt sich um ein metaphysisches Prinzip und nicht um irgendeine feststellbare psychologische Tatsache. Der Wille zur Macht setzt die Bedingungen der Machterhaltung und -steigerung. Diese Bedingungen von Macht sind die Werte. „Der Wille zur Macht hat seinen Grund nicht in einem Gefühl des Mangels" (GA 5, 237) – dieser Wille lässt ja überhaupt keinen Mangel aufkommen –, sondern ist der „Grund des überreichsten Lebens". Im Lebendigsein, das heißt im „Schätzen" und in der Folge davon in der Anhäufung und Verfügungsgewalt über „Schätze" aller Art, die der Erhaltung und Steigerung von Macht dienen (GA 5, 237), verwirklicht sich der Wille zur Macht als Wille zum Willen. Und da der Wille zur Macht immer mehr Machtsteigerung will, ist er der „Grund des überreichsten Lebens" (GA 5, 237). Er ist die *essentia* des Seienden im Ganzen, und da er als solcher Wille existiert, ist seine *existentia* die ewige Wiederkunft des Gleichen. Damit hat Heidegger die beiden Grundworte der Metaphysik auch in Nietzsches Denken nachgewiesen, insofern es den Willen zur Macht (als Was-Sein, *essentia*) und die ewige Wiederkunft (als Dass-Sein, *existentia*) als zentrale Merkmale aufweist. Dargelegt werden muss allerdings noch, wie deren Einheit zu denken ist:

> Der Wille zur Macht rechtfertigt, indem er die Erhaltung, d. h. die Bestandsicherung seiner selbst, als einen notwendigen Wert setzt, zugleich die Notwendigkeit der Sicherung in allem Seienden, das als ein wesenhaft vorstellendes immer auch ein für-wahr-haltendes ist. Die Sicherung des Für-wahr-haltens heißt Gewißheit. So wird nach dem Urteil Nietzsches die Gewißheit als das Prinzip der neuzeitlichen Metaphysik erst im Willen zur Macht wahrhaft gegründet, gesetzt freilich, daß die Wahrheit ein notwendiger Wert und die Gewißheit die neuzeitliche Gestalt der Wahrheit ist. Dies macht deutlich, inwiefern sich in Nietzsches Lehre vom Willen zur Macht als der „Essenz" alles Wirklichen die neuzeitliche Metaphysik der Subjektität vollendet.
>
> Deshalb kann Nietzsche sagen: „Die Frage der Werte ist *fundamentaler* als die Frage der Gewißheit: letztere erlangt ihren Ernst erst unter der Voraussetzung, daß die Wertfrage beantwortet ist." (W. z. M. A. 588. a. d. J. 1887/88) (GA 5, 238 f.)

Wir sind nun an einem Wendepunkt der Ausführungen Heideggers angekommen: Nietzsches Lehre vom Willen zur Macht und von der ewigen Wiederkunft ist für ihn die Vollendung der neuzeitlichen Metaphysik. Sie sucht nach dem unbedingt Unbezweifelbaren bzw. der absoluten Gewissheit. Für Descartes ist das *ego cogito* das sich selbst gewisse, ständig Anwesende. Das *ego cogito* wird so zur Gewissheit des Bewusstseins seiner selbst in allem Vorstellen, zum Selbstbewusstsein. Damit wird das zugrunde liegende Wesen aller Gewissheit, das Heidegger die „Subjektität" (GA 5, 239) nennt, aus der Selbstgewissheit des Bewusstseins bestimmt. Dieses Prinzip der neuzeitlichen Metaphysik gründet im Willen zur Macht, weil er nur als seiner selbst bewusster Wille sicher sein kann, dass seine Werte selbst gesetzt sind. Deshalb ist die Frage nach den vom Willen zur Macht gewollten Werten für Nietzsche „*fundamentaler* als die Frage der Gewißheit" (GA 5, 239).

Die Frage stellt sich jetzt, welches der aus diesem Prinzip notwendig resultierende höchste Wert sein könnte. Wenn das Wesen des Wertes die Erhaltungs- und Steigerungsbedingungen des Willens zur Macht sind, dann ergibt sich daraus der Gesichtspunkt für eine Bestimmung des maßgebenden Wertes. Der Wille umringt sich mit dem, was er das Beständige nennt. Das ist das, was ihm zur Verfügung steht, indem es ihm durch das Vor-stellen als anwesend her- und bereitgestellt ist. Sein besagt in der Metaphysik ständige Anwesenheit. Das Seiende gilt in der Metaphysik aber auch als das Wahre, das in seinem Sein vom Menschen erkannt werden kann. Damit wird die Wahrheit im Denken Nietzsches ein notwendiger Wert, da sie die Bedingung der Möglichkeit des Eröffnens und Bereitstellens ist. Sie eröffnet das Sein des Seienden als das, was der Wille zur Erhaltung und Steigerung seiner selbst bereitstellen und so auch befehlen kann. Die Wahrheit ist notwendig, aber sie gilt Nietzsche, wie Heidegger ausführt, nicht als „oberstes Wertmaß, noch weniger als oberste Macht" (GA 5, 241). Das Herausbringen der Möglichkeiten des Willens als Wahrheit ist seine Selbstbefreiung als Willen zur Macht, weil er nur in der Erhaltung und Steigerung seiner selbst sein kann, was er ist, nämlich das Drängen nach mehr und höheren Möglichkeiten dessen, was ihn selbst ausmacht.

Das Schaffen von Möglichkeiten kann Nietzsche deshalb auch als „Kunst" verstehen. „Kunst ist das Wesen alles Wollens, das Perspektiven eröffnet und sie besetzt." (GA 5, 241) Deshalb ist sie die höchste Wahrheit. Die Kunst sei, wie Heidegger Nietzsche zitiert, mehr wert als die Wahrheit. Dieser Satz ist als der „Grund-satz" der oberste „Wertsatz" der Metaphysik des Willens zur Macht (GA 5, 242). Aber er ist zweideutig. Inwiefern? Der Satz setzt, wie wir gesehen haben, einen notwendigen (Wahrheit) und einen hinreichenden Wert (Kunst). Das Wertsetzen wird getragen und geleitet vom zwiefältigen Wesen des Willens zur Macht; dieser ist ja sowohl die *essentia* als auch die *existentia* des Seienden im Ganzen. Damit stellt sich die Frage nach der Wesenseinheit des Willens zur Macht. Diese Einheit kann nur er selbst sein. „Sie ist die Weise, wie der Wille zur Macht als Wille sich vor sich selbst bringt." (GA 5, 242) Der Wille zur Macht stellt sich selbst vor als Präsenz. Die Erhaltungs- und Steigerungsbedingungen, die der Wille zur Macht sich selbst als Werte setzt, dienen seiner Selbsterhaltung im Sinne der Übersteigerung. Das heißt, der Wille zur Macht erlangt Ewigkeit, d. h. ständige Anwesenheit seiner selbst, als ewige Wiederkunft. Hier finden wir die beiden Momente der *essentia* und *existentia* in ihrer Einheit beisammen. Der Wille zur Macht ist als ewige Wiederkehr die Wahrheit des Seienden als solchen, als welche die Metaphysik west. Und zugleich west der Wille zur Macht als der seine Bedingungen selbst setzende Wille, in dem er die Fülle seines lebendigen Wesens schöpferisch verwirklicht:

> So wie in Nietzsches Metaphysik der Wertgedanke fundamentaler ist als der Grundgedanke der Gewißheit in der Metaphysik bei Descartes, insofern die Gewißheit als das Rechte nur gelten kann, wenn sie als der oberste Wert gilt, so erweist sich im Zeitalter der Vollendung der abendländischen Metaphysik bei Nietzsche die einsichtige Selbstgewißheit der Subjektität als die Rechtfertigung des Willens zur Macht gemäß der Gerechtigkeit, die im Sein des Seienden waltet. (GA 5, 246)

Den Gedanken der „Gerechtigkeit" finden wir, so betont Heidegger, bei Nietzsche schon in der Schrift *Unzeitgemäße Betrachtungen* (1874), in der er an die Stelle der

Objektivität der historischen Wissenschaften „die Gerechtigkeit" setzt (GA 5, 246). Erst zehn Jahre später finden wir zwei Aufzeichnungen, die Heidegger beide zitiert:

> *Gerechtigkeit* als bauende, ausscheidende, vernichtende Denkweise, aus den Wertschätzungen heraus; *höchster Repräsentant des Lebens selber.* (GA 5, 246)

> *Gerechtigkeit*, als Funktion einer weit umherschauenden Macht, welche über die kleinen Perspektiven von Gut und Böse hinaussieht, also einen weiteren Horizont des *Vorteils* hat – die Absicht, Etwas zu erhalten, das *mehr* ist als diese und jene Person. (GA 5, 246)

Heidegger gibt hier keine genaue Erläuterung der beiden Bestimmungen von Gerechtigkeit; er möchte nur in den Wesensbezirk verweisen, in den sie gehören. Nietzsche denkt die „Gerechtigkeit" aus dem Sein des Seienden im Ganzen, das heißt aus dem Willen zur Macht. Das Gerechte ist jenes, was dem Rechten gemäß ist. Aber was rechtens ist, bestimmt sich aus dem, was als Seiendes seiend ist. Um das verständlich zu machen, zieht Heidegger wieder zwei Zitate heran:

> Recht = der Wille, ein jeweiliges Machtverhältnis zu verewigen. Zufriedenheit damit ist die Voraussetzung. Alles, was ehrwürdig ist, wird hinzugezogen, das Recht als das Ewige erscheinen zu lassen. (GA 5, 247)

> Das Problem der *Gerechtigkeit*. Das Erste und Mächtigste ist nämlich gerade der Wille und die Kraft zur Übermacht. Erst der Herrschende stellt nachher „Gerechtigkeit" fest, d. h. er mißt die Dinge nach seinem Maße; wenn er *sehr mächtig* ist, kann er sehr weit gehen im *Gewährenlassen* und Anerkennen des *versuchenden* Individuums. (GA 5, 247)

Die Vollendung der Metaphysik im Nihilismus ist nach Heidegger der Kampf um die Erdherrschaft und damit auch der Kampf um die Gerechtigkeit. Nietzsche denkt die Gerechtigkeit als die Wahrheit des Seienden, die vom Willen zur Macht gesetzt wird. Was Nietzsche aber nicht denken konnte, ist, dass die Gerechtigkeit die vom Sein selbst bestimmte Wahrheit des Seienden ist, d. h. die Metaphysik ist ein Geschick des Seyns. Das bedeutet, dass die Gerechtigkeit die Wahrheit der Metaphysik in ihrer neuzeitlichen Vollendung ist, was Nietzsche allerdings verborgen geblieben ist. Und genau das ist der Grund, warum er das Wesen des Nihilismus nicht zu denken vermochte.

Heidegger geht in den folgenden Überlegungen äußerst vorsichtig vor. Der „Grund-Satz" der Metaphysik nennt nur den Wesensgrund alles Seienden im Ganzen. Nietzsche habe aber noch einen weiteren „Grund-Satz" der Metaphysik hervorgehoben: „Wir haben die *Kunst*, damit wir *nicht an der Wahrheit zu Grunde gehn.*" (GA 5, 248) Kunst und Wahrheit sind die hinreichende und die notwendige Bedingung des Erhaltens und der Steigerung der Seiendheit des Seienden als Wille zur Macht. Aus der Wesenseinheit des Seienden im Ganzen bestimmt sich das metaphysische Wesen des Wertes. Kunst und Wahrheit als die beiden Herrschaftsgebilde des Nihilismus werden durch Nietzsche in ihrer Beziehung zum Menschen gedacht. Aber wie sollen wir diese Beziehung in ihrem Wesen einheitlich erfassen? Um diese Frage beantworten zu könne, müssen wir Folgendes bedenken: Die ursprüngliche metaphysische Erfahrung Nietzsches ist eine zweifache. Aus seinem Wort „Gott ist tot" ergibt sich ein doppeltes Verständnis des Nihilismus. Der Nihilismus ist für Nietzsche der Vorgang in der Geschichte der Metaphysik, dass die obersten Werte sich entwerten. Wir können diesen Vorgang den negativen Nihilismus nennen. Da die obersten Werte wertlos geworden sind, wird eine neue, ganz anders gelagerte Wertsetzung notwendig. Die Aufgabe dieser Wertsetzung können wir dem positiven Nihilismus als Überwindung des negativen zuschreiben.

Nietzsche denkt aber in Werten, die unmittelbar das menschliche Vorstellen bestimmen und das Handeln befeuern. Damit ändert sich das Wesen des bisherigen Menschen. Das Menschsein wird in eine neue Dimension gehoben. Mit der radikalen Umwertung der bisherigen obersten Werte, die eine Folge der Erfahrung des Todes Gottes ist, fängt eine andere Geschichte an. Das Prinzip aller Wertsetzung ist der Wille zur Macht, der als das Sein alles Seienden erfahren wird. Nietzsche kann jetzt in der Gestalt von Zarathustra den Übermenschen verkünden:

> Der Name „Übermensch" nennt das Wesen des Menschentums, das als das neuzeitliche in die Wesensvollendung seines Zeitalters einzutreten beginnt. „Der Übermensch" ist der Mensch, welcher Mensch ist aus der durch den Willen zur Macht bestimmten Wirklichkeit und für diese. (GA 5, 251)

Wir können den Übermenschen nur im Gegensatz zum bisherigen Menschen denken. Der Übermensch ist die Gestalt, welche aus dem Sein des Seienden, das heißt hier aus dem Willen zur Macht gewollt, in ihn gestellt und aus ihm entfaltet wird. In dieser Gestalt ist der Mensch in der Lage, die Erdherrschaft übernehmen. Der bisherige Mensch dagegen wird in seinem Wesen zwar vom Willen zur Macht als dem Sein des Seienden beherrscht, aber er hat den Willen zur Macht als Grundzug des Seins weder erfahren noch wissentlich-willentlich übernommen. Hat Nietzsche, und das ist Heideggers weiterführende Frage, obwohl er das Sein als Wille zur Macht erfahren und gedacht hat, den Nihilismus nur innerhalb der Grenzen der Metaphysik in den Blick genommen? Und könnte das nicht der Grund dafür sein, warum er den wesentlichen Zusammenhang zwischen dem Willen zur Macht und dem Übermenschen nicht gesehen hat bzw. nicht sehen konnte? Die *existentia*, die ewige Wiederkunft, gehört zur *essentia*, zum Willen zur Macht. Diesen Zusammenhang konnte laut Heidegger Nietzsche nicht denken, weil er noch in der unvollendeten Geschichte der Metaphysik stand:

> Darum bleibt der Werkcharakter des Werkes „Also sprach Zarathustra" verborgen. Erst wenn ein künftiges Denken in den Stand gebracht ist, dieses „Buch für Alle und Keinen" mit Schellings „Untersuchungen über das Wesen der menschlichen Freiheit" (1809), und d. h. zugleich mit Hegels Werk „Die Phänomenologie des Geistes" (1807), und d. h. zugleich mit der „Monadologie" (1714) von Leibniz zusammenzudenken und diese Werke nicht nur metaphysisch, sondern aus dem Wesen der Metaphysik zu denken, sind Recht und Pflicht sowohl wie Boden und Gesichtskreis für eine Auseinandersetzung gegründet. (GA 5, 253)

Heidegger ist nur der Vorbereiter dieses künftigen Denkens. Für ihn gilt es, die Wahrheit von Nietzsches Wortes „Gott ist tot" zu erfahren. Und wenn wir diese Erfahrung machen, dann können wir mit Nietzsche sagen: *„Tot sind alle Götter: nun wollen wir, daß der Übermensch lebe!"* (GA 5, 255) „Gott ist tot" bedeutet nach Heidegger, dass der Ort der verursachenden Bewirkung und Erhaltung alles Geschaffenen leer bleibt. Auch der Übermensch kann sich nicht an die Stelle Gottes setzen, da das Wesen des Menschen als endliches den Wesensbereich Gottes prinzipiell nie erreichen kann. Der Übermensch tritt am Anfang der neuzeitlichen Metaphysik an eine andere Stelle und übernimmt in einem anderen Bereich der Begründung das Sein alles Seienden: Er ist die „Subjektität" des Willens zur Macht. Das *ego cogito* wird der Grund alles Seienden: „Alles Seiende ist darum entweder Objekt des Subjekts oder Subjekt des Subjekts." (GA 5, 256) Alles Seiende wird vergegenständlicht, und selbst die Welt wird zum Gegenstand. Dadurch wird die Erde nur noch als Gegenstand unserer Angriffe auf sie erfahren. Die Folgen dieser Vergewaltigung der Erde sind heute inzwischen auch für die, die dies eigentlich nicht sehen wollen, sichtbar geworden. Die Natur ist nur noch Gegenstand der Technik. Heideggers in anderen Texten ausgearbeitete Technikkritik ist für uns heute von wesentlicher Bedeutung, weil er über die Grenzen der Metaphysik hinausfragt und damit den Blick des Denkens über den Nihilismus hinausgehen lässt. Als Kritik aber ist sie keine Verdammung der Technik, sondern eine Entscheidung zwischen dem, was von der Technik wesentlich zum Menschen gehört, und dem, was eine Verunstaltung ihres Wesens bedeutet.

> Aus der Zeit 1881/82, in der das Stück „der tolle Mensch" entstand, stammt die Aufzeichnung Nietzsches: „Die Zeit kommt, wo der Kampf um die Erdherrschaft geführt werden wird, – er wird im Namen *philosophischer Grundlehren* geführt werden". (GA 5, 256)

Mit den philosophischen Grundlehren sind nicht die metaphysischen Grundstellungen gemeint, sondern die Darstellung der Wahrheit über das Seiende als solcher, d. h. die Metaphysik in der Gestalt der unbedingten „Subjektität" des Willens zur Macht, der es in ihrer Wertungsperspektive darum geht, sich gegenüber allen anderen Perspektiven unbedingte Geltung zu verschaffen.

Im Zeitalter der beginnenden Herrschaft des Willens zur Macht ist, wie Heidegger erläutert hat, das Sein zum Wert geworden. Am Anfang der Geschichte der Metaphysik wurde die Frage nach dem Seiendsein von Seiendem gestellt. Es wurde ein jahrhundertelanger Kampf um diese Frage entfesselt. Sie schlug das Denken der großen griechischen Denker in Bann. Wie steht es aber heute um das Sein? Bereits die metaphysische Frage nach der Seiendheit von Seiendem lässt die Frage nach dem Sein selbst, wie sie in *Sein und Zeit* aufkommt, durchgängig unbedacht. Heidegger verweist auf die Doppeldeutigkeit von „Sein" im metaphysischen Sinne der Seiendheit von Seiendem und „Sein" als Unverborgenheit. Wie wir schon aus *Sein und Zeit* wissen, fiel die Frage nach der Unverborgenheit des Seins der Vergessenheit anheim. „Mit dem Sein ist es nichts." (GA 5, 259) Jetzt kann Heidegger einen entscheidenden Schritt weiter gehen – auf der Basis der folgenden Einsichten: Nietzsche hat 1.) den Tod Gottes erfahren als das entscheidende Ereignis (die Entwertung der obersten Werte) der Neuzeit. Als Vollender der Geschichte der Metaphysik begreift er 2.) die Metaphysik des Willens zur Macht als Überwindung des Nihilismus, der sich als Nihilismus bejaht und will. Diese Überwindung besteht 3.) in einer völlig neuen Wertsetzung aus dem Willen zur Macht. Damit wird 4.) das Wertdenken zum Prinzip der Überwindung der überkommenen Metaphysik erhoben. Wenn aber 5.) der Wert das Sein nicht als das Sein im Unterschied zum Sein des Seienden sein lässt, ist es nach der Überwindung des Nihilismus mit dem Sein notwendigerweise nichts mehr. Das Nicht-Denken des Seins, das ja kein Wert ist, bekommt so den Anschein, als denke es das Sein, indem es das Sein als Wert denkt und d. h. schätzt.

Jetzt kommt, wie Heidegger sagt, ein schwaches Licht in das Dunkel der Frage, wie es möglich sein konnte, dass Menschen Gott getötet haben. Nietzsche sagt, wie Heidegger betont: *„Wir haben ihn getötet"*, nämlich Gott, *„und doch haben sie [die Menschen, A. D.] dieselbe [Tat, A. D.] getan"*, nämlich die ungeheuerliche Tat der Tötung Gottes (GA 5, 260). Denk- und fragwürdig bleibt, dass die Menschen von solcher Ungeheuerlichkeit bis heute nichts gehört haben. Das beruht darauf, dass Menschen an seinen leer gewordenen Ort die neuen obersten Werte gesetzt haben und so der Anschein entstehen konnte, als ob alles noch in Ordnung sei. Die Erfahrung des Todes Gottes ist die Erfahrung, dass Gott sich aus seiner lebendigen Anwesenheit zurückgezogen hat:

> Nietzsche selbst wundert sich über diesen Gedanken. Nur darum läßt er unmittelbar nach dem entscheidenden Wort: „Wir haben ihn getötet – ihr und ich! Wir alle sind seine Mörder!" den tollen Menschen fragen: „Aber wie haben wir dies gemacht?" Nietzsche erläutert die Frage, indem er sie, das Gefragte in drei Bildern umschreibend, wiederholt: „Wie vermochten wir das Meer auszutrinken? Wer gab uns den Schwamm, um den ganzen Horizont wegzuwischen? Was taten wir, als wir diese Erde von ihrer Sonne losketteten?" (GA 5, 260 f.)

Was ist hier geschehen? Auf die letzte Frage kann Heidegger antworten. Die Sonne erinnert an Platos Höhlengleichnis. Die Sonne umgrenzt als Horizont den Gesichtskreis, in dem das Seiende als Seiendes sich zeigen kann. Der Horizont war die übersinnliche Welt, die den Umkreis vorgab, in dessen Licht wahrhaft Seiendes in die Anwesenheit treten konnte. Indem der Mensch in die Ichheit des *ego cogito* aufgestanden ist, wird alles zum Gegenstand des Selbstbewusstseins. Die Erde wird losgekettet von der Sonne, das Meer wird ausgetrunken, und der ganze Horizont wird weggewischt. Oder wie Heidegger in seiner Auslegung prägnant sagt: „Das Seiende wird als das Objektive in die Immanenz der Subjektivität hineingetrunken. Der Horizont leuchtet nicht mehr von sich aus. Er ist nur noch der in den Wertsetzungen des Willens zur Macht gesetzte Gesichtspunkt." (GA 5, 261) Das Töten Gottes können wir jetzt auch besser verstehen: Das Töten meint 1.) die Beseitigung der übersinnlichen Welt durch den Menschen. Das Seiende wird 2.) durch die Vergegenständlichung in seinem An-sich-sein beseitigt. Die Wertsetzung hat alles Seiende 3.) unter sich gebracht und damit als Für-sich-Seiendes getötet. Wir lassen das Seiende nicht mehr sein, was es an sich ist, und geben ihm nicht länger die Möglichkeit, sich von sich her als das zu zeigen, was es ist. Diese drei Momente denkt Heidegger in ihrem wesentlichen Zusammenhang. Das Wertsetzen, das laut Nietzsche die Überwindung des Nihilismus sein sollte, ist das radikale Töten. „Es schlägt das Seiende als solches nicht nur in seinem An-sich-sein nieder, sondern es bringt das Sein gänzlich auf die Seite." (GA 5, 263) Im Wertdenken ist das Seiende nur noch ein Wert, so dass es mit dem Sein nichts mehr ist. Es lässt das Sein nicht „in die Lebendigkeit seines Wesens kommen" (GA 5, 263).

Nirgends in der Geschichte der Metaphysik und damit auch nicht im Denken Nietzsches gibt es ein Denken, das das Sein in seiner Wahrheit erfahren und gedacht hat. Selbst im vorplatonischen Denken als dem Anfang des abendländischen Denkens wird dieses nicht gedacht. „Das ἔστιν (ἐὸν) γὰρ εἶναι nennt zwar das Sein selbst. Aber es denkt das Anwesen gerade nicht als das Anwesen aus seiner Wahrheit. Die Geschichte des Seins beginnt und zwar notwendig *mit der Vergessenheit des Seins.*" (GA 5, 263) Dass sich das notwendig so ereignet hat, ist eine Erfahrung, die wir erst am Ende der Geschichte der Metaphysik in ihrer Vollendung als Nihilismus machen können. Dass das Sein in der Geschichte der Metaphysik ungedacht geblieben ist, ist kein Fehler der abendländischen Denker und kein Scheitern an ihrer Aufgabe. Das Sein selbst entzieht sich in seine Wahrheit als Anwesen und birgt sein Wesen in einem Sich-Verbergen. Damit wäre die Metaphysik in ihrem Wesen das Ungedachte. Die Metaphysik des Seins des Seienden west als das Geheimnis und ist nur eine Epoche in der Geschichte des Seyns.

Daraus ergeben sich zwei Aufgaben für ein anderes, nicht-metaphysisches Denken. Wir müssen 1.) fragen: „Was ist Metaphysik?" Diese Frage hat Heidegger schon in seiner Freiburger Antrittsvorlesung „Was ist Metaphysik?" (1929) gestellt.

Damals hatte er schon darauf aufmerksam gemacht, dass die Frage „Was ist Metaphysik?" keine metaphysische Frage sei und, wie wir jetzt verstehen können, auch nicht von der Metaphysik beantwortet werden könne. Wenn wir 2.) das *Nihil* des Nihilismus aus dem Geschick des Seins denken, bedeutet das, dass es mit dem Sein nichts ist. Im Erscheinen des Seyns als Sein des Seienden bleibt das Seyn verborgen, so dass seine Wahrheit im Dunkeln und in Vergessenheit bleibt. Im Wesen des Seyns selbst liegt es also, dass es ungedacht bleibt und dass die Geschichte der Metaphysik mit der Seynsvergessenheit beginnt und einhergeht. Die Erfahrung der Differenz des Seyns und des Seins ist der Metaphysik folglich prinzipiell vorenthalten, gerade weil sie aus dem Geschick des Seyns ereignet ist. Das Denken der Wahrheit des Seyns und des Seyns als der Wahrheit des Seins lässt uns einen anderen Ton im Namen des Nihilismus vernehmen. Wir müssen also darauf zu achten lernen, was durch das im Nihilismus vollzogene Töten Gottes im Blick auf das Seyn zur Erfahrung kommen könnte.

> Der tolle Mensch dagegen ist eindeutig nach den ersten Sätzen, eindeutiger noch für den, der hören mag, nach den letzten Sätzen des Stückes derjenige, der Gott sucht, indem er nach Gott schreit. Vielleicht hat da ein Denkender wirklich de profundis geschrieen? Und das Ohr unseres Denkens? Hört es den Schrei immer noch nicht? Es wird ihn so lange überhören, als es nicht zu denken beginnt. Das Denken beginnt erst dann, wenn wir erfahren haben, daß die seit Jahrhunderten verherrlichte Vernunft die hartnäckigste Widersacherin des Denkens ist. (GA 5, 267)

Die Vernunft ist die „Widersacherin des Denkens", weil sie das Wesen des bisherigen Menschen als *animal rationale* denkt und feststellt. Damit macht sie das Hinausrücken des ver-rückten Mensch über den bisherigen Menschen unmöglich. Sie redet uns damit die Angst vor einem Denken ein, das als nicht-metaphysisches Denken gerade vorbereitet werden muss, wenn eine Verwindung des Nihilismus in einem anderen Denken möglich werden soll. Dazu aber bedarf es einer Wiederholung der Metaphysik, die das Ziel hat, die Holzwege der Metaphysik in ihrem ursprünglichen Bezug zum Seyn durchschaubar werden zu lassen.

Heidegger ist ein Waldhüter. Als solcher ist er einer von den Seltsamen, welche die Holzwege der Metaphysik gehen und dafür sorgen, dass sie nicht zuwachsen, sondern dass die metaphysischen Grundstellungen Lichtungen bleiben, so dass wir das metaphysische Denken in seinen Grenzen erfahren können. Heidegger ist demnach ein Waldhüter, der die Vollendung der Geschichte der Metaphysik als Nihilismus bedenkt. Als solcher ist er kein Holzmacher. Durch seinen Aufsatz „Nietzsches Wort ‚Gott ist tot'" hat Heidegger uns zu denken gelehrt und somit eine Aufgabe gegeben. Sie besteht darin, den Weg aus dem Wald des Nihilismus zu finden, dem es Werte setzend allein darum geht, Bedingungen seines Willens zur Macht zu erhalten und zu steigern, statt die Wahrheit einer kommenden Welt zu eröffnen, die uns nur zugänglich wird, wenn es gelingt, das dafür notwendige nichtmetaphysische Denken anzustoßen und vorzubereiten.

Literatur

Armitage, D. 2017: Heidegger and the Death of God. Between Plato and Nietzsche, Berlin.
Brachtendorf, J. 2011: Heideggers Metaphysikkritik in der Abhandlung „Nietzsches Wort 'Gott ist tot'", in: Fischer, N. / von Herrmann, F.-W. (Hg.): Die Gottesfrage im Denken Martin Heideggers, Hamburg, 105–127.
Ehrmantraut, M. 2016: Nihilism and Education in Heidegger's Essay: „Nietzsche's Word: 'God is Dead'", in: Educational Philosophy and Theory 48, 764–784.
van de Wiele, J. 1968: Heidegger et Nietzsche. Le problème de la métaphysique, in: Revue Philosophique des Louvain 91, 435–486.

Babette Babich
Crisis and *Twilight* in Martin Heidegger's "Nietzsche's Word 'God is Dead'"

"We show respect for a thinker only when we think."
Martin Heidegger

1 Edmund Husserl's *The Crisis of European Sciences* and Friedrich Nietzsche on "Science as Question-Worthy"

Edmund Husserl published a text in 1936 that continues to challenge Husserlians and philosophers of science alike: *The Crisis of European Science and Transcendental Philosophy* (Husserl 1936; Husserl 1970). Part of a larger, unfinished project, along with a briefer version given as a lecture in Vienna in 1935, there are challenges concerning its reception. For Husserl began with a paradox, thus the so-named "crisis" in his Prague lecture, asking with his first section title, "Is there, in view of their constant successes, really a crisis of the sciences?" (Husserl 1970, 3) As Husserl explained, the very notion indicates nothing less than that its genuinely *scientific* character, the whole manner in which science has set its task and developed a methodology, *qua* science, has become questionable [*"fraglich geworden ist"*] (Husserl 1970, 3; Husserl 1936, 80). The point Husserl makes recalls Nietzsche's auto-critical reflections on his first book, explicitly problematizing science *as* science.[1] There, Nietzsche claimed a certain priority in 1886, as he had articulated "a new problem: today I would say that it was the problem of science itself—science conceived for the first time as problematic, as question-worthy [*fragwürdig*]" (Nietzsche 1980, vol. 1, 13). At issue is radical questioning, precisely critical given that "the problem of science cannot be cognized on the foundation of science—" [*"das Problem der Wissenschaft kann nicht auf dem Boden der Wissenschaft erkannt warden —"*] (Nietzsche 1980, vol. 1, 13).

Nietzsche's declaration of the "problem of science" as "question-worthy" does not merely accord with Husserl's question, but Husserl, for his part, quite as reflexively as Nietzsche, points the question, addressing it to "we ourselves, we philoso-

---

[1] At the same time, Nietzsche also claimed "unimpeachable discoveries" in his own field (see for a discussion Babich 2020).

phers of the present—what can and must reflections of the sort we have just carried out mean *for us?*" (Husserl 1970, 16). There is more to be sure and the parallel arguably continues as Husserl also invokes Max Weber's "Science as Vocation," (17) likewise as foundational and, so some have argued, as Nietzschean, and Husserl cites Nietzsche's "'Good Europeans'" explicitly (299). Here Husserl also insists on the critical focus of mathematics (and David Hilbert's imperative for mathematics and universal knowledge: "W*e must know— we will know.*"; see for discussion Babich 2010, 266), as Husserl makes clear in his next section: "The Origin of the New Idea of the Universality of Science in the Reshaping of Mathematics" (Husserl 1970, 21; see Tieszen 2005). Arguably, Husserl raises Nietzsche's critical questions in his Vienna lecture including Nietzsche's concept metaphor of the cultural physician, explaining that "The European nations are sick; Europe itself, it is said, is in crisis." (Husserl 1970, 270) Husserl's language in turn resonates with Heidegger's reflections in his 1938 "The Age of World Picture" (Heidegger 2002, 57–85), in his 1943 "Nietzsche's Word 'God is Dead',"[2] and in "The Danger" in his 1949 *Insight into That Which Is* (Heidegger 1994).

For Husserl,

> Europe's greatest danger is weariness. If we struggle against this greatest of all dangers as "good Europeans" with the sort of courage that does not fear even an infinite struggle, then out of the destructive blaze of a lack of faith, the smouldering fire of despair over the West's mission for humanity, the ashes of great weariness, will rise up the phoenix of new life-inwardness and spiritualization as the pledge of a great and distant future for humanity: for the spirit alone is immortal. (Husserl 1970, 299)

Today we worry about those Husserl counts out of the collectivity of his "Europeans," those not properly European ("Eskimos or Indians presented as curiosities at a fair, [or] the Gypsies who constantly wander about Europe" [Husserl 1970, 273]) as with Nietzsche's own "good Europeans." Indeed, Husserl raises the question of the growing uniformity of the "theoretical attitude" (Husserl 1970, 282 f.), i. e., the scientific attitude, towards a "supranationality," writing: "Within European civilization, philosophy has constantly to exercise its function as one which is archontic for the civilization as a whole." (Husserl 1970, 289) At the same time, and relevant for any reading of Heidegger's "Nietzsche's Word 'God is Dead'," most Nietzscheans sidestep the issues Husserl raises as they sidestep reading Nietzsche in connection with either science or epistemology, in spite of Nietzsche's life-long insistence on

---

[2] I will cite here, for hermeneutic reasons, two different translations of Heidegger's essay: Heidegger 1970 and the analytic version, which affirms itself as a "fresh and accurate new translation," Heidegger 2002.

science and the question of knowing (see Babich 2021b). I already cited Nietzsche's critical declaration of the theme of his first book; subsequently, Nietzsche argued that science would have to be regarded as the "latest and noblest form" (Nietzsche 1980, vol. 5, 396–397) of the traditionally theistic "ascetic ideal," having replaced an outdated faith in higher values or deity with a "faith in truth" *qua* "desire to halt before the factual, the *factum brutum*" (Nietzsche 1980, vol. 5, 399), reminding the reader that both science and the ascetic ideal "stand on a single foundation" (Nietzsche 1980, vol. 5, 402). Connecting Nietzsche and Husserl is not without precedent (see Boehme 1962 and 1968, Heelan 1999 and Schmid 1999, particularly 161).

Although Nietzsche is not commonly read on the crisis of foundations just this question was his question, as he writes with reference to Kant in *The Gay Science*, here to quote the section that serves as the focus of Heidegger's essay,

> Those thinkers, in whom all stars move in circular orbits, are not the deepest; he who looks into himself as into an immense universe and who bears milky ways [*Milchstraßen*] within himself, also knows how irregular all Milky Ways are; they lead to the chaos and labyrinth of existence. (*The Gay Science*, §322)

Nietzsche who sent his work to Ernst Mach for commendation, was concerned with cosmology and the foundations of logic (Babich 2021b), reflecting on the problems of (the "scientificity" of) scientific philology. In *The Gay Science*, Nietzsche raises more general questions concerning logic, causation, and cosmology preparatory to his reflections in *"Der tolle Mensch"* ["The Madman"] (*The Gay Science*, §125). It may be argued that *The Gay Science* reprises Nietzsche's first book on tragedy, thematizing the reflexive contradiction of science at its own limits as a study of aesthetic science and the science of history at its inception.

That Heidegger engages Husserl is impossible to contravene, although scholars pointing to thetic differences between them have concluded the matter by setting that engagement out of consideration and arguing only one perspective or the other, perhaps for simplicity's sake. The question of crisis, the issue of foundations and nihilism connects Heidegger's conclusions with respect to reason and science to Husserl's *Crisis* and inasmuch as Nietzsche is a common factor, it is worth looking at Nietzsche's *Twilight of the Idols* as this text plays in Husserl's study, as well as Heidegger's "Nietzsche's Word 'God is Dead'," a crucial role.

How is this "word" related to science and knowing, objectivizing the world? Isn't atheism what is at issue in the statement, the claim, the word "God is dead"? I noted the date of Heidegger's lecture (1943) to contextualize Heidegger's ongoing project. The concern would seem obvious enough: a matter of nihilism or, as we note below, *"Lebensraum"* or "will to power" or the *"Übermensch"* precisely as themes uttered in a Nazi era. These are the themes, but reading them via Heidegger makes them problematic beyond the now routine observation that Heidegger engages Nietzsche more than any other figure in the philosophical tradition. The trouble with counting nominal mentions is that Heidegger's focus on Nietzsche has been debated both on the side of so-called Heideggerians and on the side of (in the English-speaking context increasingly and not less in German, French and Italian scholarship, typically) "analytic" Nietzscheans. The debate itself is problematic which is why it is important to distinguish analytic and supposedly "continental" readings. What is certain is that Heideggerian scholars reading Heidegger's frequent denigrations of Nietzsche's work take Heidegger very much at his word regarding Nietzsche as the "last metaphysician," and to this extent tend to find his ongoing attention to Nietzsche perplexing.

2 Who is Heidegger's Nietzsche?

The "who"-form of the question is indebted to Heidegger's reading of Nietzsche. When it comes to Zarathustra the name has world-historical relevance and is thus different from the distinction most scholars make when they associate a name with a certain historical tradition or philosophical epoch (notably, as Nietzsche names Plato and Kant in his short "How the 'True World' Became a Fable"), and, as Heidegger says, differentially, "a metaphysics can be named after a thinker." (GA 5, 205/157) Heidegger explains that this is no matter of "personality," properly speaking: as "[t]he destiny of being makes its way over beings in abrupt epochs of truth" (GA 5, 206/157).

If this is how Heidegger understands Nietzsche in connection with "metaphysics," Heidegger does not seem to read a conventional Nietzsche, that is the Nietzsche Nietzsche scholars (or scholars in general) assume themselves to know. Thus we may recall Bernd Magnus's closing footnote quip to his introduction to Karl Löwith's book on eternal recurrence/return (*Wiederkunft/Wiederkehr*) (Magnus 1997, xi), an introduction that does the profession of Anglophone philosophy a disservice as Magnus blames the subset he here names the "continental" theorists for the lateness of a translation of a book after more than sixty years, and on which text Magnus had already drawn for the sake of his own study of *amor fati* (Magnus 1970). In hindsight, Magnus errs spectacularly as he himself reflects, given his own "unconscious and unwitting" correspondence with Löwith, as the Anglophone tradition manages to be derelict all by itself, no need for help from the continental contingent, when it comes to translating European (or indeed non-European) philosophers. In his closing footnote, Magnus, claiming a certain appreciation for Heidegger's Nietzsche interpretation, quotes another reader criticizing Heidegger's Kant, following the Gospel's Caesarean division (Matt 22:21), dismissing an entire interpretive enterprise, the lot of it: bad Kant, bad Nietzsche, good Heidegger. Thereby the commentator tells the reader what to think of Heidegger. In this way, Magnus' introduction to his *Heidegger's Metahistory of Philosophy* had already opted for the philosophical tradition contra Heidegger, claiming that "Heidegger's reading of the tradition as in the case of Hegel, sheds more light on the author than on the past." (Magnus 1970, XIII)

As in many claims of this kind, this assertion lacks both context and argument. In her review of Magnus's book, Elizabeth Hirsch notes that although Heidegger's readings of other philosophers can surely be challenged, she has "rarely" had occasion to encounter, as in the case of Magnus's book, such a regrettable combination of a lack of familiarity with Heidegger's writings *and* severe criticism not only of his views, but of his scholarship. For Magnus, Heidegger's interpretation of Nietzsche is "guided by no conventional scholarship" and "his assessment of the history of metaphysics depends to a marked degree upon a partial reading of Plato and Aristotle" (Magnus 1970, XI f.). Hirsch is correct as Magnus twice claims that Heidegger "inaccurately interprets his own *Being and Time*" (Magnus 1970, 86; 90). Magnus sees the later Heidegger's distortion of his first major book in the fact that he "is anxious to free Being from Dasein, from *beings*" (Magnus 1970, 86; Hirsch 1973).

Reviews are a thankless task, and they are rarely read, but Hirsch is worth reading if only to counter the impact Magnus continues to have on both Nietzsche and Heidegger scholarship.

Nietzsche had thematized the question of the scientific status of the Homer problem in his inaugural lecture in Basel and thereby of the discipline of philology precisely as historical science quite in terms of its foundations and methodology and thereby the problem of tradition as such, a point he retrieves in his *Untimely Meditations* on "The Use and Disadvantage of History for Life," quite as Heidegger also reflects on this text (Heidegger 2016).[3] I emphasize this commonly cited reservation vis-à-vis Heidegger and the philosophical tradition, and it is worth recalling Dominique Janicaud's reflective (and very Nietzschean) observation that "the act of transmission tells us almost nothing about *Tradition*." (Janicaud 1997, 61) This may illuminate some of the limitations to which Hirsh adverts, but what is important to note is that the work Magnus does, the working efficacy of his claim, is accomplished not by argument (Hirsch is not wrong), but by the rhetoric or framing of his claim. Thus, others make similar points independently (cf. Haar 1996), such that be it Hölderlin (for high church Heidegger) or classically in the case of Kant or Des-

---

[3] See the discussions in the recent *Black Notebooks* issue of the *Journal of the British Society for Phenomenology*, beginning with Haase 2020 and my own contribution.

cartes or, most conventionally, Aristotle, we can be informed that all Heidegger ever does is Heidegger, especially when it comes to Nietzsche. Heidegger's concern is with his own philosophic project. This judgment has a good conscience, as Heidegger tells us that the history of philosophy has failed to raise the Being question and thus and above all failed to think "what is" other than *as* "*Seiendes*" (cf. GA 79), as he writes in "Nietzsche's Word 'God is Dead'," telling us that this specifically modern "self-assertion" belongs to the "metaphysics of subjectness [*Subjektität*]" (GA 5, 239/88).

For their part, Nietzsche scholars miss the Nietzsche they know reading Heidegger. Citing the texts they know, Heidegger seems to be talking past them. This is true of "Who is Nietzsche's Zarathustra?" as of the Nietzsche lectures which defy routine Nietzsche scholarship and philosophical and philological scholarship in general by focusing not on the published works as such or choosing between early, "middle," or late works, but the unpublished works.

Although Heidegger's "Nietzsche's Word 'God is Dead'" is launched from a reading of a particular section of *The Gay Science*, interpolated with reference to the second book of *Thus Spoke Zarathustra* (which first "book for all and none" appeared quite, as Heidegger also says, a year after Nietzsche published the first version of *The Gay Science* in 1882), just where the 1886, second edition of *The Gay Science* with its five books and appendix, *Lieder des Prinzen Vogelfrei*, does not rate a mention any more than the later, third book of *Zarathustra* (the fourth book being its own problem). There is clearly more going on in Heidegger's text as the reference to nihilism, but also the will to power and the preservation-enhancement conditions of life in addition to "subjectness" whereby the human being "rises up within the subjectity of beings into the subjectivity of his essence," that is "absolute objectifying," and "the battle for mastery over the earth [*Erdherrschaft*]" (GA 5, 252/191 [2002]), the *Übermensch*.

3 Nietzsche's *Twilight of the Idols* and Heidegger's "Nietzsche's Word 'God is Dead'"

Heidegger's reading of Nietzsche's *Twilight of the Idols* resonates both in the title and the theme of "Nietzsche's Word 'God is Dead'," to the point of the issue of science (see Babich 2014). Although nearly without explicit reference, Heidegger does tell us at the outset that "Nietzsche himself interprets the course of Western history metaphysically, namely as the advent and development of nihilism." (GA 5, 206/158 [2002]) And in his 1936/1937 Nietzsche lecture course, "*The Will to Power as Art*" ["Der Wille zur Macht als Kunst"], featuring an epigraph concerning the "experience" of thinking Nietzsche, "that life might be an experiment of the knower—" ["*daß das Leben ein Experiment des Erkennenden sein dürfe* –"], Heidegger glosses the six sections of the "history of Platonism," (in his *Twilight of the Idols*) section by section (Heidegger 1961, 235–240).

With respect to Husserl as I have already noted above, scholars underline that it is not "known" whether Heidegger knew the *Crisis*. Thus, Husserl experts—Dermot Moran being only the most recent (Moran 2012, 266)—claim that Heidegger could not have, would not have been aware of Husserl's text. My argument that these two texts are parallel does not seek to reduce one to the other or claim derivative "influence."[4] Above, I note points of contact between Husserl and Nietzsche, and to this extent, as Rudolph Boehm argues, directly or convergently, Husserl's crisis influences Heidegger's *Holzwege* essay. At the same time, what is problematic for those who know Heidegger is that his preoccupation with Nietzsche is gainsaid on his own terms. Heidegger seems to return to Nietzsche as if the encounter were the scene of a trauma or a word spoken in a space that left him waiting for an answer, a reply, some completion or resolution. Thus Hans-Georg Gadamer could reprise a comment he had heard from Heidegger's son, as an utterance repeated during Heidegger's final days, as if musing on damage done: "Nietzsche broke/ruined/destroyed me." ["Nietzsche hat mich kaputt gemacht."] (Gadamer 1996, 19).

I here have used as many different renderings of *kaputt*, arguably one of the least-challenging words to render from German into English where one can even, colloquially, onomatopoietically, leave the term in German and have it be understood, as the prominent Heidegger scholar, William Richardson S. J. (1920–2016) protested that it barely meant anything at all for Heidegger. Richardson had a point: like "Rosebud" in Orson Welles' 1941 filmic masterpiece *Citizen Kane*, a film dedicated to the concept of "the" *magnum opus* as such, the phrase, "*Nietzsche hat mich kaputt gemacht*," is gnomic. More crucial here is the philosophical chestnut: How does Heidegger read Nietzsche's word "God is Dead"? We know the God-is-Dead phrase, blazoned, as it is, on teacups and T-shirts and even, to celebrate the so-called "Death of God" theologian, Thomas J. J. Altizer (1927–2018), on the 8 April 1966 cover of *Time Magazine*. A gnomic reading is nothing if it does not begin by pointing to the most obvious, and this is how Heidegger begins, repeating everyone's everyday knowledge of what such a saying has to mean, telling us the locus in the Nietzschean text—*The Gay Science*, §125—but also tracing it to Hegel's

---

4 Consider, by contrast, Nietzsche source scholarship, a robust industry founded on the conviction that any text with which Nietzsche had even a suspected acquaintance from the Egyptian *Book of the Dead* to Dostoevsky and Stirner, Emerson and Thoreau, etc., might have been an original source for his thinking.

and Pascal's articulations of the same claim. The point, as Heidegger, thinker of Dasein as "lieutenant of the nothing," exemplifies the claim, is that "Nietzsche's thinking sees itself as belonging under the heading nihilism." (GA 5, 208/57) Just this is the problem for Heidegger in that it tends to be parsed as an assessment of Nietzsche's interior life qua believer/unbeliever:

> One could suppose that the pronouncement "God is dead" expresses an opinion of Nietzsche the atheist and is accordingly only a personal attitude and therefore one-sided, and for that reason also easily refutable through the observation that today everywhere many men seek out the houses of God and endure hardships out of a trust in God as defined by Christianity. (GA 5, 208–209/57)

At issue, as the text continues, is more Platonism than Christianity. This does not mean that it is Heidegger's claim that Nietzsche is not talking about the Christian God, but and much rather, and this is Nietzsche's point in his *Twilight of the Idols*, "How the 'True World' Became a Fable," that the terms

> are used to designate the suprasensory world in general. God is the name for the realm of Ideas and ideals. This realm of the suprasensory has been considered since Plato, or more strictly since the late Greek and Christian interpretation of Platonic philosophy, to be the true and genuinely real world. (GA 5, 212/61)

Heidegger continues his gloss, uncited as such, of Nietzsche's short "history of an illusion" (the point is overdetermined in context if I am justified in reading this in tandem with Husserl's *The Crisis of European Sciences and Transcendental Phenomenology*), in contrast to the Platonic suprasensory: "the sensory world is only the world down here, the changeable, and therefore the merely apparent unreal world." (GA 5, 212/61) As Heidegger here defends his diagnostic reading of Nietzsche as last metaphysician, via Kant as we have already seen that Nietzsche thematizes Kant from the start and which same Kant is also the midpoint of Nietzsche's short history,

> The world down here is the vale of tears [*Jammertal*] in contrast to the mountain of everlasting bliss in the beyond. If, as still happens in Kant, we name the sensory world the physical in the broader sense, then the suprasensory world is the metaphysical world. (GA 5, 212/61)

Thus, Heidegger sets Nietzsche, as Nietzsche sets himself, in "opposition to Platonism." Today, in the epoch of what Husserl names the specifically "European" sciences, we read: that, what had been the flight from the world into the metaphysical, Nietzsche's "true world," Christian values, has been replaced by "historical progress." ["Die Weltflucht ins Übersinnliche wird ersetzt durch den historischen Fortschritt"] (GA 5, 216/64) Here, quite apart from Heidegger's complex discussion of

Paul and Christianity and political power, we see the Heideggerian move par excellence as a reading of Nietzsche's *Twilight of the Idols*. This is Nietzsche's signature inversion, the heart or mechanism of the slave revolt in values, "a mere countermovement necessarily remains, as does everything 'anti,' held fast in the essence of that against which it moves." (GA 5, 213/61)

Heidegger explains this in and on his own terms as "the mystery of Being itself," a "mystery unthought because it withdraws." (GA 5, 260/110) For Heidegger, and here his claim turns on itself as he writes: "Metaphysics is an epoch"—the term is phenomenological and the gloss tells us so: "A self-withholding"—"of the history of Being itself. But in its essence metaphysics is nihilism. The essence of nihilism belongs to that history as which Being itself comes to presence. (GA 5, 261/110) In this sense the focus on "the" nothing is crucial: "Nihilism means: Nothing is befalling everything and in every respect" and thereby "the essence of nihilism consists in the fact that Nothing is befalling Being itself." (GA 5, 261/110 f.) Here, again, Nietzsche's short history is crucial as Heidegger explains that "'Nothing' means here: absence of a suprasensory, obligatory world. Nihilism, 'the most uncanny of all guests', is standing at the door." (GA 5, 213/61 f.)

It matters to read Husserl's *The Crisis of European Sciences and Transcendental Phenomenology*, which Husserl had been working on, we are told, in 1934, but which appears in 1936, the same year, so Heidegger tells his reader (GA 5, 369) that goes back to material reflections he had begun in the same year with his Freiburg Nietzsche lectures. If nothing else, the guiding thread of Heidegger's lecture can begin to make more sense. Thus, Heidegger reads Nietzsche as phenomenologically and critically as the urgency of the times, the "situation" dictates.

Heidegger relates a standard interpretation of nihilism, of "values" devaluing themselves, and of the will to power which is said to be, as Heidegger notes, and here the year from which this text dates makes this observation ominous, as Heidegger writes—and in our own age of "pandemic" and war, we also understand the reference, "What power means, everyone knows from everyday experience as the exercise of dominion and force." ["Was Macht bedeutet, kennt jeder aus der alltäglichen Erfahrung als die Ausübung von Herrschaft und Gewalt."] (Heidegger GA 5, 228). The argument is standard when we read Heidegger (or Plato for that matter), we all of us already know, or take ourselves to know, from direct acquaintance, just what power is about. When we read Carl Schmitt on the sovereign exception, this is also clear. Is there any challenge to understanding what Nietzsche means by will to power?

Here Heidegger immediately reads such talk of "will to power" in terms of measure and measuring, calculation, *ratio*, or reason, in correspondence with a "'Zahl- und Maß-Skala'," as Heidegger quotes Nietzsche's own *Will to Power* with respect to "the scales of number and measure" (GA 5, 223/71), quite as Patrick Heelan likewise argues with respect to Husserl and a hermeneutic-phenomenological philosophy of science (Heelan 1987; Heelan 2014), and thence for Heidegger here to Leibniz (GA 5, 226/171 [2002]). The same balance, as Boehm points out as Boehm foregrounds Leibniz, as Heidegger does, is also to be found at the start of Husserl's *Crisis.*

Elsewhere I have emphasized that this parallel has been noted by Robert Sokolowski (Babich 2013, 133) who draws attention to Boehm's emphasis on interpretation, *Auffassung*, with reference to Nietzsche: "Intentionality interprets sensations."[5] Where I focus on Nietzsche's *perspectivalism* as a perspective, as it were, on points of view, or a perspective on (thus as distinguished from what most scholars call "perspectivism" as if this were his philosophical methodology), and where I contend, taking Ricœur as point of departure with respect to exclusivity, that Nietzsche's phenomenology arguably predates Husserl's phenomenology, noting Nietzsche's use of *epoché* (Babich 2019, 262–263) and that this same perspectivalism anticipates Husserl's *Abschattungen* (Babich 2019, 263), the point Sokolowski makes, regarding Boehm and his Husserlian viewpoints, is arguably Nietzschean with regard to the co-relevance of apparent and "true" worlds. As Sokolowski argues (in good phenomenological fashion, that is, following Husserl), the problem with phenomena is to see them as true principles. In other words, they are not "merely appearances behind which a hidden reality exists, but they are the appearing reality itself with nothing behind it." (Sokolowski 1971, 136 f.) As Boehm argues, it is the phenomenon of an interpretation of a sensible content in and through a "perception" (or point of view) that forms the crux of the Husserlian problem of the constitution of the object.[6]

I argue that the reading Heidegger offers of "Nietzsche's Word 'God is Dead'" grows as much out of the Husserl of the *Crisis* as out of the then epoch, the long 19th century into the 20th, as Jean-Luc Nancy reminds us,[7] when God seems very banausically to be dead (that is more than generically, as the Gnostic, messianic precondition for redemption, in the absolute or Hegelian sense, as Heidegger recalls Hegel's *Faith and Knowledge* (1802), but more specifically, as Nietzsche af-

---

5 Sokolowski 1996, 56; see Boehm 1968, 217–236. For this phenomenological Nietzsche, as Boehm argues, "phenomenological constitution [...] is essentially interpretation" (Boehm 2013, 19). And see, on Husserl and Heidegger at the methodological origin of phenomenology, McDonnell 2018.
6 A translation is included in Boublil 2013, as I recall encouraging this inclusion at the original conference, but the translation omitted what can seem to have been the very Husserlian *Leitmotif* of Boehm's essay: his title *"Deux points de vue,"* using only the subtitle Boehm uses in his subsequent, 1968 two volume collection of articles (Boehm 1968).
7 See Nancy 2017. Nancy also points, as Heidegger does, to Schelling in his definition of critique/crisis.

firms, as Heidegger quotes him, "'I believe in the ancient German saying: all gods must die.'" (GA 5, 214/161 [2002]), the crux of the then-new Nazi world order, as we imagine (this is supposition) the time in which Heidegger is writing, the time when the values that make sense in the West as the highest values, would be devalued, leading to a new effort by a new regime with ambitions to change, to re-order the world, and so *revalue* values. Indeed, Heidegger speaks of life and not less in connection with life, of space for expansion as if that were a theme (as it was) for Germany in which he wrote. Thus Heidegger emphasized that "[t]he guaranteeing of space in which to live" ["Die Sicherung des Lebensraums"], for example, is never the goal for whatever is alive, but is "only a means to life-enhancement" ["nur ein Mittel zur Lebenssteigerung"]. (GA 5, 225/73) The point corresponds to Nietzsche's understanding of abundance and expression as opposed to conservation/decadence. Thus,

> Conversely, life that is enhanced heightens in turn its prior need to expand its space. But nowhere is enhancement possible where a stable reserve ["ein Bestand als gesichert"] is not already preserved as secure and in this way as capable of enhancement. (GA 5, 225/73)

Heidegger here foregrounds life and its inherent "complexity," points more indebted than can be typically thought to his reading of Roux (as Wolfgang Müller-Lauter argues in a different context [Müller-Lauter 1978]) and contra stock associations with Nazi aspiration and policy.

In the case of Heidegger's essay on Nietzsche's word, the problem is not that he fails to let Nietzsche come to word—he quotes the entirety of *The Gay Science*, §125, connecting it with Nietzsche's writings published and unpublished and connects it with the then-current situation complete with a reflection on "situation," a term crucial for Adorno, whose critical theory is dependent on his engagement with Husserl as well as for Heidegger's (and Husserl's) student, Günther Anders. Crucially, we will be told that none of our assumptions concerning Nietzsche's "God is dead," hold, even as Heidegger offers an explication of nihilism, of nothingness, of the devaluation of the highest values.

"God is dead" characterizes the length of the long 19th century even prior to Nietzsche. We know, Heidegger says, that Hegel already says this for good Christian reasons. For Heidegger, and here we see the virtues of the analytic translation: the point is to think, interior to metaphysics as thus defined, "the essential relation of the truth of beings as such" (GA 5, 244/186 [2002]). This, however, Heidegger maintains, fails to be thought or even broached as a question and, owing to "the predominance of philosophical anthropology, it is utterly confused." (GA 5, 244/186 [2002]) What in any case would be erroneous would be to conclude from this "that Nietzsche philosophized 'existentially.' That he never did. But he did think metaphysically." (GA 5, 244/186 [2002])

How Nietzsche thought *metaphysically*, Heidegger tells us, we readers are not advanced enough to think for our own part with any rigor, that is, as Nietzsche thought, citing the beautiful and gnomic aphorism from *Beyond Good and Evil*:

> Around the hero, everything becomes a tragedy; around the demi-god, everything turns into a satyr play; and around God, everything becomes – what? maybe "world" — (GA 5, 249/186 [2002])

I have been arguing that more than § 125 from *The Gay Science*, as Heidegger cites this, that the reading Heidegger offers depends upon his reading of Nietzsche's works, mostly (but not all) the works of the *Nachlass* and, as I argue, including Nietzsche's *Twilight of the Idols*, the same text we have seen, also on Boehm's reading, that Husserl arguably engages, as well one might were one interested, as Husserl was, in "'reason' in philosophy" ["'Vernunft' in der Philosophie"], or the great errors of causality as Nietzsche will emphasize these, given Husserl's attention to Hume's "fictionalism."

Here Heidegger seems to gloss Nietzsche's summary declaration: "The suprasensory has become an unenduring product of the sensory. But by so disparaging [*Herabsetzung*] its antithesis, the sensory denies its own essence." (GA 5 205, 157 [2002]) The movement is both Heideggerian and Husserlian, if Heidegger's reading is Hegelian, sublating Nietzsche:

> The deposition [*Absetzung*] of the suprasensory [*Übersinnlichen*] also excludes the sheerly sensory [*Sinnliche*] and with it the difference between the two. The deposing of the suprasensory ends in a "neither-nor" regarding the distinction between sensory (αἰσθητόν) and non-sensory (νοητόν). It ends in the senseless. (GA 5 205/157 [2002], trans. altered)

Tracking the metaphysical trajectory leading from Plato to the death of God and beyond, this is the *peripety* of reason in the *Twilight of the Idols* and thus the reversal of the "true world" as ideal, as imperative: "consequently also non-consoling, -redemptive, -obligatory" (Nietzsche 1980, vol. 6, 80): in just this way, this is the "the end of the longest error." (Nietzsche 1980, vol. 6, 80) Nietzsche's method is questioning: what could be more Heideggerian, more Nietzschean, than asking: "The true world—we have abolished [*abgeschafft*]. What world is left? The apparent perhaps? ... ." (Nietzsche 1980, vol. 6, 80) Here, in the last moment of Nietzsche's "history of an error" an ellipsis, the text equivalent of a filmic dissolve, a flash forward: "But no! with the *true world we have also abolished* [*abgeschafft*] *the apparent* [*die scheinbare*]." (Nietzsche 1980, vol. 6, 81) The charge is a shock to the phenomenologist, if we may, as I have argued, read Nietzsche himself as phenomenologist: and how could it not be?

This text began by noting that Husserl begins his 1913 *Ideas Pertaining to a Pure Phenomenology* claiming to offer a new science, "a science of phenomena," (Husserl 1981, 1) acknowledging in the process the many ways, like being, in which phenomenology is said, here, according to a range of sciences. To this extent, Boehm's question remains our question, Nietzsche repeats the word "*abschaffen*"—three times, first to point to the refutation of the ancient Greek ideal, the Platonic truth ideal, of the "true world" (Nietzsche 1980, vol. 6, 81)—and each time "he means something different" by it (Boehm 2013, 15). For Heidegger in his lecture course on "The Will to Power as Art," everything shifts with Kant to "experience" i. e, "the mathematical scientific interpretation of the world." (Heidegger 1961, 237) What Heidegger names Nietzsche's "metaphysics," both the "idea" that would set Nietzsche as metaphysician (*par excellence* just because the last of these), and his parsing of the "idea" in terms of "the advent and development of nihilism" (GA 5, 206/158 [2002]) would prove decisive for his and subsequent readings (and critiques) of Nietzsche. And as the epigraph to this paper repeats: for Heidegger to think, critique, and reflect on a thinker is to honor him:

> To reflect on Nietzsche's metaphysics does not mean that besides his ethics and his epistemology and his aesthetics, we also, and above all, deal with a metaphysics; rather it means: that we try to take Nietzsche seriously as a thinker. However, even for Nietzsche thinking means: to represent beings as beings. All metaphysical thinking is onto-logy or it is nothing at all. (GA 5, 206/158 [2002])

Heidegger's reading continues to frustrate Nietzsche scholars who are concerned with Nietzsche's thinking as they take it to be. Taking a thinker seriously for Heidegger entails that he recast that thinker's thought on the terms of his question, the Being question. Thus inscribed, Nietzsche represents "beings as beings" (GA 5, 206/158 [2002]). The neatness of the claim excludes precisely what is essential for Heidegger, that is the Being question.

Heidegger foregrounds both the reticent and the small things that can fall beneath our notice: "This essential thinking, essential and therefore everywhere and in every respect only preparatory, proceeds in inconspicuousness [*Unscheinbaren*]." (GA 5, 206/158 [2002]) Here we read the thematic that can be seen as decisive for *Holzwege* as a whole:

> Many are the paths still unknown. Yet each thinker is allotted only one way, his own, in the track of which he must go back and forth, time and again, in order at last to keep to it as his own, though it is never his, and say what he came to know on this one path. (GA 5, 207/158 [2002])

As Heidegger tells us here, *Being and Time* is "one such signpost." (GA 5, XX/158 [2002]) As with Heidegger's later reflections on techno-science as on what is called thinking, there is a reflection on the complex place of the sciences: "To think in the midst of the sciences means: to go past them without despising them." (GA 5, 207/159 [2002]) The Being question likewise:

> This thinking has been concerned constantly with one occurrence: that in the history of Western thinking, right from the beginning, beings have been thought in regard to being, but the truth of being has remained unthought. (GA 5, 208/159 [2002])

As Heidegger began by claiming that Nietzsche already conceived his thinking in the terms Heidegger himself uses, he can ascribe "nihilism" to Nietzsche as his own word. Plainly this is the force of what it is to say, with Hegel, once again, "God is dead." But what does this mean? Heidegger disposes of standard readings, as we know from his stylistic hermeneutic-phenomenological method in *Being and Time* and elsewhere, particularly in the Nietzsche lectures, but also in the *Contributions to Philosophy*, before he proceeds:

> One might suppose that "God is dead" expresses the belief of Nietzsche the atheist and hence that it is only a personal opinion and therefore biased, and thus also easily refuted by pointing out that everywhere today many people attend churches and endure hardships out of their Christian trust in God. (GA 5, 208–209/160 [2002])

Here Heidegger reflects on what can seem to be criticisms of his exposition from laypersons (or fellow scholars, as one may read his *Contributions to Philosophy* or *Black Notebooks*).

Thus, although the scholastic brief is clear, it contains the elements that alienate the reader: what is at stake is more than mere explication:

> Not only must any commentary gather the substance from the text, it must also, imperceptibly and without being too insistent, add something of its own to it, from its substance. (GA 5, 209/160 [2002])

Reading this together with Gadamer's *Truth and Method* (Gadamer 1960) points to the interpretive heart of Heidegger's text-phenomenological hermeneutics: "A proper commentary, however, never understands the text better than its author understood it, though it certainly understands it differently [*wohl aber anders*]." (GA 5, 209/160 [2002]) As Gadamer explains: "Not occasionally but always the meaning of a text goes beyond its author. That is why understanding is not merely a reproductive but always a productive attitude as well" (Gadamer 1975, 290; see for a discussion Babich 2021a).

Embedded in the commentary Heidegger tells us what he tells his students in his Nietzsche lecture courses, that the masterwork, the *Will to Power,* the *Nachlaß,* that was not to see the light of publication in Nietzsche's lifetime, would, had it been published as such, have made all the difference. Heidegger is unparalleled as a scholar of the text, he tells us, even if he undoes what he tells us, negating the assumed claim, as stated already above, but here we return to it more explicitly:

> As a young man Nietzsche was already familiar with the disturbing thought of the death of a God and the mortality of the gods. [...] At the end of his treatise *Faith and Knowledge* (1802), the young Hegel identifies the "feeling on which the religion of the modern age, rests—the feeling that God Himself is dead ..." Hegel's word thinks something different from what Nietzsche thinks in his. (GA 5, 210/161 [2002])

Negation notwithstanding, here Heidegger writes concerning Nietzsche's "word" as a word Hegel had already said, the sentiment already highlighted the malaise of the modern era of science, that would be "European Science," for us, we "good Europeans," as we have seen that Husserl also takes over the phrase. Thus, this highlights a certain 19th century commonality, as Heidegger cites Plutarch's remark, as cited by Pascal: "Le grand Pan est mort", telling us that this is to be thought in the same context.

If Heidegger quotes the entirety of the section, and if Nietzsche's word is important because it is to be read in a tiny novel of other words, a dramatic event, capturing antiquity and modernity and infinity in an aphorism, the palimpsest inscribed in Husserl's text is an even tinier paratactic array: a short history of the move from the suprasensory to the sensory foregrounding the importance of the phenomen itself because, as Nietzsche says, no sooner have we deposed the true world than we realize and cannot but realize that along with that suprasensible domain we have also done away with the apparent. Nietzsche adds parentheses after every one of his six points, giving us "Midday, moment [*Augenblick*] of the shortest shadow; end of longest error; highpoint of humanity; INCIPIT ZARATHUSTRA." (Nietzsche 1980, vol. 6, 81) Everything that Heidegger in "Nietzsche's Word 'God is Dead'" has to say about the *Übermensch* concerns this proclamation read as a stage "direction"—"Enter Zarathustra"—for a book written in three parts, for all and none, not too unlike Pascal's declaration concerning the "great Pan."

3 Conclusion

Heidegger reminds his readers of the challenge of thinking the *Übermensch.* No more than "Will to Power" means quite what one supposes it to mean, no more than the task of serving as advocate of Zarathustra, teacher of eternal return, prophet of nihilism, are we justified in simply assuming that what Nietzsche means by the *Übermensch* corresponds to an isolated exemplar of the human being in whom the abilities and purposes of humanity as ordinarily known are magnified and enhanced to "gigantic" proportions ["ins Riesige"] (GA 5, 248/96).

Boehm himself is clearly indebted to Heidegger where Heidegger writes, useful in reading between Nietzsche and Husserl phenomenologically: "in every veiling there already rules simultaneously an appearing." (GA 5, 248/97)

The same essential tension that had occupied Husserl has now for Heidegger a clear contour, and we can recognize the formula, as Heidegger will later reprise this in correspondence with Heisenberg:

> The earth itself can show itself only an object of assault, an assault that, in human willing, establishes itself as unconditional objectification. Nature appears everywhere—because willed from out of the essence of Being—as object of technology. (GA 5, 251/100)

Elsewhere I read Günther Anders who will expand on this beyond Heidegger where Heidegger is already prescient enough on the topic of the human as material resource, almost to the point of highlighting the human raw materials of the present day (Babich 2022, 130 f.), with new "vaccine" therapeutics and worldwide collection procedures (an incidental benefit of testing is or can be sampling [Babich 2021c]), writing that the Nietzsche who contends, as Husserl contends, that philosophy has and should have a specific, Husserl's word was "archontic," task, does not mean

> that the struggle for unlimited exploitation of the earth as the sphere of raw materials and for the realistic utilization of "human material" [Menschenmaterials] in the service of the unconditional empowering of the will to power in its essence, would specifically have recourse to an appeal to philosophy. On the contrary it is to be conjectured that philosophy as the doctrine and image of culture will disappear [...]. (GA 5, 252/101)

Where Heidegger refers to Nietzsche's *Twilight of the Idols*, the reference to the "'great noon'" (GA 5, 253/102) is also a reference to Nietzsche's *Zarathustra*, and the focus on science is also Nietzsche's focus on science, as this latest or best version of the ascetic ideal comes to stand in the place of religion: "'What did we do when we unchained the earth from its sun?'" (GA 5, 256/106). And we add that it is worth comparing Nietzsche's *The Gay Science*, §125, and the third section of *On the Genealogy of Morals*, where Nietzsche emphasizes the same equation between metaphysics and science that Heidegger foregrounds, telling us:

> It is however still a *metaphysical faith* on which our faith in science depends—likewise we knowers of today, we godless and anti-metaphysicians, we, too, still take *our* flame from the same fire ignited by a faith thousands of years old, the Christian faith that was also Plato's, that God is truth, that truth is *divine* [...]. (Nietzsche 1980, vol. 5, 400 f.)

But the only thing that might count today as deity are "errors blindness lies," adding after asking what follows "if God turns out to be our *longest lie?*" (Nietzsche 1980, vol. 5, 401) Here the Gnostic reference to Copernicus is also a reference to Galileo, "Since Copernicus, man seems to have gotten himself on an inclined plane—now he is slipping faster and faster away from the center into—what? Into nothingness?" (Nietzsche 1980, vol. 5, 404)

The next section includes "nihilism," the expletive "Holy Anacreon" and the recommendation to kick, and his animus "contra the speculators in Idealism, the Anti-Semites who roll their eyes, Christian-Aryan-bourgeois style [*christlich-arisch-biedermännisch*]" (Nietzsche 1980, vol. 5, 407), raising not only the "narrow principle of '*Deutschland, Deutschland über alles*'," but also Europe as such, "inventive above all in means of excitation [*Erregungsmitteln*]" (Nietzsche 1980, vol. 5, 408). We have thus gone through all of Heidegger's themes, including and emphasizing "The Will to Power, *Attempt at a Revaluation of all Values*" (Nietzsche 1980, vol. 5, 409) and Husserl's "good European" ["*guter Europäer*"], complete with the language of being, "heir to Europe's longest and bravest self-overcoming." (Nietzsche 1980, vol. 5, 410; see Husserl 1970, 17; 299)

Elsewhere I have shown that for Nietzsche the connection between science and Christianity is essential rather than oppositional (see Babich 2020, 133–156; cf. Valadier 1999 and the essays on Nietzsche's *Antichrist* in Enders 2014). "Nothingness," what Heidegger names nihilism, *is* science taken to it ultimate consequences, "the shortest route to—the *old* ideal." (Nietzsche 1980, vol. 5, 404) *All* science, Nietzsche says, not only "astronomy," which reminded Kant of his "unimportance." (Nietzsche 1980, vol. 5, 404; see Babich 2021b) And not less and including the ultimate inversion, and triumph of that very same "old" ideal: "There is no knowledge, *consequently*—there is a God: what a new *elegantia syllogismi!*" (Nietzsche 1980, vol. 5, 409) And, in 1956, Anders develops Nietzsche's negative theological point in a chapter entitled "Being without Time" in his *Antiquatedness of Humanity*: "God's absence *itself* is made into a proof of his being." (cited in Babich 2022, 175)

Thereby, as Heidegger explains, "the doing away" (let us not forget Boehm's focus on *"abschaffen"*):

> — with that which is in itself, i. e., the killing of God, is accomplished in the making secure of the constant reserve by means of which the human being makes secure for himself material, bodily, psychic, and spiritual resources, and this for the sake of his own security, which wills

dominion over what ever is—as the potentially objective—in order to correspond to the Being of whatever is, to the will to power. (GA 5, 257/107)

The trouble for Heidegger is "the mystery of Being itself" (GA 5, 260/110), a mystery as already cited, "unthought because withheld [*weil vorenthalten*]." I emphasize the commonality of this trope, as Heidegger's "mystery" entails, that we will need more than what might be achieved by restoring philosophy to its erstwhile position, as Kant proposed at the outset of his critical philosophy (forbear to Husserl's "archontic"), as "the Queen of all the sciences." (Kant 2003, 7)

Nietzsche's madman, Heidegger says, is "de-ranged [*ver-rückt*]" (GA 5, 262/111). Out of line in this fashion, the madman comes to teach those in the marketplace, as Nietzsche points out in *The Gay Science*, that they have done this to themselves. For Heidegger:

> They no longer seek because they no longer think. Those standing about in the marketplace have abolished thinking and replaced it with idle talk that scents nihilism in every place in which it supposes its own opinion to be endangered. (GA 5, 262/112)

One cannot imagine a word more relevant to the politics of the current moment, and we may yet come to understand Heidegger when he says in conclusion: "Thinking begins only when we have come to know that reason, glorified for centuries, is the most stiff-necked adversary of thought." (GA 5, 263/112)[8]

Bibliography

Babich, B. 2010: Early Continental Philosophy of Science, in: Ansell-Pearson, K. / Schrift, A. (eds.): The History of Continental Philosophy, vol. 3: The New Century: Bergonism, Phenomenology, and the Responses to Modern Science, Durham, 263–286.
Babich, B. 2013: Nietzsche's Performative Phenomenology. Philology and Music, in: Boubil, E. / Daigle, C. (ed.): Nietzsche and Phenomenology. Power, Life, Subjectivity, Bloomington, IN, 117–140.
Babich, B. 2014: Nietzsche's Antichrist: The Birth of Modern Science out of the Spirit of Religion, in: Jahrbuch für Religionsphilosophie, hg. von Enders, M. / Zaborowski, H., Freiburg/München, 134–154.
Babich, B. 2019: La philologie phénoménologique du corps chez Nietzsche – ou: qui est l'Archiloque de Nietzsche? in: Leclerq, J. / Bertot, C. (eds.): Nietzsche et la phénoménologie, Paris, 355–372.
Babich, B. 2020: Nietzsches Antike. Beiträge zur Altphilologie und Musik, Berlin.

---

[8] The author wishes to thank the editor Holger Zaborowski for his suggestions and the late Tracy Strong (1943–2022) for discussion.

Babich, B. 2021a: Understanding Gadamer, Understanding Otherwise, in: Agora Hermeneutica. International Institute for Hermeneutics (https://www.academia.edu/66050431/Understanding_Gadamer_Understanding_Otherwise, letzter Abruf 03.07.2023).
Babich, B. 2021b: On the "Very Idea of a Philosophy of Science". On Chemistry and Cosmology in Nietzsche and Kant, in: Axiomathes (Special Issue: Epistemologia) 31, 703-726.
Babich, B. 2021c: Pseudo-Science and "Fake" News. "Inventing" Epidemics and the Police State, in: Strasser, I. / Dege, M. (eds.): The Psychology of Global Crises and Crisis Politics Intervention, Resistance, Decolonization, London, 241-272.
Babich, B. 2022: Günther Anders' Philosophy of Technology. From Phenomenology to Critical Theory, London.
Boehm, R. 1962: Deux points de vue. Nietzsche et Husserl, in: Archivio Di Filosofia 3, 167-181.
Boehm, R. 1968: Husserl und Nietzsche, in: Boehm, R.: Vom Gesichtspunkt der Phänomenologie. Husserl Studien, Den Haag, 217-236.
Boehm, R. 2013: Husserl and Nietzsche, trans. Boublil, E. / Daigle, C., in: Boublil, E. / Daigle, C. (eds.): Nietzsche and Phenomenology. Power, Life, Subjectivity, Bloomington, IN, 13-27.
Cobb-Stevens, R. 1990: Husserl and Analytic Philosophy, Dordrecht.
Crowell, S. 2001: Husserl, Heidegger, and the Space of Meaning. Paths toward Transcendental Phenomenology, Evanston. Il.
Gadamer, H.-G. 1960: Wahrheit und Methode. Grundzüge einer philosophischen Hermeneutik, Tübingen.
Gadamer, H.-G. 1975: Truth and Method, trans. Barden, G., New York.
Gadamer, H.-G. 1996: Heidegger und Nietzsche. Zu "Nietzsche hat mich kaputtgemacht!", in: Aletheia. Neues Kritisches Journal der Philosophie, Theologie, Geschichte und Politik (Martin Heidegger – Zu seinem 20. Todestag) 9, 19.
Haar, M. 1996: Remarks on Heidegger's Reading of Nietzsche, in: Macann, C. (ed.): Critical Heidegger, London, 121-133.
Haase, U. 2020: Approaching Heidegger's History of Being Through the Black Notebooks, in: Journal of the British Society for Phenomenology 51, 95-109.
Heelan, P. A. 1987: Husserl's Later Philosophy of Natural Science, in: Philosophy of Science 54, 368-390.
Heelan, P. A. 1999: Nietzsche's Perspectivalism: A Hermeneutic Philosophy of Science, in: Babich, B. (ed.): Nietzsche, Epistemology and Philosophy of Science. Nietzsche and the Sciences, vol. II, Dordrecht 1999, 203-220.
Heelan, P. A. 2014: Consciousness, Quantum Physics and Hermeneutic Phenomenology, in: Babich, B. / Ginev, D. (eds.): The Multidimensionality of Hermeneutic Phenomenology, Cham, 91-112.
Heidegger, M. 2002: Nietzsche's Word: "God is Dead", in: Martin Heidegger, Off the Beaten Track, ed. by Young, J. / Haynes. K., Cambridge, 157-199.
Heidegger, M. 2016: Interpretation of Nietzsche's Second Untimely Meditation, trans. by Haase, U. / Sinclair, M., Bloomington, IN.
Hirsh, E. F. 1973: Heidegger's Metahistory of Philosophy. Amor Fati, Being and Truth (review), in: Journal of the History of Philosophy 11, 567-570.
Husserl, E. 1900: Logische Untersuchungen, Halle an der Saale.
Husserl, E. 1936: Die Krisis der europäischen Wissenschaften und die transzendentale Phänomenologie, in: Philosophia 1, 77-176.
Husserl, E. 1970: The Crisis of European Sciences and Transcendental Phenomenology, trans. by Carr, D., Evanston, Il.

Husserl, E. 1981: Ideas Pertaining to a Pure Phenomenology and a Phenomenological Philosophy. First Book: General Introduction to a Pure Phenomenology, trans. by Kersten, F., The Hague.
Janicaud, D. 1997: Rationalities, Historicities, trans. by Belmonte, N., Atlantic Highlands.
Kant, I. 2003: The Critique of Pure Reason, trans. by Smith, K., London.
McDonnell, C. 2018: The Origins of the Husserl–Heidegger Philosophical Dispute in Twentieth-Century Phenomenology, in: Maynooth Philosophical Papers 9, 81–112.
Moran, D. 2012: Husserl's Crisis of the European Sciences and Transcendental Phenomenology. An Introduction, Cambridge.
Müller-Lauter, W. 1978: Der Organismus als innerer Kampf. Der Einfluss von Wilhelm Roux auf Friedrich Nietzsche, in: Nietzsche-Studien 7, 189–235.
Nancy, J.-L. 2014: Critique, crise, cri, trans. by Lyons, P. J., in: Critical Humanities and Social Sciences 26, 5–18.
Nietzsche, F. 1994: Les philosophes préplatoniciens, ed. by D'Iorio, P., Combas.
Schmid, H. 1999: The Nietzschean Metacritique of Knowledge, in: Babich, B. (ed.): Nietzsche's Epistemology and Philosophy of Science. Nietzsche and the Sciences I, Dordrecht, 153–163.
Sokolowski, R. 1964: The Formation of Husserl's Concept of Constitution, The Hague.
Sokolowski, R. 1971: Review of Boehm, R., Vom Gesichtspunkt der Phänomenologie, in: Philosophy and Phenomenological Research 32, 135–139.
Stöltzner, M. 2014: Die ewige Wiederkunft wissenschaftlich betrachtet. Oskar Beckers Nietzscheinterpretation im Kontext, in: Babich, B. / Ginev, D. (eds.): The Multidimensionality of Hermeneutic Phenomenology, Cham/Heidelberg, 113–136.
Szanto, T. 2012: Bewusstsein, Intentionalität und Mentale Repräsentation. Husserl und die Analytische Philosophie des Geistes, Berlin.
Tieszen, R. 2005: Phenomenology, Logic and the Philosophy of Mathematics, Cambridge.
Valadier, P. 1999: Science as New Religion, trans. by Welsh, T. / Fauvel, L., in: Babich, B. (ed.): Nietzsche, Epistemology, and Philosophy of Science. Nietzsche and the Sciences II, Dordrecht, 241–252.
Weizsäcker, C. F. von 1999: Nietzsche: Perceptions of Modernity, trans. by Byrnes, H., in: Babich, B. (ed.): Nietzsche, Epistemology and Philosophy of Science. Nietzsche and the Sciences II, Dordrecht, 221–240.
Wigner, E. 1960: The Unreasonable Effectiveness of Mathematics in the Natural Sciences, in: Communications on Pure and Applied Mathematics 13, 1–14.

Wozu Dichter? (1946)

Simona Venezia

„Wozu Dichter?" Gedankengang und Anliegen

1 Einleitung

Wenn wir mit Heidegger unter dem „Holzweg" den Denkweg selbst verstehen, der nicht auf einen spekulativen Gewinn abzielt, sondern diejenigen, die ihn gehen, in eine Grunderfahrung einbezieht, die sie mit dem zu Denkenden in Verbindung setzt, dann lässt sich *Wozu Dichter?* als ein solcher „Holzweg" auffassen. In diesem Aufsatz geht es nämlich nicht um die Erörterung einer Poetik oder ästhetischer Rahmenbedingungen, sondern um das Wesentlichste für das Leben und Denken „auf dem Pfad zum Abgrund" (GA 5, 275).

In den Nachweisen wird angegeben, dass „Wozu Dichter?" 1946 als Vortrag „zum Andenken" (GA 5, 376) gehalten worden sei. Es handelt sich also nicht bloß um die Behandlung eines bestimmten Themas, sondern zunächst um eine Erinnerung, um ein Denken im Sinne des *Andenkens* Hölderlins (vgl. GA 4, GA 52). Zu erinnern ist in diesem Fall an den zwanzig Jahre zuvor, nämlich am 29. Dezember 1926, verstorbenen Dichter Rainer Maria Rilke, einen der auch auf internationaler Ebene bedeutendsten deutschsprachigen Dichter, dessen Werk (z. B. die *Sonette*) für Heidegger „all die Zeit ein lieber Begleiter" (Heidegger / Blochmann 1989, 94) war. Die Erinnerung an Rilke bedeutet für Heidegger, in einen Dialog mit der wesentlichen Dichtung einzutreten, sich aber auch mit einer für die Zeitgenossenschaft gewichtigen Persönlichkeit auseinanderzusetzen, die trotz aller Kritik in seinem Denken ständig präsent ist und eine entscheidende Rolle spielt.

Vor der Abfassung von *Wozu Dichter?* hatte Heidegger schon die Gelegenheit gehabt, sich in einigen seiner Vorlesungen mit der Dichtung Rilkes auseinanderzusetzen: Zum ersten Mal und auf positive Weise – im Umfeld von *Sein und Zeit* –, als mit Blick auf *Die Aufzeichnungen des Malte Laurids Brigge* für ihn „Dichtung [...] nichts anderes als das elementare Zum-Wort-kommen" (GA 24, 244) ist, und später – ab den frühen 1940er Jahren – im Kontext einer Opposition zum Prager Dichter (vgl. GA 53, GA 54, GA 55), obwohl Heidegger Ende der 1950er Jahre in der berühmten Heidelberger Antrittsrede die Lektüre der Werke Rilkes zu den grundlegenden Erfahrungen seiner Jugend zählt (vgl. GA 1, 56). Noch wichtiger ist aber die Tatsache, dass auch seine wohl wichtigste philosophische Entscheidung, nämlich *Sein und Zeit* nicht fortzuführen, in gewisser Weise mit Rilke zu tun hat, da Heidegger selbst angibt, sich nach dem Tod des Dichters dazu entschlossen zu haben: „Der Entschluß zum Abbruch der Veröffentlichung" von *Sein und Zeit* „wurde gefaßt an dem Tage, als uns die Nachricht vom Tode Rainer Maria Rilkes traf" (GA 82, 288; GA 49, 40). Rilke ist also eine unumgängliche Präsenz im gesamten Lebens- und Denkweg Heideggers, obwohl das Gespräch mit dem Dichter oft höchst kritisch war, wie *Wozu Dichter?* paradigmatisch zeigt. Für Heidegger war jedoch nicht so sehr die Dichtung Rilkes problematisch, sondern die Tatsache, dass sie mit seinem Denken in einem zu einer Mode gewordenen Existentialismus ständig unkritisch in Verbindung gesetzt wurde. Manche abwertenden Urteile lassen sich daher wahrscheinlich gerade als Ablehnung des „gedankenlose[n] Zusammenwerfen[s] meines Denkens mit Rilkes Dichtung" deuten, das „bereits zur Phrase geworden ist" (GA 53, 113).

2 Dürftige Zeit

Obwohl der Aufsatz im Wesentlichen eine Auseinandersetzung mit der Dichtung Rilkes und ihrer seinsgeschichtlichen Stellung ist, beginnt er im Zeichen Hölderlins, vor allem in Anlehnung an den epochalen Vers der Elegie „Brod und Wein", der dem Aufsatz seinen Titel gibt: „Wozu Dichter in dürftiger Zeit?" Vor allem im Zeichen Hölderlins erfolgt die Antwort auf diese Frage. Hölderlin, der „Dichter des Dichters" (GA 4, 34), ist im Gegensatz zu Rilke nicht nur Dichter in dürftiger Zeit, sondern echter Dichter in dürftiger Zeit. Zwischen der anfänglichen Frage „Wozu Dichter in dürftiger Zeit?" und der abschließenden Antwort auf die Frage, ob Rilke ein solcher überhaupt sein kann, entfaltet sich ein Aufsatz, der dadurch charakterisiert ist, dass er die meisten relevanten Themen des Denkens Heideggers nach der so genannten Kehre anspricht.

Die dürftige Zeit ist die Zeit, in der sich das Sein durch seine Vergessenheit gibt und in der die Frage nach der Metaphysik unauflöslich mit der nach der Technik vor dem Hintergrund der großen Frage nach der Sprache verflochten ist, die nach der Kehre an mehreren Stellen als Frage nach dem Verhältnis zwischen Dichten und Denken zum Vorschein kommt. Spielt nämlich die Frage nach der Sprache eine grundlegende Rolle und wird sie durch den tautologischen Satz *„Die Sprache spricht"* (GA 12, 10) sogar zu einem eigentlichen Zugang zur Frage nach dem Ereignis (GA 12, 185 ff.), so ist das Verhältnis zwischen Dichten und Denken der „Ort", an dem sich das Ereignis abspielt und abspielen kann.

Der Auftakt von „Wozu Dichter?" liegt in der Bestimmung dessen, was unter dürftiger Zeit zu verstehen ist: Es ist die Zeit der tiefsten Nacht, die erst durch den Begriff der „Notlosigkeit" verstehbar wird, der u. a. auch in den *Beiträgen zur Philosophie* zentral ist. Notlosigkeit ist ein Mangel an Mangel, da gerade das Bewusstsein des Mangels sowie das Bedürfnis, ausgehend von der eigenen Not und der Dürftigkeit der eigenen Zeit zu denken, fehlt: „Dieses Unvermögen, dadurch selbst die Durft des Dürftigen ins Finstere gerät, ist das schlechthin Dürftige der Zeit"

(GA 5, 270). „Die höchste Not" (GA 65, 125), d. h. „die höchste und verborgenste Not" (GA 7, 89) kennzeichnet unsere Zeit als eine dürftige Zeit, die Hölderlin, so Heidegger, in wunderbarer Weise als Nacht dichtet, als „das Ende des Göttertages" bzw. als die Nacht der geflohenen Götter (GA 5, 269): „Die Zeit der Weltnacht ist die dürftige Zeit, weil sie immer dürftiger wird. Sie ist bereits so dürftig geworden, dass sie nicht mehr vermag, den Fehl Gottes als Fehl zu merken." (GA 5, 269)

An anderer Stelle hat Heidegger diese Nacht, in der das Versäumte als unerreichbar erscheint, indem es zu spät für die Götter und zu früh für das Sein kommt, lapidar folgendermaßen beschrieben: *„Für die Götter kommen wir zu spät und / zu früh für das Seyn."* (GA 13, 76) Diese Weltnacht ist das, was für uns grundlegend ist, obwohl sie kein *fundamentum inconcussum*, sondern im Gegenteil ein Abgrund ist. Heidegger beabsichtigt nicht, den Abgrund zu definieren, sondern in erster Linie darauf hinzuweisen, dass er nicht als Grundlage metaphysischer Art gedacht werden könne. Jemand hat jedoch die Aufgabe, den Abgrund als die Zeit der entflohenen Götter zu sagen. Wer sind die Menschen, die sagen können? Es sind die Dichter, die sich im Gegensatz zu anderen Menschen nicht davor scheuen, sich in den Abgrund zu stürzen, sondern ihn singend preisen. Dichter können etwas, was nicht einmal Götter können, nämlich den Abgrund „eher" (GA 5, 270) erreichen. Ein Beweis dafür ist Hölderlin, dessen Eigentümlichkeit darin besteht, ein echtes „dichtendes Denken" (GA 5, 273) vollzogen zu haben. Außerdem stellt Heidegger fest: „Hölderlin denkt noch metaphysisch. Aber er dichtet anders." (GA 52, 120) Es sei hier daran erinnert, dass Hölderlin ein Freund von Hegel und Schelling war und den kulturellen Humus des deutschen Idealismus hautnah miterlebte. Trotzdem wird bei Heidegger die Zugehörigkeit des Dichtens Hölderlins zum wesentlichen Denken nicht in Frage gestellt, selbst wenn er einräumt, dass „diese Offenbarkeit des Seins" „innerhalb der vollendeten Metaphysik" zu verorten ist (GA 5, 273). Diese Tatsache beeinträchtigt die Wesentlichkeit der Dichtung Hölderlins nicht.

„Und Rilke?", so fragt sich Heidegger. Die Frage ist genauer: Ist Rilke ein Dichter in dürftiger Zeit? Dem Versuch, eine Antwort auf diese Frage zu geben, wird eine ziemlich scharfe Einschätzung der Rilke'schen Dichtung vorausgeschickt: „Das gültige Gedicht Rilkes zieht sich in geduldiger Sammlung auf die beiden schmalen Bände der Duineser Elegien und der Sonette an Orpheus zusammen." (GA 5, 274) Was als eine Herabsetzung eines jahrzehntelangen poetischen Wegs vor der Veröffentlichung der zweifellos bekanntesten Werke erscheint, wird zum Teil sofort durch die folgende Aussage abgemildert: „Der lange Weg zu diesem Gedicht ist selbst ein dichterisch fragender." (GA 5, 274) Kann eine derartige Behauptung eines Denkers wie Heidegger, der im Fragen, im „unablässigen Fragen[s] an das Unerschöpfliche des Frag-würdigen" (GA 7, 65), eine viel ursprünglichere Triebkraft des Denkens gesehen hat als das Antworten, anders denn als eine Anerkennung von dichterischer Größe interpretiert werden?

3 Wagnis und Wille

Die von Heidegger angesprochenen entscheidenden Verse „Wie die Natur die Wesen überläßt" (Rilke ²1976, Bd. 3, 261), die Rilke selbst als „improvisierte Verse" bezeichnet hatte, stammen aus den *Späten Gedichten*. Heidegger analysiert sie sehr gründlich und gründet letzten Endes seine gesamte Rilke-Interpretation und die Einordnung seines dichterischen Werkes in die Metaphysik auf solchen Versen, die für ihn eine philosophische Bedeutung haben: „Wir nehmen das Gedicht als eine Einübung des dichterischen Sichbesinnens." (GA 5, 277) Da es Heideggers Absicht ist, die Zugehörigkeit des Dichtens Rilkes zur abendländischen Metaphysik des *fundamentum inconcussum* aufzuzeigen, ist es auch klar, warum Heidegger als Thema dieser Verse grundsätzlich „das Sein des Menschen" bestimmt (GA 5, 278). Heideggers Annahme ist in der Tat, dass solche Verse – genauso wie das gesamte Dichten Rilkes – unweigerlich durch die Präsenz eines metaphysischen Subjekts geprägt sind, das sich auf eine weitere Gründungsinstanz bezieht, nämlich die Natur, die als der „Urgrund" zu verstehen ist (GA 5, 279). Darum gehe es im Gedicht Rilkes, in dem Natur „in dem weiten und wesentlichen Sinne [zu] denken [sei], in dem Leibniz das groß geschriebene Wort Natura gebrauchte", d. h. als „an-fangende[s], jegliches zu sich versammelnde[s] Mögen" (GA 5, 278), als „vis primitiva activa", die sich auf das Lebendige im „Wagnis" bezieht. Was sich im Gedicht zeigt, ist nämlich die Tatsache, dass nicht durch Schöpfung die Natur ihre Lebewesen erzeugt, sondern dadurch, dass sie sie wagt. Dieses Wagen der Lebewesen durch die Natur führe dazu, so Heidegger, dass das „Sein des Seienden [...] das Wagnis" ist – und dass sogar das Sein selbst Wagnis ist: „Das Sein ist das Wagnis schlechthin." (GA 5, 279) „Es wagt uns", sagt der Dichter; es setzt uns auf den Spieltisch, als wären wir Figuren auf einem Brettspiel, als wären wir das Spiel des herakliteischen Kindes – worauf Heidegger nicht zufällig hinweist –, das uns sagt, was die Zeit als αἰών ist, indem es uns spielt. Nicht wir sind es, die etwas wagen oder uns in ein Wagnis stürzen, sondern wir entsprechen einem Gewagtsein, indem wir leben. Sobald festgestellt wird, dass das Sein des Seienden das Wagnis ist und dass das Seiende durch die Natur gewagt ist, ist es für den Dichter wichtig, die Eigentümlichkeit des Menschen in ein neues Licht zu rücken, indem er die Beziehung identifiziert, die für ihn zu diesem Wagnis besteht. Es handelt sich dabei um einen Willen, in den der Mensch schon immer versunken ist:

> Nur daß wir,
> mehr noch als Pflanze oder Tier
> mit diesem Wagnis gehn, es wollen (vgl. GA 5, 277)

Wir Menschen – anders als Pflanzen oder Tiere – wollen also gerade dieses Wagnis. Heidegger stützt seine Interpretation des Gedichts auf diese Zeilen. Diese Verse zeigen in der Tat, dass die menschliche Subjektivität durch eine „Kennzeichnung des Seins des Seienden als Wagnis (Wille)" (GA 5, 301) definiert wird, in deren Rahmen Wagnis und Wille in wesentlicher Weise identifiziert werden, so dass Heidegger sie als Grundlage des Seins als Leben bestimmen kann. Betrachtet man nun die Etymologie des alten Wortes „Wage" – das, worin sich die Gewagten befinden, wie der Ausdruck „in der Wage" andeutet –, dann stellt man fest, dass das

> Wort „Wage" in der Bedeutung von Gefahr und als Name des Gerätes [...] von wägen, wegen, einen Weg machen, d. h. gehen, im Gang sein [kommt]. [...] Wagen heißt: in den Gang des Spieles bringen, auf die Wage legen, in die Gefahr loslassen. Damit ist das Gewagte zwar ungeschützt, aber, weil es auf der Wage liegt, ist es vom Wagnis einbehalten. Es ist getragen. Es bleibt von seinem Grund her in diesem geborgen. Das Gewagte ist als Seiendes ein Gewilltes; es bleibt, in den Willen einbehalten, selbst in der Weise des Willens und wagt sich. (GA 5, 281)

Dieses lange Zitat ist wichtig. Heidegger unternimmt es hier – wenn auch mit einem Interpretationssprung –, das Konzept des Willens als zentral für Rilkes Definition der Subjektivität zu betrachten und damit auf eine grundsätzliche metaphysische Abdrift seiner Dichtung hinzuweisen: Das Leben als Wagnis zu wollen, bedeutet, es als Spiel zu wollen, als ein In-Gang-Setzen, was bedeutet, sich selbst als den von der Natur und vom Leben bereits Gewagten im eigenen Sein zu spielen. Das sei ein Identitätsmerkmal des Menschen, der sich im Gegensatz zu Pflanzen und Tieren und deren „dumpfer Lust" in das Wagnis seines eigenen Lebens stürzt – genauso wie die Sterblichen „eher" als die Himmlischen den Abgrund erreichen. An dieser Stelle nimmt sich Heidegger vor, dieses Wagnis noch philosophischer zu konnotieren. Laut Heidegger kann das Wollen des Wagnisses kein beliebiges Wollen sein; vielmehr es ist der als absolut gedachte Wille, der Wille zum Willen, der ein Wille zum Nichts ist. Das Leben wollen heißt, es in diesem Wollen zu haben und es in solchem Entschluss zum Wagnis zu objektivieren. Daher erblickt Heidegger in diesem Willen einen Willen zur Macht, so dass er an Nietzsches Willen zur Macht anknüpfen kann, ohne jedoch die folgende Behauptung eingehend zu begründen:

> Insofern Rilke die Natur als das Wagnis vorstellt, denkt er sie metaphysisch aus dem Wesen des Willens. Dieses Wesen verbirgt sich noch, sowohl im Willen zur Macht, wie auch im Willen als Wagnis. Der Wille west als der Wille zum Willen. (GA 5, 279 f.)

So denkt „Rilkes Gedicht [...] den Menschen als das Wesen, das in ein Wollen gewagt ist, das, ohne es schon zu erfahren, im Willen zum Willen gewillt wird." (GA 5, 293) Dies ist die Grundannahme, die bei Heidegger der berühmten Kennzeichnung des Verhältnisses zwischen der Dichtung Rilkes und dem Denken Nietzsches zugrunde liegt, und zwar die Annahme, dass die Dichtung Rilkes „von der abgemilderten Metaphysik Nietzsches überschattet" bleibe (GA 5, 286). Um diese Annahme zu untermauern, greift Heidegger nicht nur auf den Begriff des Willens zur Macht zurück, so dass er bei Rilke im Willen einen Willen zum Willen erblickt, sondern weist auch auf die Offenheit hin, die die Subjektivität in ihrem In-der-Welt-Sein als Wagnis kennzeichnet. In den „improvisierten Versen" erhält diese Offenheit dichterisch den paradoxen Charakter eines „Sicher-Seins" – paradox, weil solches „Sicher-Sein" kein „Sich-sicher-Stellen" eines Subjektes ist, das alles, was in der Welt vorkommt, vergegenständlicht und fassbar macht, damit es an Solidität gewinnt, sondern ganz im Gegenteil eine Beziehung, die „uns schafft, außerhalb von Schutz" bzw. in unserem „Schutzlossein". Dennoch interpretiert Heidegger diese Relation zwischen Sichersein und Schutzlossein nicht als ein Paradoxon, sondern als eine Tatsache, die aus einer Leistung des Willens entsteht.

4 Mitte, Bezug und das Offene

Heidegger fährt fort: „Das Sein, das alles Seiende in der Wage hält, zieht so das Seiende stets an sich und auf sich zu, auf sich als die Mitte." (GA 5, 281) Damit führt er einen Begriff Rilkes ein, den der „Mitte", den er auf „das metaphysische, aus dem Sein gedachte Wesen des Willens" (GA 5, 281) bezieht, das sich als die Grundinstanz des Dichtens Rilkes ausmachen lässt. Aus dem Gedicht „Schwerkraft" (Rilke ²1976, Bd. 3, 179) leitet Heidegger die Definition von „Mitte" her, die Rilke im 28. Sonett des II. Teils der *Sonette an Orpheus* als „unerhört[e]" bezeichnet, um zu behaupten: „Die unerhörte Mitte ist ‚die ewige Mitspielerin' im Weltspiel des Seins." (GA 5, 282) Dabei zitiert Heidegger wahrscheinlich, ohne es zu erwähnen, aus dem 1922 von Rilke in Muzot verfassten Gedicht „Solang du Selbstgeworfenes fängst, ist alles" (Rilke ²1976, Bd. 3, 132) – ein Gedicht das Gadamer später nicht zufällig als Motto von *Wahrheit und Methode* ausgewählt hat –, in dem die Protagonistin die „ewige Mitspielerin" ist, die „dir", „deiner Mitte", einen Ball wirft. Ebenfalls ohne dass es explizit gemacht würde, spielt hier Heidegger auf das „Weltspiel" Nietzsches an, das im Anhang zu *Die fröhliche Wissenschaft* – und zwar im Gedicht „An Goethe" unter den „Liedern des Prinzen Vogelfrei" – vorkommt. Dadurch werden Nietzsche und Rilke auch aufgrund impliziter Textverweise nochmals miteinander in Verbindung gesetzt. Dabei wird auch vorweggenommen, was das Weltspiel in *Unterwegs zur Sprache* sein wird, d. h. das Spiel des Gevierts: „Zeitigend-einräumend be-wëgt das Selbige des Zeit-Spiel-Raumes das Gegen-einander-über der vier Welt-Gegenden: Erde und Himmel, Gott und Mensch – das Weltspiel." (GA 12, 202)

Die „Mitte" Rilkes, die im Gedicht „Schwerkraft" „aus allen / dich zieh[s]t", scheint keine Bewegung der Annexion, der Aneignung anzudeuten noch scheint sie ein Fundament zu sein, in dem alle Kräfte des Universums zusammenlaufen, indem Widersprüche versöhnt werden und alles dem Willen einer stärkeren Substanz unterworfen wird. Dennoch behauptet Heidegger: „Die ziehende, alles vermittelnde Mitte des Seienden, das Wagnis, ist das Vermögen, das dem Gewagten ein Gewicht, d. h. Schwere verleiht." (GA 5, 281) „Mitte" sei also eine Schwerkraft, die den Wagenden Gewicht und Substanz verleihe. Rilkes Konzept der „Mitte" lässt Heidegger einen Bereich finden, in dem sich bei Rilke die Metaphysik des Willens als Bestimmung des Menschen aufgrund von Begriffen herausstellt, die letzten Endes substantialistischer Art sind: „Die Schwerkraft der reinen Kräfte, die unerhörte Mitte, der reine Bezug, der ganze Bezug, die volle Natur, das Leben, das Wagnis sind das Selbe." (GA 5, 283) Jedoch lassen sich laut Heidegger „Mitte", „Natur", „Leben" und „Wagnis" mit dem sowohl für ihn als auch für Rilke relevanten Begriff von „Bezug" identifizieren. Wir haben bereits festgestellt, dass sich relevante sprachliche und begriffliche Wendungen der Dichtung Rilkes im Denken Heideggers niedergeschlagen haben. Und es ist sicherlich angemessen, auch anzunehmen, dass dies ebenfalls für einen nach der Kehre unvermeidlichen Begriff wie „Bezug" geschah. In den *Duineser Elegien* und in den *Sonetten an Orpheus* begegnete Heidegger diesem Grundwort sowohl als „anderer Bezug" in der IX. Elegie als auch an anderen Stellen in den *Sonetten:* als „klarste[r] Bezug" (I 6), als „wirkliche[r] Bezug" (I 11), als „Bezug" (II 7) und als „reine[r] Bezug" (im sehr wichtigen II 13). Heidegger gibt an, dass die von ihm zitierten Stellen nur in „der gültigen Dichtung Rilkes" (GA 5, 283) auftreten; tatsächlich lässt er zumindest den „unendliche[n] Bezug" im Gedicht „Emmaus" vom April 1913 oder die ebenso interessante „Lust zu Bezug" im Gedicht „Hebend die Blicke vom Buch" vom Februar 1914 weg. Nach der Kehre bezeichnet Heidegger mit „Bezug" das Eintreten eines Ereignisses, das unsere primäre Beziehung zu dem Sein herstellt, das im Geschehen der ἀλήθεια als Überwindung (bzw. Verwindung) jeder substantialistischen Beschränkung erkennbar wird. Nach der Kehre ist der Bezug – wie es z. B. im „Brief über den 'Humanismus'" heißt – „so, wie er ist, nicht auf Grund der Ek-sistenz, sondern das Wesen der Ek-sistenz ist geschicklich existenzial-ekstatisch aus dem Wesen der Wahrheit des Seins." (GA 9, 333)

Um den „Bezug" bei Rilke als noch metaphysisch zu charakterisieren, identifiziert ihn Heidegger mit einem weiteren Grundbegriff des Dichtens Rilkes: „Den ganzen Bezug, dem jedes Seiende als ein Gewagtes überlassen bleibt, nennt Rilke gern ‚das Offene'." (GA 5, 284) Damit wird der für das Verständnis dieses Aufsatzes – sowie des Denkens Heideggers und des Dichtens Rilkes überhaupt – unabdingbare Begriff des „Offenen" eingeführt. Dieser Begriff steht im Mittelpunkt der berühmten VIII. Duineser Elegie – von Andreas-Salomé als „die Elegie der Kreatur" (Rilke/Andreas-Salomé 1989, 446) bezeichnet –, und zwar in den ersten, der „Kreatur" gewidmeten Zeilen, die „mit allen Augen" das Offene sieht. Diese Verse hatte Heidegger in der Vorlesung des Sommersemesters 1944 über Heraklit als „die seltsam treffenden und dennoch tief verirrten Verse" (GA 55, 220) gekennzeichnet. Dennoch wird diese Elegie in *Wozu Dichter?* nur beiläufig erwähnt, da auch im Hinblick auf die Frage nach dem Offenen nur auf die „improvisierten Verse" von 1924 zurückgegriffen wird. Heidegger war auf das Offene der VIII. Elegie in der Vorlesung vom Wintersemesters 1942/43 über Parmenides eingegangen. Dabei war die Kritik an Rilke sehr hart (GA 54, 226). In „Wozu Dichter?" bleibt die Grundannahme dieser Kritik erhalten, und zwar insofern, als das Offene bei Rilke, so Heidegger, nicht mit der Unverborgenheit kompatibel sei, die das eigentliche Offene sei. Auch hier wird ein entscheidender Vergleich mit Nietzsche angestellt: „Rilke weiß und ahnt nichts von der ἀλήθεια; er weiß und ahnt nichts davon, so wenig wie Nietzsche." (GA 54, 231) Gerade weil es für die Kreatur und damit nicht für den Menschen sichtbar ist, sei das Offene bei Rilke eine Dimension, die mit der aletheiologischen Dimension der als einer vorprädikativen und vorlogischen bzw. völlig ontologischen Wahrheit verstandenen Unverborgenheit nichts zu tun haben könne. Es sei zwar eine Dimension der Offenheit, die allerdings durch die Subjektivität der Metaphysik als Gegenstand der eigenen Untersuchung geschaffen werde. Das Offene sei eigentlich ein Geschlossenes:

> Was Rilke mit diesem Wort benennt, wird keineswegs durch die Offenheit im Sinne der Unverborgenheit des Seienden bestimmt, die das Seiende als ein solches anwesen läßt. Versuchte man das von Rilke gemeinte Offene im Sinne der Unverborgenheit und des Unverborgenen zu deuten, dann wäre zu sagen: Was Rilke als das Offene erfährt, ist gerade das Geschlossene, Ungelichtete, das im Schrankenlosen weiterzieht, so daß ihm weder etwas Ungewohntes, noch überhaupt etwas begegnen kann." (GA 5, 284)

Zu dieser legitimen Kritik – die zu Recht jeden Versuch einer Überlagerung des Offenen Rilkes und des aletheiologischen Offenen Heideggers ablehnt, da es im Dichten Rilkes in keiner Weise möglich ist, eine Auseinandersetzung mit der ἀλήθεια überhaupt oder mit der ἀλήθεια im Sinne Heideggers zu finden – fügt der Philosoph auch eine Kritik hinzu, nach der er im Offenen bei Rilke eine Art absolute, grenzenlose und unbedingte metaphysische Substanz erblickt: „‚Offen' bedeutet in Rilkes Sprache dasjenige, was nicht sperrt. Es sperrt nicht, weil es nicht beschränkt. Es beschränkt nicht, weil es in sich aller Schranken ledig ist. Das Offene ist das große Ganze alles dessen, was entschränkt ist." (GA 5, 284) Aber diese Dimension entbirgt sich nicht in einer Unverborgenheit, die das Sein sein lässt:

> Das Offene läßt ein. Das Einlassen bedeutet jedoch nicht: Eingang und Zugang gewähren zum Verschlossenen, als sollte Verborgenes sich entbergen, damit es als Unverborgenes erscheine. Einlassen bedeutet: einziehen und einfügen in das ungelichtete Ganze der Züge des reinen Bezuges. (GA 5, 285)

5 Engel, Tod und Technik

Die Einordnung des Dichtens Rilkes in den Kreis des Denkens Nietzsches führt Heidegger auch dazu, einen der problematischsten Vorschläge zu formulieren, die in „Wozu Dichter?" vorkommen, und zwar den Parallelismus zwischen dem Engel der *Duineser Elegien* und Zarathustra: „das Wesen des Rilkeschen Engels [ist] bei aller inhaltlichen Verschiedenheit *metaphysisch das Selbe* [...] wie die Gestalt von Nietzsches Zarathustra" (GA 5, 312). Auch in diesem Fall hält Heidegger eine interpretative Steuerung für notwendig, nicht um einfach die beiden Figuren zu identifizieren, sondern um die metaphysische Zugehörigkeit sowohl von Zarathustra als auch des Duineser Engels im Kontext der die Moderne charakterisierenden „Subjektivierung" aufzuweisen, die Heidegger als die „ursprünglichere[n] Entfaltung des Wesens der Subjektivität" (GA 5, 313) kennzeichnet. Der Verweis auf die „Subjektivität" kann zur Einsicht führen, dass in der Perspektive Heideggers sowohl Zarathustra als auch der Engel im Grunde ein Herrschaftsverhältnis zum Schutzlossein haben, aufgrund dessen sie das Schutzlossein als Identitätsmerkmal des Daseins verstehen und Letzteres als darauf verfügende Subjektivität vergegenständlichen. Auch wenn bei Rilke das Schutzlossein als fundamental gedacht wird, verliert es seine ganze Wesentlichkeit, da es von einem Subjekt geleistet wird und von dessen Leistungsfähigkeit abhängt.

Das Problem besteht laut Heidegger darin, dass Rilke durch die Förderung des Schutzlosseins eine Negation unseres Geworfenseins aktiviert, einer Geworfenheit, die gemessen und theoretisch untersucht und damit im Hinblick auf ihre Wesentlichkeit unwiderruflich mißverstanden wird. Ein vergleichbares Verdrängungsverhältnis besteht auch zum Tode. So kommen wir zu der Frage, die in dem, was Heidegger das „gedankenlose[s] Zusammenwerfen meines Denkens mit Rilkes Dichtung" nannte, sicherlich eine zentrale Rolle spielte, d. h. die Frage nach dem Tod. Seit den 1930er Jahren – also seit Rilkes Werk in seiner Fülle rezipiert wurde und seit Heideggers Werk immer mehr im deutschen philosophischen, aber auch kulturellen Gefüge Fuß zu fassen begann – schien es naheliegend zu sein, das Werk des Dichters und dasjenige des Denkers im Rahmen des Existentialismus in Bezug auf die Todesfrage in Verbindung zu setzen. Berühmte Gelehrte wie Joseph-François Angelloz, Karl Kerényi, Franz Joseph Brecht, Gabriel Marcel oder Hans Urs von Balthasar u. a. haben dies getan (Venezia 2007, 109 ff.).

Wir erinnern daran, dass in *Sein und Zeit* einige für den gesamten Denkweg Heideggers grundlegende Seiten dem Tod gewidmet sind. In § 50 finden wir eine wichtige Definition: „So enthüllt sich der *Tod* als die *eigenste, unbezügliche, unüberholbare Möglichkeit.*" (GA 2, 333) Dies führt Heidegger dazu, den Tod nicht mehr als Verlust, als Ende, als absolute Möglichkeitslosigkeit, nicht als den in § 48

(GA 2, 322) erwähnten „Ausstand" zu denken. Das bedeutet, dass der Tod nicht als Bruch im Leben des Menschen verstanden wird, sondern in die Existenz des Daseins einbezogen wird, um nicht mehr ausgehend vom Übersinnlichen, sondern ausgehend von seinem „Bevorstand" selbst erklärt zu werden: „Der Tod ist kein noch nicht Vorhandenes, nicht der auf ein Minimum reduzierte letzte Ausstand, sondern eher ein *Bevorstand*." (GA 2, 332).

In *Wozu Dichter?* greift Heidegger genau in diesen Zusammenhang ein, indem er das Zusammengehören von Leben und Tod – charakteristisch für die letzte Phase von Rilkes Werk, das in den *Sonetten an Orpheus* seine lyrische Apotheose findet und in der berühmten Bestimmung des Todes als „Seite des Lebens" wieder aufgenommen wird (so bestimmt der Dichter den Tod in einem Brief an seinen polnischen Übersetzer, den Dichter Witold von Hulewicz, vom 13. November 1925) – als einen Versuch interpretiert, den Tod durch Gesang in Besitz zu nehmen und ihm sein zersetzendes Potential zu nehmen, indem er in der Leichtigkeit der Dichtung verdünnt und in der Ferne des Wortes sublimiert wird. Der Tod sei bei Rilke eine Herrschaft über etwas, das uns, einmal in eine Kategorie eingeschlossen, nicht mehr erschrecken kann und vielmehr auf die Möglichkeit hinweist, als Parameter gedacht zu werden, mit dem wir das Maß des Lebens bestimmen können. Laut Heidegger zeigt sich bei Rilke eine Art Todesverdrängung, die sich sogar mit der für die Technik typischen Manipulation verknüpfen lässt: „Das Sichdurchsetzen der technischen Vergegenständlichung ist die ständige Negation des Todes." (GA 5, 303) Rilke hat nach Heidegger ein Verhältnis zum Tod, das dessen Irreduzibilität nicht wirklich in Betracht ziehe – genauso, wie das Schutzlossein zum Kontroll- und Rechenmittel werde. Auf die Frage „Was ist das Wesen des Schutzlosseins, wenn es in der Vergegenständlichung besteht, die im vorsätzlichen Sichdurchsetzen beruht?" antwortet Heidegger nämlich: „Das Gegenständige der Welt wird ständig im vorstellenden Herstellen. Dieses Vorstellen präsentiert. Aber das Präsente ist präsent in einem Vorstellen, das die Art der Berechnung hat." (GA 5, 304) Das Problem ist für Heidegger daher, dass die Beziehung zum Schutzlossein als Vergegenständlichung von einer theoretischen Untersuchung ausgeht, zum Vorstellen wird und dabei sich als ein technisches Rechnen erweist. Und wie geschieht dies konkret in der Dichtung Rilkes? Um diese Frage zu beantworten, soll der Begriff des „Weltinnenraums" herangezogen werden. Der „Weltinnenraum" – ein Ausdruck, der in einem Gedicht Rilkes aus dem Jahr 1914 vorkommt, das den Titel „Es winkt zu Fühlung fast aus allen Dingen" (Rilke ^{2}1976, Bd. 3, 83) trägt – weist für den Philosophen auf eine Dimension der Innerlichkeit hin, die es dem Menschen ermögliche, das vergängliche und flüchtige Sichtbare in ein festes und bleibendes Unsichtbares zu verwandeln. Auch in diesem Fall werde der Rückfall der Dichtung Rilkes in jene Metaphysik der Innerlichkeit ersichtlich, die der abendländischen philosophischen Tradition von Augustinus über Pascal bis hin zu Kierkegaard so lieb gewesen sei und nach der in der inneren Sphäre eine Erlösung gefunden werden könne, nämlich eine Zuflucht für den Menschen vor den äußeren Leiden. Dieser „Raum" sei also nichts anderes als ein Ausdruck der Herrschaft des Willens, mit dem das Subjekt seine eigene Entscheidungsfähigkeit sowohl in der rationalen Sphäre als auch in der emotionalen Intimität durchsetzt. Dabei werde nochmals die Analogie mit dem Willen zur Macht Nietzsches deutlich, der in diesem Fall darauf abziele, das vergängliche Irdische ewig zu machen. Durch den „Weltinnenraum" zeichne sich das Offene selbst als eine transzendente, bildschöpferische Dimension ab, als Horizont, in dem höchste Wahrheiten zugänglich seien, als eine fast übernatürliche Ewigkeit oder als eine überlegene und sublimierte Unendlichkeit.

Während das Leben des Menschen in seiner fortwährenden Beziehung zur Welt geprägt ist von der Zersplitterung der Erfahrungen und von der Unmöglichkeit, diese Zersplitterung wieder zur Einheit zu bringen, sei der Weltinnenraum jene innere Dimension, die allgemeingültig ist, die eine Einheit gewährleistet und in der sich „eine Verwandlung der Dinge in das Innere und Unsichtbare" (GA 5, 308) abspielt, die nicht zufällig auf die hohen Fähigkeiten des Engels zurückführbar ist. Der Weltinnenraum als Innenraum der Welt wird daher mit ihrer metaphysischen Artikulation identifiziert, ohne die Hypothese zu berücksichtigen, dass dieser Raum eigentlich keine Verinnerlichung der Welt ist – als ob eine vollkommen bestimmbare Dichotomie zwischen der inneren und äußeren Dimension existierte –, sondern eher aus Welt besteht und von der Welt durchdrungen ist. Die Verinnerlichung sei die Leistung eines Bewusstseins, das sich nicht nur selbst als ein von der Welt losgelöste Subjekt setzt und dabei diese als sein Objekt vorstellt, sondern das durch den eigenen Willen auch eine unsichtbare Welt mit dem Ziel aufbaut, die sichtbare zu beherrschen. Eine derartige Herrschaft sei die willentliche Konstruktion einer Welt, in der die dem Menschen innewohnende Vergänglichkeit aufgehoben werde:

> Vielleicht muß sogar die Wendung unseres Schutzlosseins in das weltische Dasein innerhalb des Weltinnenraumes damit anheben, daß wir das Hinfällige und deshalb Vorläufige der gegenständigen Dinge aus dem Innen und Unsichtbaren des nur herstellenden Bewußtseins in das eigentliche Innere des Herzraumes wenden und dort unsichtbar erstehen lassen. (GA 5, 308)

Dieses herstellende Bewusstsein vollzieht eine Trennung, einen „Abschied", der den Menschen unaufhaltsam aus dem Offenen entfernt, indem er sich selbst zum Subjekt eines Objekts macht. In der Verwandlung des Sichtbaren ins Unsichtbare wird der Abschied deutlich, so dass das Rilke'sche Offene zu einer lyrischen Version der Subjekt-Objekt-Beziehung wird, die auf einer gnoseologischen sowie ontologischen Opposition dieser beiden Pole als einziger Möglichkeit von deren Denkbarkeit basiert (GA 5, 308). Die Gegenstände sind nicht nur Objekte; sie sind also auch „errechnet". Dies ist nochmals der Kern der Herrschaft der Technik, die auch in

Rilkes Dichtung erkennbar sei: „Der Mensch des Weltalters der Technik steht in solchem Ab-schied gegen das Offene." (GA 5, 294) Wie bereits erwähnt, geht Heidegger in diesem Aufsatz auch auf die Frage nach der Technik ein und prägt wichtige Ausdrücke wie die Bezeichnung des Menschen als „Funktionär der Technik" (GA 5, 294) oder die des Tages der Technik als „Weltnacht" der dürftigen Zeit. Der Verweis auf die Technik, der in einem Aufsatz über Dichtung und Dichter überraschend erscheinen dürfte, wird für Heidegger notwendig, um die dürftige Zeit zu erfassen, in der die Technik – weit davon entfernt, ein bloßes „Mittel für Zwecke" oder ein bloßes „menschliches Tun" (GA 7, 7) zu sein – sich sogar als „Weise des Entbergens" (GA 7, 13) und als privilegierter bzw. sogar einziger Zugang zum Sein zeigt, da dieses in der zeitgenössischen Welt lediglich als Mangel, Abwesenheit, Abgrund erfahrbar ist. Die Dichtung Rilkes sei, so Heidegger, doppelt metaphysisch und stehe folglich doppelt im Zeichen der Herrschaft der Technik, weil sie einerseits auf dem Willen beruhe, der das Schutzlossein als maximalen subjektivistischen Schutz festsetzt, und andererseits auf dem Willen, die Welt zu objektivieren: „Insofern der Mensch sich in das vorsätzliche Sichdurchsetzen festsetzt und sich durch die unbedingte Vergegenständlichung in dem Abschied gegen das Offene einrichtet, betreibt er selbst das eigene Schutzlossein." (GA 5, 297) Um zu belegen, dass dies offensichtlich ein Deutungszwang ist, genügt es, sich an die Verse aus den *Sonetten an Orpheus* gegen die „Maschine" zu erinnern, die Heidegger wohl präsent gewesen sind: „Sieh, die Maschine: / Wie sie sich wälzt und rächt / Und uns entstellt und schwächt" (I 18) und „Alles Erworbne bedroht die Maschine, solange / sie sich erdreistet, im Geist, statt im Gehorchen, zu sein" (II 10). Das Problem liegt darin, dass der Verlust des Dinghaften der Dinge unweigerlich zugleich den Verlust der Menschlichkeit des Menschen bedeutet: „Das Menschliche des Menschen und das Dinghafte der Dinge löst sich innerhalb des sich durchsetzenden Herstellens." (GA 5, 292) Obwohl Heidegger gleich danach Rilke als Dichter eines Willens zum Willen verpönt, teilt er hier dessen Kritik am Verlust einer authentischen, nicht-objektivierenden und nicht-manipulativen Beziehung zu den Dingen, die auch den Ausgangspunkt des ersten Aufsatzes des Bandes *Holzwege* (d. h. „Der Ursprung des Kunstwerkes") darstellt, in dem die Kunst als die Möglichkeit angesehen wird, sich endlich aus einer für den „Theoretizismus" der „Vorhandenheit" charakteristischen Betrachtungsweise herauszudenken. Nicht einmal kraft der in *Sein und Zeit* eingeführten „Zuhandenheit" (GA 2, 93) ist es aber am Ende möglich, aus einer solchen Betrachtungsweise herauszukommen, in deren Rahmen die Dinge im Wesentlichen Gegenstände sind, die für uns immer als Gebrauchsgegenstände des Alltags und für die Philosophie als Gegenstände theoretischer Forschung zur Verfügung stehen. Erst die Kunst macht uns begreiflich, dass wir eine authentische Beziehung zu den Dingen als „Verläßlichkeit" brauchen, um uns auf die Dinge nicht als Konsumgüter, sondern als Dinge, auf die man sich verlassen kann, zu beziehen und um eine Beziehung zu ihnen aufzubauen, die über den utilitaristischen Funktionalismus hinausgeht: „Das Zeugsein des Zeuges, die Verläßlichkeit, hält alle Dinge je nach ihrer Weise und Weite in sich gesammelt." (GA 5, 20)

Um zu verdeutlichen, wie sehr die Objektivierung der Dinge zur Herrschaft der Technik beiträgt und wie sehr der Wille zum Willen dazu führt, dass die Welt nicht als Offenes, sondern als etwas letztlich Verfügbares behandelt wird, schreibt Heidegger:

> Nicht die vielberedete Atombombe ist als diese besondere Tötungsmaschinerie das Tödliche. Was den Menschen längst schon mit dem Tod und zwar mit demjenigen seines Wesens bedroht, ist das Unbedingte des bloßen Wollens im Sinne des vorsätzlichen Sichdurchsetzens in allem. Was den Menschen in seinem Wesen bedroht, ist die Willensmeinung, durch eine friedliche Entbindung, Umformung, Speicherung und Lenkung der Naturenergien könne der Mensch das Menschsein für alle erträglich und im ganzen glücklich machen. (GA 5, 294).

6 Wozu Sprache? Unterwegs zu Dichten und Denken

Die Auseinandersetzung mit der Frage nach der Technik macht es schon deutlich, dass Heidegger in „Wozu Dichter?" viele der nach der Kehre für seinen Denkweg unausweichlichen Fragen anzusprechen versucht. Abschließend wirft er auch die Frage nach der Sprache auf, d. h. eine für ihn nach der Kehre immer zentralere Frage. Das ist nicht überraschend, denn nach seinen eigenen Angaben (Le Thor 1969) inspirierte gerade die dichterische Sprache – genauso wie die der Vorsokratiker – ihn dazu, „neue Worte zu prägen; [...] zur wesentlichen Einfachheit der Sprache" (GA 15, 351). Diese abschließende Erörterung der Frage nach der Sprache steht nicht nur chronologisch den Bemerkungen zur Sprache sehr nahe, die in einem weiteren grundlegenden Aufsatz aus dem Jahre 1946 formuliert werden, und zwar in dem berühmten „Brief über den 'Humanismus'". In beiden Fällen wird ein Ausdruck verwendet, der breite Resonanz gefunden hat: die Sprache wird als „Haus des Seins" bezeichnet (GA 5, 310; GA 9, 313 und später auch mehrmals in GA 12). Dieser Ausdruck verweist darauf, dass die Sprache kein Instrument des Menschen „als Handhabe seines Vorstellens und Verhaltens" (GA 5, 311), sondern ein Ereignis ist, in dem sich das Sein gibt, und der Ort, an dem wir als Menschen wohnen. Dieses Ereignis kann nicht vorgestellt werden, sondern muss von den „Wagenderen" gewagt werden: „Die Wagenderen wagen das Sagen." (GA 5, 311 f.) Auf diese Weise kommen wir zu dem Punkt zurück, von dem wir ausgegangen sind: das dichterische Sagen ist der Ort, an dem sich in der Zeit der Seinsvergessenheit das Sein noch geben kann. Dies ist die relevanteste Einsicht, die die dürftige Zeit als eine Zeit qualifiziert, in der die Seinsvergessenheit nicht aufgehoben, sondern durchquert wird, um in der Sprache ein „Es gibt" zu finden, das weder vorstellend noch objektivierend ist.

„Diejenigen, die um einen Hauch wagender sind, wagen es mit der Sprache. Sie sind die Sagenden, die sagender sind." (GA 5, 318) Das Sagen ist die eigentliche Sprache, weil es über das Vorstellen hinausgeht und das Ereignis eröffnet. Das eigentliche Sagen ist das der Wagenderen, der Dichter: „Das sagendere Sagen der Wagenderen ist der Gesang." (GA 5, 316) Heidegger zitiert auf diesen Seiten einen der relevantesten Verse der *Sonette an Orpheus*, nämlich einen Vers aus dem dritten Sonett des ersten Teils „Gesang ist Dasein". Natürlich könne der Begriff des Daseins bei Rilke, das die metaphysische *existentia*/Existenz sei, den Dichter in keiner Weise von einer subjektivistischen Sichtweise fern halten. Er dekretiere im Gegenteil ihre unwiderrufliche Vorherrschaft. Doch fast zwanzig Jahre später (1964) greift Heidegger diesen Vers auch in der „Beilage zu den Hinweisen zu Phänomenologie und Theologie" auf und gibt zu, dass Rilke ein „Beispiel eines ausgezeichnet nichtobjektivierenden Denkens und Sagens" (GA 9, 78) gegeben habe. Dieser Vers stelle also tatsächlich jenes Sagen dar, das in jeder Hinsicht das eigentliche Ereignis ist, in dem sich das Sein gibt, d. h. die dichterische Sprache, der Gesang der Wagenderen.

Heidegger schließt „Wozu Dichter?" genau mit der Frage, mit der er angefangen hat, nämlich mit der Frage, ob Rilke als Dichter in dürftiger Zeit gelten könne. Auf diese Frage finden wir jedoch keine klare und eindeutige Antwort. Wir können sie eigentlich auch gar nicht finden, weil Rilke doch ein Dichter in dürftiger Zeit sei, aber wohl nicht im Sinne Hölderlins. Dies bedeutet nicht, dass die Antwort ein „Ja" mit Vorbehalt ist, sondern dass die Antwort nur in Bezug auf die Zeit der Seinsvergessenheit ein „Ja" ist, d. h. in Bezug auf die Zeit, in der sich das Sein durch das eigene Fehlen manifestiert. Hölderlin hingegen ist Dichter in dürftiger Zeit, weil er „in die Ortschaft [denkt], die sich aus derjenigen Lichtung des Seins bestimmt, die als der Bereich der sich vollendenden abendländischen Metaphysik in ihr Gepräge gelangt ist." (GA 5, 273) Er ist Dichter in dürftiger Zeit als „der Zukünftigste, weil er am weitesten herkommt und in dieser Weite das Größte *durchmißt* und verwandelt." (GA 65, 401) Ohne Rilke diese Zukünftigkeit anzuerkennen – die nach der berühmten These „Herkunft aber bleibt stets Zukunft" (GA 12, 91) mit der Ursprünglichkeit eins ist und die sich auch aus der sehr engen und privilegierten Verwandtschaft herleitet, die das Dichten Hölderlins mit dem altgriechischen Ursprung unterhielt und ihn zum *Andenken* führte, das bei Heidegger zum Denken selbst wird – stellt die Auseinandersetzung mit dem Prager Dichter wohl einen der reichsten und fruchtbarsten Holzwege dar, die Heidegger gegangen ist. Die Frage, was ein Dichter in dürftiger Zeit ist, wird daher im Hinblick auf Rilke wie folgt beantwortet:

> Das Kennzeichen dieser Dichter besteht darin, daß ihnen das Wesen der Dichtung frag-würdig wird, weil sie dichterisch auf der Spur zu dem sind, was für sie das zu Sagende ist. Auf der Spur zum Heilen gelangt Rilke zu der dichterischen Frage, wann Gesang sei, der wesenhaft singt. Diese Frage steht nicht am Beginn des dichterischen Weges, sondern dort, wo Rilkes Sagen in den Dichterberuf des Dichtertums gelangt, das dem ankommenden Weltalter entspricht. Dieses Weltalter ist weder Verfall noch Untergang. Als Geschick beruht es im Sein und nimmt den Menschen in seinen Anspruch. (GA 5, 319)

Die Fähigkeit Rilkes, Dichter in dürftiger Zeit zu sein, entspricht der Geschicklichkeit seiner Zeit, der Fähigkeit, dem Zeitalter der entflohenen Götter zu entsprechen, in dem Wagendere nötig sind, um „eher" in den Abgrund hinabzusteigen. Wir finden bei Rilke keine neue Zukunft als uralte Herkunft, sondern wir finden einen Gesang, der vollkommen Dasein ist. Obwohl also Heidegger zu Recht darauf besteht, dass sein Denken nicht unkritisch mit der Dichtung Rilkes in Verbindung gesetzt werden kann, so bleibt sein Denkgespräch mit Rilke eine der wesentlichsten und würdigsten zeitgenössischen Erfahrungen des Gesprächs zwischen Dichten und Denken.

Literatur

Heidegger, M. / Blochmann, E. 1989: Briefwechsel 1918–1969, hg. von Storck, J. W., Marbach.
Rilke, R. M. 1976: Sämtliche Werke (in 12 Bände), Frankfurt am Main.
Rilke, R. M / Andreas-Salomé, L. 1989: Briefwechsel 1897–1926, hg. von Pfeiffer, E., Frankfurt am Main.
Venezia, S. 2007: Il linguaggio del tempo. Su Heidegger e Rilke, Napoli.
Venezia, S. 2014: Die unerwartete Nähe der Ferne. Zum Verhältnis zwischen Heidegger und Rilke, in: Heidegger-Jahrbuch 8 (Heidegger und die Dichtung), hg. von Denker, A. / Zaborowski, H. / Zimmermann, J., Freiburg/München, 137–151.

Charles Bambach
Heidegger's "Wozu Dichter?": A Reading

The motto of Heidegger's *Gesamtausgabe*, delivered "in handwritten form a few days before his death," reads: "Wege, nicht Werke." We are left to ponder both the sense and direction of the plural form *Wege*, as well as the philosophical trope of negation. These ways are *not* "works" in the sense of finished, self-sustaining, completed texts. They come to us, rather, as drafts, sketches, outlines of a path of thinking whose very sense lies in its being *unterwegs*, never arriving at a final destination. Each volume of the *Gesamtausgabe* appears as a waystation, an *Aufenthalt* on a longer path that conjures images of Plato's "longer path" in *The Republic* (435d, 504c). One of the finest exemplars of just such an approach to thinking is Heidegger's 1950 text *Holzwege* (*Timber Tracks* or *Woodpaths*), his first major publication after the Second World War. *Holzwege* traces Heidegger's thinking during the crucial years 1935–1946, focusing on the work of art, the age where the world becomes a picture, and three essays dealing with critical figures within Heidegger's history of beyng: Hegel, Nietzsche, and Anaximander. The other essay – "Wozu Dichter?" – takes up several themes of this collection, especially those connected to truth, language, and representation in the age of nihilism. My aim here is to situate Heidegger's essay in terms of these themes by taking up the relevance of poetry in the age of machination, devastation, and the abandonment of beyng. The whole question about the vocation of the poet in the epoch of destitution, desolation, and abandonment is situated here against Germany's precarious position of defeat at the end of the Second World War.

1 Situating "Wozu Dichter?" Historically and Beyng-historically

On the surface, "Wozu Dichter?" comes to us as a reflection on the relevance of Rilke's poetry for understanding Germany after the effects of the Nuremberg tribunal in Fall 1946. Heidegger was deeply troubled by world events after the German defeat in May 1945. And while we can find traces of resentment at the Allied occupation forces in Germany in Heidegger's work of this period, what concerns him most of all is the shape and contours of the contemporary crisis of nihilism facing the West. As Heidegger writes, "In the age of the world's night, the abyss of the world must be experienced and must be endured. However, for this it is necessary that there are those who reach into the abyss" (GA 5, 270/201).[1] Much as he did in his essay "Hölderlin und das Wesen der Dichtung" (1936), here Heidegger chooses five keywords to organize his thinking. In 1936 he names these *Leitworte* (guiding words); in 1946 he terms these *Grundworte* (ground words, root words) (GA 4, 33–34, 42–43; GA 5, 275, 283–284, 294, 312). He then goes about focusing on these ground words and what he calls Rilke's "valid poetry" (*gültige Dichtung*) (GA 5, 274–75, 283, 294). What makes it "valid"? And how are we to understand these five ground words in terms of Heidegger's overall project in "Wozu Dichter?"?

Perhaps before offering a reading of Heidegger's interpretive movements in "Wozu Dichter?" we should attend to the historical-cultural moment within which Heidegger finds himself. The essay is presented in December 1946 "to an intimate circle in commemoration of the death of R. M. Rilke" (GA 5, 376). With this essay (and two others written in Fall 1946), Heidegger begins to move forward from an awful year – the Freiburg de-Nazification committee, *das Lehrverbot*, the nervous breakdown and the months-long "cure" at the Badenweiler clinic during the winter and spring of 1946 (cf. Mitchell 2016). If in his lectures from the NS-era, we find a litany of references to the thematics of a "German" future, with this essay we see a turn towards what Heidegger terms "the world-moment" (*Weltaugenblick*) where Germany is measured against the situation of the modern West. Drawing upon the poetic lexicon of Hölderlin from his hymn "Bread and Wine" Heidegger calls this world-epoch (*Weltalter*) "the world's night" (*Weltnacht*), a concept he refers to ten times within the first four pages of the essay (GA 5, 269–272). In his alcaic ode "Die Götter," Hölderlin expressed in condensed form the situation of modern existence:

> You kind gods! Poor is he who does not know you,
> The discord in his savage heart finds no respite,
> The world is night to him and no
> Joy comes to ripeness for him and no song. (vv. 5–8)

> Ihr guten Götter! arm ist, wer euch nicht kennt,
> Im rohen Busen ruhet der Zwist ihm nie,
> Und Nacht ist ihm die Welt und keine
> Freude gedeiht und kein Gesang ihm. (Hölderlin 1991, vol. I, 243)

---

[1] Most of the translations of "Wozu Dichter?" are my own reworking of the English translation of the text in Heidegger 2002; after citations, the page number of the English translation follows the page number of the German GA text.

This is the situation that Hölderlin, in his elegy "Brod und Wein," names "the time of destitution" (v. 122) where "the gods have fled" (v. 147). In this time marked by what Hölderlin variously calls "the flight of the gods" ("Brod und Wein," v. 147) or "the default of God" ("Dichterberuf," v. 64), the poet is confronted by the question – "What are poets for in a time of destitution?" ("Brod und Wein," v. 122). For Heidegger, however, this question is not confined to the historicity of Hölderlin's plight or to the age in which he wrote, but extends into our own time, the epoch in which "the radiance of divinity is extinguished in world-history" (GA 5, 269/200). It is for this reason that the name and poetic vocation of Hölderlin frames Heidegger's essay "Wozu Dichter?". In specific terms, the essay raises the question – "Is Rainer Maria Rilke a poet in a destitute time?" – but the deeper focus of the essay concerns the destiny of the West at the end of an epoch within the history of being.

Two other essays within *Holzwege* engage this question by focusing on the commencement and end of this Western history. In one essay, "Anaximander's Saying," Heidegger turns his attention to the onset of Western thinking and asks: "Do we stand before the evening of the night of another dawn?" (GA 5, 325–326/245) and in another essay, "Nietzsche's Word: 'God is Dead'," Heidegger reads Nietzsche as the last metaphysician, the philosopher who grasps that with the death of God and the flight of the gods there is no longer a center of gravity to hold together the threads of Western eschatological thinking. Nietzsche's analysis proves penetrating as a way to think beings and their relation to being. Yet Heidegger maintains that within such an approach "the truth of being remains unthought and not only has it been denied to thinking as a possible experience, but Western thinking itself (and indeed in the form of metaphysics) has veiled the occurrence of this denial expressly, even if unknowingly" (GA 5, 212). Nietzsche defines the condition of late modernity by interpreting the death of God in terms of nihilism as an epoch defined by the being of beings as will.

Within this metaphysical epoch of will, the human being becomes master of the world. It produces, directs, dispenses, orders, and consumes all that comes within its purview. In the age of technology, beings come to presence under the aegis of technological revealing in such a way that it appears as if it is only through human volition that truth happens. Yet through all of this incomparable dominion, where with all its instrumental designs the human being asserts its mastery over beings, nowhere does the radiance of the divine shine forth in world and thing. On the contrary, Heidegger attests that our world-epoch is characterized by "God's failure to arrive" (*Wegbleiben*) and by "the default of God" (*der Fehl Gottes*) (GA 5, 269). In the wake of Hiroshima, the death camps, and the deepening poverty, destruction, and disarray of postwar European existence, Heidegger turns to poetry once again to pose Hölderlin's question – "What are poets for in a time of destitution?" If we are to attend to the poet's word in a fitting manner, then we must acknowledge the being-historical destiny sent to us as one of "the extreme oblivion of being" (GA 5, 273). Under the reign of this *Seinsvergessenheit*, the traces of the gods that have fled become unrecognizable since we have attached ourselves merely to the contemporary manifestations of desolation that pervade our everyday existence. Yet the authentic signs of nihilistic oblivion lie hidden, so much so that "not only is the holy lost as the trace to divinity, but even the traces to this lost trace are nearly effaced" (GA 5, 272). Given this historical plight of destitution and forgetfulness, how are we to respond to the pervasive nihilism that marks our age? For Heidegger, the only path forward involves a crucial step back. Instead of trying to "overcome" our nihilistic condition through new initiatives of willful engineering, Heidegger suggests that we need to embrace our condition of destitution and poverty. In two of his shorter works from this same period – "Die Armut" (1945) (GA 73, 710–712, 871–81) and "Von der Vergessenheit" (1944/45) (GA 80, 921–943) – that deal with the problems of loss, absence, mourning, and destitution, Heidegger offers a profound critique of the metaphysics of will and self-assertion that characterized his work of the early 1930s. In these wartime writings, Heidegger turns to the comportment of releasement (*Gelassenheit*) as a way to let go of what is not needed, so as to be granted "deeper glimpses into the essential home of forgetting" (GA 80, 940). We need, Heidegger tells us, both to forget and to retain (*behalten*) our memory for what has transpired within the *Spielraum* (play-space) of the Open.

Heidegger turns to poetry in this moment of destitution to prepare the way for a thinking that needs to allow for a more fundamental, originary experience with language apart from its instrumental possibilities. Because poetizing ordains the play between concealment and revelation as a way of saying, it enables human beings to release themselves from the metaphysical demands of communication and commercial exchange that define our contemporary relation to language. In December 1946, as he composes "Wozu Dichter?," Heidegger turns to Rilke as a poet who "experiences the destitution of the age more distinctly" (GA 5, 274). And though virtually the entire fifty-page essay focuses on "the valid poetry" of Rilke, what defines its *Fragestellung*, I would argue, is the poetic timeliness of Hölderlin that articulates the destiny (*Geschick*) of the modern age.

2 Heidegger's Interpretive Strategy

In "Wozu Dichter?" Heidegger designates Rilke as a poet who grasps the desolation of the destitute age in which we live. As part of his inquiry Heidegger asks whether we can understand Rilke as a poet who is able to reach into the abyss of modern nihilism and attune us to its possibilities and limits. Beyond this, Heidegger strives to raise a more fundamental question – whether poetic song itself is able to reach into the abyss (*Abgrund*) of our modern situation and thereby expose the danger that threatens to foreclose the radiance of divine manifestation. For Heidegger, only poets whose vocation is to poetize the task of the poet are able to experience the abyssal danger of modernity and to endure its pervasive force. Poetry thus becomes a way to reach into the abyss and to grasp it as our destiny. Only in this way can we ever find a pathway toward turning from the age of the world's night. Hölderlin is a poet of such rank and the "Wozu Dichter?" essay raises the question – "Is Rainer Maria Rilke a poet in a destitute age?" (GA 5, 274). Heidegger's response is not easy to characterize here since it is marked by both ambivalence and evasion.

In a poignant sense, we can indeed see that Rilke does reach into the abyssal situation of this modern age – but how far? On my reading, Heidegger seems to suggest that Rilke is a poet of the interim, a poet who, though grasping the desperate situation at the end of a long metaphysical epoch, prefers makeshift, provisional gestures instead of offering fundamental insights. Like Nietzsche, from whom he draws his understanding of the nihilism of modernity, Rilke remains tied to the metaphysical presuppositions of will, subjectivity, life, and aesthetic experience that remain tethered to the selfsame metaphysics that they seek to overcome. Hence, for Heidegger, Rilke's poetry points to essential problems even as it ultimately lacks the bond to primordial thinking that would provide a pathway out of them. Ultimately, Rilke remains a poet of his time, attuned to the debilitating conditions of an age in crisis – a figure who is *zeitgemäß* without finding a measure or *Mass* that would twist free of the destitute time in which he finds himself. In this way, unlike Hölderlin, he remains a poet of the interlude rather than of the origin.

In order to confront these problems Heidegger suggests that we need to address the dense and difficult language in Rilke's poetry that remains recalcitrant to any easy appropriation. But which parts of Rilke's poetic corpus open themselves to such an approach? Unlike most Rilke commentators who turn to the *Duino Elegies* and/or the *Sonnets to Orpheus* as their focus, Heidegger maintains that these two works are too elaborate to address within the confines of a single philosophical essay. Moreover, what they poetize proves too challenging for thinking to approach their essence. Hence, Heidegger pursues a different path, settling on an interpretation of a poem that Rilke himself never published, but instead inscribed in the flyleaf of his *Malte* volume sent to Baron Lucius von Stoedten. These "improvised verses" become the focus of Heidegger's essay.

As he turns to a reading of this poem, he pursues two interpretive strategies. Firstly, he divides the poem into four structural segments: part one comprises verses 1 through 5; part two, verses 5 to 10; part three, verses 10 to 12, and part four, verses 12 through 16. The second interpretive strategy at work here is Heidegger's decision to focus on five "ground words" that he takes to be indicative of Rilke's path to the abyss. Yet his strategy is labyrinthine to say the least. Of the five ground words that Heidegger names – *die Natur* (nature), *der Bezug* (the relation of attraction), *das Offene* (the Open), *der Engel* (the angel), and *der Abschied* (departure) – only two of them appear in the improvised verses that Rilke wrote to Baron von Stoedten. The other three Heidegger draws from Rilke's late work, especially the *Sonnets to Orpheus* and *Duino Elegies*, which he designates as Rilke's "valid poetry."[2] In what follows, I will address the significance of each of these five ground words for Heidegger's overall interpretation. But what motivates my reading here is the strong sense that Heidegger pursues an *ethical* reading of these verses in the spirit of his "originary ethics" from the Fall 1946 essay "The Letter on 'Humanism'" (GA 9, 313–364, especially 352–357).

In the shadow of Hiroshima and the devastation of the Second World War, Heidegger confronts the oblivion of being by thinking it in terms of Rilke's poetic language. Measuring Rilke's "ground words" against Hölderlin's *ethos* of poetic dwelling, Heidegger finds that they fall short of embodying this possibility even though they help us to confront the darkness of the world's night in all its destitution. In Rilke's poetic engagement with "things" and their relation to the human being, Heidegger finds an opening for rethinking technology and the way its networks of presentation define all possible relations as subject/object relations. As so much of Heidegger's work during this period, what dominates is his understanding of truth as *aletheia* – the mutually determinative interplay of concealment and unconcealment, hiddenness and revelation that occurs as the strife/struggle between earth and world. What is crucial here for Heidegger is that truth is not a matter of human assertion *about* beings but, rather, being's own way of showing itself in the way that it withdraws and hides.

In "Wozu Dichter?" Heidegger explains that Rilke's poetry fails to grasp this intricate play between concealment and unconcealment as being's way of showing and hiding. Instead, "Rilke's valid poetry" speaks "only" out of "the realm of the truth of beings" rather than from out of the truth of being (GA 5, 274). The essay, then, approaches Rilke's poetic verse in a way that is doubled. On the one hand, Rilke's ground words do address the destitution/devastation of this "present moment of world history" and even "reach into the abyss" (GA 9, 353; GA 5, 274). On the other hand, Rilke's whole way of poetizing remains tied to "the truth of beings as it has developed since the consummation of Western metaphysics by Nietzsche."

---

[2] In his *Briefe aus Muzot*, Rilke calls Sonnet II, 13 "das naheste und überhaupt am Ende das gültigste darin." (Rilke 1935, 133)

Heidegger lays out his reading of this metaphysical aporia by focusing on what he determines as the five "ground words" in Rilke's "valid poetry."

3 Nature (*Natur*)

The word nature is a ground word, Heidegger tells us, "because what is said (*das Gesagte*) in it thinks the totality of beings from out of being" (GA 5, 312). Heidegger goes so far as to say that in Rilke's use of the term "there still oscillates (*schwingt*) the resounding-forth (*Anklang*) of the earlier word *physis*" that Heidegger takes as "life" – not conceived biologically, but as "emergence" (*das Aufgehende*) of being. Here nature is understood as originary ground (*Urgrund*) (GA 5, 279). As the poem relates, nature gives beings over to their venture among beings and "shelters none in particular" (vv. 2–3). "In each case being gives beings over to the risk" (vv. 2–3). In Heidegger's careful phrasing "Being lets beings loose into the risk" so that not a single being is protected from the danger of the risk. Put succinctly, "the being of beings is the risk" such that every venture by plant, animal, human is exposed to the danger that lies in all wagering and risking. What separates the human being from plant and animal, however, is that s/he goes along *with* the risk (v. 7). Moreover, the human being "wills it" through the metaphysical will that, since Leibniz, announces itself as the very being of beings. This human willing in Rilke is represented metaphysically as nature and it is only because nature is thought of as will that it is poetized as risk.

Although Heidegger does not expressly state this here, he does privilege risk itself as an exposure to danger, what in his earlier Hölderlin lectures of WS 1934/35 he termed "Ausgesetztheit" (GA 39, 72–74; 141–143; 223). Only if we are exposed to the danger that pervades our precarious position among beings, only if we are fundamentally attuned to it in the midst of beings, can we hope to dwell poetically upon the earth. This is a powerful theme developed in the Hölderlin lectures where Heidegger places special emphasis on "the dangerousness of language" as that which is "essentially double" (GA 39, 63–64). On the one hand, danger belongs to the essence of language and by being exposed to such danger and enduring it we learn to attune ourselves to its poetic character. On the other hand, language is pervaded by "corruption" and "abyssal decline" (*abgründiger Verfall*) that leads to bad prose, idle chatter, and the proliferation of a mechanized and instrumental approach to language. In these Hölderlin lectures, Heidegger puts it quite directly; given this crisis, "one might almost lose hope in bringing forth an essential transformation in experiencing the essence of language within the historical Dasein of a Volk. And yet this is what must happen if we are at all capable of effecting a transformation of Dasein back into the original realms of beyng." "Wozu Dichter?" offers a different perspective on the question of danger than the Hölderlin lectures, however, even as it draws upon their understanding of language. We find some of this resonance in Heidegger's playful use of etymology.

Heidegger writes of risk in his discussion of Rilke's ground word "nature." In order to place the very topos of risk (*Wagnis*) in its proper relation to nature, Heidegger performs an etymological pirouette that weighs (*wiegt*) what is risked on a scale (*die Waage*) that serves as a balance. But Heidegger pursues these etymological echoes even farther by linking the term balance (*Waage*) to the middle-high German word *Wage* "which still meant something like danger [...] The word *Waage* (balance) in the sense of danger and as the name for the instrument (of the scale) comes from *wägen, wegen*, to make a way, i. e., to go, to be running, working, in order. *Be-wägen* means to get something underway, to bring it into motion: *wiegen* (to weigh, rock, sway)" (GA 5, 281). Within his book of essays *Holzwege*, Heidegger develops his understanding of thinking as being way-driven, as opening up a way and placing us upon a way that enables us to move and be moved (*be-wëgt*). Heidegger's meditation on the valid poetry of Rilke opens just such a way to think the human venture as one of abyssal danger that places us in a precarious situation regarding our way of dwelling, our *ethos*. Heidegger understands such an *ethos* as requiring of us a way to relate – and attune ourselves – to an unsheltered exposure to being, one fraught with danger and risk. Nature risks human beings in a way different from stone or seed, rock or river. For unlike those beings, the human being stands in the middle of the pull or draft (*Zug*) of "the still center" of being in a way that places it in an ethical relation, one that concerns its very manner of dwelling (GA 5, 282). Moreover, it is only by attending to this pull/draft in all its relations that the human being can learn to dwell poetically.

4 Relation (*Bezug*)

Just as nature holds all beings in the balance, it constantly attracts all beings toward its center (*Mitte*). All beings are held in the balance *as* risked in a relation (*Bezug*) of attraction. At the same time, however, this center withdraws from all beings in a play of attraction/withdrawal. Rilke calls this relation of attraction "gravity" (*Schwerkraft*) which, Heidegger tells us, mediates all things. By throwing forth (*loswerfen*) what is risked into the play of attraction/withdrawal as the center, being throws forth beings into danger, exposing them to the risk that comes with their entry into the whorl of being. Anaximander names this entry price *tisis*, which has been traditionally translated as "penalty" or "atonement," but which Heidegger renders as "esteem" (*das Schätzen*) (GA 5, 358). Rather than thinking in the moral calculus of good and evil, Heidegger attempts to understand the jointure of beings in terms of the temporal whiling of beings that are allowed entry into the world order and are left to be withdrawn. In *Holzwege* Heidegger broaches this selfsame issue of a non-moral interpretation of beings by thinking anew the archaic language of the pre-Socratics in and through the poetic language of Rilke and Hölderlin. On Heidegger's reading, nature unfolds in this attraction/withdrawal play through a *Zug* (draft/pull) that is held into balance by the force of gravity (*Schwerkraft*) "that gathers everything in the play of risking" (GA 5, 282). As Heidegger puts it, "the gravity of pure forces, the still center, the pure *Bezug*, the whole *Bezug*, full nature, life, risk are the same" – namely, ways to say the ground of beings differently in the play and counter-play of their temporal whiling. What remains critical to Heidegger's parsing of Rilke's language here is that we do not reduce the *Bezug* to a relation of subject to object or of consciousness to thing.

As Heidegger reads him, Rilke grasps how intricately things exist in relation to other things interconnected within the network of relations that constitute the world. Moreover, he rejects the all too human tendency to objectify entities via a representational mode of *Vorstellen*. In his own poetic gesture, Rilke essays to reverse this objectification produced through representation and to sing of a human singularity unburdened by overmuch reflection. In his improvised verses he does this by privileging human beings over plants and animals, in that

> ... [we] sometimes risk even more
> than life itself risks
> by just a breath's span more ... (vv. 7–9; Rilke 2009, 326)

> ... manchmal auch
> wagender sind (und nicht aus Eigennutz),
> als selbst das Leben ist, um einen Hauch ... (Rilke 1996, 324)

But Rilke does not simply cede the matter of balance to the human eye. On the contrary, he sees how gravity's pull brings all beings into a *Bezug* that has been hazarded/wagered beyond our ken. We might even say that Rilke's *Dinggedichte* strive to create a space for the independent life of things apart from their use as objects or instrumental implements. What animates such a vision is Rilke's sense that things belong to a whole that cannot be divided into subject-object relations. This Rilkean insight is accompanied by a deep-rooted fear of what he (and Heidegger) term "Americanism" which, in its will to instrumentality, makes of *Dinge* "empty, indifferent things, sham things, *counterfeit life*" that Heidegger terms "the gathered recoil of the willed essence of modern Europe upon a Europe for which, in Nietzsche's completion of metaphysics [...] being begins to rule as the will to will" (GA 5, 291). It is well to remember, however, that for Heidegger, Rilke's insight into Americanism is less a cultural critique of a specific national character than it is a poetic rendering of the essence of technology. Here in "Wozu Dichter?," written three years before the Bremen lectures, Heidegger points to the essence of technology as "a *Geschick* that is still seldom experienced with regard to its truth" but that is come to assert its dominion over the earth "in the epoch of subjectivity" (GA 5, 210, 257).

In another essay from *Holzwege*, "Nietzsches Wort 'Gott ist tot,'" Heidegger writes of how, with the rise (*Aufstand*) of subjectivity as its defining feature, the human being "rises up (*steht* [...] *auf*) into the subjectivity of its essence" (GA 5, 256). The consequence of this *Aufstand* is that "the world becomes an object (*Gegenstand*)." Within such a historical transformation, the earth, assaulted by humanity's will to power, "can still only show itself as the *Gegenstand* of the attack instituted through human willing as unconditional objectification (*Vergegenständlichung*)" (GA 5, 256). Through human positing, representation, production, classification, and delivery, beings become entities – or better "resources" – available for constant ordering and consumption. As a consequence of this centuries-long epoch of objectification, "nature appears everywhere as the object of technology" (GA 5, 256). As part of this process what transpires is an understanding of the being of objects in terms of presence. Here "what presences becomes the oppositional object of a representation" (GA 5, 256) whereby what comes to presence is what Heidegger terms "the dominion of what is oppositionally objective (*des Gegenständigen*)" (GA 79, 25). As concerns his reading of Rilke, Heidegger's response here is twofold. He finds, on the one hand, that Rilke's poetizing of things does not represent them according to the objectivity of the technologically-driven subject. On the contrary, Rilke positions them in relation to the human subject, who he sees as *standing opposite* being – or what he terms "the Open."

5 The Open (*das Offene*)

In the Eighth Duino Elegy, Rilke privileges the animal above the human in a reversal of traditional Greek-Christian metaphysics. For Rilke, it is "the animal world with all its eyes / (that) beholds the Open" (v. 1–2; Rilke 1996, 224 f.; trans. [altered] Rilke 2000, 46–49). Human beings, by contrast, remain trapped in the iron cage of self-consciousness, always reflecting upon and viewing beings, but never at one with them. In the Eighth Elegy, Rilke positions the animal as a creature turned toward the Open *in* the moment without projecting its future or being burdened by its past. Yet he understands that human beings, weighed down by their anxiety about death, remain on the outside, always apart. As Rilke puts it:

We though: never, not for a single day, do we
have that pure space ahead of us into which flowers
endlessly open. What we have is World
and always World and never Nowhere-Without-Not: the pure,
(vv. 14–17)

Wir haben nie, nicht einen einzigen Tag,
den reinen Raum vor uns, in den die Blumen
unendlich aufgehn. Immer ist es Welt
und niemals Nirgends ohne Nicht: das Reine,

Always turned so fervently toward creation,
we see only the reflection of the Open,
which our own presence darkens. Or sometimes
a mute animal looks up and stares straight through us.
That is what destiny is: being opposite
and nothing else but that and always opposite. (vv. 29–34)

Der Schöpfung immer zugewendet, sehn
wir nur auf ihr die Spiegelung des Frein
von uns verdunkelt. Oder dass ein Tier,
ein stummes, aufschaut, ruhig durch uns durch.
Dieses heisst Schicksal: gegenüber sein
und nichts als das und immer gegenüber.

Going back to his *Stundenbuch*, Rilke had written: "Lord, we are poorer than the poor beasts." (Rilke 1996, 237) Yet Heidegger calls into question Rilke's privileging of animal life that sees it as exceeding that of the human being in its immediate relation to the Open. Already in his Parmenides lectures, Heidegger claims that because of Rilke's entanglement in biologism, psychoanalysis, and the metaphysics of Nietzsche, Rilke "conceives the essence of the human being on the basis of the essence of the animal," the resulting consequence of which is "an uncanny humanization of the creature, i. e. the animal and a corresponding animalization of the human being" (GA 54, 235, 226). Rilke understands the Open as an unbounded realm, much like the unchartered sea, something undetermined and whole that unites life and death, inner and outer. As a poet, however, he remains tethered to the ordering taxis of naming. Within such a taxis, the Open serves as Rilke's name for the field of relations within which the gravity and pull of attractive forces play themselves out. Hence, Heidegger can write that "the Open is the whole draft (*Bezug*) to which every being, as a risked being, is given over" (GA 5, 284). It is this sense of being given over (*überlassen*) that marks the opening verse of Rilke's "improvised verses" and that defines the human being as shelterless beneath the sky, exposed to the risk that threatens all beings. Rilke sees our awareness of this risk (and of our own mortality) as making it difficult for us to face the Open. Animals, unaware of their own fate, are not constrained by such impending knowledge. Again, for Rilke, this marks us as "poorer than the poor beasts" because *we* do not see the Open, unlike animals who are ever turned towards it. For Heidegger such an understanding fails on several levels. Rather than overcoming or twisting free of the metaphysical presuppositions of Western thinking in his poetizing of the Open, Rilke simply remains within the exhaustion of metaphysical subjectivity. It is precisely this kind of metaphysical thinking, grounded in biologism and psychoanalysis, that fosters "the complete oblivion of being" (GA 54, 226).

In "Wozu Dichter?," Heidegger goes so far as to claim that "what Rilke experiences as the Open is precisely that which is closed" (GA 5, 284). Whereas Rilke's notion of the Open is accessible only to animals who lack language and history, Heidegger's Open becomes the site from which all history, language, and truth can appear. Here we can locate Heidegger's most profound critique of Rilke's poetic insight, since for him Rilke has it backwards. Only humans have a relation to the Open, since only they can participate in the appropriating event of language. For Heidegger, it is precisely the human attunement to language's play between concealment and/as revelation that marks our way of being. Poetry allows – and indeed fosters – such play that takes place as the risk of being exposed to the event of language in its most enigmatic form. As Heidegger puts it, "Between what Rilke calls 'the Open' and the Open in the sense of the unconcealedness of beings there yawns, to be sure, a chasm. 'The Open' that essentially prevails in *aletheia* first lets beings emerge and come to presence as beings. The human being alone sees this Open" (GA 54, 237). And yet, Heidegger notes, "the human being, and he alone, sees into the Open without, however, catching sight of it" (GA 54, 237). Only those attuned to thinking and to the poetic word are granted such a possibility. And here again we find traces of what we might call Heidegger's *ethos* of poetic dwelling, an *ethos* in tune with the Heraclitean play of hiddenness and revelation that provides an other way of naming the Open. To dwell poetically here means to dwell "in" the truth in such a way as to be open to its curious and enigmatic ways of coming to presence and withdrawing – or, rather, of coming to presence *as* withdrawal. And it is in terms of this *ethos* that Heidegger engages Rilke's poetic word in a doubled and conflictual sense.

On Heidegger's reading, Rilke misconstrues the meaning of the Open and has it turned around in such a way that it becomes "the placeless location of everything that presences" (GA 79, 72). Moreover, for him, Rilke's open shows itself merely as "the constant progression by beings themselves, from being to beings within beings" (GA 54, 227). In this way Rilke thinks the Open, like Nietzsche, as the infinitely open sea without boundaries which, for Heidegger neglects the finitude of things in all their precariousness (cf. Nietzsche 1980, vol. 10, 34; vol. 3, 649).

6 Leave-taking and Departure (*Abschied*)

As Heidegger comes to reflect on the meaning of poetic dwelling for the ethical life in "Wozu Dichter?," he turns away from a close reading of Rilke's improvised verses and engages two ground words that do not appear there – namely, departure (*Abschied*) and the angel (*der Engel*). *Abschied* appears in two crucial poems – the eighth of the *Duino Elegies* and *Sonnets to Orpheus* II, 13 – that Heidegger draws upon. Rilke writes that the human being, imprisoned in its will, wedded to its instruments of calculability, remains a "spectator" who looks *at* the world without being *in* it:

> And we: spectators, always, everywhere
> turned toward everything and never beyond it!
> It overfills us. We arrange it. It falls into ruin.
> We rearrange it and fall to ruin ourselves.
> Who turned us around like this, so that no matter what we do, we have the bearing
> of one who is going away? As on
> the last hill, which shows him all his valley
> once more, he turns, stops, lingers –,
> so we live, forever taking leave. (Rilke 1996, 226)

> Und wir: Zuschauer, immer, überall,
> dem allen zugewandt und nie hinaus!
> Uns überfüllts. Wir ordnens. Es zerfällt.
> Wir ordnens wieder und zerfallen selbst.
> Wer hat uns also umgedreht, dass wir,
> was wir auch tun, in jener Haltung sind
> von einem, welcher fortgeht? Wie er auf
> dem letzten Hügel, der ihm ganz sein Tal
> noch einmal zeigt, sich wendet, anhält, weilt –,
> so leben wir und nehmen immer Abschied. (my own translation)

Because we humans stand opposite the world through our habitual tendency toward representation (*Vorstellung*), we always find ourselves in constant "departure" (*Abschied*) from it. In our calculative stance of technological-instrumental control of things, we carry out the work of separating ourselves from the world, unlike the animal who, in Rilke's poetic idiom, belongs to it. This separation Heidegger understands as one that always places the human being against the world as in a relation between subject and object. Within such a posture we position ourselves as those who cling to life and seek to fend off death, where death belongs to "the other side of the whole relation of the Open" (GA 5, 302). When viewed from the Open, our sense of being defenseless against death "as the departure against the pure relation, appears to be something negative" (GA 5, 302). That is, death appears to us as a frightful prospect that threatens to destroy our relation to the Open. And yet Heidegger finds in Rilke's notion of *Abschied* a reversal of the usual sense of death as something negative. In a letter to Countess Sizzo-Noris-Crouy in 1923, Rilke writes: "I do not love the Christian concepts of a Beyond and I distance myself from them more and more." (Rilke 1977, 51) Instead Rilke understands death as what belongs to human beings and offers them a way into a pure relation with being that does not strive for a beyond, but grasps death as an essential part of life, a theme poetically sung in the *Duino Elegies*.

Rather than appearing as something to be feared, death belongs to life as part of that *taxis* granted by Anaximander's world order, the jointure of all beings in their genesis and passing away. For Rilke it is this balance of "the pure forces" of being that, with its *Schwerkraft* ("gravity," "Wie die Natur …," v. 11) "shelters us" in our defenselessness; such a force turns us into the Open. Yet one of the grave dangers in the epoch of technology is how, due to human calculation and control, the Open becomes something objectified, as if it, too, could be brought under the sway of human will. It is in this sense that Rilke calls for an *Abschied* from the Open so as to loosen our grip over it as something objectively present. In this non-volitional relation to the Open, the poet turns away from it in order to more properly turn toward it. Yet this "reversal of departure" can only happen, Heidegger tells us, through an inward-turning remembering or *Er-innerung* into *Weltinnenraum* or "world inner space" that is less something "interior" to consciousness than it is "the entirety of beings" that bears the name the Open (GA 5, 306, 315). This path of thinking leads Heidegger to consider the fifth of Rilke's ground words: the angel.

7 The Angel (*Engel*)

With this Rilkean conceit of the angel, Heidegger understands that being that enables the reversal from the turn away from the Open to the turn toward the Open. This happens, again, as *Er-innerung* – "a re-membering reversal of consciousness that turns our defenselessness into the invisible of world inner space" (GA 5, 312). Human beings stand outside the realm of the invisible, since they remain tethered to the practices of willing and representation that always calculate beings in terms of their "value" as merchandise and commodities. These practices of the *Kaufmann* (businessman/merchant) serve the purported function of providing security from danger. Yet despite, or rather precisely on account of, these practices, the human being remains constantly without calm or stillness (*ungestillt*).

The merchant moves constantly between things, ascribing profit here and attaching it there, ever in motion, ever weighing the value of beings as commodities.

Through all this activity that aims at achieving security and settlement, the human being becomes ever more insecure and unsettled. As Heidegger puts it: "the human being is, as the constant exchanger and middleman, the merchant. He constantly weighs (*wiegt*) and considers (*erwägt*), yet never knows the authentic weight of things (*das Eigengewicht der Dinge*). Nor does he ever know what has authentic weight and prevails (*überwiegt*) in himself" (GA 5, 314). Within both Rilke's and Heidegger's understanding, 'the businessman' serves as the avatar of modern humanity in the epoch of the *Gestell*. Through the businessman's ventures, things within the sensible world are transformed into objects by a subject whose entire way of being turns itself toward an order of calculability and control with the aim of securing a defense against the uncertainties of the world. But this action of securing a defense uncannily yields the businessman defenseless, bringing with it yet another form of departure from the Open. Still, Heidegger finds in this defenselessness a way into the Open with the help of poetic song. Here what is visible becomes invisible and passes over into world inner space, a space of the non-objective belonging of both the visible and invisible. It is within such a space that Rilke's angel flourishes, for "in accordance with its incorporeal nature, the angel has transformed the possible confusion of that which is visibly sensible into the invisible" (GA 5, 313). Plants and animals flourish in the Open where they are "lulled into" it (*eingewiegt*) and where they lie upon the balance (*Waage*) in a state of repose and security, sometimes threatened, but never threatened in their essence. The risk that threatens them upon this balance "does not yet extend into the realm of the essentially and thus constantly unstilled" (GA 5, 313). The angel too rests upon the balance in a way that is reposed and stilled, only the human being risks itself, through its willing, into defenselessness. But, as Rilke poetizes, this balance passes over from the businessman to the angel in a way that brings with it stillness and calm. Yet how does this transfer happen? Neither Rilke nor Heidegger provide any concrete details, however each indicates that it can only happen as a kind of poetic re-membering or making-inward (*Er-innerung*) – but not an interiorization within the encapsulated 'self' of consciousness. Rather, this transformation can only happen through poetic song or *Gesang*.

In this "reversal from departure" the angel offers a way to let go of attachments to things, a gesture that willing humans need to learn. These angels, free from desire and will, help to show the pathway for human beings to reverse their separation *from* the world through an attuned sense of reintegration *with* the world. What poetic song can accomplish in its attunement to the rhythms and play of beings is to offer humans a way to comport themselves to the world that lets go of individuation and possession. Such an attunement allows for the sense of an appropriation whereby the human being lets itself fit into the play of beings without the volitional force of possession. Such an attunement of *Gelas-*

senheit or releasing oneself to the fit, *Fug*, or jointure of being, means risking one's essence in a way that renders one defenseless and thus open to the event of appropriation. Such a shift can only happen when the human being "risks its essence with language" (GA 5, 315). Such a risk is performed most purely in and through poetic song. Such performance is difficult. It occurs only rarely. Yet when poetic song does come to presence what it sings is less the work of the poet than the singing of song itself. Poetic song lets beings emerge; it manifests beings in a phenomenological way by letting them appear without the frame of propositional language. In this singing "only that which is itself song comes to presence" (GA 5, 317).

As Heidegger closes his essay, he returns to the question that he raised at the outset: "Wozu Dichter?" Not by chance he turns again to Hölderlin and places Rilke's work next to Hölderlin's as a way to consider the philosophical question of the role and vocation of poets in a destitute time. As he interprets this, Hölderlin stands as "the Vor-gänger" (fore-runner) of all such poets since "he arrives from the future in such a way that in the advent (*Ankunft*) of his words alone, the future (*Zukunft*) presences" (GA 5, 320). Hölderlin's poetic song sings the destiny of the Germans, a destiny whose future remains intimately tied to that which has been (*das Ge-wesene*). But the question remains open for Heidegger whether Rilke's poetic song attains to such a vocation. As Heidegger conceives it, only Rilke's own poetry can "answer why he is a poet (*wozu er Dichter* [ist]), what his song is underway to, and whither the poet in the destiny of the world's night?" (GA 5, 320).

Bibliography

Hölderlin, F. 1991: Sämtliche Werke und Briefe, hg. von Schmidt, J., Frankfurt am Main.
Mitchell, A. 2016: Heidegger's Breakdown. Health and Healing Under the Care of Dr. V. E. von Gebsattel, in: Research in Phenomenology 46, 70–97.
Nietzsche, F. 1980: Sämtliche Werke, hg. von Colli, G. / Montinari, M., Berlin/New York.
Rilke, R. M. 1935: Briefe aus Muzot, Leipzig.
Rilke, R. M. 1977: Briefe an Grafin Sizzo 1921–1926, Frankfurt.
Rilke, R. M. 1996: Werke. Kommentierte Ausgabe, hg. von Engel, M. / Fülleborn, U., Frankfurt/Leipzig.
Rilke, R. M. 2000: Duino Elegies, trans. Snow, E., New York.
Rilke, R. M. 2009: The Poetry of Rilke, trans. Snow, E., New York.

Der Spruch des Anaximander (1946)

Aleš Novák

Martin Heideggers „Der Spruch des Anaximander". Eine Einführung

Warum enden Heideggers *Holzwege* nicht mit dem Aufsatz „Wozu Dichter?", der ja nach dem dramaturgisch durchdachten Gang des Bandes ins Offene der möglichen Ankunft eines anderen Anfangs des Denkens *winkt?* Nachdem die „Schlüsseldenker" der „neuzeitlichen" Phase des „Seinsgeschichte" quasi in chronologischer Weise geschildert wurden (Descartes im Aufsatz *Die Zeit des Weltbildes*, dann Hegel und Nietzsche), war es nur konsequent, dass Heidegger *zeigen* wollte, auf welche Art und Weise ein möglicher Anbruch eines anderen Anfangs und die Ankunft einer anderen „Gestalt" der Wahrheit des Seins sich aus der ultimativen „Seinsverlassenheit" – die durch den „Tod Gottes", auf den Nietzsche aufmerksam gemacht hat, nunmehr offenkundig sein sollte – ereignen könnte. Dazu kann uns die große Dichtung Friedrich Hölderlins, aber auch die Rainer Maria Rilkes einen *Wink* geben. Damit würde sich auch noch ein Bogen zur Abhandlung „Der Ursprung des Kunstwerks", die den ganzen Band eröffnet, zeigen. Diese Strategie wäre genial gewesen. Warum folgt also nach dem „Dichter-Aufsatz" *noch* und *gerade* der Text zum Spruch des Anaximander?

Der „Dichter-Aufsatz" selbst gibt uns die Antwort. Das „Weltalter", in dem wir uns jetzt befinden, ist dasjenige der „Weltnacht" und der „dürftigen Zeit". „Als Geschick beruht es im Sein und nimmt den Menschen in seinen Anspruch." (GA 5, 320) *Auf dieses Geschick* des Seins und seiner Wahrheit *achten* sowohl das Denken als auch das Dichten, welches selber „in seinem Grunde ein Denken" ist (GA 5, 329). So kann Heidegger sagen, dass „das dichtende Wesen des Denkens" eben dieses Geschick des Seins „zur Sprache", d. h. in sein Wesen kommen lässt, so dass dann das Denken selbst „das Diktat der Wahrheit des Seins sagt" (GA 5, 328). Somit ist für Heidegger „das Denken [...] die Urdichtung" (GA 5, 328), die das Sein des Seienden in sein Geschick versammelt und darin verwahrt (GA 5, 327). Denn das Geschick verwahrt (d. h. *dichtet*) das je geschichtliche Walten der Wahrheit des Seins (GA 5, 327), das sich dem Menschen zuspricht und versammelt „als ein Ge-wesenes" (GA 5, 320). Heidegger behauptet demnach: „Das Ge-wesene [...] ist das Geschickliche", und eben „[d]ieses Geschick entscheidet darüber, was innerhalb dieser Dichtung geschicklich bleibt" (GA 5, 316).

Wenn also der „Dichter-Aufsatz" *zeigt* (nämlich auf die Art und Weise der *formalen Anzeige*), inwiefern das Dichten sowohl die Ankunft als auch das Bleiben eben dieses „Ge-wesenen" als des Geschicklichen „zur Sprache" und d. h. in sein Wesen kommen lässt (GA 5, 320), macht er den Weg frei für „Der Spruch des Anaximander", über das „Ge-wesene" selbst als das Geschick des Seins und seiner Wahrheit *die Auskunft zu geben* (nämlich auf die Art und Weise der *phänomenologischen Deskription* mithilfe der „Methode" der *Destruktion* „der Geschichte der Ontologie"). So wie Hölderlin „der Vor-gänger der Dichter in dürftiger Zeit" ist (GA 5, 320), ist auch der „Dichter-Aufsatz" die *Vor-bereitung* auf die immer noch ausstehende „Urdichtung" oder das „Diktat" des Seins und der Geschichte seines bisherigen Wesens. Dieses „geht in seine noch verhüllte Wahrheit unter" und „versammelt sich in diesen Abschied" (GA 5, 327), was ja bekanntlich das „Thema", der „Inhalt" und das „Vorhaben" von „Der Spruch des Anaximander" ist. Die *Holzwege dürfen* daher *nicht* mit dem „Dichter-Aufsatz" schließen, der gleichsam *von selbst* (und das heißt: aus der *Sache des Denkens*) den darauffolgenden Text quasi „erzwingt", welchen er eben vorbereitet, damit – auf *genuin phänomenologische* Art und Weise – gerade jenes Geschick *gezeigt* wird, das „darüber entscheidet", was innerhalb der Dichtung der Dichter Hölderlin und Rilke eben „geschicklich bleibt" (GA 5, 320).

Wenn es so ist, dann kann behauptet werden, dass Heidegger sich mit dem „ältesten Spruch des abendländischen Denkens" auseinandersetzt, weil „wir erst das Wesen des Abendlandes aus dem her denken, wovon der frühe Spruch spricht" (GA 5, 325). Deshalb formuliert Heidegger mehrere „Aufgaben", um auszumachen, „wovon der frühe Spruch spricht". So lautet die erste „Aufgabe", dass „wir es vermögen, den Spruch einstig zu hören" (GA 5, 328), was laut Heidegger darin besteht, „das Einstige der Frühe im Einstigen des Kommenden [zu] erwarten und heute [zu] lernen, das Einstige von da her zu bedenken" (GA 5, 327).

Um zu *hören*, was in „Der Spruch des Anaximander" zur Sprache (und d. h. in sein Wesen) kommt, damit wir dieses „zum Wort (und in sein Wesen) Gekommene" 1) *erwarten*, 2) *lernen* und schließlich 3) *bedenken*, ist es laut Heidegger nötig (und darin besteht die zweite „Aufgabe"), dass wir allererst die Bindung der Sprache und an die Sprache und ihr Wesen *erfahren* (GA 5, 328), wobei sich „[d]er Spruch des Denkens [...] nur in der Zwiesprache des Denkens mit seinem Gesprochenen übersetzen" (GA 5, 328). Dies führt dann gleich zur dritten „Aufgabe", „den Spruch des Anaximander zu übersetzen" (GA 5, 329). Doch damit dies gelingen kann, muss innerhalb der vierten „Aufgabe" laut Heidegger erst ausgemacht werden, „wovon der Spruch sagt. Erst dann läßt sich ermessen, was er über das spricht, wovon er sagt" (GA 5, 330). Damit dieses „Wovon" des Spruches „rein" gedacht werden und somit zur Sprache kommen kann (GA 5, 331), ist es innerhalb der fünften „Aufgabe" von äußerster Wichtigkeit, auf eine genuin *phänomenologische* Art und Weise „alle ungemäßen Vormeinungen fallen lassen", damit wir „uns hinhörend auf das ein[zu]lassen, was im Spruch zur Sprache kommt". Und dies ist laut Heidegger: *das Sein des Seienden* (GA 5, 332).

Aus diesem *streng phänomenologisch* „methodischen" Grund lehnt Heidegger auf seine typische Art und Weise die bekannten und üblichen Übertragungen des „Anaximanderspruches" von Friedrich Nietzsche (GA 5, 321) und Herrmann Diels ab (GA 5, 332). Heideggers „Der Spruch des Anaximander" dient also als eine „methodisch" *reine Demonstration* der Anwendung der *streng phänomenologischen* Methode der „Vorurteilslosigkeit", d. h. von Heideggers *Variante* der „phänomenologischen Reduktion", die er schon in seinem bahnbrechenden Buch *Sein und Zeit* in der Gestalt der *„Destruktion der Geschichte der Ontologie"* verwendete. Was also im folgenden Verlauf von „Der Spruch des Anaximander" sich ereignet, ist keine ahistorisch denkerische Willkür, sondern „phänomenologisch" und „methodisch" *strengstes* Vorgehen, das sich *von der „Sache des Denkens" selbst* leiten lässt. Und *die* „Sache des Denkens" war für Heidegger das Sein, das Ereignis und die Geschichte und d. h. das *Geschick* des Wesens seiner Wahrheit. Da es laut Heidegger eben bei Anaximander zum frühesten Anspruch des Denkens durch die Wahrheit des Seins, in der das Geschick und das Wesen des *Abend*landes beruht, gekommen ist, *muss* er innerhalb der oben geschilderten „Situation" unseres Zeitalters als desjenigen der „Nacht", in der das Wesen des *Abend*landes zu erlöschen scheint, *zeigen* und d. h. darauf *aufmerksam* machen, worin das Geschick des Seins und d. h. das Geschick des *Abend*landes beruht, um erneut zu *lernen*, es zu *bedenken*. Dies scheint also sowohl der „Inhalt" als auch der *Sinn* von Heideggers „Der Spruch des Anaximander" zu sein.

Um das Sein des Seienden als das Geschick des *Abend*landes zu bedenken, muss jedoch zuerst „der Bereich aller Bereiche, das ὄν und das εἶναι, in seinem griechischen Wesen hinreichend gelichtet" werden (GA 5, 334), damit „ein uferloses Seinsgerede" vermieden und wir somit der „Wirrnis" der gängigen Vorstellung und Darstellung der Philosophie der Griechen entkommen können (GA 5, 335). Deshalb ergibt sich für Heidegger als sechste „Aufgabe", „eine Zwiesprache mit dem frühen Denken in den Gang zu bringen", damit wir *lernen*, „das Denken der Griechen griechisch zu denken" (GA 5, 336).

Was versteht Heidegger darunter, „das griechische Denken griechisch zu denken", was dazu führt, dass wir *erst erfahren, das Sein des Seienden griechisch zu denken?* Laut Heidegger ist

> griechisch [...] die Frühe des Geschicks, als welches das Sein selbst [hierzu bemerkt Heidegger in einer Fußnote, dass es sich im Falle von „Sein selbst" um „das Ereignis" handelt; GA 5, 336, Anm. a.] sich im Seienden lichtet und ein Wesen des Menschen in seinen Anspruch nimmt, das als geschickliches darin seinen Geschichtsgang hat, wie es im „Sein" gewahrt und wie es aus ihm entlassen, aber gleichwohl nie von ihm getrennt wird. (GA 5, 336)

Das Geschick des Seins beruht also im Sich-Lichten der Wahrheit des Seins im Seienden, dem das Wesen des Menschen ausgesetzt ist und aus dem das Wesen des

Menschen sehr wohl *entlassen* werden kann (wie es ja der vorangehende Aufsatz „Wozu Dichter?" demonstriert hat), ohne dass das Wesen des Menschen vom Geschick der Wahrheit des Seins abgetrennt werden kann. Was bei Heidegger als „Seinsvergessenheit" oder gar „Seinsverlassenheit" bezeichnet wird, darf also nicht so verstanden werden, als ob der Mensch sich komplett vom Sein separierte und vom Sein abfiele oder gar dass das Sein völlig vom Menschen abgetrennt oder abgeschieden irgendwo in einem „Jenseits" läge. Dies wäre eine ganz abwegige Vorstellung. Die Seinsverlassenheit ist kein „Mangel", kein „Fehlen" von Sein, sondern eben *die Weise, auf welche das Sein sich uns zukehrt, sich uns gibt und gerade* in der geschichtlichen Situation, die – wie gesagt – der vorangehende Aufsatz „Wozu Dichter?" geschildert hatte, *bei uns ist.*

Dieses Geschick des Seins hatte laut Heidegger seine „griechische" Gestalt (oder „Phase"), die in demjenigen „Grundzug des Seins" bestand, den Heidegger als ἀλήθεια, also als Unverborgenheit, denkt, die jedoch „in der λήθη eher verbirgt als enthüllt", was dazu führte, dass „dieses Verbergen seines Wesens und der Wesensherkunft [...] der Zug" ist, „in dem das Sein sich anfänglich lichtet, so zwar, daß ihm das Denken gerade *nicht* folgt" (GA 5, 336).

Das griechische Denken *griechisch* zu denken, heißt also, die Unverborgenheit als das Wesen der Wahrheit des Seins, d. h. als das Geschick des Seins denken zu *lernen*, woraus wir erst *lernen*, das Sein des Seienden wiederum griechisch zu denken, was durch die Auslegung des „Anaximanderspruches" quasi auf eine didaktische Art und Weise dargestellt wird. Die Auslegung des „Anaximanderspruches" dient Heidegger dabei, zu *zeigen*, wie das Wesen der Wahrheit des Seins (also das Geschick des Seins) im Seienden und für das menschliche Vernehmen sich *anfänglich* gelichtet und darin *gleichzeitig* entzogen und verborgen hat. Das Denken folgt zwar, wie Heidegger sagte, „gerade *nicht*" dem anfänglichen Sich-Lichten des Seinsgeschickes, doch handelt es sich dabei *nicht* um ein menschliches Versagen oder einen „Fehler" des Menschen, sondern gerade um die Art und Weise *des Seinsgeschickes selbst*, das eben darin beruht, im Sich-Lichten sich selbst zu verbergen *zugunsten dessen*, was es zu lichten gibt: des Seienden. Mit Heideggers Worten: „Das Sein entzieht sich, indem es sich in das Seiende entbirgt." (GA 5, 337) Darin beruht dann auch das Geschick des *Abend*landes: im (sich) lichtenden Sichverbergen des Wesens der Wahrheit des Seins, welche die Griechen früh als die ἀλήθεια zwar erfahren haben, der sie jedoch denkerisch nicht gefolgt sind. Daraus zieht Heidegger diejenige Konsequenz, dass durch den „Umstand", dass das Sein sich entzieht, indem es sich in das Seiende entbirgt, es dazu kommt, dass „das Sein, es lichtend, das Seiende mit der Irre" „beirrt" (GA 5, 337).

Dieser Irrtum, in den das Seiende durch das sich verbergende Sein gelichtet und somit auch „gestellt" wurde, ist für Heidegger „der Wesensraum der Geschichte". In ihm „irrt das geschichtlich Wesenhafte an Seinesgleichen vorbei" (GA 5, 337). Somit ist „jede Epoche der [...] Weltgeschichte eine Epoche der Irre" (GA 5, 338). Heidegger denkt jedoch nicht, dass die ganze Weltgeschichte „falsch" wäre. Die Irre bedeutet das Ereignis des Wesens der Wahrheit des Seins als des lichtenden Sich-Verbergens, worin das Sein sich selbst *zugunsten* des Seienden, das es lichtet und entbirgt, verbirgt. Die Geschichte ist kein menschlicher Irrtum oder Fehler, sondern die Geschichte ist das Wesende des Seinsgeschickes selbst, das sich im Entbergen des Seienden selber verbirgt und entzieht.

Irrtum bedeutet für Heidegger *das Wesende der Wahrheit des Seins als der Lichtung des Sich-Verbergens:* die Weise, wie das Sein „im Seienden" und „bei uns" ist (oder: *wie es gibt),* d. h. das „Anwesen" des Seins als *dessen* „Abwesen" im Entzug *zugunsten* des entborgenen Seienden im Ganzen. Nur darum kann Heidegger behaupten, dass die „Geschichte des Seins" das Geschehen oder „Ereignis" der fortgehenden Seinsvergessenheit, der Seinsverlassenheit oder des Seinsentzuges ist, was keinen Mangel, Fehler oder Verfall bezeichnen soll, sondern gerade *das Wesende des Seinsgeschickes selbst,* d. h. die Art und Weise, wie *es das Sein selbst gibt.*

Da es also für Heidegger gänzlich außer Frage steht, dass der Spruch des Anaximander eben vom Sein des Seienden spricht, geht es somit um Folgendes: Um all das Gesagte zu *lernen,* sollen wir zuerst *lernen,* das griechische Denken und die griechische Seinserfahrung *griechisch* zu denken. Um das zu vermögen, müssen wir laut Heidegger „auf die rechte Gelegenheit [zu] achten, die uns erlaubt, die Sache, die der Spruch zur Sprache bringt, deutlich zu denken", wozu es jedoch nur dann kommt, wenn es gelingt, den Spruch *sachgerecht* zu übersetzen (GA 5, 339). Doch das bedeutet für Heidegger gerade nicht, den Spruch lexikalisch „richtig" zu übersetzen (GA 5, 333), sondern *achtsam aus der Sache selbst,* d. h. aus der frühen und anfänglichen Erfahrung des Geschickes des Seins bei den Griechen – und das auch noch griechisch. Damit wir also den Spruch des Anaximander *sachgerecht,* d. h. nicht bloß „richtig", übersetzen, müssen wir also zuerst darauf *achten,* das, „wovon" der Spruch spricht, d. h. das griechisch erfahrene ὄν, τὰ ὄντα und das εἶναι selber griechisch zu erfahren (GA 5, 339). Um das auszumachen, müssen wir laut Heidegger wiederum klar stellen, was zum „Anaximanderspruch" eigentlich gehört,[1] wobei sich Heidegger – auf eine für ihn ganz und gar untypische Weise – auf John Burnet beruft, der in seinem Buch *Die Anfänge der griechischen Philosophie* den Spruch des Anaximander erst mit „κατὰ τὸ χρεών" beginnen lässt (GA 5, 340; vgl. Burnet 1913, 43.). Heidegger selbst betont, dass „ich vor einigen Jahren" – wobei er die beiden Sommersemestervorlesungen aus den Jahren 1932 und 1941 im Sinne hat – „in

---

1 Gewöhnlich lautet der Spruch (Fragment B 1 aus Simplikios, *In Physica* 24,13): „ἐξ ὧν δὲ ἡ γένεσίς ἐστι τοῖς οὖσι, καὶ τὴν φθορὰν εἰς ταῦτα γίνεσθαι κατὰ τὸ χρεών· διδόναι γὰρ αὐτὰ δίκην καὶ τίσιν ἀλλήλοις τῆς ἀδικίας κατὰ τὴν τοῦ χρόνου τάξιν."

meinen Vorlesungen [...] nur diese Worte als die unmittelbar echten des Anaximander" angenommen hatte (GA 5, 341; für die Vorlesungen vgl. GA 35). Demnach akzeptiert Heidegger als den „authentischen" Laut des „Anaximanderspruches" Folgendes: „κατὰ τὸ χρεών· διδόναι γὰρ αὐτὰ δίκην καὶ τίσιν ἀλλήλοις τῆς ἀδικίας." Das werde gewöhnlich (nach Herrmann Diels) übersetzt als: „[...] nach der Notwendigkeit; denn sie zahlen einander Strafe und Buße für ihre Ungerechtigkeit." (GA 5, 341)

Nach Heidegger soll gerade *in diesem* griechischen „Laut" sowohl das frühe Geschick des Seins (und somit dasjenige des *Abend*landes) als auch eben das *griechisch erfahrene* Sein des Seienden anfänglich zur Sprache gekommen sein. Die Aufgabe lautet, das griechische Denken und die anfängliche griechische Seinserfahrung selber griechisch denken zu lernen. *Bevor* wir das aus dem Spruch selber vernehmen, rät Heidegger dazu, „zuvor außerhalb des Spruches [zu] suchen [...], was τὰ ὄντα griechisch gedacht sagt" (GA 5, 339, vgl. auch 343).

Noch vor der eigentlichen Auslegung des „Anaximanderspruches" stellt Heidegger die Frage: „Was kommt zu ihrer Sprache, wenn die Griechen τὰ ὄντα sagen? Wo ist, außerhalb des Spruches des Anaximander, ein Geleit, das uns dahin übersetzt?" (GA 5, 343) Und er findet dieses sofort bei Homer im ersten Buch der *Ilias*, konkret in der Schilderung des „weisesten Vogelschauers" Kalchas, „der erkannte, was ist, was sein wird oder zuvor war" (GA 5, 345). (In den oben genannten Vorlesungen und Manuskripten macht Heidegger nicht nur von Homer, sondern auch von Pindar Gebrauch.) Daraus entnimmt Heidegger, dass die anfängliche griechische Seinserfahrung von τὰ ἐόντα die Bedeutung hat von „das gegenwärtig und ungegenwärtig Anwesende" (GA 5, 351), das „im Spruch des Anaximander eigens zur Sprache kommt" (GA 5, 351). Denn laut Heidegger bedeutet τὰ ἐόντα *sowohl* das gegenwärtig Anwesende in der Unverborgenheit *als auch* das Vergangene und Zukünftige, die „beide sind eine Weise des Anwesenden, nämlich des ungegenwärtig Anwesenden" (GA 5, 346). Demnach bedeutet also der griechisch gedachte und erfahrene Ausdruck ἐόντα „anwesend in die Unverborgenheit" (GA 5, 347). Griechisch gedacht bedeutet ἐόντα, so Heidegger, *sowohl* „angekommen in der Weile innerhalb der Gegend der Unverborgenheit" (GA 5, 346) *als auch* verweilend „außerhalb der Gegend der Unverborgenheit", d. h. „das Ab-wesende", wobei „auch das Abwesende [ein] Anwesendes ist und, *als* Abwesendes aus ihr, in die Unverborgenheit anwesend." (GA 5, 347)

Der griechisch erfahrene Ausdruck ἐόντα soll demnach laut Heidegger bedeuten, dass jegliches, das „ist, war und sein wird", von der *Unverborgenheit* durchwaltet wird, *in die hinein* und *außerhalb derer* (wobei *auf sie* stets bezogen) jegliches an- und abwest, das „ist, war und sein wird". Darum kann Heidegger behaupten, dass die griechisch gedachte Seinserfahrung darin besteht, dass „das Sein [...] als Anwesen verborgenerweise eine Eigenschaft der Wahrheit ist" (GA 5, 349), soll ja doch die *Unverborgenheit* das sein, was Heidegger als die ἀλήθεια bezeichnet. Demnach bedeutet τὰ ἐόντα für Heidegger „das Ankünftige eines Abgehenden" in die und aus der Unverborgenheit (GA 5, 348), d. h. τὰ ἐόντα bedeutet das *Verweilende* oder auch das *Je-weilige* (GA 5, 350).

Das griechisch gedachte τὰ ἐόντα beruht endlich darin, dass es „in Hervorkunft und Hinweggang" verweilt. „Das Weilen ist der Übergang aus Kunft zu Gang. Das Anwesende ist das Je-weilige. [...] τὰ ἐόντα nennt die einige Mannigfaltigkeit des Je-weiligen. Jedes dergestalt in die Unverborgenheit Anwesende west je nach seiner Weise zu jedem anderen an." (GA 5, 350) Demnach offenbart und vollzieht τὰ ἐόντα quasi einen (fast Hegel'schen) „prozessualen" Charakter einer Bewegung des „Werdens" und „Vergehens", d. h. ein einzigartiges „Unterwegssein" aus der Verborgenheit in die Unverborgenheit, in der es je-weilig und als ein Je-Weiliges „erscheint" *und so* „eine Weile lang" anwest und aus der heraus es sogleich wieder „unterwegs" in die Verbergung ist. Hören, sehen und vor allem: *denken* wir nicht darin „die Zeit" oder den Zeitcharakter des solcherweise erfahrenen „Seins"? Was jedoch überrascht, ist die Tatsache, dass Heidegger diesen Umstand nicht erwähnt und aufnimmt, obwohl er scheinbar auf der Hand liegt.

Durch *diese* Auslegung der anfänglichen griechischen Seinserfahrung hat sich Heidegger auf seine Auslegung des „Anaximanderspruches" vorbereitet. Denn da er das anfänglich griechisch gedachte τὰ ἐόντα solcherart auslegt, dass es im „Übergang aus Kunft zu Gang" bzw. „in Hervorkunft und Hinweggang" *verweilt*, gewinnt er für sich eine freie Bahn zur Auslegung jedes Wortes aus dem zuvor verkürzten Spruch (GA 5, 352 ff.), die dann durch diese vorbereitende Auslegung von τὰ ἐόντα ziemlich leicht ausfallen wird oder gar muss. *Erst jetzt* beginnt die eigentliche Auslegung des „Anaximanderspruches" (GA 5, 353), bei der Heidegger derart verfährt, dass er den Spruch Wort für Wort „destruiert" und dadurch „erläutert".

Wir wissen, dass laut Heidegger im Spruch des Anaximander „die Frühe des Geschickes" des Seienden, nämlich τὰ ἐόντα, „zur Sprache kommt" (GA 5, 353). „τὰ ὄντα" – Heidegger nimmt diese Form nun auf, ohne dies weiter zu erklären – bedeutet für ihn „das gegenwärtig und ungegenwärtig in die Unverborgenheit Anwesende" (GA 5, 353) auf die Art des Verweilens während des und im „Übergang aus Kunft zu Gang". Heidegger identifiziert das solcherweise gedachte „τὰ ὄντα" mit dem „αὐτὰ" aus dem Spruch des Anaximander und behauptet, dass dieses „αὐτὰ" dann auch „alles Anwesende, das west in der Weise des Je-Weiligen" bezeichnet (GA 5, 353). Das Wort „αὐτὰ" soll demnach das Zusammengehören jeglichen Anwesenden „im Einen des Anwesens" bezeichnen, d. h. „das Zueinander-Weilen einer verborgenen Versammlung", was Heidegger dann lapidar und skrupellos (jedoch eher „intuitiv") mit dem λόγος und ἕν des Heraklits zusammenknüpft, ohne es zu erklären oder auch nur darzulegen (GA 5, 353–354). Im Ausdruck „αὐτὰ" als der Bezeichnung der Einheit alles Anwesenden wird demnach so etwas wie die ursprüngliche „Ganzheit" alles Anwesenden denkerisch erfahren und gefasst, wobei der „Grundzug des Anwesenden" in demjenigen bestehen soll, was laut Heidegger das Wort „ἡ ἀδικία" aus dem Spruch des Anaximander bezeichnet (GA 5, 354, vgl. auch 355).

Was soll, wenn das Seiende als das einheitliche Ganze des Ver-Weilens binnen einer „Kunft" und eines „Ganges" in die und aus der Unverborgenheit erfahren wird, damit gemeint sein, dass das Wort „ἡ ἀδικία" eben den „Grundzug" des solcherweise gedachten Ganzen des Anwesenden bedeutet? Als privatives Wort bezeichnet „ἀδικία" laut Heidegger „zunächst" den Umstand, „daß die δίκη wegbleibt", was bedeuten soll: „etwas ist aus den Fugen" (GA 5, 354). *Wenn, sobald und solange* also das Anwesende anwest in die und in der Unverborgenheit als ein Je-Weiliges innerhalb der Kunft in den Gang, *dann* west es „in der ἀδικία, d. h. aus der Fuge" (GA 5, 354). Das Anwesende selbst geriet in seinem „Unterwegssein" binnen der Kunft in den Gang aus der Fuge, indem es nicht nur oder nicht mehr „bloß" „zwischen Hervorkommen und Hinweggehen" verweilt, sondern sich vorschiebt „in das Her von Herkunft" und „in das Hin von Weggang", um „auf seiner Weile [zu] bestehen, einzig um dadurch anwesender zu bleiben im Sinne des Beständigen" (GA 5, 355). Laut Heidegger geriet das Anwesende aus der Fuge des Ver-Weilens zwischen Kunft und Gang, indem es „beharrt auf seinem Anwesen", indem es sich „aus seiner übergänglichen Weile herausnimmt" und indem es sich also „aufspreizt in den Eigensinn des Beharrens" und sich „versteift [...] auf die Beständigkeit des Fortbestehens" (GA 5, 355). Die ἀδικία als Grundzug des Anwesenden beruht im *Aufheben* des ursprünglichen (temporalen) Übergangscharakter des bloßen Ver-Weilens zwischen Kunft und Gang, d. h. im Aufheben des prozessualen (temporalen) „Unterwegsseins" zugunsten des beharrlichen und beharrenden Bestehens, Beharrens, der Beständigkeit und des Fortbestehens, die wohl allesamt für Heidegger die spätere Bedeutung des *metaphysisch* gedachten „Seienden" vorzeichnen, obwohl er es wiederum nicht erwähnt. „ἀδικία" bezeichnet demnach wohl die Seinsweise des je-weiligen Seienden: in der Weile seiner Unverborgenheit *zu bleiben* und gerade nicht wegzugehen, nicht zu vergehen und *derart* anzuwesen. Aus der Fuge zwischen Hervorkommen und Hinweggang zu sein, d. h. in der Weise der ἀδικία anzuwesen, ist keine lexikalisch getreue „Ungerechtigkeit", sondern gerade die exakte Art und Weise, wie das je-weilige Anwesende anwest: indem es *den eigenen Zeit- und Übergangscharakter aufzuheben* versucht, um nicht zu vergehen und solcherweise anzuwesen, d. h. um fortzubestehen und in der Unverborgenheit zu bleiben (GA 5, 356).

Weil das Anwesende derart im Aufheben des ursprünglichen (temporalen) Übergangscharakter des (Ver-)Weilens und somit im Aufstand in das bloße Andauern und im versteiften Beharren auf diesem Andauern west, d. h. in der ἀδικία, ist es laut Heidegger wesentlich notwendig, diesen *hervorgebrachten* Un-Fug des

Anwesenden „auszugleichen", d. h. einander die ursprüngliche Fuge und den anfänglichen Fug (δίκη) zu *geben:* „διδόναι [...] δίκην" (GA 5, 356). Demnach besteht jedoch auf einmal „das Anwesen des jeweilig Anwesenden" nicht – wie oben gesagt – in der ἀδικία, sondern „darin, daß das Anwesende je und je den Fug gehören läßt. [...] Das gegenwärtig Anwesende ist das gegenwärtige, insofern es in das ungegenwärtige sich gehören läßt", wie Heidegger dieses folgende Stück des Spruches des Anaximander deutet: „διδόναι γὰρ αὐτὰ δίκην καὶ τίσιν ἀλλήλοις τῆς ἀδικίας" (GA 5, 357). Denn Heidegger meint ja, „das jeweilig Anwesende, τὰ ἐόντα, west an, insofern es fugenden Fug gehören läßt" (GA 5, 358), d. h. indem es dem ursprünglichen prozessualen Übergangscharakter seines Ver-Weilens zwischen Hervorkommen und Hinweggehen verfügt *bleibt* und eben nicht dagegen aufsteht und auf seinem Beharren und Andauern besteht. Die einheitliche Ganzheit des Anwesenden beruht in verweilender Kunft in den Gang, d. h. darin, dass die je-weilig Anwesenden „den Fug einander gehören lassen", damit und indem die Anwesenden einander sich schätzen, sich achten und einander genugtun, wie Heidegger das Wort „τίσις" des „Anaximanderspruches" deutet (GA 5, 358–359). Man erwartet allmählich, dass das Wort „Kosmos" fallen wird. Doch wie so oft in „Der Spruch des Anaximander" lässt Heidegger es unerwähnt.

Jegliches Anwesendes strebt danach, in seinem Verweilen zu beharren, und versucht somit, sich „auf das beständige Andauern" zu versteifen, wodurch dann alles Anwesende in ihrer je eigenen „Sucht des Beharrens" „einander rücksichtslos" wird (GA 5, 359). Die ursprünglich einheitliche Ganzheit des Anwesenden geriet in den Unfug, weil jegliches Anwesende „ruchlos" wird, d. h. „in den schrankenlosen Eigensinn der Aufspreizung zum bloß beharrenden Fortbestehen" verfällt, worin die je-weiligen Anwesenden einander nicht schätzen und nicht erlauben, das jeweilige Anwesende „als es selber zulassen" und somit „den Fug" gehören zu lassen (διδόναι γὰρ αὐτὰ δίκην) (GA 5, 360).[2] Damit das einheitliche Ganze des Anwesens „füglich" und als der Fug geschieht, ist es notwendig, daß die je-weiligen Anwesenden ihrem „Eigensinn der Aufspreizung" und ihrer „Sucht des Beharrens" *absagen* und einander „den Fug geben" und „sich daran kehren, daß ein anderes in seinem Wesen bleibe", d. h. dass sie einander den „Ruch" (τίσις) schenken (GA 5, 360). Heidegger fasst es zusammen, indem er sagt: „Insofern die Je-Weiligen Fug geben, lassen sie in einem damit auch schon, in der Beziehung zu einander, je eines dem anderen Ruch gehören, διδόναι ... καὶ τίσιν ἀλλήλοις." (GA 5, 360) Das „Einander" (ἀλλήλοις) als das „Ganze des Je-Weiligen" soll laut Heidegger Folgendes bedeuten: „je ein Weiliges im Anwesen zum anderen Weiligen innerhalb der offe-

---

2 Hier wäre es sogar möglich, ein Geleit zu Heideggers Bestimmung des Bösen als „(In)Grimm" zu finden (vgl. Novák 2011; Babich 2017).

nen Gegend der Unverborgenheit" (GA 5, 360–361). Und eben *nur* durch dieses „Gehörenlassen des Ruchs" wird der „Unfug" (ἀδικία) „verwunden" (GA 5, 361) und somit das einheitliche Ganze des Anwesens „erhalten" oder „regeneriert". Das jeweilige Anwesende muss demnach also, *um es selbst zu sein*, das eigene Beharren auf seinem eigenen Verweilen *aufgeben*, um dadurch dem anderen je-weilig Anwesenden sowohl den Fug als auch den Ruch *zu lassen* und somit einander gehören zu lassen eben in einem solchen einheitlichen Ganzen des Anwesens, das gerade dadurch ein Ganzes „wird", indem es den Un-Fug der Sucht des Beharrens *verwindet* und ein übergänglich Je-Weiliges bleibt. Der Grundzug des Anwesens („Seins") des erstanfänglich erfahrenen Anwesenden („Seienden") ist also nicht die beständige Anwesenheit, sondern das übergängliche Weilen, d. h. der Grundzug oder „Sinn" des erstanfänglich erfahrenen „Seins" des „Seienden" ist die „Zeit" als das beständige Aufgehen und Vergehen in „Kunft in den Gang" in die und aus der Unverborgenheit (GA 5, 362).

Doch Heidegger nennt den „Sinn" des erstanfänglich erfahrenen „Seins"[3] *gerade nicht* „Zeit", sondern im Hinblick auf den Spruch des Anaximander „Brauch" (τὸ χρεών; GA 5, 362). Deshalb sagt auch Heidegger: „Das je-weilig Anwesende weilt κατὰ τὸ χρεών. Gleichviel wie wir τὸ χρεών zu denken haben, das Wort ist der früheste Name" (GA 5, 363), mit dem das Denken das Sein des Seienden zur Sprache bringt. Denn „Brauchen" besagt laut Heidegger „etwas Anwesendes als Anwesendes anwesen lassen" im Sinne von „etwas seinem eigenen Wesen aushändigen und es als so Anwesendes in der wahrenden Hand behalten" (GA 5, 367). Das „Brauchen" nennt also die Art und Weises, wie das Sein selbst als die Beziehung zum Anwesenden west, indem dieser „Brauch" eben das jeweilige Anwesende in sein jeweiliges Anwesen ausgibt (aushändigt) und ihm somit dieses sein Anwesen als sein Weilen erteilt (GA 5, 368). So kann Heidegger diesen ältesten Namen für das „Sein" des Seienden, d. h. den Brauch, so verstehen, dass er „als das Erteilen des Anteils der Fuge das zuschickende Fügen: die Verfügung des Fugs und mit ihm des Ruchs" (GA 5, 368) ist.

Indem der „Spruch des Anaximander" das Anwesende in seinem Anwesen bedenkt, erläutert er dasjenige, was τὸ χρεών benennt (GA 5, 369). Dieses älteste Wort des Seins ist für Heidegger „eine Spur, die im Geschick des Seins, das sich weltgeschichtlich als die abendländische Metaphysik entfaltet, alsbald verschwindet" und somit den „geschicklichen Beginn der Seinsvergessenheit" anzeigt (GA 5, 369), was wiederum für Heidegger „das reichste und weiteste Ereignis",

---

3 GA 5, 362: „Dieses Gehörenlassen ist die Weise, in der das Je-Weilige verweilt und so als das Anwesende anwest. Der zweite Satz des Spruches nennt das Anwesende in der Weise seines Anwesens. Der Spruch sagt vom Anwesenden über sein Anwesen."

nämlich das Ereignis der Metaphysik, darstellt (GA 5, 365). Und *dies* ist der eigentliche Anlass und Sinn seiner Auslegung des „Anaximanderspruches". Dies legitimiert sowohl die Auslegung als solche als auch die Positionierung dieser Auslegung am Schluss des *Holzwege*-Buches, in dem die verschiedenen Wege, auf denen sich das Denken auf jenes „reichste und weiteste Ereignis der Metaphysik" eingelassen hat (und auf denen es sich bisweilen auch *verlaufen* und *verirrt* hat – eben darum *Holzwege!*), betrachtet und erörtert wurden, damit auf die Art und Weise einer genuin phänomenologischen „formalen Anzeige" sichtbar gemacht wurde, was *im Grunde* dieses „weltgeschichtlichen" Ereignisses der abendländischen Matephysik geschieht, nämlich *die Vergessenheit des Unterschiedes von Sein und Seienden* (GA 5, 364).

Erst am Ende des denkerischen Weges der *Holzwege* wird also sichtbar, durch welche Gegend diese Holzwege verliefen, wozu sie geführt haben und was sich auf ihnen ereignet hat. So kann Heidegger im Zuge einer vorbereitenden Besinnung über eine „Eschatologie des Seins" (GA 5, 327)[4] sprechen, die das Denken des Seins auf das Geschick des Seins versammelt, welches sich im Zuge und in Gestalt des Wesens der abendländischen Metaphysik ereignet. Es zeigt sich also, dass die Auslegung des „Anaximanderspruches" in der Tat nur *Anlass* war, um sichtbar zu machen, was für Heidegger *die eigentliche Sache des Denkens* ist: Das ist das Ereignis des Unterschiedes von Sein und Seienden, also der „ontologischen Differenz". Denn die oft genannte „Seinsvergessenheit" ist für Heidegger doch nur *„die Vergessenheit des Unterschiedes des Seins zum Seienden"* (GA 5, 364).

Vor dem Hintergrund der düsteren Stimmung der Weltnacht in dem Aufsatz „Wozu Dichter?", der über die Gefahr der Seinsverlassenheit aus der Seinsvergessenheit heraus spricht, erscheint ein Strahl der Rettung, die eben nur aus der Gefahr selbst (aus der Seinsvergessenheit, die wir erst lernen müssen, als eine solche zu bedenken) kommt, die laut Heidegger hierin besteht: „Die Gefahr *ist*, wenn das Sein selbst ins Letzte geht und die Vergessenheit, die aus ihm selbst kommt, umkehrt." (GA 5, 373) Im „Anaximanderspruch" geht es ganz und gar nicht um Anaximander und auch nicht um seinen Spruch. Es handelt sich darin um ein mannigfaches Lernen: *achtzugeben* auf die Sache des Denkens; diese Sache des Denkens besinnlich zu *bedenken*; in diesem achtgebenden Denken *hinzuhören*, was uns die überlieferten Texte oder Sprüche sagen und wovon sie sagen, um sie eventuell sach- und wesensgerecht *übersetzen* zu lernen. Das Letzte, was uns der „Anaximanderspruch" lernen lässt, ist *das Warten:* das Warten während der Nacht des Weltge-

---

4 Diese Wortwahl benutzt Heidegger sonst nur noch in seinen *privatgehaltenen* „Schwarzen Heften" (vgl. GA 97, 244, 271, 283, 284, 288, 293, 302, 309, 329, 331, 335, 343, 372, 391–392, 408, 410, 424; es handelt sich hierbei um Stellen aus *Anmerkungen* III und IV aus den Jahren 1946–1947, also aus derselben Zeit, in der Heidegger „Der Spruch des Anaximander" verfasste).

schickes auf das Ereignis des anderen Anfangs des Denkens und der Geschichte, worin das Sein nicht das des Seienden ist, sondern *es selbst als das Ereignis der* „Lichtung des Unterschiedes" (GA 5, 365). Solange wir dieses Geschick nicht erfahren, wandeln wir stets nur auf *Holzwegen.*

Literatur

Babich, B. 2017: Heideggers „Brief über ‚Humanismus'". Über die Technik, das Bösartige des Grimmes – und das Heilen, in: Heidegger-Jahrbuch 10 (Heidegger und der Humanismus), hg. von Denker, A. / Zaborowski, H., Freiburg/München, 237–250.
Burnet, J. 1913: Die Anfänge der griechischen Philosophie, Leipzig.
Novák, A. 2011: Heideggers Bestimmung des Bösen, Nordhausen.

Michael Medzech
Zur werkübergreifenden Bedeutung von Heideggers Auslegung des „Spruchs des Anaximander"

In diesem Beitrag wird an die vorausgegangene Darstellung von Heideggers Auslegung des „Spruchs des Anaximander" von Aleš Novák angeknüpft. Zunächst fassen wir noch einmal knapp Heideggers Zugangsweise zu Anaximanders Denken zusammen und zeigen seine Zugangsweise zum Fragment dieses Vorsokratikers auf. Danach wird das Grundmotiv von Heideggers Lektüre zunächst in den Kontext unserer gegenwärtigen Weltsituation eingeordnet, um die anhaltende Relevanz dieser Anaximander-Deutung darzulegen. Anschließend wird versucht, Heideggers Aufsatz aus den *Holzwegen* in den Horizont der Texte von ihm zu stellen, die in direktem und indirektem Zusammenhang mit der in „Der Spruch des Anaximander" vorliegenden Version seiner Deutung stehen.

Heidegger entwickelt vier Zugänge in seiner Auslegung des „Spruchs des Anaximander" in der Version der *Holzwege*.[1] Erstens schaut er sich dort die klassischen Interpretationen dieses vorsokratischen Philosophen mir Blick auf Nietzsche, Hegel, Theophrast, Aristoteles und Platon an. Nach der phänomenologischen Anzeige dieser Deutungen versucht Heidegger zweitens, sie zu destruieren, um ursprünglichere Motive sichtbar werden zu lassen. Drittens flicht Heidegger diese Deutung in sein eigenes Denken und folglich in sein Übersetzen ein, um viertens ein nicht vergegenständlichendes, kaleidoskopisches Sichtfeld auf das Sein selbst und auf die Übertragung des Spruches im Aufriss des Seins als Anwesenheit zu werfen. In der Deutung des Seins als Anwesen sieht Heidegger das Rüstzeug für einen anderen Anfang des Denkens. Diese Überlegungen Heideggers wurden im vorausgegangenen Beitrag von Aleš Nóvak im Detail herausgearbeitet.

---

1 Heidegger übersetzt den zweiten Teil (von „κατὰ" an) des griechischen Originals ἐξ ὧν δὲ ἡ γένεσίς ἐστι τοῖς οὖσι καὶ τὴν φθορὰν εἰς ταῦτα γίνεσθαι
κατὰ τὸ χρεών· διδόναι γὰρ αὐτὰ δίκην καὶ τίσιν ἀλλήλοις τῆς ἀδικίας κατὰ τὴν τοῦ χρόνου τάξιν (vgl. Diels/Kranz 1966, 12 A 9, B 1) folgendermaßen: „entlang dem Brauch; gehören nämlich lassen sie Fug somit auch Ruch eines dem anderen (im Verwinden) des Un-Fugs."

1 Heideggers Zugangsweise zum „Spruch des Anaximander"

Heideggers Zugang zum *Spruch des Anaximander* ist unbequem. Seine Herangehensweise scheint zu unterstellen, dass die Philologie und die Philosophiegeschichte, die in seriösem und wissenschaftlichem Gewand auftreten, vielleicht etymologisch exakte, aber letztlich wenig fundierte Argumente aus den geschichtlichen Verweisungszusammenhängen für ihre Wortübersetzungen lieferten. Dies wird in Heideggers Auslegung des Spruchs des Anaximander mehrfach sehr prominent sichtbar:

> Auch dort, wo die philologische und historische Forschung sich inzwischen eingehender mit den Philosophen vor Platon und Aristoteles beschäftigt, geben bei der Interpretation noch die platonischen und aristotelischen Vorstellungen und Begriffe, neuzeitlich abgewandelt, den Leitfaden. [...] Es bleibt bei den klassischen und klassizistischen Vorstellungen. (GA 5, 322)

Doch Heidegger genügt es nicht, die klassische Philologie und ihren blinden Fleck der neuzeitlichen oder modernen Überformung frühantiker Zusammenhänge zurückzuweisen:

> Das bloße Absehen von späteren Vorstellungen führt zu nichts, wenn wir nicht vordem zusehen, wie es mit der Sache steht, die im Übersetzen von einer Sprache in die andere übergesetzt werden soll. Die Sache aber ist hier die Sache des Denkens. Bei aller Sorgfalt für die philologisch geklärte Sprache müssen wir im Übersetzen zuerst auf die Sache denken. (GA 5, 323)

Entsprechend will er über den Spruch des Anaximander im Griechisch seiner Zeit nachdenken und ihn demnach – in gewisser Weise noch der phänomenologischen Tradition Husserls nahe stehend – *von den Sachen selbst her* beleuchten. Heidegger möchte die Überstülpung des Gedankens von Anaximander durch neuzeitliche bzw. moderne Begriffe in der Übersetzung und in der Deutung des Spruchs vermeiden (GA 5, 341). Denn ansonsten würde seiner Ansicht nach der Kerngedanke nur verstellt. Anaximanders Denkzugang verschwände hinter modernen Vorstellungen. Griechisch zu denken, heißt daher für Heidegger, ein Denken von seinem sprachlichen und sachangemessenen *Grund* her zu entwickeln, so dass der Gedankengang gewissermaßen von der Wurzel über den Stamm bis zur Krone aus einem geduldigen Tiefgang bis in die höchsten Höhen des Weiterdenkens gehoben wird. Ausgang dafür ist ihm stets das Sein selbst. Den Spruch des Anaximander daher von zufälligen – egal, ob von geschichtlichen oder systematischen – Eckpunkten aufzugreifen, ist für ihn buchstäblich und im übertragenen Sinn *bodenlos*. Das Risiko in der gängigen Zugangsweise zeige nur die Verwirrung und die Orientierungslosigkeit der Übersetzung, die willkürlich bzw. beliebig dort anfange, wo es sich für den Übersetzer gerade gut rechne. Es fehle dann jedes Mal die Referenz zum Ursprünglichen, das für Heidegger zwangsläufig die Genese des Seins ist, die sprachlich artikuliert wird. Eine solche *Archeontologie* zu unterlassen und stattdessen das Sein zu verdinglichen und festzuschreiben oder vom Beliebigen her eine Übersetzung zu beginnen, nennt er die *Wirrnis*.[2]

> In dieser Wirre bleibt alles Vorstellen und Darstellen, das die Philosophie der Griechen überliefert, seit Jahrtausenden gebannt. Die Wirrnis beruht weder in einer bloßen Nachlässigkeit der Philologie, noch in einem Ungenügen der historischen Forschung. Sie kommt aus dem Abgrund des Verhältnisses, worein das Sein das Wesen des abendländischen Menschen ereignet hat. (GA 5, 335)

Dieser Abgrund des „Verhältnisses", dies können wir schon aus *Sein und Zeit* lernen, ist die Seinsvergessenheit selbst, die sich in der Angst vor der *eigenen* Endlichkeit und Zeitlichkeit *ereignet*. Das Absichern vor diesem Abgrund geschieht in der Panzerung des „Man", die durch Abstraktion, Homogenisierung und Quantisierung die Aufrisse von Geburt, Endlichkeit und Tod oder von Gewesenheit, Gegenwart und Zukunft im nicht feststellbaren Augenblick des Daseins verdeckt (GA 2, § 51–52; § 54, 267–268).

Dabei macht Heidegger der klassischen Philologie in ihrer vermeintlichen kategorischen Exaktheit selbst keinen direkten Vorwurf, da sie nur auf jene Absicherung rechnend agiere, um sich womöglich tiefer liegenden Gedanken nicht aussetzen zu müssen, die vielleicht die verdeckten heiklen Maßgaben des Abgründigen streifen könnten. Aber da Heidegger von Anfang an das Hineinhalten in diese Abgründe fordert, um das Sein für das Dasein selbst sichtbar zu machen und es damit überhaupt selbst bedenken zu können, verlangt er nichtsdestotrotz eine Abkehr von der klassischen Begriffsdefinition und von eindeutigen Übersetzungen. Diese blieben innerhalb eines komplexen und konkreten Denkzusammenhangs sowieso zumeist illusorisch, da dogmatische Festschreibungen am konkreten Sinn,

---

2 Ich wähle den Begriff „Archeontologie", um klarzustellen, dass Heidegger kein Ontologe im herkömmlichen Sinne ist, wie etwa sein Marburger Zeitgenosse Nicolai Hartmann. Heidegger fragt nach dem Sein selbst, was impliziert, dass auch nach dem *Maß* eines ursprünglichen Seins gefragt wird, das aber keine neue Kategorie, sondern eine Performance ist, dessen *maßnehmendes* Sorgen um die *Maßgabe* des Seins im transitiven Sinne vollzogen wird und als Geschichte erfahren wird. Mit dem Begriff „Archeontologie" bezeichne ich auch Heideggers seit *Sein und Zeit* entwickelten vollzugsmäßigen Durchgang durch den Aufriss der Stätte des Augenblicks, deren vierfache *Dimension* die lebensweltliche und existenzielle Zeit zwischen Gewesenheit, Gegenwart und Zukunft ist und unweigerlich auf einen geschichtlichen Ort verweist.

am Situationszusammenhang sowie an der daraus resultierenden Polysemie scheiterten. Tatsache ist: In jedem Wörterbuch finden wir am Ende doch kontextuelle Übersetzungsvorschläge, und diese sind zumeist aufgrund der tatsächlich gegebenen Polysemie oft unvollständig.

Statt einer fixen Translation fordert Heidegger daher also in konsequenter Weise, „[...] eine Zwiesprache mit dem frühen Denken in den Gang zu bringen" (GA 5, 336). So kann er viel umfassender und von verschiedenen Seiten den Faden der Deutung ausrollen. In dieser Deutungsweise ist darauf zu achten, was im *Gewebe* der Sprache selbst inhaltlich überhaupt *zur Sprache kommt* und somit anspruchsvoll und ansprechend ist. Für Heidegger ist dies stets das Sein als solches, so wie es in einer Sprache als Grundwort im transitiven (Hilfs-)Verb selbst gedacht und artikuliert wird. *Der Spruch des Anaximander* ist für Heideggers Deutungsart auch in dieser Hinsicht ein Paradebeispiel für seinen *archeontologischen* Zugang, der sich von der klassischen Wesensmetaphysik abhebt. Statt nach einem Wesen des Textes oder einem Wesen im Text zu suchen, erscheint die Verwobenheit des Textes selbst als transitives Wesen (zu verstehen wie „Verkehrswesen" als Zusammenfluss und Mäandern von komplexen Aktivitäten). Damit ist der zu übersetzende Text nicht leichtfertig auf feste Merkmale oder Kurzresümees zu reduzieren. Der Text bedarf für Heidegger eines Durchgangs des aufreißenden Sprungs, dessen *Maß* die Differenz des Seins selbst frei *gibt:* der Ur-Sprung im transitiven und performativen Sinne, der alle konkreten Verweisungszusammenhänge und die Nähe ihrer Differenzgefüge, den *Unter-schied*, ermöglicht.

An Heideggers Zugangsweise ist also zu lernen, was es heißt, der Versuchung zu widerstehen, einen Text möglichst greifbar und damit oberflächlich einer modernen Öffentlichkeit zugänglich zu machen. Was hier wie die arrogante Kritik einer popularisierenden Seichtigkeit klingt, ist lediglich der durchaus seriösen Forderung geschuldet, ein Denken aus seinem Gesichtskreis und seinen Verweisungszusammenhängen möglichst authentisch sichtbar werden zu lassen, um es in seiner ganzen Fülle ernsthaft zu verstehen und dem Schwarz-Weiß-Denken einer platten Halbbildungs-Metaphysik zu entgehen. Heidegger versucht dieses bereits in den 1930er Jahren in einer Auslegung des Anaximander-Fragments, das er, unter Rückgriff auf die Interpretation des Philologen und Platon-Übersetzers Burnet aus Oxford, auch von platonischen und aristotelischen Überformungen zu befreien gedenkt. Doch was passiert, wenn die metaphysische Überfrachtung durch Platon und Aristoteles und ihre Epigonen entfällt? Im Grunde können wir aus Heideggers Sicht dann nicht einmal wissen, ob noch überhaupt etwas „echt" an dem Spruch des Anaximander ist, da er bereits durch Aristoteles', Theophrasts und Simplikios' Interpretationen im Horizont ihrer eigenen metaphysischen Zwecke deformiert worden sei.

Mit Jacques Derrida gesprochen gibt es eigentlich nur noch die Spur als Supplement für den tatsächlichen anaximandrischen Ausspruch, die sofort wieder dem Verschwinden im Überschreiben anheimgegeben ist. „Als stets differierende stellt die Spur sich nie als solche dar. Sie erlischt, wenn sie auftritt, wird stimmlos [...]." (Derrida 2004, 140) Entsprechend wäre dann auch der syntaktische und syntagmatische Absolutheitsanspruch an eine philologische Reinheit der Lektüre illusionär, da auch sie, wie Heidegger immer wieder hervorhebt, dem jeweiligen Zeitgeist, der jeweiligen Mode, dem jeweiligen geschichtlichen Ort und dem jeweiligen Dogma unterstellt ist, das gerade vorherrschend ist.[3] Prätentiöse Lektüren dieser Art sind aus Heideggers Sicht lediglich überdeckenden Absicherungstendenzen geschuldet, die den Aufriss von Sein und Nichts vermeiden wollen.

Der Preis für dieses Fassadenspiel des Absicherns, das Heidegger und im Grunde auch später noch einmal Derrida anhand des Anaximander-Fragments entlarven, ist folgender: Die Spur des eigentlich Intendierten verliert sich nur noch in einer Ahnung von dem, wie es einmal hätte gemeint sein können. Eine Philologie hingegen, die auf eine Wahrheit der Übersetzung pocht, gaukelt vor, dass sie ohne geschichtliche Situiertheit und in einem Paradigma außerhalb der tatsächlichen Welt operiere (GA 5, 10). In Wahrheit bleibe aber auch sie nur auf Analogien, auf die Stoßrichtung der aktuellen Übersetzungsmode und auf ein paar philologische Methoden der Tradition angewiesen. Ihr einziger Autoritätsanspruch liegt – demnach ohne die ontologische Grundlage, die Heidegger einfordert – in einem qualitativ-kategorialen und quantitativ-komparativen aufgehübschten besseren Mutmaßen, wenn man es ein wenig polemisch überspitzt formuliert.[4]

Ohne einer immer noch verabsolutierend auftretenden Philologie Vorwürfe im eigentlichen Sinne zu machen, verwirft Heidegger in Sachen Anaximander aber nicht nur deren Autoritätsanspruch und ihre vermeintliche Beweiskraft, sondern auch noch das antiquarische Motiv, dass der Spruch immerhin der älteste Spruch

---

3 In der Systemtheorie der zweiten Hälfte des 20. Jahrhunderts wird diese Bindung an einen geschichtlichen Ort als blinder Fleck des Beobachters nicht nur von Luhmann in Bezug auf soziale Systeme bejaht (vgl. Luhmann 1987, 488 ff.). Auch die Wissenschaftstheorie entdeckt in dieser Zeit diesen geschichtlichen Ort als *Paradigma*, wie wir von Thomas S. Kuhn lernen können (vgl. Kuhn 2012, 57). Insofern ist Heideggers Anspruch, den geschichtlichen Ort genau zu inspizieren, ein durchaus legitimer.
4 Eine von Anfang an bescheiden auftretende Philologie könnte freilich Heideggers und schließlich auch Derridas Kritik entkräften. Dazu muss sie aber, ähnlich wie moderne linguistische Theorien oder Modelle in der Physik, ihren absoluten Autoritätsanspruch aufgeben. Ernstzunehmende Philologen haben dies bereits vor Jahrzehnten getan, aber insbesondere in der analytischen Tradition der Philosophie und ihrer Begriffsdogmatik können wir auch heute noch scholastisch anmutende Rudimente einer starren Begriffskanonik entdecken, die sich immer wieder auf die angeblich eindeutig verifizierten Forschungsergebnisse der Philologie berufen.

des europäischen Denkens sei. Heidegger fragt sich nach dieser radikalen Abhebung: Vielleicht gibt es ein anderes Argument, sich dennoch mit dem Spruch des Anaximander auseinanderzusetzen? Die Antwort darauf ist für ihn die, dass der Spruch uns Spätere anspricht und uns etwas über unsere Zukunft zu sagen hat, die aus Heideggers Sicht der Gefahr der Absicherung, Abstraktion, Homogenisierung und Quantifizierung und schließlich der total kontrollierten Berechnung ausgesetzt ist (vgl. GA 76, 87 ff.). Heidegger fügt hinzu:

> Weder können wir die Übersetzung wissenschaftlich beweisen, noch dürfen wir sie auf irgendeine Autorität hin nur glauben. Der wissenschaftliche Beweis trägt zu kurz. Der Glaube hat im Denken keinen Platz. Die Übersetzung läßt sich nur im Denken des Spruches nachdenken. Das Denken aber ist das Dichten der Wahrheit des Seins in der geschichtlichen Zwiesprache der Denkenden. Darum wird der Spruch nie ansprechen, solange wir ihn nur historisch und philologisch erklären. Der Spruch spricht seltsamerweise erst darauf an, daß wir unsere eigenen Ansprüche des gewohnten Vorstellens ablegen, indem wir bedenken, worin die Wirrnis des jetzigen Weltgeschickes besteht. (GA 5, 372, [343]).

Dieses Weltgeschick steht Heidegger sehr klar vor Augen: Es ist die besagte Homogenisierungstendenz, mit der in der modernen Welt jede einwohnende Besinnung durch die *List*, d. h. durch die *Technik*, der globalen und damit planetaren Berechnung hintertrieben und somit nivelliert wird.[5] In *Die Frage nach der Technik* führt eine einseitige Interpretation der Technik zur Verabsolutierung der Homogenisierung im Motiv des Bestands des Gestells, dessen Rotation die Welt verbrennt und so aufbraucht (vgl. GA 79, 35). So heißt es dann auch im Spruch des Anaximander, den Heidegger für den *Holzwege*-Band nachbearbeitet hat:

> Der Mensch ist auf dem Sprunge, sich auf das Ganze der Erde und ihrer Atmosphäre zu stürzen, das verborgene Walten der Natur in der Form von Kräften an sich zu reißen und den Geschichtsgang dem Planen und Ordnen einer Erdregierung zu unterwerfen. Derselbe aufständige Mensch ist außerstande einfach zu sagen, was *ist*, zu sagen, *was* dies *ist*, daß ein Ding *ist*. (GA 5, 372 [343])

---

5 Die Homogenisierungstendenz der Moderne als *Maß* und metaphysischer Rest einer globalen Rechengesellschaft, die Heidegger Zeit seines Lebens problematisiert, habe ich in meiner Dissertation unter dem Arbeitstitel *Berechnung oder Besinnung* herausgestellt (vgl. Medzech 2022).

2 „Der Spruch des Anaximander", die Problembezirke des 21. Jahrhunderts und der Historismus

Heute, in der Zeit der Globalisierung und ihrer Katastrophen, in der die nunmehr als unumgänglich eingestufte und nahezu vollständige Digitalisierung bis in den letzten Winkel unserer Lebenswelt bevorsteht, die zum Paradigma einer Zukunft der totalen Kalkulation und Homogenisierung erklärt wird, ist Heideggers Warnung nicht mehr zu ignorieren. Heidegger fragt nämlich schon 1938, lange bevor der spätere Text „Spruch des Anaximander" in *Holzwege* veröffentlicht wird: „Sind wir die Spätlinge einer Geschichte, die jetzt rasch auf ihr Ende zugeht, das alles in eine immer ödere Ordnung des Gleichförmigen verendet?" (GA 5 325, [300]) Diesem Ende der Geschichte in einer umfassend homogenen technokratischen Gesellschaft setzt Heidegger, insbesondere in seiner Auslegung des Spruches des Anaximander, eine andere Möglichkeit entgegen.[6] „Oder verbirgt sich in der chronologisch-historischen Entfernung des Spruches eine geschichtliche Nähe seines Ungesprochenen, das in das Kommende hinausspricht?" (GA 5, 325, [300]).

Was meint Heidegger mit dieser kryptisch anmutenden Frage? Der Spruch des Anaximander scheint zwar alt zu sein und daher weit weg von unserer Gegenwart zu führen. Auf den ersten Blick hat er kaum etwas mit unserer oligarchisch unter Megakonzernen aufgeteilten Technozivilisation zu tun, in der die Demokratie, die Menschenrechte und die menschliche Solidarität vielerorts gerade zu Grabe getragen werden, in der der Klimawandel als bedrohliche Rückmeldung für die Umweltverbrechen der letzten zweihundertfünfzig Jahre bevorzustehen scheint, in der Fluchtbewegungen aus schlimmster Not weltweit Menschen von einer Not in die andere treiben und in der soziale Einrichtungen, Bildung und Kultur durch jahrzehntelange Sparmaßnahmen zerrüttet werden.

Doch vielleicht hat Heideggers Deutung dieses Spruchs und der oben grob skizzierte Zugang in ganz besonderer Weise etwas mit diesen Krisen, den daraus folgenden Bedrohungen und mit der Verwandlung der Menschheit in einem digitalen Zeitalter zu tun (vgl. Hösle 2021). Möglicherweise eröffnet diese unscheinbare

---

[6] Das Ende der Geschichte in einer technokratischen Gesellschaft, die in einer kapitalistischen, aber demokratischen Gesellschaft aufgehe, hatte Francis Fukuyama in indirekter Anlehnung an Heidegger in politischer Hinsicht als mögliche Vision skizziert. Fukuyama wurde für diese These einerseits aus verschiedenen philosophischen Perspektiven für mangelnde Differenziertheit und Alternativlosigkeit kritisiert. Andererseits wurden aber auch seine Überlegungen als treffsichere Bestandsaufnahme gewürdigt (vgl. Fukuyama 2006).

Deutung einen erweiterten Blickwinkel auf eine Nachwelt. Heidegger ist sich sicher: Anaximanders Wort hat uns auch für unser zukünftiges Weltgeschick etwas zu sagen. Dies wird auch deutlich, wenn er im folgenden Satz fragt: „Stehen wir gar im Vorabend der ungeheuersten Veränderung der ganzen Erde und der Zeit des Geschichtsraumes, darin sie hängt? Stehen wir vor dem Abend für eine Nacht zu einer anderen Frühe?" (GA 5, 325–326 [300]). Heidegger spielt nun mit der Doppeldeutigkeit des Begriffs „Abendland". Europa als geschichtliches Abendland ist auch Region des Abends, insofern nun der Abend dieser europäischen Zivilisation hereinbricht und ihr die eigentliche Finsternis – ein neues dunkles Zeitalter vielleicht – noch bevorsteht, allerdings auch die Hoffnung auf einen anderen Anfang, in der die Frühe eines anderen Morgens erwachen kann (vgl. Nietzsche 1980, vol. 3):

> Brechen wir gerade auf, um in das Geschichtsland dieses Abends dieser Erde einzuwandern? Kommt das Land des Abends erst herauf? Wird dieses Abend-Land über Occident und Orient hinweg und durch das Europäische hindurch erst die Ortschaft der kommenden anfänglichen geschickten Geschichte? Sind wir Heutigen bereits abendländisch in einem Sinne, der durch unseren Übergang in die Weltnacht erst aufgeht?" (GA 5, 326)

Was besagt hier „Weltnacht"? Warum geht das „Abend-Land" über den Okzident, der doch für das alte Europa gehalten wird, und über den Orient „hinweg" und sogar „durch das Europäische hindurch"? Meint Heidegger, dass die europäische Tradition veröde – sogar bis in seine orientalischen Wurzeln hinein? Was kommt nach der europäischen Tradition? Verschwindet das Europäische etwa? All diese Fragen klingen noch viel deutlicher an, wenn wir über den Begriff der „Weltnacht" in „Der Spruch des Anaximander" nachdenken. In der Nacht ist alles dunkel. Heideggers Weltnacht wäre demnach eine weltweite Dunkelheit, ein dunkles Zeitalter. Eine solche Zeit kennen wir aus dem 6. und 7. Jahrhundert nach Christus. Dies ist ein Zeitalter, in der die Überlieferung und das Weiterdenken auszusetzen scheinen. Die Weltnacht wäre somit eine gedankenarme Welt, in der Wesentliches nicht mehr gedacht, nicht ausgelegt und auch den folgenden Generationen nicht mitgegeben wird und in der der geschichtliche Bezug verloren geht.[7]

Aber ist die Unterstellung einer Weltnacht dieser Art heute nicht eine Anmaßung gegenüber einer aufklärerischen Geschichtswissenschaft, die mit digitaler Technik sämtliche Daten weltweit zugänglich gemacht hat? Ist es nicht schon zu Heideggers Zeiten eine Anmaßung gegenüber einer methodisch exakt arbeitenden Geschichtswissenschaft, ihren wissenschaftlichen Fußnotenapparaten und Sach-

---

7 Heidegger denkt das Wort der „Weltnacht" von Hölderlin her. Diese Weltnacht hat ihr eigenes Maß und auch ihre Grenze. In Hölderlins Gedicht „Brot und Wein" heißt es: „Bis in die Mitternacht, immer bestehet ein Maß, [...]" (Hölderlin 1990, 121).

indices, ihren gut geordneten Archiven und ihren strengen Methoden und Registern?[8] Heidegger fragt unbeirrt:

> Was sollen uns alle nur historisch ausgerechneten Geschichtsphilosophien, wenn sie nur mit dem Übersehbaren der historisch beigebrachten Stoffe blenden, Geschichte erklären, ohne je die Fundamente ihrer Erklärungsgründe aus dem Wesen der Geschichte und dieses aus dem Sein selbst zu denken? (GA 5, 326, [300])

Das Homogenisieren, Abstrahieren, Quantifizieren, Registrieren und Rechnen bestimmen unser Zeitalter. Aus Heideggers Sicht ist dies ein Blendwerk, das er Historismus nennt. Ein solcher Historismus beschäftigt Heidegger schon seit seinen Jugendschriften.[9] In „Der Spruch des Anaximander" wird dieser Historismus heftig kritisiert. Heideggers Auffassung nach müssen wir uns vielmehr auf die Zukunft mit Hilfe des Alten besinnen und ein anderes Zeitalter anfangen, indem wir verstehen, wie ein Altes aufhört, und indem wir begreifen, wie die heutigen Vorstellungen von Geschichte bereits hinter uns liegen. Eine solche Besinnung ist der Grund seiner Deutung des Anaximander-Fragments, indem er diese mit peinlicher Genauigkeit am griechischen Original für eine noch unbekannte Zukunft fruchtbar machen will.

Doch noch ist nicht ganz klar, was für ein Problem Heidegger eigentlich mit einer exakten Geschichtswissenschaft hat, die präzise ihre Daten verrechnen und so doch einschätzen kann. Das Problem liegt in der *Berechnung* selbst. In ihr geht aus Heideggers Sicht die *Besinnung* auf den Grund von Geschichte überhaupt verloren. Wo gerechnet wird, wird abstrahiert. Abstraktion bedeutet „Abziehen". Abgezogen wird der Sinnzusammenhang. Besinnung heißt für Heidegger demnach, wieder Sinn in die Verweisungs- und Bewandtniszusammenhänge unserer Welt zu *legen*, d. h. ihn *einzulassen*, damit diese Zusammenhänge wieder bedeutsam werden. Bedeutung ist so zu verstehen, dass ein Sinnkonglomerat im wechselseitigen Bezug von einem Sinn auf den anderen *deutet* und so erst ein Sinngefüge ermöglicht oder amplifiziert wird. Dieses Hin- und Herschicken des Sinns durch die Bedeutsamkeit nennt Heidegger das „Geschick", das nur sehr wenig mit dem römisch-lateinischen *fatum* zu tun hat. Diese Genese oder Amplifikation von Sinn als Geschick geht aber

---

[8] Ein treffendes Beispiel für die präzise wissenschaftliche Datierung, insbesondere der Philosophiegeschichte, liefert zum Beispiel Heideggers Zeitgenosse Willy Moog mit seiner registerartigen Darstellung der Philosophie seiner Zeit. Entgegen Heideggers Auffassung ließe sich ins Feld führen, dass eine solche Darstellung sehr wohl auch hilfreich für das Denken sein kann, insofern sie dafür überhaupt erst die notwendige Quellen-Referenz an die Hand gibt (vgl. Moog 1921).

[9] Diese Auseinandersetzung mit dem Historismus tritt besonders in Heideggers Antrittsvorlesung „Der Zeitbegriff in der Geschichtswissenschaft" zutage. (Vgl. GA 1, 413–433).

durch die Abstraktion und Homogenisierung verloren. Die vielfältige und farbige Welt wird grau und monoton.

Sobald also der Historismus nur noch mit Faktenchecks die Vergangenheit kalkuliert, registriert und somit lediglich verwaltet, geht die für das menschliche Dasein sinnstiftende Kraft verlustig. Das Dasein verarmt als Sinnenwesen in physischer und geistiger Hinsicht:

> Alle Historie errechnet das Kommende aus ihren durch die Gegenwart bestimmten Bildern vom Vergangenen. Die Historie ist die ständige Zerstörung der Zukunft und des geschichtlichen Bezuges zur Ankunft des Geschickes. Der Historismus ist heute nicht nur nicht überwunden, sondern er tritt jetzt erst in das Stadium seiner Ausbreitung und Verfestigung. (GA 5, 326 [301])

Wenn wir heute beispielsweise die Bildungspolitik mit ihren unflexiblen Bewertungsbögen in Leistungsüberprüfungen sehen, wenn die Etats von Schulbibliotheken an Schulen zusammengekürzt oder diese gar abgeschafft werden, damit die Schülerinnen und Schüler ihre historische Kenntnis über digitale Kurzenzyklopädien ohne wissenschaftliches Lektorat absorbieren, wenn dann das nur noch homöopathisch dosierte historische Wissen in Kurzpräsentationen, in Multiple-Choice-Tests oder durch operationalisierte Klausuren am Gymnasium überprüft wird und sich dies prinzipiell an der Universität fortsetzt, dann lässt sich Heideggers Vorwurf auf unheimliche Weise bestätigen. Der Historismus im ehemals schon verknöcherten Paukunterricht wird nun zu einem dilettantisch administrierten, global gewordenen Hyper-Historismus, in der der ehemalige Unterricht in ein statisches und zugleich statistisch überprüfbares Coaching übergegangen ist. Hier gibt es nur noch Datenbanken und Kopier- und Einfügungsfunktionen und einen Coach mit etwas erweiterten, aber letztlich seichtem und oberflächlichem Wissen, der nur noch rein funktionale „Kompetenzen" zu vermitteln hat. Er wird nur noch formal „Lehrer", „Dozent" oder „Professor" genannt. Dies führt von der Halbbildung fort in die Unbildung.[10]

In der „modernen technischen Organisation der Weltöffentlichkeit" sieht Heidegger die Verwirklichung dieses Historismus. Im Zeitalter des Meinungsjournalismus und der Medienindoktrination durch Ideologien und Interessengruppen verschiedenster Färbung, die über das Internet – vor allem durch das Video, das Bild, den Hashtag, die Likes, die Posts und den Kommentar – verbreitet werden, sehen wir den nun zum Hyper-Historismus gesteigerten Datenüberlauf, der die Menschen in ein Informationslabyrinth ohne Entkommen hineinwirft, ohne ir-

---

[10] Das Problem der Unbildung, die nicht einmal mehr Halbbildung ist, hat Konrad Paul Liessmann in aller Präzision in seinem Buch über den Stand der Bildungssysteme im frühen 21. Jahrhundert dargelegt (vgl. Liessmann 2011).

gendetwas konzentriert zu bedenken oder tiefgreifend verständlich zu machen, in aller Aufdringlichkeit. Die Daten werden nicht einmal mehr auf der Basis der Themen akquiriert. Vielmehr ist es umgekehrt: Die Themen werden zwecks der Daten nur noch gestreift. Durch die Berechnung der Daten, der Währung der Tech-Konzerne, Großinvestoren und Investmentunternehmen, scheint heute mehr denn je überall Besinnungslosigkeit zu herrschen.

Was haben diese Bemerkungen nun mit Heideggers Deutung des „Spruchs des Anaximander" zu tun? Antwort: Fast alles. In „Der Spruch des Anaximander" entwickelt Heidegger eine Kritik dieses Historismus und seiner Steigerung und zugleich eine Erinnerung daran, dass der wenig hinterfragte Seinsbezug seiner eigenen Zeit vom Uralten lernen kann. Die Auslegung des Anaximander-Fragments ist Besinnung vom Gewesenen her für eine Zukunft in einer besinnungslosen, weil fast nur noch rechnenden Gegenwart, die die Ökonomie in einem nihilistischen Taumel über alles zu stellen scheint. Heideggers Einlassungen zum Historismus, der mehr als nur die vollständige Abstraktion von der Geschichte bedeutet, sind in der ersten Hälfte des 21. Jahrhunderts höchst aktuell: „Alle Historie errechnet das Kommende aus ihren durch die Gegenwart bestimmten Bildern vom Vergangenen." (GA 5, 326). Ein Blick in unsere Medienlandschaft und die Betätigung einschlägiger Suchmaschinen dürften auch hier genügen, um zu bestätigen, was dieser Satz bedeutet.

Heidegger bietet nun einen Gegenentwurf, den er mit seiner hermeneutischen Herangehensweise in „Der Spruch des Anaximander" exemplifiziert, dem es um das *Ereignis* des Denkens selbst, des je *eigenen* Denkens nämlich, gehen soll. Mit den modernen Methoden, d. h. mit den Medien, Registraturen oder Datenbanken der Gegenwart, denken wir nicht selbst und lernen wir auch nicht selbst zu denken. Es wird lediglich mit Daten gerechnet – aber man besinnt sich nicht, denn Sinn ergeben erst die Zusammenhänge. Um letztere zu verstehen, ist es notwendig, *zwischen* diesen Verweisungszusammenhängen Fäden zu spannen und sie so in ihrer *Nähe* zueinander als Phänomen sichtbar zu machen. Diesen Vorgang bezeichnet das mittelhochdeutsche Wort *diuten*. Im modernen Deutschen heißt dies „das Deuten", „die Deutung", die „Ausdeutung".[11] Dieser Zugang verläuft nicht nur synchron, sondern auch diachron. Die Zusammenhänge der Geschichte, die alten Texte, die auf neue Texte verweisen, sind also unabdingbar. Für eine rechte Sammlung der

---

11 Dabei sind „Deuten" und „Interpretieren" keine Synonyme. Das aus dem Lateinischen herrührende Wort „Interpretation" konnotiert bereits das „Geschäftsmännische" der römischen Kultur: Der Interpret war im alten Rom ursprünglich und wörtlich übersetzt der „Unterlöhner", also der Unterhändler, der zwischen zwei Parteien *verhandelt* hat (*pretium* ist das Geld, der Lohn, der Wert, der Handel; *inter* heißt „zwischen"; vgl. Duden 2007). Es zeigt sich also, dass der Begriff der Interpretation – anders als das „Deuten" – ursprünglich pekuniär geprägt und somit mit der Kalkulation von Geldwerten konnotiert ist.

Zusammenhänge ergibt es *Sinn*, sich den uralten Texten zuzuwenden und geduldig an ihnen die Zukunft des Menschen aus dem Gewesenen zu bedenken, d. h. sich wirklich in einer Sinnstiftung zu *besinnen*. Deshalb wählt auch Heidegger einen der ältesten Texte: den Spruch des Anaximander. Von hier aus ist der Grundzug von Heideggers Weg auch für die Gegenwart des 21. Jahrhunderts nachzuzeichnen.

3 „Der Spruch des Anaximander" im Kontext von Heideggers Werk

Wir haben eben angedeutet, wie Heidegger seine Zugangsweise zum Anaximander-Fragment artikuliert und warum seine Lektüre heute angesichts einer komplexen Konfiguration von Krisen fruchtbar aufgegriffen werden kann. Ebenso wurde darauf hingewiesen, dass gerade im Kontext der digitalen Moderne eine solche andersartige Zugangsweise nichts an Relevanz verloren, sondern sogar *maßgeblich* an Bedeutsamkeit gewonnen hat. Doch wie lässt sich die Herangehensweise Heideggers an Anaximanders Ausspruch, die Aleš Novák in diesem Band dargestellt hat, in den Kontext von Heideggers Werk einordnen?

Dazu werden wir uns Heideggers formal anzeigende und destruktive Arbeitsweise unter dem Stichwort „Hermeneutik der Faktizität" anschauen und seine ersten Überlegungen zum Sein als Anwesenheit in den Blick nehmen. Überdies werden wir sehen, wie diese beiden Stoßrichtungen Heideggers hermeneutische Herangehensweise bestimmt haben, wobei ein kleiner Rückblick auf *Sein und Zeit* und die Vorlesungen aus dem zeitlichen Umfeld dieses Buches hilfreich sein wird. Außerdem werden wir exemplarisch hervorheben, wie auch spätere Leser, wie beispielsweise Jacques Derrida, durch Heideggers Deutung des Spruchs des Anaximander ihr Denken fruchtbar fortsetzen konnten.

Als „Der Spruch des Anaximander" in den *Holzwegen* erscheint, ist dieser Text bereits durch mehrere Bearbeitungsstufen gegangen. Die ursprüngliche Variante und Heideggers umfassende Anmerkungen zu diesem Entwicklungsprozess finden sich in Band 78 der Gesamtausgabe *Der Spruch des Anaximander* (GA 78). Diese nicht gehaltene Vorlesung von 1942 und die Notizen aus ihrem Umfeld sind unerlässlich für eine genauere Erforschung des in *Holzwege* erschienenen Textes. Eine umfassende Darstellung der Genese dieses Textes anhand dieses Bandes kann hier im Detail allerdings nicht geleistet werden. Wir können aber die grundlegenden Motive beachten, die Heidegger überhaupt zur Abfassung des Textes gebracht haben: die Hermeneutik der Faktizität, die formale Anzeige, die Destruktion, die Deutung des Seins als Anwesen sowie die Bedeutung der Sprache und Heideggers daran anschließende Lektüre des Anaximander. Erst von hier aus ist es dem Leser des Textes möglich, einigermaßen zu ermessen, was Heidegger mit seinem zunächst opaken und kryptischen Zugang zum Wort des Anaximander überhaupt denkt bzw. wie er überhaupt vorgeht.

Beginnen wir zunächst mit Heideggers hermeneutischem Ansatz und arbeiten wir dann die weiteren Motivmuster heraus, die das *Gewebe* von Heideggers Anaximander-Auslegung ausmachen. 1923 hält Heidegger die Vorlesung *Ontologie (Hermeneutik der Faktizität)* (GA 63). Der junge Heidegger zieht hier die Fäden aus seinen Vorlesungen der vorangegangenen Freiburger Jahre zusammen und entwickelt einen Zugang zum Sein, der ihn in freilich gewandelter Form auch noch in „Der Spruch des Anaximander" begleiten wird. Dieser Zugang ist bestimmt von der formalen Anzeige und der Destruktion. Bereits in den frühen Vorlesungen zeigt Heidegger, dass das Sein klassischerweise nur als Seiendes, modern nur in einer kategorial zurechtgelegten „Gegenstandstheorie" begriffen werde, während das Sein selbst, insofern es das Dasein des Menschen selbst in Anspruch nimmt, nicht Thema werde. Heidegger konstatiert, „[...] daß in [der] Ontologie auch fundamentale Aufgaben liegen!" (GA 63, 3) Er fordert daher auch eine Zugangsweise, die die Wurzel des Seins des Daseins aufspürt: eine Hermeneutik der Faktizität. Es geht ihm nicht allein um eine Aufdeckung eines faktischen „Was" des Seins, das Heidegger hier noch als Dasein fasst, sondern um ein „Wie" des Daseins. „Das Wie des Seins öffnet und umgrenzt das jeweils mögliche ‚da'. Sein – transitiv: das faktische Leben sein! Sein selbst nie möglicher Gegenstand eines Habens, sofern auf es selbst, das *Sein* ankommt" (GA 63, 7). Bereits hier geht es Heidegger um das Ereignis dieses Seins, insofern es Dasein ist: „Dasein als je eigenes bedeutet nicht isolierende Relativierung auf äußerlich gesehene Einzelne und so den Einzelnen (solus ipse), sondern ‚Eigenheit' ist ein Wie des Seins, Anzeige des Weges des möglichen Wachseins." (GA 63, 7)

Auch wenn Heidegger später das Ereignis nicht mehr vom Dasein her versteht, sondern von der Verwindung der Geschichte der Metaphysik her, um einen anderen Anfang einer transitiven Seinsauslegung zu ermöglichen, deren dimensionale Nähe-Kreuzung er das Ereignis nennen wird, so ist doch bereits hier deutlich, wie auch im späteren „Der Spruch des Anaximander" gedacht wird. Es geht auch dort um eine Art und Weise der Übersetzung des Spruchs, um das „Wie" und nicht nur um das „Was". Das Hintergrundmuster bleibt eine Phänomenologie, die sich als eine Art performatives und besinnendes *Messen* an der Potentialität der Zeit verstehen lässt: „Phänomenologie ist also ein ausgezeichnetes *Wie der Forschung*" (GA 63, 74). Dabei wird Heidegger schon hier klar, dass die Wahrheit des zu untersuchenden Seins tendenziell verdeckt ist:

> Sollte es sich nun herausstellen, daß es zum *Seins*charakter *des Seins* [...] gehört: *zu sein in* der Weise des *Sich-verdeckens* und Sich-verschleierns – und zwar nicht akzessorisch, sondern

seinem Seinscharakter nach –, dann wird es eigentlich ernst mit der Kategorie Phänomen. Die Aufgabe: es zum Phänomen zu bringen, wird hier radikal phänomenologisch. Diesen Weg versucht die *Hermeneutik der Faktizität* zu gehen. (GA 63, 76)

Das bedeutet – und dies gilt auch noch mit Einschränkung für Heideggers Herangehensweise an den Spruch des Anaximander –, dass die Auslegungsart keine prätentiöse – da nie zu erreichende – Standpunktfreiheit beansprucht, sondern eine „[...] ausdrückliche *Aneignung des Blickstandes*. Dieser selbst ist etwas Historisches [d. h. Geschichtliches], d. h. dem Dasein selbst verhaftet (Verantwortung, wie Dasein zu ihm selbst steht), kein außerzeitliches chimärisches Ansich." (GA 63, 83) Bereits teilweise schon über *Sein und Zeit* hinausschießend zeigt Heidegger, dass diese Aneignung eines Standpunktes aus dem Ereignischarakter des geschichtlichen Verweisungszusammenhangs herrührt. Aus ihm nämlich begegnet das „Wie" und das „Was" *als* etwas und dessen *Bedeutsamkeit*, die sich aus der begegnenden Welt und ihrer Geschichtlichkeit und erfahrenen Zeitlichkeit konstituiert (vgl. GA 63, 85– 87). Diese Geschichtlichkeit, dies weiß Heidegger schon zu diesem Zeitpunkt, bestimmen die *Besorgenswege*, die er bereits hier mit einer in vier Richtungen zeigenden Kreuzung, d. h. mit einer Orthogonalen (Was des Seins) und einer Horizontalen (Zeit und Zeitlichkeit des Daseins – Wie des Seins), bezeichnet (vgl. GA 63, 94). Dieser Ereignischarakter gilt nicht nur für besondere Entscheidungen oder Ereignisse, sondern auch für den grauen Alltag, der immer aus Gewesenheit und Zukunft, der „geschichtlichen Alltäglichkeit", ausgelegt wird. Wie geschieht dabei die Auslegung? Heideggers Antwort: im „Als". In der Als-Struktur des Verstehens, indem ich immer etwas *als* etwas deute, klafft das *Als* selbst auf. Dieses *Als* ist das „Wie" der Auslegung des Seins im Sinne einer Hermeneutik der Faktizität.

Die Hermeneutik der Faktizität und das durch sie bestimmte Auslegen geschichtlicher Texte, die immer für eine Gegenwart und Zukunft gedeutet werden, erscheint auch schon hier – wie auch später in „Der Spruch des Anaximander" – in der maßnehmenden oder performativen Sorge innerhalb einer Vertrautheit „[...] der Bezüge der Verweisungszusammenhänge [...]" (GA 63, 99). In ihr lodert stets der Aufriss des Unberechenbaren, der die Vertrautheit stören und so auch für das Sein selbst wachrütteln kann. Vertrautsein kann der Mensch zum Beispiel mit einer globalen Rechengesellschaft, mit einer bestimmten Auslegung des Seins als Seienden oder mit der Auslegung der Welt im Rahmen der booleschen Operatoren – oder mit der Digitalisierung, die mit einem neoliberalen Extremkapitalismus verbunden wird. Auch diese geschichtliche Konfiguration kann in ihrer Vertrautheit gestört werden und ein Wachrütteln hervorrufen. „Durch die Störbarkeit der unabgehobenen Vertrautheit ist das Begegnende da in seiner *Unberechenbarkeit*" (GA 63, 100). Diese Unberechenbarkeit kann auch eine Bedrängnis werden und dazu führen, dass das vermeintlich Vertraute auf heimische Weise unvertraut wird und der erneuten Auslegung bedarf:

> In der Gewohnheit und Öffentlichkeit der Alltäglichkeit verschwindet die Sorge; das besagt aber nicht, sie höre auf, sondern sie zeigt sich nicht mehr, sie ist verdeckt. Besorgen und Umgang haben den nächsten Aspekt der *Sorglosigkeit*. Die begegnende Welt erscheint als in schlichter Weise einfach da. In diesem nivellierten Da der besorgenden Sorglosigkeit, in dem die Welt als Selbstverständlichkeit begegnet, schläft die Sorge. Dadurch besteht in der Welt die Möglichkeit einer plötzlich ausbrechenden Bedrängnis. (GA 63, 103)

Diese Bedrängnis aber zeigt sich im Zerreißen der Vertrautheit und in der plötzlich aufklaffenden Sorge um sich und die Welt. Aus dem Blickwinkel unserer Gegenwart mag dies dazu führen, dass folgende Fragen gestellt werden: Wieso ist die Bedrängnis so groß, obschon Rechnung und Sicherung unsere Welt formen? Ist die vermeintlich gesicherte, sich absichernde und wohlfeil rechnende Weltgesellschaft am Ende vielleicht doch selbst unberechenbar? Was heißt dann Bedrängnis als Ereignis? Gibt es Hinweise in unserer Geschichte, die zeigen, wie es zu unserer von Bedrängnis und Not geprägten Auslegung der Welt kam? Können uns die ältesten Texte der Philosophen, beispielsweise das Textfragment des Anaximander, Aufschluss über diese Not, diese Bedrängnis in der aufreißenden Unberechenbarkeit innerhalb der überall beschworenen Berechenbarkeit geben? Was ist aus dem Text für diese und andere beißende Fragen zu gewinnen und wie kann man sich dem Anaximander-Fragment nähern? Ganz ähnliche Fragen müssen auch schon Heidegger bewegt haben, als er die Zugangsweisen der formalen Anzeige und der Destruktion zur Textauslegung entwickelte, mit denen er sich im Rahmen von „Der Spruchs des Anaximander" auseinandersetzt, um dadurch die ihm eigene Vollzugsart der Textexegese zu entfalten.

Heideggers Art der Lektüre beruht auf dem Vollzug der Auslegung im Kontext der Bedrängnis der Sorge in dem Sinne, dass die Auslegung der Welt durch das „Als" geschieht, wie wir oben bereits sahen. Sobald wir mit etwas umgehen, verstehen wir dieses Etwas als etwas. So nehme ich das irdene Gefäß in meinem Schrank *als* Tasse. Im „Als" wird auf verschwiegene Weise der Bezug zur Welt und den Dingen ermöglicht. Der Aufriss des „Als" zeigt somit das geheimnisvolle und zugleich heimische Verhältnis zur Welt sowie mein Verständnis und mein Interagieren in ihr an. Durch die Offenlegung der sogenannten „Als-Struktur des Verstehens", die Heidegger schon einige Jahre erkundet hat und die er in *Ontologie. Hermeneutik der Faktizität* nun konklusiv darstellt, werden zwei Herangehensweisen möglich, die auch in gewandelter Weise in „Der Spruch des Anaximander" zur Anwendung kommen: die formale Anzeige und die Destruktion.

Heidegger entwickelt diese Begriffe früh. Sie werden einer breiteren Öffentlichkeit durch *Sein und Zeit* (GA 2) bekannt. Die Vorlesungen *Der Begriff der Zeit* (GA

64), *Die Grundprobleme der Phänomenologie* (GA 24), *Prolegomena zur Geschichte des Zeitbegriffs* (GA 20) und *Phänomenologische Interpretationen zu Aristoteles* (GA 61) entwickeln im Umfeld des 1927 erschienenen Hauptwerkes Heideggers diese Begriffe. Die formale Anzeige (vgl. GA 60, § 13) ist als genuin phänomenologischer Zugang zu verstehen. Sie erlaubt eine nüchterne und perspektivische Beschreibung eines Problembezirks von verschiedenen Seiten seiner Bedeutsamkeit. Sie wird auf das Umfeld eines fraglichen Bereichs appliziert, bis etwas sichtbar wird, das Tiefgang verspricht. Und diesen vollzieht Heidegger dann mit einem *Abbau*, d. h. mit einer *Destruktion*, aber nicht im übertragenen und herkömmlichen Sinne als Vernichtung, sondern im wörtlichen Sinne des *„destruere"*. Dieses bedeutet ein gezieltes, behutsames Abtragen und *Abbauen*, vergleichbar mit der Arbeit eines Archäologen oder eines Paläontologen.

Das für diesen Vorgriff notwendige Vorverständnis legt die formale Anzeige an das „Situationsphänomen" an, das den zu verstehenden Bereich gewissermaßen markiert, um diesen dann für die Abschichtung hermeneutisch aufzulockern (GA 59, § 5b). Dieses fokussierte Abschichten von gedanklichen Ebenen erlaubt die Hebung tieferliegender Antworten auf Fragen, deren eigentlicher Problembezirk sich bis dato unter der Oberfläche verborgen hat. Es geht „zu den Sachen selbst" – ganz im Husserl'schen Sinne. Diese hermeneutischen Zugangsweisen der formalen Anzeige und der Destruktion sind noch sehr deutlich in „Der Spruch des Anaximander" ablesbar.[12]

4 Sein als *Verwindung* des Anwesenden ins Anwesen

Doch ab wann denkt Heidegger zuerst das Sein als Anwesen und wie kommt er dazu, die Verflechtungen dieser Konfiguration auf den Spruch des Anaximander auszuweiten? Und was ist überhaupt damit gemeint, dass Heidegger das Sein als Anwesen denkt? Hier lohnt sich ein Blick in seine Auslegungen von Aristoteles und Platon ab 1922 sowie seine frühe Einordnung des Denkens des Anaximander von 1932. Heidegger denkt das Sein als Anwesen zunächst von Aristoteles her. Eine erste umfassende formale Anzeige und Destruktion des Wortes Anwesen im Horizont der Seinsfrage entwickelt er in den *Grundbegriffen der aristotelischen Philosophie* (GA 18, § 7). Heidegger übersetzt οὐσία mit „Anwesen". Er vertritt folgende zunächst alltägliche Deutung:

---

[12] Heidegger entwickelt die formale Anzeige und die Destruktion in GA 2, § 7, 27. Die Grundlagen etabliert Heidegger aber schon in GA 61, 31, 67, 96.

> Es ist aber mit der οὐσία nicht so, daß die terminologische Bedeutung herausgewachsen wäre aus der geläufigen, die geläufige verschwunden, sondern bei Aristoteles ist gleichzeitig neben der terminologischen Bedeutung auch die geläufige ständig da. Und zwar besagt οὐσία nach der geläufigen Bedeutung: „Vermögen", „Besitzstand", „Hab und Gut", „Anwesen". Wir haben das Merkwürdige, daß ein *bestimmtes* Seiendes, seiende Sachen wie Besitzstand, Hausgerät usw. von den Griechen als *eigentlich* Seiendes angesprochen werden. (GA 18, 24)

Heidegger zeigt hier, dass bei Aristoteles eine verdinglichende Deutung des Seins als Seiendes, d. h. eine vornehmlich ontische Deutung vorherrscht. Jedoch wären wir unaufmerksam, wenn wir hier in diesem Ontischen nicht das Sein selbst durchschimmern sähen – und zwar auf eine ganz bestimmte Weise, einem „Wie". Darauf weist auch Heidegger hin:

> Wir haben aber auch schon in unseren deutschen Ausdrücken bestimmte Bedeutungen, die nicht nur ein Seiendes meinen, sondern es auch meinen im Wie seines Seins: Anwesen, Vermögen, Hab und Gut. Οὐσία ist ein solches Seiendes, das *in einer betonten Weise für mich da* ist, so daß ich es brauchen kann, daß es mir zur Verfügung steht, mit dem ich tagtäglich zu tun habe, dasjenige Seiende, das in meinem tagtäglichen Umgang mit der Welt da ist, auch wenn ich Wissenschaft treibe, ein bevorzugtes, fundamentales Seiendes als in seinem Sein Seiendes, im Wie seines Seins. Auch in der geläufigen Bedeutung ist das Wie des Seins mitgemeint. (GA 18, 25)

Heidegger geht sogar so weit und behauptet, dass in der herkömmlichen ontischen Deutung schon bei den Griechen im Wort der οὐσία, als Anwesen, das Sein als Dasein aufscheine, weil auch der anwesende Besitzstand, eben als οὐσία, in einer ganz bestimmten Weise „da" und damit zu eigen ist. Da aber die Anwesenheit und das Sein selbst auf die οὐσία verweist, lässt sie sich weder auf das verdinglichte Anwesende oder den Besitzstand im Sinne des *Eigentums* noch auf eine kategoriale Substanz im Sinne einer *Eigenschaft* reduzieren (vgl. GA 18, § 7 c und b). Das Sein selbst kann nur transitiv und polysem ein *Ereignis* sein. Was dieses Ereignis ist, sagt Heidegger uns in verschiedenen Ausdeutungen, so etwa in *Beiträge zur Philosophie* (GA 65), in *Vigiliae und Notturno* (GA 100) und in *Winke* (GA 101) immer wieder: Es ist die Gelegenheit, die *Verwindung* der Metaphysik zu denken und dabei die *Verwindung* im Verhältnis der vierfachen Dimension der Zeit, d. h. der Gewesenheit, Gegenwart und Zukunft im Augenblick, in der Topologie des Gevierts von Göttlichen und Sterblichen, Himmel und Erde selbst aufscheinen zu lassen.[13] Dieses *maßvolle*

---

[13] Wir Heutigen müssen deshalb *an* Heidegger *entlang denkend* fragen: Wie lässt sich die Verwindung denken? Wie zeigt sich die Verwindung als Gewinde und Winden im Näheverhältnis zwischen den transitiven, logischen und topologischen Verästelungen? Lässt sich die Verwindung aus einem solchen Näheverhältnis als *Gewebe* denken? Diese Fragen erst einmal hinreichend aufzuwerfen, sie eigens zu stellen, bedeutet, das Sichtfeld des Philosophierens erst vom dogmatischen

Ereignis denkt Heidegger bereits in dem für die *Holzwege* überarbeiteten „Der Spruch des Anaximander" vor. „Die je-weilig Anwesenden wesen an, indem sie den ruchlosen Un-fug verwinden, die ἀδικία, die als ein wesenhaftes Mögen im Weilen selbst waltet. Anwesen des Anwesenden *ist* solches Verwinden" (GA 5, 363). Wie aber geschieht solches *Verwinden?* Antwort: Indem aus der differierenden Rille, d. h. der ontologischen Differenz zwischen Sein und Seienden, der Fuge (dem Fug), auf den logischen Feld-Weg hinausgedacht wird, so dass dieser im Wegfeld erscheint und *an* ihm *entlang* gedacht werden kann (vgl. GA 77, 202; GA 81, 354–355). „Die Antwort auf die Frage, wem der Fug gehört, ist gegeben. Der Fug gehört dem, dem entlang Anwesen, und d. h. Verwindung west." (GA 5, 363)[14]

Dieses „Entlang" ist für Heidegger der transitive Austrag (διαφορα) als der Vorbeigang an der Sprache, die im Hilfsverb für alle Wortzusammenhänge nicht ohne das Grundwort „Sein" auskommt, das erst so jedes Etwas *als* etwas in die Sicht rücken lässt (vgl. GA 12, 205–225). In Kurzform besagt dies, dass das Verstehen sich durch die Sprache in der Als-Struktur und seinen sich einkerbenden Charakter jeweils neu in die Schichten der Geschichte des Denkens einschreibt, jedoch ohne den alten geschichtlichen Text *unmäßig* zu überformen. Durch diesen Anspruch bleibt das ständige Zuspiel von überlieferten Texten und Quellen mit der jeweils geschichtlich konfigurierten *Textur* und Situation der Gegenwart in der anhaltenden Auslegung verbunden, um so das *Gewebe* einer möglichen Zukunft gedanklich ausloten zu können.

Zuletzt bleibt noch zu klären, wie Heidegger überhaupt dazu kommt, die oben eingeordneten Zusammenhänge mit ihren gedanklichen Fäden im Textfragment

---

Schleier der gegenwärtigen Zeitgemäßheit zu befreien. Der mühevolle und vielleicht die etablierte Gelehrtenschaft verängstigende Weg des Selbstdenkens wird dabei zwangsläufig unumgänglich werden. Von Heidegger können wir lernen, dass mit einer umfassenden, stets Querverbindungen schlagenden Belesenheit und dem Langmut eines nachhaltigen Nachdenkens dieser Weg auch heute im Zeitalter der synchron auftretenden globalen Krisen möglich, ja sogar höchst notwendig ist. Denn was schützt vor dem überall grassierenden und alle Schäden verschärfenden Aktionismus, wenn nicht ein tiefes Nachdenken, das erst ein wirklich besonnenes Handeln und damit die tatsächliche Aufweichung bzw. Verwandlung verkrusteter Zustände ermöglicht?

14 Mit dem Fug als iterierend-transitive Differenz ist auch an den Riss – und somit an Heideggers Referenz auf die Performance des Pflügens auf dem Acker – zu denken, dessen sich hin- und herwindenden Bahnen und Spuren das ganze Muster der Textur des Feldes erscheinen lassen. „Die gesuchte Einheit des Sprachwesens heiße der Aufriß. Der Name heißt uns, das Eigene des Sprachwesens deutlicher zu erblicken. Riß ist dasselbe Wort wie ritzen. [...] Einen Acker auf- und umreißen, heißt aber heute noch in der Mundart: Furchen ziehen. Sie schließen den Acker auf, daß er Samen und Wachstum berge. Der Auf-Riß ist das Ganze der Züge derjenigen Zeichnung, die das Aufgeschlossene, Freie der Sprache durchfügt. Der Aufriß ist die Zeichnung des Sprachwesens, das Gefüge eines Zeigens, darein die Sprechenden und ihr Sprechen, das Gesprochene und sein Ungesprochenes aus dem Zugesprochenen verfugt sind." (GA 12, 240) des Anaximander zusammenzuziehen. Dazu werfen wir einen Blick auf eine frühe Auseinandersetzung mit Anaximander in den 1930er und frühen 1940er Jahren.

Seit Heideggers Auseinandersetzung mit Platon und Aristoteles während der Schaffensphase von *Sein und Zeit* und danach wird Heidegger klar, dass sich die Eigentlichkeit, die er in *Sein und Zeit* gegenüber der Uneigentlichkeit herausgestellt hat, ohne den Zugang zur Geschichte nicht denken lässt. Es muss für einen anderen Anfang auch der erste Anfang mit bedacht werden, um zu zeigen, wie dieser sich von der platonischen und aristotelischen Tradition abhebt. Dieser erste Anfang ist für Heidegger das Denken der Vorsokratiker, wobei der Leser wahrscheinlich sofort an Thales denkt. Doch von Thales haben wir kein Textfragment, sondern nur Anekdoten – darauf weist Heidegger sofort hin (GA 35, 2). Bei Anaximander sieht das schon anders aus, so dass Heidegger bereits 1932 versucht, in Anaximanders einzigem authentischen Textfragment das Ereignis des ersten Anfangs sichtbar zu machen, insofern hier das Sein auch als Anwesenheit gedacht sei, aber noch ganz anders als bei Platon und Aristoteles vom Sein selbst her. Hier unternimmt Heidegger auch den ersten umfassenden Anlauf, den Spruch des Anaximander auszulegen, in dem die Maßgabe der Zeit in einer frühen Übersetzung Heideggers besonders betont wird (vgl. GA 35, 20). Im Laufe der Vorlesung stellt Heidegger den Bezug zu *Sein und Zeit* und die Grundbegriffe des anaximandrischen Denkens, das *Bemessen* von *Fug* und *Un-Fug*, bereits grob so heraus, wie es dann in den *Holzwegen* erscheint (vgl. GA 35, § 5).

Den vorgreifenden und teilweise sich selbst korrigierenden ersten intensiven gedanklichen Durchgang – insbesondere noch in Bezug zur Seinsfrage – finden wir in Heideggers stichwortartigen Notizen zum Aufbau der Anaximander-Auslegung. Sie geben bereits ein grobes Gerüst für den späteren Text aus den *Holzwegen*. Dort ist die Seinsfrage hinsichtlich des Zuspiels von Anwesenheit und Abwesenheit bereits integriert (vgl. GA 35, 201 ff.; vgl. GA 35, 231). Vermutlich im Sommersemester 1942 arbeitet Heidegger aus den Notizen eine umfassende Vorlesung aus, die allerdings nicht gehalten wird (vgl. GA 78, 339). Heidegger konzentriert sich hier erneut auf die Seinsfrage, nun aber im Ausgang des Griechentums und dessen Seinsverständnis. Das heißt: Das Sein wird jetzt nicht mehr vom Dasein, sondern vom geschichtlichen Ort her verstanden. Hier verwendet Heidegger ausdrücklich die Zugangsweise der formalen Anzeige und der Destruktion aus *Sein und Zeit* (vgl. GA 78, 184). Entscheidend ist dabei, dass er in seiner Übersetzung des Anaximander-Fragments Wort für Wort vorgeht und es jeweils in ein Verhältnis mit dem Bau des ganzen Spruchs bringt. Dabei werden gängige Übersetzungen von Diels und Kranz sowie von Nietzsche jeweils abgewogen. Heidegger stemmt sich dabei gegen eine „natürlich klingende" Übersetzung; er will den Text mit dem *Anspruch* der Sache selbst übertragen. Dabei nimmt er eine holprig klingende Übersetzung als Preis für die *Nähe* zum tatsächlich Gedachten in Kauf. „Aber wir müssen jetzt, um am Wort des Anaximander zu bleiben, ungebräuchlich übersetzen; denn am Wort bleiben, heißt hier, am Verborgenen und erst Zu-denkenden bleiben und warten, damit es sich aufschließt." (GA 78, 35)

Hier ist abzulesen, wie genau Heidegger den deutlich kürzeren Text der *Holzwege* in einer detaillierten Vorlesung vorbereitet und ausformuliert. Dies wird vor allem an Heideggers Hervorhebung der Rolle des Wortes für das Denken seit der *Einführung in die Metaphysik* deutlich und performativ in die Destruktion des Textes und der gängigen Übersetzungen eingebunden (GA 40, 75 f.). Mit diesen Strategien entfaltet er das Sein als Anwesenheit im *Verhältnis* von Sein und Seienden (GA 78, 248 ff.). Dieses *Verhältnis* wird hier zuerst als Ausblick von Anaximander zu einem zukünftigen Denken entwickelt, das nun nicht mehr das Sein als Zeitlichkeit der Existenz fokussiert, sondern das Sein selbst, insofern es Zeit stiftet (GA 78, 270 f.). Heidegger hatte bereits ein solches Seinsverständnis in den *Grundbegriffen* ein Jahr zuvor vorbereitet (GA 51). In den Paragraphen 20 bis 25 dieses Textes appliziert Heidegger nun die Einsicht, dass das Sein selbst als Anwesenheit die Einsicht stifte, die den Grundzug des Spruchs des Anaximander aufhelle. Damit hat Heidegger das Rüstzeug, die Deutung des Spruchs des Anaximander auszuführen, die Aleš Novák in seinem Aufsatz in diesem Buch erläutert hat.

Nachdem wir nun die Genese, Grundbegriffe und Zusammenhänge von Heideggers Anaximander-Exegese beleuchtet haben, sind wir bereit, eine wichtige kritische Auseinandersetzung mit Heideggers Deutung des Spruchs zu beleuchten. Eine solche liefert Jacques Derrida. Derrida gehört zu den wichtigsten Denkern, die Heideggers „Der Spruch des Anaximander" fruchtbar aufgenommen haben. Anders als Heidegger lehnt er jedoch auch noch den Aufriss des Ur-Sprungs, der unter das Wort „Sein" gefasst wird, ab, da er hier noch eine Restmetaphysik in einem ersten, wenn auch transitiven Prinzip vermutet: Dies sei das Sein *als* Zeit. Auch wenn Derrida im Wesentlichen die Gedanken Heideggers positiv aufnimmt, so kann er nicht umhin, im Sein als Zeit eine Hoffnung auf einen doch irgendwie gearteten ersten Ursprung ausfindig zu machen. Diesen Verdacht nennt er kurz „Heideggers Hoffnung". Dazu notiert er:

> Ich leugne nicht, daß dieses Wort hier Anstoß erregen kann. Dennoch wage ich es, ohne irgendwelche Implikationen auszuschließen, und ich beziehe es auf das, was der *Spruch des Anaximander* mir von der Metaphysik beizubehalten scheint: die Suche nach dem eigentlichen Wort und dem einzigartigen Namen. (Derrida 2004, 146)

Derrida hält aber offen, ob Heidegger dieser Unterstellung nicht doch entgeht, indem er sich auf Heideggers Formulierungen bezüglich des Seins als Hindurchsprechen bezieht. Bei Heidegger heißt es: „[…] denn das Sein spricht in der verschiedensten Weise überall und stets durch alle Sprachen hindurch" (GA 5, 366).

Sowohl dem späten Heidegger als auch dem Heidegger-Exegeten Derrida ist damit klar, dass das Sein eben nicht das erste und letzte Wort zu bleiben *braucht*. Das bisher noch ausgebliebene und noch kommende Wort gibt erst den Blick auf das *Gewebe* frei, in dessen *Brauch* es noch auslegbar ist. Damit aber bleibt die bequeme Entbindung vom Denken wohl bis auf weiteres ausgesetzt und der Austrag der Entscheidung, weiterhin *entlang* am Anaximander-Fragment zu denken, *unentwegt* notwendig.

Literatur

Derrida, J. 2004: Die différance, in: ders.: Die différance. Ausgewählte Texte, Stuttgart.
Diels, H. / Kranz, W. 1966: Die Fragmente der Vorsokratiker. Erster Band, 12. Aufl., Dublin/Zürich.
Fukuyama, F. 2006: The End of History and the Last Man, New York.
Hölderlin, F. 1990: Werke und Briefe in einem Band. Nach dem Text der von Friedrich Beißner besorgten Kleinen Stuttgarter Hölderlin-Ausgabe, hg. von Bertaux, P., München.
Gadamer, H.-G. 1960: Wahrheit und Methode. Grundzüge einer philosophischen Hermeneutik, Tübingen.
Hösle, V. 2021: Globale Fliehkräfte. Eine geschichtsphilosophische Kartierung der Gegenwart. Mit einem Geleitwort von Horst Köhler, Freiburg.
Kuhn, T. S. 2012: Die Struktur wissenschaftlicher Revolutionen, 23. Aufl., Frankfurt am Main.
Liessmann, K. P. 2011: Theorie der Unbildung. Die Irrtümer der Wissensgesellschaft, 6. Aufl., München.
Luhmann, N. 1987: Soziale Systeme. Grundriß einer allgemeinen Theorie, Frankfurt am Main.
Medzech, M. 2022: Berechnung oder Besinnung? Zum Verhältnis von Maß und Sein im Denkweg Martin Heideggers, Freiburg/München.
Moog, W. 1921: Philosophie, Gotha.
Wermke, M. et al. 2007 (Hg.): Duden: Das Herkunftswörterbuch. Etymologie der deutschen Sprache. Die Geschichte der deutschen Wörter bis zur Gegenwart, 4. neu bearbeitete Auflage, Mannheim.

Auswahlbibliographie

Agamben, G. 2007: Die Sprache und der Tod. Ein Seminar über den Ort der Negativität, übers. von Hiepko, A., Frankfurt am Main.

Armitage, D. 2017: Heidegger and the Death of God. Between Plato and Nietzsche, Berlin.

Babich, B. 2010: Early Continental Philosophy of Science, in: Ansell-Pearson, K. / Schrift, A. (eds.): The History of Continental Philosophy, vol. 3: The New Century: Bergonism, Phenomenology, and the Responses to Modern Science, Durham, 263–286.

Babich, B. 2013: Nietzsche's Performative Phenomenology. Philology and Music, in: Boubil, E. / Daigle, C. (eds.): Nietzsche and Phenomenology. Power, Life, Subjectivity, Bloomington, IN, 117–140.

Babich, B. 2014: Nietzsche's Antichrist: The Birth of Modern Science out of the Spirit of Religion, in: Jahrbuch für Religionsphilosophie, hg. von Enders, M. / Zaborowski, H., Freiburg/München, 134–154.

Babich, B. 2017: Heideggers „Brief über ‚Humanismus'". Über die Technik, das Bösartige des Grimmes – und das Heilen, in: Heidegger-Jahrbuch 10 (Heidegger und der Humanismus), hg. von Denker, A. / Zaborowski, H., Freiburg/München, 237–250.

Babich, B. 2019: „La philologie phénoménologique du corps chez Nietzsche – ou: qui est l'Archiloque de Nietzsche?", in: Leclercq, J. / Bertot, C. (eds.): Nietzsche et la phénoménologie, Paris, 355–372.

Babich, B. 2020: Nietzsches Antike. Beiträge zur Altphilologie und Musik, Berlin.

Babich, B. 2021a: Understanding Gadamer, Understanding Otherwise, in: Agora Hermeneutica. International Institute for Hermeneutics (https://www.academia.edu/66050431/Understanding_Gadamer_Understanding_Otherwise, letzter Zugriff 11.08.2023).

Babich, B. 2021b: On the „Very Idea of a Philosophy of Science". On Chemistry and Cosmology in Nietzsche and Kant, in: Axiomathes (Special Issue: Epistemologia) 31, 703–726.

Babich, B. 2021c: Pseudo-Science and „Fake" News. „Inventing" Epidemics and the Police State, in: Strasser, I. / Dege, M. (eds.): The Psychology of Global Crises and Crisis Politics Intervention, Resistance, Decolonization, London, 241–272.

Babich, B. 2022: Günther Anders' Philosophy of Technology: From Phenomenology to Critical Theory. London.

Blattner, W. 1999: Heidegger's Temporal Idealism, Cambridge.

Boehm, R. 1962: Deux points de vue. Nietzsche et Husserl, in: Archivio Di Filosofia 3, 167–181.

Boehm, R. 1968: Husserl und Nietzsche, in: Boehm, R.: Vom Gesichtspunkt der Phänomenologie. Husserl Studien, Den Haag, 217–236.

Boehm, R. 2013: Husserl and Nietzsche, trans. Boublil, E. / Daigle, C., in: Boublil, E. / Daigle, C. (eds.): Nietzsche and Phenomenology. Power Life Subjectivity, Bloomington, IN, 13–27.

Boer, K. de 2000: Thinking in the Light of Time. Heidegger's Encounter with Hegel, Albany, N. Y.

Brachtendorf, J. 2011: Heideggers Metaphysikkritik in der Abhandlung „Nietzsches Wort 'Gott ist tot'", in: Fischer, N. / von Herrmann, F.-W. (Hg.): Die Gottesfrage im Denken Martin Heideggers, Hamburg, 105–127.

Brumlik, M. 2016: Die Alltäglichkeit des Judenhasses – Heideggers Verfallenheit an den Antisemitismus, in: Homolka, W. / Heidegger, A. (Hg.): Heidegger und der Antisemitismus. Positionen im Widerstreit, Freiburg, 202–211.

Bruzina, R. 1996: Die Auseinandersetzung Fink – Heidegger. Das Denken des letzten Ursprungs, in: Perspektiven der Philosophie 22, 29–57.

Burnet, J. 1913: Die Anfänge der griechischen Philosophie, Leipzig.

Busche, J. 1997: Die Zeit in Gedanken fassen. Martin Heideggers „Die Zeit des Weltbildes" und die „Dialektik der Aufklärung", in: Neue Rundschau 108, 25–28.

Cesarone, V. / Denker, A. / Hilt, A. / Radinković, Ž. / Zaborowski, H. (Hg.): 2015: Heidegger-Jahrbuch 9 (Heidegger und die technische Welt), Freiburg/München.

Cobb-Stevens, R. 1990: Husserl and Analytic Philosophy, Dordrecht.

Coyne, R. 2018: Eschatology and Metapolitics in the Black Notebooks, in: Espinet, D. / Figal, G. / Keiling, T. / Mircovic, N. (Hg.): Heideggers Schwarze Hefte im Kontext, Tübingen, 69–85.

Crowell, S. 2001: Husserl, Heidegger and the Space of Meaning. Paths toward Transcendental Phenomenology, Evanston. IL.

Dastur, F. 2016: Heidegger et Hegel. Distance et proximité, in: Revue germanique internationale 24 (http://journals.openedition.org/rgi/1622; letzter Zugriff: 11.08.2023).

De Boer, K. 2000: Thinking in the Light of Time. Heidegger's Encounter with Hegel, Albany.

Derrida, J. 2004: Die différance, in: ders.: Die différance. Ausgewählte Texte, Stuttgart.

Diels, H. / Kranz, W. 1966: Die Fragmente der Vorsokratiker. Erster Band, 12. Aufl., Dublin/Zürich.

Dottori, R. 2006: Die Reflexion des Wirklichen. Zwischen Hegels absoluter Dialektik und der Philosophie der Endlichkeit von M. Heidegger und H.G. Gadamer, Tübingen.

Dreyfus, H. L. 2005: Heidegger's Ontology of Art, in: Dreyfus, H. L. / Wrathall, M. A. (ed.): A Companion to Heidegger, Malden/Oxford, 407–419.

Ehrmantraut, M. 2016: Nihilism and Education in Heidegger's Essay: „Nietzsche's Word: 'God is Dead'", in: Educational Philosophy and Theory 48, 764–784.

Espinet, D. 2020: Heidegger and Kant, or Heidegger's Poetic Idealism of Imagination, in: Stewart, J. (ed.): The Palgrave Handbook of German Idealism and Existentialism, London, 363–385.

Espinet, D. 2021: Quand ne pas dire c'est faire. L'écoute heideggérienne et l'o(n)to-polémologie du silence, in: Arrien, S.-J. / Sommer, C. (eds.): Heidegger aujourd'hui. Actualité et postérité de la pensée de l'Ereignis, Paris, 125–153.

Figal, G. 2010: Erscheinungsdinge. Ästhetik als Phänomenologie, Tübingen.

Fink, E. 1958: Sein, Wahrheit, Welt. Vor-Fragen zum Problem des Phänomen-Begriffs, Den Haag.

Fink, E. 1990: Welt und Endlichkeit, Würzburg.

Fink, E. 2010: Spiel als Weltsymbol, Freiburg/München.

Flatscher, M. 2011: Logos und Lethe. Zur phänomenologischen Sprachauffassung im Spätwerk von Heidegger und Wittgenstein, Freiburg.

Fukuyama, F. 2006: The End of History and the Last Man, New York.

Gabriel, M. 2014: Ist die Kehre ein realistischer Entwurf?, in: Espinet, D. / Hildebrandt, T. (Hg.): Suchen Entwerfen Stiften. Randgänge zum Entwurfsdenken Martin Heideggers, München, 87–106.

Gadamer, H.-G. 1960: Wahrheit und Methode. Tübingen.

Gadamer, H.-G. 1960: Zur Einführung, in: Heidegger, M.: Der Ursprung des Kunstwerks, Stuttgart, 93–114.

Gadamer, H.-G. 1975: Truth and Method, trans. Barden, G., New York.

Gadamer, H.-G. 1987a: Die Sprache der Metaphysik (1968), in: ders.: Gesammelte Werke, Bd. 3, Tübingen, 229–237.

Gadamer, H.-G. 1987b: Hegel und Heidegger (1971), in: ders.: Gesammelte Werke, Bd. 3, Tübingen, 87–104.

Gadamer, H.-G. 1996: Heidegger und Nietzsche. Zu „Nietzsche hat mich kaputtgemacht!", in: Aletheia. Neues Kritisches Journal der Philosophie, Theologie, Geschichte und Politik (Martin Heidegger – Zu seinem 20. Todestag) 9, 19.

Gillespie, M. A. 1984: Hegel, Heidegger and the Ground of History, Chicago.

Glazebrook, P. (ed.) 2013: Heidegger on Science, Albany, NY.
González Padilla, R. 2022: Del horizonte a la excedencia de sentido. Hacia la historicidad de los temples de ánimo en el pensar ontohistórico de Martin Heidegger, Madrid.
Gourdain Castaing, S. / Ionel, L. 2020: Heidegger's Reading of Schelling and Hegel. Subjectivity and Finitude, in: Stewart, J. (ed.): The Palgrave Handbook of German Idealism and Existentialism, London, 387–418.
Großmann, A. 1996: Spur zum Heiligen. Kunst und Geschichte im Widerstreit zwischen Hegel und Heidegger, Bonn.
Haar, M. 1980: Structures hégeliennes dans la pensée heidéggerienne de l'histoire, in: Revue de metaphysique et morale 85, 48–59.
Haar, M. 1985: Le chant de la terre. Heidegger et les assises de l'histoire de l'être, Paris.
Haar, M. 1996: Remarks on Heidegger's Reading of Nietzsche, in: Macann, C. (ed.): Critical Heidegger, London, 121–133.
Haase, U. 2020: Approaching Heidegger's History of Being Through the Black Notebooks, in: Journal of the British Society for Phenomenology 51, 95–109.
Harries, K. 2009: A Critical Commentary on Heidegger's „The Origin of the Work of Art", Dordrecht.
Heelan, P. A. 1987: Husserl's Later Philosophy of Natural Science, in: Philosophy of Science 54, 368–390.
Heelan, P. A. 2014: Consciousness, Quantum Physics and Hermeneutic Phenomenology, in: Babich, B. / Ginev, D. (eds.): The Multidimensionality of Hermeneutic Phenomenology, Cham, 91–112.
Hegel, G. W. F. 1989: Vorlesungen über die Ästhetik I, in: ders.: Werke, Bd. 13, hg. von Moldenhauer, E. / Michel, K. M., Frankfurt/Main.
Heidegger, M. 1970: The Word of Nietzsche „God is Dead", in: Martin Heidegger, The Question Concerning Technology and Other Essays, trans. Lovitt, W., New York, 53–112.
Heidegger, M. / Blochmann, E. 1989: Briefwechsel 1918–1969, hg. von Storck, J. W., Marbach.
Heidegger, M. 2002: Nietzsche's Word: „God is Dead", in: Martin Heidegger, Off the Beaten Track, ed. by Young, J. / Haynes. K., Cambridge, 157–199.
Heidegger, M. / Müller, M. 2003: Briefe und andere Dokumente, hg. von Zaborowski, H. / Bösl, A., Freiburg/München.
Heidegger, M. 2016: Interpretation of Nietzsche's Second Untimely Meditation, trans. by Haase, U. / Sinclair, M., Bloomington, IN.
von Herrmann, F.-W. 1994: Heideggers Philosophie der Kunst, 2. Auflage, Frankfurt am Main.
Hirsh, E. F. 1973: Heidegger's Metahistory of Philosophy Amor Fati, Being and Truth (review), in: Journal of the History of Philosophy 11, 567–570.
Hölderlin, F (1990): Werke und Briefe in einem Band. Nach dem Text der von Friedrich Beißner besorgten Kleinen Stuttgarter Hölderlin-Ausgabe, hg. von Bertaux, P., München.
Hölderlin, F. 1991: Sämtliche Werke und Briefe, hg. von Schmidt, J., Frankfurt.
Hösle, V. 2021: Globale Fliehkräfte. Eine geschichtsphilosophische Kartierung der Gegenwart. Mit einem Geleitwort von Horst Köhler, Freiburg.
Husserl, E. 1900: Logische Untersuchungen, Halle an der Saale.
Husserl, E. 1936: Die Krisis der europäischen Wissenschaften und die transzendentale Phänomenologie, in: Philosophia 1, 77–176.
Husserl, E. 1970: The Crisis of European Sciences and Transcendental Phenomenology, trans. by Carr, D., Evanston, IL.
Husserl, E. 1981: Ideas Pertaining to a Pure Phenomenology and a Phenomenological Philosophy. First Book: General Introduction to a Pure Phenomenology, trans. by Kersten, F., The Hague.

Ionel, L. 2020: Sinn und Begriff. Negativität bei Hegel und Heidegger, Berlin/Boston.
Janicaud, D. 1988: Heidegger – Hegel: un ‚dialogue' impossible?, in: Volpi, F. (ed.): Heidegger et l'idée de la phénoménologie, Dordrecht, 145–164.
Janicaud, D. 1997: Rationalities, Historicities, trans. by Belmonte, N., Atlantic Highlands.
Kant, I. 1998: Kritik der reinen Vernunft, hg. von Timmermann, J., Hamburg.
Kant, I. 2003, The Critique of Pure Reason, trans. by Kemp Smith, N., London.
Kellerer, S. 2011: Heideggers Maske. „Die Zeit des Weltbildes" – Metamorphose eines Textes, in: Zeitschrift für Ideengeschichte V/2, 109–120.
Koch, A. F. 2010: Hegel und Heidegger, in: Frischmann, B. (Hg.): Sprache – Dichtung – Philosophie. Heidegger und der Deutsche Idealismus, Freiburg/München, 137–153.
Kockelmans, J. 1985: Heidegger on Art and Art Works, Dordrecht.
Kuhn, T. S. 2012: Die Struktur wissenschaftlicher Revolutionen, 23. Aufl., Frankfurt am Main.
Liessmann, K. P. 2011: Theorie der Unbildung. Die Irrtümer der Wissensgesellschaft, 6. Aufl., München.
Luckner, A. 2008: Heidegger und das Denken der Technik, Bielefeld.
Lugarini, L. 2004: Hegel e Heidegger. Divergenze e consonanze, Milano.
Luhmann, N. 1987: Soziale Systeme. Grundriß einer allgemeinen Theorie, Frankfurt am Main.
Magnus, B. 1970: Metahistory of Philosophy. Amor Fati, Being and Truth, The Hague.
Magnus, B. 1997: Foreword to the English Translation, in: Löwith, K., Nietzsche's Philosophy of the Eternal Recurrence of the Same, trans. by Lomax, H., Berkeley, CA.
Marx, W. 1961: Heidegger und die Tradition. Eine problemgeschichtliche Einführung in die Grundbestimmungen des Seins, Hamburg.
McDonnell, C. 2018: The Origins of the Husserl–Heidegger Philosophical Dispute in Twentieth-Century Phenomenology, in: Maynooth Philosophical Papers 9, 81–112.
Medzech, M. 2022: Berechnung oder Besinnung? Zum Verhältnis von Maß und Sein im Denkweg Martin Heideggers, Freiburg/München.
Mitchell, A. 2016: Heidegger's Breakdown. Health and Healing Under the Care of Dr. V. E. von Gebsattel, in: Research in Phenomenology 46, 70–97.
Moog, W. 1921: Philosophie, Gotha.
Moore, A. 2012: The Evolution of Modern Metaphysics. Making Sense of Things, Cambridge.
Moran, D. 2012: Husserl's Crisis of the European Sciences and Transcendental Phenomenology. An Introduction, Cambridge.
Müller-Lauter, W. 1978: Der Organismus als innerer Kampf. Der Einfluss von Wilhelm Roux auf Friedrich Nietzsche, in: Nietzsche-Studien 7, 189–235.
Nancy, J.-L. 2014: Critique, crise, cri, trans. by Lyons, P. J., in: Critical Humanities and Social Sciences 26, 5–18.
Nietzsche, F. 1964: Der Wille zur Macht. Versuch einer Umwertung aller Werte, ausgewählt und geordnet von Peter Gast unter Mitwirkung von Elisabeth Förster-Nietzsche, Stuttgart.
Nietzsche, F. 1980: Sämtliche Werke, hg. von Colli, G. / Montinari, M., Berlin/New York.
Nietzsche, F. 1994: Les philosophes préplatoniciens, ed. by D'Iorio, P., Combas.
Novák, A. 2011: Heideggers Bestimmung des Bösen, Nordhausen.
Pinkard, T. 2013: Spirit as the „Unconditioned", in: Houlgate, S. (ed.): A Companion to Hegel, Malden, Mass., 91–105.
Pippin, R. 2008: Eine Logik der Erfahrung? Über Hegels Phänomenologie des Geistes, in: Vieweg, K. / Welsch, W. (Hg.): Hegels Phänomenologie des Geistes. Ein kooperativer Kommentar zu einem Schlüsselwerk der Moderne, Frankfurt am Main, 13–36.

Pippin, R. 2022: „The Phenomenology and the Logic of Life. Heidegger and Hegel", in: Corti, L. / Schülein, J.-G. (eds.): Nature and Naturalism in Classical German Philosophy, New York, 209–226.
Pippin, R. 2023: „Idealism and the Problem of Finitude: Heidegger and Hegel", in: Simoniti J. / Kroupa, G. (Hg.): Ideas and Idealism in Philosophy, Berlin/Boston, 127–150.
Pöggeler, O. 1990: Der Denkweg Martin Heideggers, 3. erw. Auflage, Pfullingen.
Pöggeler, O. 1995: Hegel und Heidegger über Negativität, in: Hegel-Studien 30, 145–166.
Richter, E. 1992: Heideggers Frage nach dem Gewährenden und die exakten Wissenschaften, Berlin.
Rilke, R. M. 1935: Briefe aus Muzot, Leipzig.
Rilke, R. M. 1976: Sämtliche Werke (in 12 Bände), Frankfurt am Main.
Rilke, R. M. 1977: Briefe an Gräfin Sizzo 1921–1926, Frankfurt.
Rilke, R. M. / Andreas-Salomé, L. 1989: Briefwechsel 1897–1926, hg. von Pfeiffer, E., Frankfurt am Main.
Rilke, R. M. 1996: Werke. Kommentierte Ausgabe, hg. von Engel, M. / Fülleborn, U., Frankfurt/Leipzig.
Rilke, R. M. 1996: Briefe über Cézanne, in: ders.: Schriften. Kommentierte Ausgabe, Bd. 4, hg. von Nalewski, H., Frankfurt am Main, 594–638.
Rilke, R. M. 2000: Duino Elegies, trans. Snow, E., New York.
Rilke, R. M. 2009: The Poetry of Rilke, trans. Snow, E., New York.
Ruin, H. 2010: *Ge-stell:* Enframing as the Essence of Technology, in: Davis, B. W. (ed.): Martin Heidegger. Key Concepts, Durham, 183–194.
Schmid, H. 1999: The Nietzschean Metacritique of Knowledge, in: Babich, B. (ed.): Nietzsche's Epistemology and Philosophy of Science. Nietzsche and the Sciences I, Dordrecht, 153–163.
Sell, A. 1998: Martin Heideggers Gang durch Hegels „Phänomenologie des Geistes", Bonn.
Sokolowski, R. 1964: The Formation of Husserl's Concept of Constitution, The Hague.
Sokolowski, R. 1971: Review of Boehm, R.: Vom Gesichtspunkt der Phänomenologie, in: Philosophy and Phenomenological Research 32, 135–139.
Sommer, C. 2016: Diktat des Seyns. Zwölf Anmerkungen zu Heideggers politisch-theologischer Mythologie, in: Homolka, W. / Heidegger, A. (Hg.): Heidegger und der Antisemitismus. Positionen im Widerstreit, Freiburg, 353–363.
Sommer, C. 2017: Mythologie de l'événement. Heidegger avec Hölderlin, Paris.
Stekeler-Weithofer, P. 2008: Wer ist der Herr, wer ist der Knecht? Der Kampf zwischen Denken und Handeln als Grundform jedes Selbstbewußtseins, in: Vieweg, K. / Welsch, W. (Hg.): Hegels Phänomenologie des Geistes. Ein kooperativer Kommentar zu einem Schlüsselwerk der Moderne, Frankfurt am Main, 205–237.
Stöltzner, M. 2014: Die ewige Wiederkunft wissenschaftlich betrachtet. Oskar Beckers Nietzscheinterpretation im Kontext, in: Babich, B. / Ginev, D. (eds.): The Multidimensionality of Hermeneutic Phenomenology, Cham/Heidelberg, 113–136.
Szanto, T. 2012: Bewusstsein, Intentionalität und Mentale Repräsentation. Husserl und die Analytische Philosophie des Geistes, Berlin.
Thompson, I. D. 2005: Heidegger on Ontotheology. Technology and the Politics of Education, Cambridge.
Tieszen, R. 2005: Phenomenology, Logic and the Philosophy of Mathematics, Cambridge.
Valadier, P. 1999: Science as New Religion, trans. by Welsh, T. / Fauvel, L., in: Babich, B. (ed.): Nietzsche, Epistemology, and Philosophy of Science: Nietzsche and the Sciences II, Dordrecht, 241–252.
Vallega-Neu, D. 2018: Heidegger's Poietic Writings, Bloomington, IN.

Vallega-Neu, D. 2018: Die Schwarzen Hefte und Heideggers seynsgeschichtliche Abhandlungen (1936–1942), in: Heidegger Jahrbuch 11 (Zur Hermeneutik der „Schwarzen Hefte"), hg. von Denker, A. / Zaborowski, H., Freiburg/München.

Venezia, S. 2007: Il linguaggio del tempo. Su Heidegger e Rilke, Napoli.

Venezia, S. 2014: Die unerwartete Nähe der Ferne. Zum Verhältnis zwischen Heidegger und Rilke, in: Heidegger-Jahrbuch 8 (Heidegger und die Dichtung), hg. von Denker, A. / Zaborowski, H. / Zimmermann, J., Freiburg/München, 137–151.

von Weizsäcker, C. 1999: Nietzsche: Perceptions of Modernity, trans. by Byrnes, H., in: Babich, B. (ed.): Nietzsche's Epistemology and Philosophy of Science. Nietzsche and the Sciences II, Dordrecht, 221–240.

Wermke, M. et al. 2007 (Hg.): Duden: Das Herkunftswörterbuch. Etymologie der deutschen Sprache. Die Geschichte der deutschen Wörter bis zur Gegenwart, 4. neu bearbeitete Auflage, Mannheim.

van de Wiele, J. 1968: Heidegger et Nietzsche. Le problème de la métaphysique, in: Revue Philosophique des Louvain 91, 435–486.

Wigner, E. 1960: The Unreasonable Effectiveness of Mathematics in the Natural Sciences, in: Communications on Pure and Applied Mathematics 13, 1–14.

Zaborowski, H. 2010: „Eine Frage von Irre und Schuld?" Heidegger und der Nationalsozialismus, Frankfurt am Main.

Zaborowski, H. 2016: Licht und Schatten. Zur Diskussion von Heideggers *Schwarzen Heften*, in: Homolka, W. / Heidegger, A. (Hg.): Heidegger und der Antisemitismus. Positionen im Widerstreit, Freiburg, 428–440.

Zaborowski, H. 2022: Zur Nähe von Denken und Dichten beim frühen Heidegger. Eine Spurensuche, in: Phainomena 31, 51–77.

Zimmermann, M. 1990: Heidegger's Confrontation with Modernity. Technology, Politics, and Art, Bloomington, IN.

Hinweise zu den Autorinnen und Autoren

Rolando González Padilla ist Habilitand in Philosophie an der Universität Erfurt.

David Espinet ist Professor für Philosophie an der Université de Strasbourg, Frankreich.

Holger Zaborowski ist Professor für Philosophie an der Universität Erfurt.

Daniela Vallega-Neu ist Professorin für Philosophie an der University of Oregon in Eugene, Ore., USA.

Sylvaine Gourdain Castaing ist Gastprofessorin am Centre Sèvres in Paris, Frankreich.

Lucian Ionel ist wissenschaftlicher Mitarbeiter am Institut für Philosophie der Universität Leipzig.

Alfred Denker ist Direktor des Heidegger-Archivs in Messkirch und arbeitet an einer umfassenden Heidegger-Biographie.

Babette Babich ist Professorin für Philosophie an der Fordham University in New York, USA.

Simona Venezia ist Professorin für Philosophie an der Università degli Studi di Napoli Federico II, Italien.

Charles Bambach ist Professor für Philosophie an der University of Texas at Dallas, USA.

Aleš Novák ist Professor für Philosophie an der Karls-Universität Prag, Tschechische Republik.

Michael Medzech hat zu Heideggers Denken promoviert und unterrichtet Philosophie und Englisch am Söderblom-Gymnasium Espelkamp.

Personenverzeichnis

Anaximander   56, 90 f., 175, 177, 182, 188, 193–195, 197–203, 205 f., 208–213, 215–220, 222–225
Anders, Günther   15, 23 f., 26, 31, 121, 147, 152 f., 224
Andreas-Salomé, Lou   165
Angelloz, Joseph François   167
Aristoteles   50, 122, 141 f., 205 f., 208, 220 f., 223
Augustinus von Hippo   168

Balthasar, Hans Urs von   167
Bergson, Henri   57
Blattner, William   20
Blochmann, Elisabeth   159
Boehm, Rudolf   139, 143, 146, 148 f., 152 f.
Brecht, Franz Joseph   167
Brumlik, Micha   33
Burnet, John   197, 208

Cervantes, Miguel de   9
Cézanne, Paul   35
Copernicus, Nikolaus   153

Denker, Alfred   3, 17, 23, 25, 41, 47, 54 f., 57 f., 119, 122, 132 f., 161, 167, 224
Derrida, Jacques   70, 209, 216, 224 f.
Descartes, René   43, 47, 49–51, 56 f., 59, 65, 69 f., 102, 122, 125, 127 f., 142, 193
Diels, Hermann   195, 198, 205, 223
Dreyfus, Hubert L.   19, 26

Figal, Günter   35
Fink, Eugen   12 f.
Flatscher, Matthias   36
Fukuyama, Francis   211

Gabriel, Markus   20, 27, 32
Gadamer, Hans-Georg   19, 99, 114, 143, 150, 164
Galilei, Galileo   153
Goethe, Johann Wolfgang von   9, 164

Haar, Michel   34, 114, 141
Hamann, Johann Georg   57

Harries, Carsten   19
Heelan, Patrick Aidan   139, 146
Hegel, Georg Wilhelm Friedrich   22 f., 25, 41, 56 f., 70 f., 81 f., 84–87, 92–94, 97–114, 122 f., 131, 141, 143, 146 f., 150 f., 161, 175, 193, 205
Heisenberg, Werner   152
Heraklit   122, 165, 199
Herder, Johann Gottfried   57
Herrmann, Friedrich-Wilhelm von   19
Hilbert, David   138
Hirsch, Elizabeth   141
Hölderlin, Friedrich   4 f., 14–17, 33, 56, 58, 141, 159–161, 172, 176–183, 190, 193 f., 212
Hösle, Vittorio   211
Hulewicz, Witold von   168
Husserl, Edmund   41, 137–139, 143–149, 151–154, 206

Jacobi, Friedrich Heinrich   57
James, William   57
Janicaud, Dominique   114, 141
Jaspers, Karl   41

Kant, Immanuel   3, 19, 22, 33, 43, 49, 57, 69 f., 82, 100, 102, 122, 139–141, 144, 149, 153 f.
Kerényi, Karl   167
Kierkegaard, Søren   168
Kockelmans, Joseph J.   19
Kranz, Walther   205, 223
Kuhn, Thomas   26, 209

Leibniz, Gottfried Wilhelm   43, 49, 57, 69, 125 f., 131, 146, 162, 181
Liessmann, Konrad Paul   214
Löwith, Karl   140
Luhmann, Niklas   209

Mach, Ernst   68, 72, 139
Magnus, Bernd   140 f.
Marcel, Gabriel   167
Medzech, Michael   205, 210
Montaigne, Michel de   57
Moog, Willy   213

Moore, Adrian 20
Moran, Dermot 143
Müller-Lauter, Wolfgang 147

Nancy, Jean-Luc 146
Newton, Isaak 26, 30
Nietzsche, Friedrich 3, 49–51, 53, 56 f., 60, 69–72, 82, 84, 89, 119–134, 137–154, 163 f., 166 f., 169, 175, 177, 179 f., 183–186, 193, 195, 205, 212, 223
Novák, Aleš 193, 201, 205, 216, 224

Parmenides 45, 122, 166, 185
Pascal, Blaise 57, 123, 144, 151, 168
Platon 49–51, 122, 133, 140 f., 144 f., 148, 153, 175, 205 f., 208, 220, 223
Plutarch 151
Pöggeler, Otto 19, 114

Richardson, William J. 143
Ricœur, Paul 146
Rilke, Rainer Maria 35, 56, 159–168, 170, 172 f., 175–190, 193 f.
Rosenzweig, Franz 41

Schelling, Friedrich Wilhelm Joseph 4, 12, 57, 69, 82, 131, 146, 161
Schmitt, Carl 145
Schopenhauer, Arthur 57
Simplikios 197
Sokolowski, Robert 146
Sommer, Christian 33
Sophokles 67, 122

Thales 223
Theophrast 205, 208

van Gogh, Vincent 9, 14, 21–26
Venezia, Simona 159, 167
Vico, Giambattista 57

Weber, Max 138
Welles, Orson 143
Wittgenstein, Ludwig 36

Zaborowski, Holger 5, 20, 41, 55 f., 154
Zarathustra 130 f., 140, 142, 151 f., 167

Sachverzeichnis

Abendland 65 f., 194–196, 198, 212
Abschied 25, 93, 169 f., 180, 187 f., 194
Absicherungstendenz 209
Absolute, das 13, 23, 70, 82–84, 86–88, 91, 93, 95, 97–99, 101–105, 108 f., 112 f., 122, 127, 142, 146, 166 f., 209
anderer Anfang 65
Angst 3, 65 f., 76 f., 134, 207
Anthropologie 45, 47 f.
Antirealismus 20, 32 f., 35 f.
Antisemitismus 33
Anwesen 26, 67, 84, 90 f., 94, 133, 166, 197–202, 205, 216, 220–222
Anwesenheit 15, 29, 66, 83, 91, 112, 128, 132 f., 202, 205, 216, 221, 223 f.
appetitus 125
Archeontologie 207
Ästhetik 5, 8, 19, 22, 27, 52, 55, 58

Besinnung 35, 41–45, 49, 51, 61, 63–68, 70–72, 74, 76, 93, 120–123, 126, 203, 210, 213, 215
Bewegung 46, 83–85, 94 f., 109, 111, 123 f., 164, 199
Bewusstsein 69, 82–84, 86, 89 f., 97–99, 103, 105–113, 127, 160, 169

Christentum 51, 53
Corona-Pandemie 74 f.

Dasein 3, 6, 10 f., 23 f., 30, 68, 76 f., 141, 144, 167–169, 172 f., 181, 207, 214, 217 f., 223
Denken 3 f., 6 f., 9 f., 15–17, 19 f., 22 f., 28, 33, 41–45, 48–51, 54–57, 61, 63–71, 74, 76 f., 81, 83, 85–87, 89–95, 98, 102 f., 108, 113, 119–124, 127–135, 159–163, 165, 167 f., 171–173, 193–199, 202–206, 208, 210, 213, 215 f., 220–225
Destruktion 194 f., 216 f., 219 f., 223 f.
Dichtung 4 f., 14–17, 23, 33–36, 56–58, 159–161, 163, 165, 167 f., 170, 173, 176, 193 f.
– poetry 175–182, 186, 190
Differenz, transzendentale 31 f., 35 f., 56, 87, 107, 134, 203, 208, 222

Ding 6–9, 11 f., 14, 21–25, 28, 33, 47, 60, 65 f., 71 f., 74, 76 f., 81 f., 90, 94, 101, 107, 110, 129, 168–171, 183, 189, 210, 219
dinghaft 6, 9, 14, 170

ego cogito 50, 69, 103, 122, 127, 131, 133
eidos 50, 67, 125
Ende der Metaphysik 63, 93, 119
Engel 167, 169, 180, 187 f.
Erde 6 f., 9–14, 16 f., 21, 24, 26–36, 75, 131–133, 161, 164, 210, 212, 216, 221
Erdherrschaft 129–131, 142
Ereignis 4, 63 f., 75, 86, 89–93, 95, 124, 132, 160, 171 f., 195, 197, 202–204, 215, 217, 219, 221–223
Erfahrung 3, 7, 41, 64–67, 69 f., 76 f., 81–85, 88–95, 97, 99, 102, 105, 109–112, 121, 123, 130–134, 145, 159, 169, 173, 197
Erkenntnis 25, 73, 82, 84, 86 f., 98–100, 102–104, 112, 119
Erkenntnistheorie 103
Erlebnis 69, 71 f.
Erscheinen 20, 22–24, 27, 30–35, 83 f., 88, 98, 106–108, 111 f., 129, 134, 170, 222
Erschlossenheit 30
Erschrecken 66, 76, 168
Erstaunen 66
Eschatologie des Seins 203
essentia 112, 127 f., 130
Essenz 127
Europa 124, 212
– Europäer 153
– europäisch 56, 119, 210, 212
Ewigkeit 128, 169
existentia 127 f., 130, 172

formale Anzeige 193, 203, 216 f., 219 f., 223
Freiheit 24, 50, 57, 131
Fug 14, 23, 66 f., 86, 190, 200–202, 205, 222 f.
Fuge 14, 23, 66, 67, 86, 200, 201, 202, 222
Fundamentalontologie 3, 4

Geborgenheit 24 f.

Geist 22 f., 42, 64, 70, 81–84, 88, 90, 94 f., 97–101, 103, 105, 112–114, 122, 131, 170
Gerechtigkeit 128 f.
Geschichte 14–17, 22, 44 f., 49, 51, 54, 56, 58 f., 65, 68–70, 73 f., 81, 85–88, 91, 94 f., 119–126, 130, 132–134, 194–197, 204, 207, 211–213, 215, 217, 219 f., 222 f.
Geschichtlichkeit 85, 94, 218
Geschichtswissenschaft 212 f.
Geschick 11, 26, 31, 85, 94, 173, 178, 184, 193–196, 199, 204, 213 f.
Geschick des Seins 4, 36, 94, 122, 134, 193–198, 202 f.
Geschick des Seyns 17, 129, 134
Gewalt 47, 126, 145
Gewebe 208, 217, 221 f., 225
Gewissheit 41–43, 48, 50, 69, 83, 91, 95, 98, 110, 113, 127
Globalisierung 211
Gott 8, 26, 33, 46, 52 f., 66, 94, 119–124, 130–134, 153, 161, 164, 177, 184
Grund 3, 5, 7, 12 f., 17, 28, 32, 34, 41–43, 45–47, 49 f., 54, 64 f., 67, 69 f., 81, 88 f., 91 f., 104, 108, 112, 126–131, 163, 165, 167, 193, 195, 203, 206, 208 f., 213
Grundfrage 124
Grundstellung 48–50, 54, 56, 58–60, 69, 119–123, 131, 134
Grundstimmung 3 f., 17 f., 42, 64–66, 76 f., 92
Grundwort 127, 165, 176, 208, 222

Hermeneutik 41, 51, 58, 216–219
Herrschaft 11, 24, 30, 64, 126, 132, 145, 168–171
Historismus 211, 213–215
Homogenisierung 207, 210 f., 214
Humanismus 45, 48
Hyper-Historismus 214

idea 67, 72, 122, 138, 144, 149
Idealismus 19 f., 27, 36, 49, 70, 99, 102 f., 161
Identität, kollektive 27, 32 f., 70 f., 93
Ideologie 20, 50, 214
Ins-Werk-Setzen-der-Wahrheit 11, 21, 25, 27, 36, 55, 58
Irre 49, 121, 196 f.
Irrnis 120

Kampf 12, 47, 59, 72, 129, 131 f.
Kehre 4, 20, 34, 160, 165, 171, 201
Konstruktivismus 20, 34
Kosmos 11, 14, 16, 201
– kosmologisch 13–16
Kunst 4–6, 8, 11, 14–17, 19–23, 25, 27, 30–36, 55, 58, 126, 128 f., 142, 170
Kunstwerk 3–16, 19–23, 27 f., 30, 34–36, 52, 55, 58, 170, 193

Leben 3, 6, 8, 11–13, 25, 66, 69, 72, 76, 88, 125–127, 129, 143, 159 f., 162 f., 165, 168 f., 183, 187, 210, 217
Leitfrage 49, 69, 124
Lichtung 13, 15–17, 49, 81, 85–88, 91–93, 95, 122 f., 134, 172, 197, 204
Logik 85, 97, 101, 105, 113, 124

Machenschaft 67–76, 89 f.
Man 5–8, 10, 14, 20 f., 23, 25 f., 29, 31, 34, 42, 44, 46, 48, 52, 55, 57–59, 61, 66, 70 f., 74–76, 87, 90 f., 95, 98, 100 f., 104, 114, 124, 151, 153, 163, 166, 170, 201, 207, 209, 215, 219
Maß 7, 47, 145, 168, 207 f., 210, 212
maßvoll 221
Mensch 4, 8, 10–14, 17, 23 f., 28, 35, 41 f., 45–54, 56, 58–60, 65–70, 74–77, 86, 88 f., 91 f., 94 f., 121 f., 128, 130–134, 139, 161–166, 168–171, 173, 193, 195 f., 207, 210 f., 214, 216–218
Metaphysik 3, 5, 9, 13, 23, 41 f., 44, 49–52, 54, 56–60, 63–70, 72, 76 f., 82, 87–89, 91, 93, 119–134, 160–163, 165 f., 168, 172, 202 f., 208, 217, 221, 224
Mittelalter 45 f., 48, 51, 53, 58, 68–70
Moderne 24 f., 44, 46 f., 52–54, 58 f., 72 f., 82, 89, 103, 113, 167, 206, 208–210, 214–216
Monade 94, 126
Mythologie des Ereignisses 27, 33

Nähe 7, 12, 16, 23, 47, 50, 52, 55, 58, 85, 101, 114, 208, 211, 215, 217, 223
Naturwissenschaft 21, 30, 52, 72 f.
Nichts 3, 26–28, 30, 32, 36, 42, 48, 60 f., 64, 66, 76 f., 84 f., 87, 91, 95, 124, 126, 132–134, 159, 163, 166, 169, 185, 206, 209, 216
Nihilismus 3, 64, 70, 89, 119–125, 129–134

Objekt   47, 50, 60, 69f., 83, 131, 169
Objektivierung   29f., 47, 171
Offenbarung   3, 16, 60, 76
Offene, das   12f., 16, 26, 28, 30f., 34f., 45, 55, 65, 94, 120, 122, 164–166, 169–171, 180, 184, 193, 202
Ontologie   27, 194f., 217, 219

Paradigma   26, 99, 209, 211
perceptio   94, 125, 146
Phänomenologie   3, 5f., 8, 17, 20, 27, 29–31, 33f., 41, 44, 81–84, 90, 97–105, 110f., 113, 131, 172, 217, 220
phänomenologisch   3–5, 8–10, 14, 17, 32f., 44, 98–100, 104–113, 194f., 203, 205f., 218, 220
Philologie   206f., 209
Philosophiegeschichte   6, 57, 206, 213
physis   66–68, 181
Platonismus   70f., 126
Präsenz   28f., 31f., 34f., 107, 110, 112, 128, 160, 162
Prinzip   6, 102, 125–127, 130, 132, 224

Quantifizierung   210

Raum   12, 23, 26, 43, 53, 69, 73, 76, 94, 120, 164, 169, 185
Realismus   19f., 30, 32, 36
Realitätsproblem   19, 27, 32, 36
Rechnen   10, 60, 168, 213
Recht   19, 30, 113, 128f., 131, 166, 173, 197, 215
Religion   22, 52, 126, 151f.
Riesenhafte, das   56, 60, 72–76

Sage   3, 16, 28, 31, 34–36, 49, 55, 59, 63, 70f., 95, 102, 127, 131, 161, 166, 171–173, 193, 198, 203, 210, 212
Schöne, das   22f., 124
Schönheit   22f., 25
Seiendheit   8, 42, 50, 67–72, 82, 86, 90, 106–108, 111f., 122, 124, 129, 132
Seinsfrage   74, 89, 120, 220, 223
Seinsgeschichte   11, 13, 16f., 48f., 56, 66, 68, 74, 81, 85, 94, 193
– Seynsgeschichte   122
seinsgeschichtlich   4, 12f., 15, 20, 44, 49, 57, 60, 63–66, 71, 81, 85f., 121, 160

Seinsvergessenheit   82, 87–89, 119f., 123f., 171f., 178, 196f., 202f., 207
Seinsverlassenheit   64f., 67–70, 72–74, 76, 89–91, 193, 196f., 203
Selbstbewusstsein   97, 102f., 111, 127, 133
seynsgeschichtlich   63, 119
Sinnliche, das   7, 20, 22, 27–35, 70f., 102, 107, 110, 112f., 122, 124–126, 148
Sinn von Sein   3, 19, 27, 36, 44, 48, 119f., 122
Sozialismus   124
Spielraum   15–17, 35, 121–123, 178
Sprache   16, 26, 28, 34–36, 57, 74, 81, 91–95, 98, 113, 125, 160, 164, 166, 171f., 193f., 197–199, 202, 206, 208, 216, 222, 224
Staat   55, 75, 126
Steigerung   71, 126–129, 215
Steigerungsbedingung   125, 127f.
Subjekt   3, 7, 22, 46–48, 50, 53, 56, 60, 69f., 76, 83, 87f., 95, 98f., 103, 108, 112f., 125, 131, 162, 164, 167, 169
Subjektität   112, 127f., 131, 142
Subjektivismus   6, 45, 56, 60, 113

techne   14f., 67f., 72
Technik   30, 52, 54, 57, 63, 73, 90, 95, 131, 160, 167–171, 210, 212
Tempel   11f., 14, 25–28
Textur   222
Theologie, negative   172
Tier   35, 46, 162f., 185
Tod   10, 24, 26, 66, 76f., 159f., 167f., 171, 207
– Tod Gottes   57, 70, 121, 123, 130, 132, 193
– Death of God   143, 148, 177

Übermacht   67, 129
Übermensch   130f., 139, 142, 151f.
Übersinnliche, das   124–126, 144, 148, 168
Umkehrung   70, 82–84, 122, 126
Umwertung   123, 126, 130
Unfug   33, 201f.
Universität   43, 51, 54f., 64, 74, 119, 214
Universitätswesen   74f.
Unwesen   73, 121f.
Ur-Sprung   208, 224

Verhaltenheit   66, 91f.
Verweisungszusammenhang   25, 218

Verwindung   44, 56, 134, 165, 217, 220–222
Volk   11, 16, 26, 28, 32, 36, 57, 181
Vollendung der Metaphysik   44, 48, 56, 58, 64 f., 70 f., 81–84, 129
Vorhandenheit   29–31, 170

Wahre, das   24, 65, 70 f., 82–84, 86, 97, 100–104, 106, 109–111, 124, 128
Wahrheit   4, 7, 11–17, 19–27, 30–34, 36, 42–44, 46, 49–51, 55, 58, 60, 64–66, 68–71, 81–83, 85–91, 94, 98 f., 101–113, 122 f., 127–129, 131, 133 f., 164–166, 169, 193–198, 209 f., 217
Wald   119–123, 134
Waldhüter   120 f., 134
Waldlichtung   87, 120
Weg   4 f., 9, 11, 13, 21, 29, 41, 56, 59, 61, 64 f., 81 f., 88, 97, 100, 104 f., 107, 109, 119–123, 134, 161, 163, 165, 173, 175, 182, 193, 203, 211, 216–218, 222
Welt   3, 8–17, 21, 23–28, 31–33, 35 f., 45–47, 50 f., 53, 58–61, 64–66, 69–71, 75, 77, 90, 95, 99, 102, 109, 113, 124 f., 131, 133 f., 164, 168–171, 176, 185, 209 f., 212–214, 218 f., 221
Weltbild   26, 41–45, 47, 49, 51–61, 63–65, 67–69, 71–74, 76 f., 193
Weltgeschick   204, 210, 212
Weltinnenraum   168 f., 188
Weltnacht   161, 170, 176, 193, 203, 212

Werk   6, 8 f., 11 f., 14–16, 21–33, 35 f., 48, 51, 55, 58, 60, 76, 82, 85, 97–99, 108, 113, 131, 159, 161 f., 167 f., 175, 216
– werkhaft   9
Wert   5, 22, 52, 70–73, 75 f., 87, 123–130, 132–134, 215
Wertschätzung   126, 129
Wertsetzung   71, 124–126, 130, 132 f.
Wiederkehr des Gleichen   88, 94
Wiederkunft des Gleichen   127
Wildnis   119 f.
Wille   5, 70 f., 84, 88, 94, 126–129, 162–164, 169–171
Wille zur Macht   50, 70–72, 119, 122 f., 125–130, 132, 142, 163, 169
Wirklichkeit   8, 14, 20, 22 f., 25–27, 31–36, 41, 68, 98 f., 103, 108, 130
Wissenschaft   15, 23, 41–44, 51–57, 59, 63–65, 68, 72 f., 82, 84 f., 97, 99–101, 103–105, 111, 124, 126, 129, 137, 164, 221
Wissenschaftsgeschichte   42
Wissenschaftstheorie   209
Wohnen   17, 23, 28, 171

Zeitalter   49, 51–54, 58 f., 65, 89 f., 92, 95, 122, 128, 130, 132, 173, 195, 211–214, 222
Zeitlichkeit   207, 218, 224
Zeug   6, 8–11, 14 f., 24, 29, 33, 171
zeughaft   9
Zuhandenheit   29 f., 170

www.ingramcontent.com/pod-product-compliance
Lightning Source LLC
Chambersburg PA
CBHW071816230426
43670CB00013B/2476